Risikoberichterstattung mit Cash-Flow at Risk-Modellen

T0316904

Europäische Hochschulschriften

Publications Universitaires Européennes
European University Studies

Reihe V
Volks- und Betriebswirtschaft

Série V   Series V
Sciences économiques, gestion d'entreprise
Economics and Management

Bd./Vol. 3172

PETER LANG

Frankfurt am Main · Berlin · Bern · Bruxelles · New York · Oxford · Wien

Jan Duch

Risikoberichterstattung mit Cash-Flow at Risk-Modellen

Ökonomische Analyse einer Risikoquantifizierung im Risikobericht

PETER LANG
Europäischer Verlag der Wissenschaften

Bibliografische Information Der Deutschen Bibliothek
Die Deutsche Bibliothek verzeichnet diese Publikation in der
Deutschen Nationalbibliografie; detaillierte bibliografische
Daten sind im Internet über <http://dnb.ddb.de> abrufbar.

Zugl.: Bochum, Univ., Diss., 2005

Gedruckt auf alterungsbeständigem,
säurefreiem Papier.

D 294
ISSN 0531-7339
ISBN 3-631-54573-8

© Peter Lang GmbH
Europäischer Verlag der Wissenschaften
Frankfurt am Main 2006
Alle Rechte vorbehalten.

Printed in Germany 1 2 4 5 6 7

www.peterlang.de

GELEITWORT

Seit der Einführung des Risikoberichts durch das KonTraG vor nunmehr sieben Jahren sind deutsche Unternehmen verpflichtet, über die Risiken der Gesellschaft zu berichten. Seitdem wurden die entsprechenden rechtlichen Normen immer weiter konkretisiert und erweitert. Gleichwohl deuten empirische Untersuchungen darauf hin, dass die Risikoberichterstattung deutscher Unternehmen für Anteilseigner noch immer nicht zufrieden stellend ist.

In seiner Dissertation unterbreitet Herr Duch den Vorschlag, die Lücke zwischen theoretischen Anforderungen und betrieblicher Risikoberichterstattungspraxis durch die Anwendung von Cash-Flow at Risk-Modellen im Risikobericht zu schließen. Ausgehend vom Finanzbereich, in dem sich eine Berichterstattung mit Kennzahlen wie dem Value at Risk etabliert hat, werden in der Literatur zur Quantifizierung von Risiken von Nichtfinanzunternehmen stromgrößenorientierte Konzepte wie Cash-Flow at Risk und Earnings at Risk empfohlen. Herr Duch setzt sich zum Ziel, die Übertragung des Konzepts der Risikomessung auf den Nichtfinanzbereich nachzuvollziehen, die damit verbundenen Probleme aufzuzeigen und die Vor- und Nachteile der verschiedenen Lösungsansätze für die Risikoquantifizierung bei Nichtfinanzunternehmen zu verdeutlichen.

Im Ergebnis zeigt Herr Duch auf, wie durch die Veröffentlichung einer Cash-Flow at Risk-Kennzahl die Aussagefähigkeit des Risikoberichts verbessert werden kann und schafft damit eine Grundlage für die fundierte Diskussion über die Verbesserungsmöglichkeiten des deutschen bzw. europäischen Risikoberichts. Herr Duch hat in seiner Arbeit zwei aktuelle Themen in Verbindung gebracht, die bislang weitestgehend losgelöst voneinander diskutiert wurden. Es liegt eine argumentenreiche, abwägende Untersuchung mit vielfältigen eigenständigen Untersuchungsergebnissen vor, von deren praktischer Relevanz auszugehen ist.

Bochum, im September 2005   Bernhard Pellens

VORWORT

Die vorliegende Monographie wurde im Juli 2005 von der wirtschaftswissen-schaftswissenschaftlichen Fakultät der Ruhr-Universität Bochum als Dissertation angenommen. Sie entstand in den Jahren 2002 bis 2005 während meiner Tätigkeit im Bereich Corporate Finance & Advisory der Warth & Klein GmbH Wirtschaftsprüfungsgesellschaft, Düsseldorf, im Rahmen einer externen Promotion am Lehrstuhl für Internationale Unternehmensrechnung an der Ruhr-Universität Bochum.

Es ist mir ein aufrichtiges Anliegen, an dieser Stelle all denjenigen zu danken, die direkt oder indirekt zur Entstehung dieser Arbeit beigetragen haben.

Mein herzlicher Dank gilt meinem Doktorvater und akademischem Lehrer, Herrn Prof. Dr. Bernhard Pellens. Sein Ansporn und seine kritischen Anmerkungen haben wesentlich zum Gelingen meines Dissertationsprojekts beigetragen. Herrn Prof. Dr. Stephan Paul danke ich sehr herzlich für die Übernahme des Zweitgutachtens und die konstruktiven Anmerkungen.

Meinem Arbeitgeber, der Warth & Klein GmbH Wirtschaftsprüfungsgesellschaft, Düsseldorf, und insbesondere meinem Chef, Dr. Martin Jonas, und meinen Kollegen danke ich für die Unterstützung, indem sie mir während meiner Freistellungen den Rücken für die Erstellung dieser Arbeit freigehalten haben.

Wichtige Anregungen für neue Ideen fand ich stets in zahlreichen Doktorandenseminaren aber auch in vielen einzelnen Gesprächen, in denen ich Gelegenheit hatte mich der kritischen Diskussion der Kollegen am Lehrstuhl für Internationale Rechnungslegung zu stellen. Ihnen allen und ganz besonders Dr. Franca Ruhwedel, Dr. Andreas Bonse, Dr. Nils Crasselt, Prof. Rolf-Uwe Fülbier und Dr. Joachim Gassen möchte ich meinen Dank aussprechen. Daneben haben auch Lehrstuhlfremde tatkräftig mitgewirkt: Stefan Sturm hat von Anfang an die Entstehung der Arbeit begleitet und Ingo Thomas mich in die Uni. Birte Büngener hat schließlich „das Werk" einem eingehenden Lektorat unterzogen.

Mein Dank gilt aber auch meiner Familie und meinen Freunden, die mir stets mit Vertrauen und Verständnis zur Seite standen und über so manche Motivationsschwäche hinweggeholfen haben. Meine Freundin Steffi hat mir immer fachlich, aber vor allem in persönlicher Hinsicht mit Rat, Tat und Liebe zur Seite gestanden.

Ihnen allen herzlichen Dank.

Düsseldorf, im September 2005   Jan Duch

INHALTSVERZEICHNIS

ABBILDUNGSVERZEICHNIS

ABKÜRZUNGSVERZEICHNIS

a. A.	anderer Auffassung
a. F.	alte Fassung
Abb.	Abbildung
Abl.	Amtsblatt
Abs.	Absatz
AER	The American Economic Review [Zeitschrift]
AG	Aktiengesellschaft
AICPA	American Institute of Certified Public Accountants
AktG	Aktiengesetz
Art.	Artikel
Aufl.	Auflage
ausf.	ausführlich(er)
BAFin	Bundesanstalt für Finanzdienstleistungsaufsicht
BB	Betriebsberater [Zeitschrift]
Bd.	Band
bearb.	bearbeitet
BFuP	Betriebswirtschaftliche Forschung und Praxis [Zeitschrift]
BGBl.	Bundesgesetzblatt
BilKoG	Gesetz zur Kontrolle von Unternehmensabschlüssen (Bilanzkontrollgesetz)
BilReG	Gesetz zur Einführung internationaler Rechnungslegungsstandards und zur Sicherung der Qualität der Abschlussprüfung (Bilanzrechtsreformgesetz)
BiRiLiG	Bilanzrichtliniengesetz
BJoE	The Bell Journal of Economics
BJoEMS	The Bell Journal of Economics and Management Science
BMJ	Bundesministerium der Justiz
BMW	Bayerische Motoren Werke AG, München
bspw.	beispielsweise
BT	Bundestag
Buchst.	Buchstabe
BV	Bestätigungsvermerk (des Wirtschaftsprüfers)
c. p.	ceteris paribus
CF	Cash-Flow

CFaR	Cash-Flow at Risk
CFO	Chief Financial Officer
DAX	Deutscher Aktien Index
DB	Der Betrieb [Zeitschrift]
DBW	Die Betriebswirtschaft [Zeitschrift]
DCX	DaimlerChrysler AG, Stuttgart
DIN	Deutsche Industrie Norm
DRS	Deutsche(r) Rechnungslegungs Standard(s)
DRSC	Deutsches Rechnungslegungs Standard Committee e. V.
DSR	Deutscher Standardisierungsrat
DStR	Deutsches Steuerrecht [Zeitschrift]
E	Entwurf
E-DRS	Entwurf eines Deutschen Rechnungslegungs Standards
EA	Einzelabschluss
EaR	Earnings at Risk
EBIT	Earnings before Interest and Tax
EBITDA	Earnings before Interest, Tax, Depreciation and Amortization
EBS	European Business School
ECM	Error Correction Modell
ED	Exposure Draft
EG	Europäische Gemeinschaft
EKaR	Eigenkapital at Risk
EPS	Entwurf eines Prüfungsstandards
EPSaR	Earnings per Share at Risk
et al.	et altera
EU	Europäische Union
EUR	Euro
EW	Erwartungswert
EWR	Europäischer Währungsraum
FAJ	Financial Analysts Journal
FASB	Financial Accounting Standards Board
FAZ	Frankfurter Allgemeine Zeitung
FB	Finanzbetrieb [Zeitschrift]
FS	Festschrift
GAAP	Generally Accepted Accounting Principles

GAAS	Generally Accepted Auditing Standards
gem.	gemäß
ggf.	gegebenenfalls
GJ	Geschäftsjahr(e)
GmbH	Gesellschaft mit beschränkter Haftung
GmbHG	Gesetz über die Gesellschaft mit beschränkter Haftung
GoB	Grundsätze ordnungsmäßiger Buchführung
GoL	Grundsätze ordnungsmäßiger Lageberichterstattung
GuV	Gewinn- und Verlustrechnung
HFA	Hauptfachausschuss des IDW
HGB	Handelsgesetzbuch
Hrsg./hrsg.	Herausgeber/herausgegeben
Hs.	Halbsatz
HWRP	Handwörterbuch der Rechnungslegung und Prüfung
i. S.	im Sinne
i. V. m.	in Verbindung mit
IAS	International Accounting Standard
IASB	International Accounting Standards Board
IASC	International Accounting Standards Commitee
IDW	Institut der Wirtschaftsprüfer in Deutschland e. V.
IFRS	International Financial Reporting Standards
insb.	insbesondere
InsO	Insolvenzordnung
IOSCO	International Organization of Securities Commissions
Jg.	Jahrgang
JoA	Journal of Accountancy
JoAR	Journal of Accounting Research
JoBF	Journal of Banking and Finance
JoEL	Journal of Economic Literature
JoF	Journal of Finance
JoFE	Journal of Financial Economics
JoLE	Journal of Law and Economics
KapAEG	Gesetz zur Verbesserung der Wettbewerbsfähigkeit deutscher Konzerne an Kapitalmärkten und zur Erleichterung der Aufnahme von Gesellschafterdarlehen (Kapitalaufnahmeerleichterungsgesetz)

KapCoRiLiG Kapitalgesellschaften- und Co-Richtlinie-Gesetz

KGaA   Kommanditgesellschaft auf Aktien

KonTraG   Gesetz zur Kontrolle und Transparenz im Unternehmensbereich

KoR   Zeitschrift für kapitalmarktorientierte Rechnungslegung

LME   London Metal Exchange

m. w. N.   mit weiteren Nachweisen

MD&A   Management's Discussion and Analysis of Financial Condition and Results of Operations

Mio.   Million(en)

MM   Modigliani/Miller

MU   Mutterunternehmen

n. F.   neue Fassung

NBER   National Bureau for Economical Research

NERA   National Economic Research Associates, New York

NFU   Nichtfinanzunternehmen

NIÖ   Neue Institutionenökonomik

o. Jg.   ohne Jahrgang

OCF   operativer Cash-Flow

ÖBA   Österreichisches Bankarchiv [Zeitschrift]

OECD   Organization for Economic Cooperation and Development

OFR   Operating and Financial Review and Prospects

PAT   Prinzipal-Agenten-Theorie

PS   Prüfungsstandard

PublG   Gesetz über die Rechnungslegung von bestimmten Unternehmen und Konzernen (Publizitätsgesetz)

QJoE   Quarterly Journal of Economics

RD   Risikodeckungsmasse

Rn.   Randnummer(n)

s.   siehe

S.   Seite

SEC   Security and Exchange Commission

SFAS   Statement of Financial Accounting Standard

sog.   sogenannte(r/s)

SOP   Statement of Position

Sp.   Spalte

Std.   Stunde

StuB	Steuern und Bilanzen, Zeitschrift für das Steuerrecht und die Rechnungslegung der Unternehmen
t	Zeiteinheit
TEUR	tausend Euro
to.	metrische Tonne
TransPuG	Transparenz- und Publizitätsgesetz
Tz.	Textziffer(n)
USD	US-Dollar
v. a.	vor allem
VaR	Value at Risk
VARM	Vector Autoregressives Model
VECM	Vector Error Correction Model
vgl.	vergleiche
Vol.	Volume
vorh.	vorhanden
VOW	Volkswagen AG, Wolfsburg
WiSt	Wirtschaftswissenschaftliches Studium [Zeitschrift]
WPg	Die Wirtschaftsprüfung [Zeitschrift]
WPO	Gesetz über eine Berufsordnung der Wirtschaftsprüfer (Wirtschaftsprüferordnung)
z	Quantilswert
ZBB	Zeitschrift für Bankrecht und Bankwirtschaft
ZfB	Zeitschrift für Betriebswirtschaft
zfbf	Schmalenbachs Zeitschrift für Betriebswirtschaft
ZfCM	Zeitschrift für Controlling & Management
ZfgK	Zeitschrift für das gesamte Kreditwesen
ZgS	Zeitschrift für die gesamte Staatswissenschaft
ZVersWiss	Zeitschrift für die gesamte Versicherungswissenschaft
ZWS	Zeitschrift für Wirtschafts- und Sozialwissenschaften

1   EINLEITUNG

1.1   Problemstellung

Die Bestrebung zur Stärkung der Unabhängigkeit von Überwachungsorganen resultiert in Deutschland aus zahlreichen spektakulären und – zumindest für die Allgemeinheit – recht überraschenden Unternehmenszusammenbrüchen, bspw. der METALLGESELLSCHAFT und PHILIPP HOLZMANN, bereits Ende der 1990er Jahre. Die Erweiterung und Verbesserung der Kontrollmöglichkeiten von Vorstand und Aufsichtsrat sollte die Transparenz unternehmerischer Handlungen erhöhen. 1998 wurde daher das Gesetz zur Kontrolle und Transparenz im Unternehmensbereich, KonTraG, verabschiedet. Ziel des KonTraG ist es, durch die Verbesserung der Leitungs- und Überwachungsstruktur der Unternehmen dem Vertrauensverlust der Investoren an nationalen und internationalen Kapitalmärkten entgegenzuwirken[1]. Zu diesen Maßnahmen gehört vor allem die Ausweitung der Berichtspflicht der Gesellschaften über wesentliche Risiken.

Zwischen Unternehmensleitung und Anteilseignern herrscht im Allgemeinen eine Informationsasymmetrie, die durch Anreizsysteme, Vereinbarungen und nicht zuletzt durch Publizitätsvorschriften seitens des Gesetzgebers zu mindern gesucht wird. Im Jahr 1998 wurde in diesem Zusammenhang die Publikation eines Risikoberichts als Bestandteil des Lageberichts durch den Gesetzgeber vorgeschrieben. Der Risikobericht soll den Adressaten der Jahresabschlussdaten einen besseren und genaueren Einblick in das Risikopotenzial eines Unternehmens gewähren und so eine verbesserte Entscheidungsfindung ermöglichen. Die Ausgestaltung des Risikoberichts wird seit 2001 durch den Deutschen Rechnungslegungs Standard Nr. 5 – Risikoberichterstattung, DRS 5, konkretisiert. Um den Informationsgehalt des Risikoberichts zu erhöhen, ist im DRS 5 neben der verbalen Erläuterung von Risiken explizit deren Quantifizierung vorgesehen. Gemäß DRS 5.20 soll der Risikobericht über eine Risikoquantifizierung verfügen, „wenn dies nach anerkannten und verlässlichen Methoden möglich und wirtschaftlich vertretbar ist und die quantitative Angabe eine entscheidungsrelevante Information für die Adressaten des Konzernlageberichts ist". Werden Risiken derart quantifiziert, sind die verwendeten Modelle und deren Annahmen zu erläutern.

In der Begründung des Standards wird ausgeführt, dass nach Ansicht des Deutschen Standardisierungsrats, DSR, diese Definition lediglich die Quantifizierung von Finanzrisiken umfasst. Innerhalb der Entstehungsphase von DRS 5 wurde die Quantifizierungsnotwendigkeit gleichwohl kontrovers diskutiert. Die zur Kommentierung des Entwurfs abgegebenen Stellungnahmen, sog. Comment-

---

[1] Vgl. DEUTSCHER BUNDESTAG (1997), BT-Drucksache 13/9712, S. 11f.

Letter, offenbaren konträre Ansichten über Art und Umfang der Risikoquantifizierung. Einerseits wird eine Quantifizierung nur für Finanzrisiken als unzureichend bezeichnet, da „die Nicht-Finanzrisiken beträchtlich sein können"[1]. Andererseits wird bereits eine Quantifizierung von Finanzrisiken als zu weitreichend und eine Risikoquantifizierung des Gesamtrisikos als „wenig aussagekräftig"[2] bezeichnet. Darüber hinaus werden alternative Angaben, bspw. Zielerreichungsgrade unter Nennung des Konfidenzniveaus, vorgeschlagen[3]. Eine grundsätzliche Verpflichtung zur Risikoquantifizierung in Nichtfinanzunternehmen ist insofern nicht etabliert worden.

Wenngleich die Risikoberichterstattung der Nichtfinanzunternehmen[4] nun seit über fünf Jahren praktiziert wird, weisen empirische Studien immer noch erhebliche Schwächen in der Risikoberichterstattung und deren Prüfung nach[5]. Sie verdeutlichen, dass insbesondere der unterschiedliche Aufbau der Risikoberichte die unternehmensübergreifende Vergleichbarkeit einschränkt. Die qualitativen Aussagen zur Risikoposition der Gesellschaft sind zumeist zu allgemein gehalten. Sporadisch werden verbale Aussagen durch quantitative Angaben unterstützt, indem Risiken aus Fremdwährungsgeschäften im Rahmen einer Sensitivitätsanalyse bzw. Risiken aus Finanzinstrumenten durch eine Value at Risk-Berechnung beziffert werden. Sensitivitätsanalysen erlauben indes nur eine allgemeine Aussage darüber, inwiefern sich eine Zielgröße bei der willkürlichen Veränderung eines Risikofaktors verändert, ohne dass Wechselwirkungen mit anderen Einflussfaktoren berücksichtigt würden.

Vor dem Hintergrund weiterer Bilanzskandale, bspw. von COMROAD und PARMALAT, erhielt die Risikoberichterstattung innerhalb der Europäischen Union durch die Erweiterung bzw. Anpassung der entsprechenden EU-Bilanzrichtlinien einen höheren Stellenwert[6]. Im Rahmen der Umsetzung in nationales Recht hat die Bundesregierung im Dezember 2003 den Referentenentwurf für die Änderung der §§ 289 bzw. 315 HGB zur Lageberichterstattung im Rahmen des Bilanzrechtsreformgesetzes, BilReG, vorgelegt[7]. Das Gesetz wurde am

---

[1] Comment-Letter AACHENER UND MÜNCHENER BETEILIGUNGSGESELLSCHAFT AG (2001). Ähnlich auch die Stellungnahmen CONTROLLER VEREIN E.V. (2001), ERGO VERSICHERUNGSGRUPPE AG (2001).

[2] Stellungnahme der BASF AG (2001).

[3] Vgl. Stellungnahme der DEUTSCHE GESELLSCHAFT FÜR RISIKOMANAGEMENT E. V. (2001).

[4] Im weiteren Verlauf der Arbeit wird statt der Verwendung des Begriffs Nichtfinanzunternehmen häufig vereinfachend von Unternehmen gesprochen. Damit sind Industrie- und Handelsunternehmen bezeichnet. Nur bei vergleichenden Bemerkungen oder Übersichten wird weiterhin eine Unterteilung in Finanz- und Nichtfinanzunternehmen vorgenommen.

[5] Vgl. KAJÜTER/WINKLER (2003); KAJÜTER/WINKLER (2004); LÜCK (2004), S. 20.

[6] Vgl. insb. die Modernisierungsrichtlinie (2003/51/EG) vom 18.06.2003.

[7] Vgl. Referentenentwurf des E-BilReG (2004).

29. Oktober 2004 vom Bundestag verabschiedet[1]. Der Lagebericht wird damit dem geänderten Artikel 46 der europäischen Bilanzrichtlinie angepasst. Insgesamt soll der Informationsgehalt des Lageberichts erhöht werden. Die neuerliche Verschärfung der Regeln hinsichtlich der Berichterstattung über Risiken – und nun auch über Chancen – verdeutlicht, dass die bisherige Praxis der Lageberichterstattung nach Ansicht des Gesetzgebers der Befriedigung der Informationsansprüche der Rechnungslegungsadressaten nicht genügt. Die Regelungen des BilReG werden seit Anfang 2005 durch den DRS 15 - Lageberichterstattung konkretisiert[2].

In der Theorie und Praxis des Risikomanagements von Finanzinstituten hat es sich durchgesetzt, das aus Wertpapier-Portfolios entstehende Risiko über das etablierte Konzept des Value at Risk, VaR, zu beziffern. Dabei wird angenommen, dass der VaR zur Berechnung des Gesamtrisikos des betrachteten Unternehmens dienen könne, da ein Finanzintermediär nahezu ausschließlich finanzielle Risiken besitze. Das Bundaufsichtsamt für das Kreditwesen hat im Grundsatz I – zumindest implizit – die Berechnung des VaR vorgeschrieben bzw. empfohlen, so dass ein umfassendes Risikoreporting für Finanzrisiken im Bankenbereich gewährleistet wird[3]. Auch einzelne Industrieunternehmen unterstützen ihre verbalen Angaben zu Risiken aus Finanzinstrumenten mit der Veröffentlichung einer Value at Risk-Kennzahl[4]. Indes ist fraglich, ob VaR-Konzepte für Industrie- und Handelsunternehmen in gleicher Weise geeignet sind.

Dennoch erscheint die Idee verlockend, das Konzept der aggregierten Darstellung des Risikoexposures in einer einzelnen Zahl, welche zudem relativ leicht verständlich, vergleichbar und gut kommunizierbar ist, auch auf andere Unternehmensbereiche anzuwenden[5].

Über interne Verwendungszwecke hinaus wird daher eine Veröffentlichung einer Cash-Flow at Risk-Kennzahl im Rahmen der Quartals- und Jahresberichterstattung vorgeschlagen. Seit Mitte der 1990er Jahre werden Ansätze entwickelt, die das (finanzielle) Risiko von Nichtfinanzunternehmen mit Hilfe von statisti-

---

[1] Vgl. Pressenotiz des Bundesministerium der Justiz vom 29.10.2004, abrufbar unter www.bmj.de [Stand: 30.10.2004].

[2] Die Verabschiedung des E-DRS 20 - Lageberichterstattung, ist wie geplant, unmittelbar im Anschluss an die Beratung des Bilanzrechtsreformgesetzes im Rechtsausschuss erfolgt. Vgl. Bericht des DEUTSCHEN STANDARDISIERUNGSRATES über die 78. Sitzung vom 13. und 14. Juli 2004 in Berlin. Abrufbar unter http://www.standardsetter.de/drsc/docs/reports/gasb/78_meeting.html [Stand: 20.07.2004]. Der DRS 15 wurde am 26. Februar 2005 durch das Bundesministerium der Justiz im Bundesanzeiger Nr. 40 bekannt gemacht.

[3] Vgl. § 32 Abs. 2 Grundsatz I; ausf. KRUMNOW/SPRIßLER ET AL. (2004), S. 1640.

[4] Die DAIMLERCHRYSLER AG gibt im Geschäftsbericht 2002 einen Value at Risk für Währungskontrakte und zinsseitige Finanzinstrumente an. Vgl. DAIMLERCHRYSLER AG (2002), S. 78f.

[5] Vgl. DIGGELMANN (1999), S. 257.

schen Verfahren quantifizieren. Sie beziehen sich im Gegensatz zu den Value at Risk-Konzepten nicht auf Bestandsgrößen, sondern auf Stromgrößen wie Cash-Flow bzw. Gewinn (Earnings). Sie werden daher als Cash-Flow at Risk, CFaR, bzw. Earnings at Risk, EaR, bezeichnet. Vor allem Beratungsunternehmen sind von der Anwendbarkeit der auf dem VaR-Konzept aufbauenden Ansätze zur Risikomessung bei Nichtfinanzunternehmen überzeugt. Zum einen soll der CFaR ein Instrument des Managements im Umgang mit den Renditeerwartungen von Kapitalgebern sein, indem Cash-Flow-Schocks in eine vergleichende Perspektive gesetzt werden[1]. Zum anderen sei der CFaR geeignet, die geforderte Risikoquantifizierung sowie das Risikoreporting auszufüllen und zu ergänzen, indem über Marktrisiken, aber auch über allgemeine Geschäftsrisiken im Rahmen einer vorgeschriebenen oder freiwilligen Publizität berichtet wird[2]. Je nach Konzept können unterschiedliche Aussagen anhand der ermittelten Kennzahlen getroffen werden. STEIN ET AL. führen aus, dass Investoren und Analysten die Volatilität von veröffentlichten Quartalszahlen streng verfolgen und diese Zwischenzahlen dazu nutzen, Druck auf die Unternehmensleitung auszuüben, damit diese die gesteckten Ertragsziele erreicht[3]. Durch Veröffentlichung der Ergebnisse eines auf Vergleichsunternehmen aufbauenden (externen) CFaR können im Vorfeld starke negative Cash-Flow-Schocks in eine objektivierte, vergleichende Perspektive gebracht und so ungerechtfertigte Abwertungen vermieden werden. „The development of the c-far product fills a gaping hole in the quantification of risks, because it moves beyond the financial and commodity risks that can be modelled with existing Value at Risk technology"[4]. Das Beratungsunternehmen J. P. MORGAN weist darauf hin, dass bereits mehr als 50 Unternehmen die Quantifizierungsmethode CORPORATEMETRICS nutzen. ETHAN BERGMAN stellt das Konzept des CFaR als ein Instrument des Shareholder Value Managements dar: „Companies with volatile results are penalised in the marketplace by stock- and bondholders. But the more transparency a company can provide, the higher the company will be valued by all constituencies"[5].

Es liegen damit Konzepte zur Risikomessung bei Industrie- und Handelsunternehmen vor, deren Übertragung aus dem Finanzbereich allerdings nicht unproblematisch ist. Grundsätzlich könnte eine Risikoquantifizierung neben der hohen Bedeutung im Rahmen des internen Risikomanagements auch einen hohen Informationsnutzen für die Adressaten der Lageberichterstattung haben, da sie durch die Veröffentlichung einer einfachen Risikokennzahl schnell und eindeutig über die Risikoposition des Unternehmens informiert würden.

---

[1] Vgl. STEIN ET AL. (2000), S. 9f.
[2] Vgl. LEE ET AL. (1999), S. 23f.
[3] Vgl. STEIN ET AL. (2000), S. 10.
[4] ROSS, NIAGARA MOHAWK HOLDINGS INC., zitiert nach WENGROFF (2001), S. 15.
[5] BERGMAN, RISKMETRICS, zitiert nach WENGROFF (2001), S. 15.

Ziel der Arbeit ist es daher, die Übertragung des Konzepts der Risikomessung auf den Nichtfinanzbereich nachzuvollziehen und die damit verbundenen Probleme aufzuzeigen. Zum einen soll der Frage nachgegangen werden, ob derartige Risikoangaben eine sinnvolle Information für die Investoren darstellen. Zum anderen soll untersucht werden, ob Konzepte existieren, mit denen diese Angaben zur Risikoquantifizierung im Lagebericht technisch mit angemessenem Aufwand zu erheben sind. Dazu werden entsprechende Anforderungen an die Berechnungsmodelle erarbeitet. Bei der detaillierten Analyse ist besonders zu beachten, welche Risikoarten mit den verschiedenen Ansätzen jeweils verlässlich gemessen werden können und welche Annahmen und Prämissen mit der jeweiligen Berechnung verbunden sind. Dabei wird insbesondere auch auf die Rolle des Abschlussprüfers einzugehen sein, der im Zuge der Jahresabschlussprüfung die Angaben im Risikobericht zu verifizieren hat und daher auch in der Lage sein muss, die Ermittlung der CFaR-Kennzahl zu plausibilisieren.

Die vorliegende Arbeit stellt einen Brückenschlag zwischen den Anforderungen des Gesetzgebers und der Adressaten der Rechnungslegung an die Risikoberichterstattung auf der einen und den methodischen Verfahren zur Risikoquantifizierung auf der anderen Seite her. Besondere Berücksichtigung findet dabei das für die unternehmensinterne Risikosteuerung von diversen Beratungsunternehmen vorgeschlagene Cash-Flow at Risk-Konzept. Im Kern der Arbeit steht die Eignungsprüfung der verschiedenen Modelle zur Risikoquantifizierung aus gesetzlicher und ökonomischer Sicht.

Die Frage, ob CFaR-Modelle zu einer Verbesserung der Risikoberichterstattung beitragen können, soll vor allem hinsichtlich kapitalmarktorientierter Unternehmen beantwortet werden. Wenngleich auch andere Gesellschaften unter bestimmten Voraussetzungen einen Risikobericht aufzustellen haben, wird dem Risikobericht vor allem bei börsennotierten Unternehmen ein besonderer Informationswert zukommen. Anders als bei Unternehmen mit überschaubaren Eigentümerstrukturen besteht im Regelfall für die (Klein-) Aktionäre börsennotierter Gesellschaften neben dem Lagebericht kaum eine andere Möglichkeit, sich über die Risikoposition der Gesellschaft zu informieren. Im Rahmen dieser Arbeit wird daher eine Fokussierung auf börsennotierte Unternehmen vorgenommen.

1.2   Gang der Arbeit

Eine Arbeit, die sich mit dem Risikobericht befasst, wird nicht ohne eine Erläuterung der Grundlagen des Risikomanagements auskommen. Einleitend werden in Kapitel 1.3 daher die notwendigen Grundlagen gegeben und Begriffsbestimmungen vorgenommen. Dazu gehört neben einer Definition der Begriffe *Risiko* und *Risikomanagement* auch eine theoretische Begründung für den Nutzen eines unternehmerischen Risikomanagements. Dem Zweck der Arbeit folgend wird

speziell den Besonderheiten der Risikomessung und -steuerung und deren Quantifizierung in Nichtfinanzunternehmen Rechnung getragen.
Die Arbeit ist in drei Teile gegliedert. Abbildung 1 verdeutlicht den Aufbau der Arbeit schematisch.

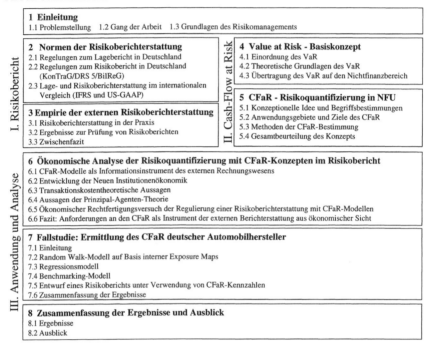

Abb. 1:   Aufbau der Arbeit

Im ersten Teil (I. Risikobericht) werden die gesetzlichen Regelungen zur Risikoberichterstattung der Unternehmen betrachtet. Da der Risikobericht ein Teil des Lageberichts ist, ergibt sich eine Vielzahl von Anforderungen an die Risikoberichterstattung aus den Vorgaben zum Lagebericht. In Kapitel 2.1 werden daher zunächst die gesetzlichen Vorgaben an die Lageberichterstattung in Deutschland dargestellt. Die bestehenden Regelungen werden durch die Neuerungen, die sich durch das BilReG sowie den DRS 15 ergeben, ergänzt. Nach den allgemeinen Regeln des Lageberichts werden in Kapitel 2.2 die speziellen Vorgaben an die Risikoberichterstattung vorgestellt. Auch hier finden die Regelungen des deutschen Gesetzgebers ebenso Berücksichtigung wie der Standard zur Risikoberichterstattung des DSR, der DRS 5. Aufgrund der zunehmenden Internationalisierung der Rechnungslegung werden die deutschen Normen einem internationalen Vergleich mit den IAS/IFRS und den US-GAAP unterzogen (Kapitel 2.3).

Die vorgestellten Regeln zur Risikoberichterstattung werden in Kapitel 3 den empirischen Befunden der unternehmerischen Risikopublizität und deren Prüfung gegenübergestellt und die Regelungen hinsichtlich ihrer praktischen Umsetzung analysiert. Durch Auswertung empirischer Studien sollen in Kapitel 3.3 Erkenntnisse gewonnen werden, inwieweit die tatsächlich beobachtbare Risikoberichterstattung den Anforderungen der Adressaten der Rechnungslegung gerecht wird.

Im zweiten Teil (II. Cash-Flow at Risk) gilt es, auf die Methoden zur Risikoquantifizierung einzugehen. Da die CFaR-Ansätze grundsätzlich auf dem aus der Bankenpraxis bekannten VaR aufbauen, wird das Risikokonzept in Kapitel 4 dargestellt. Nach einer kurzen Einordnung des Konzepts in die verschiedenen Instrumente des Risikomanagements (Kapitel 4.1) wird in Kapitel 4.2 die theoretische Grundlage des VaR erläutert. Dabei wird besonderes Gewicht auf die Methoden der Berechnung gelegt, da einzelne Verfahren auch zur Berechnung des CFaR anzuwenden sind. In Kapitel 4.3 werden Gründe dafür aufgezeigt, dass sich die im Finanzsektor üblichen und teilweise gesetzlich vorgeschriebenen VaR-Modelle nur teilweise für Industrie- und Handelsunternehmen eignen. Die erforderlichen Modifikationen des VaR-Konzepts führen zur Entwicklung des Cash-Flow at Risk. In Kapitel 5 wird der CFaR als Methode zur Risikoquantifizierung in Nichtfinanzunternehmen detailliert dargestellt, indem die grundsätzliche Vorgehensweise und die verschiedenen möglichen Zielsetzungen solcher Methoden gegenübergestellt und die zugrunde liegenden Begrifflichkeiten definiert werden (Kapitel 5.1 und 5.2). Zur folgenden Anwendung des Konzepts bedarf es der ausführlichen Vorstellung der beiden grundsätzlichen Vorgehensweisen zur Ermittlung des CFaR, die bottom-up-Ansätze (Kapitel 5.3.2) und die top-down-Ansätze (Kapitel 5.3.3), die anschließend einer kritischen Analyse unterzogen werden (Kapitel 5.3.4). Eine Gesamtbeurteilung des CFaR-Konzepts schließt den zweiten Teil ab.

Zielsetzung des dritten Teils (III. Anwendung und Analyse) ist die Zusammenführung der ersten beiden Teile, indem die analysierten CFaR-Konzepte hinsichtlich ihrer Eignung für die Risikoberichterstattung von Nichtfinanzunternehmen untersucht werden. Im Rahmen einer ökonomischen Analyse wird in Kapitel 6 ein Erklärungsbeitrag für eine ‚erweiterte' Risikoberichterstattung gesucht, die sich auf die Erkenntnisse der Neuen Institutionenökonomik, NIÖ, stützt. Dazu wird der CFaR zunächst als Instrument des externen Rechnungswesens etabliert (Kapitel 6.1) und das Konstrukt der NIÖ eingeführt (Kapitel 6.2), um damit zum einen transaktionskostentheoretische (Kapitel 6.3) und agency-theoretische Fundierungen (Kapitel 6.4) gewinnen zu können. Auf Basis der zugrunde gelegten Theorien werden Anforderungen an die betrachteten Methoden der Risikoquantifizierung ermittelt, die notwendig erscheinen, um eine Verringerung von Transaktionskosten bzw. eine Verminderung der bestehenden Prinzipal-Agenten-Problematik zu gewährleisten. Daneben soll in Kapitel 6.5 ein ökonomischer Rechtfertigungsversuch für eine gesetzliche Regelung der CFaR-Berechnung und Veröffentlichung unternommen werden. Kapitel 6.6 fasst die Ergebnisse schließlich zusammen, indem Anforderungen an die Modelle und die Veröffentlichung des CFaR gestellt werden, um eine effiziente Informationsübermittlung an die Rechnungslegungsadressaten zu gewährleisten.

Um die mit der Berechnung von CFaR-Kennzahlen verbundenen Annahmen, Prämissen und Datenerfordernisse aufzudecken und darzustellen, werden in Kapitel 7verschiedene Konzepte im Rahmen einer Fallstudie auf deutsche Automobilhersteller angewendet (Kapitel 7.1 bis 7.4). Als Extrakt der insgesamt gewonnenen Erkenntnisse wird in Kapitel 7.5 ein Risikobericht entworfen, in dem unter Beachtung der gestellten Anforderungen eine Risikoquantifizierung mit Hilfe von CFaR-Konzepten vorgenommen wird. Kapitel 7.6 stellt die Ergebnisse zu den einzelnen Modellen ausführlich dar.

Kapitel 8 schließt mit einer Zusammenfassung der gewonnenen Ergebnisse die Arbeit ab und gibt einen Ausblick, in dem auch der weitere Forschungsbedarf aufgeführt wird.

1.3   Grundlagen des Risikomanagements

1.3.1   Risikobegriff

Allein in der Wirtschaftswissenschaft ist der Begriff *Risiko* durch eine Fülle von Definitionen gekennzeichnet, da dieser jeweils vor dem Hintergrund einer konkreten Problemstellung bestimmt wird[1]. Zur Erklärung des Begriffs Risiko lassen sich ein ursachenbezogener und ein wirkungsbezogener Betrachtungsansatz[2] unterscheiden. Die erste Erklärungsrichtung bezieht sich auf die *Ursache des Risikos*. Dem Wirtschaftssubjekt liegen hinsichtlich zukünftiger Umweltzustände und der daraus resultierenden Ergebnisse der einzelnen Entscheidungsalternativen nur unvollkommene Informationen vor[3]. Grundsätzlich wird zwischen Sicherheit und Unsicherheit unterschieden[4]. Eine sichere Entscheidung bzw. eine sichere zukünftige Geschäftsentwicklung läge dann vor, wenn jeder Entscheidungsalternative ein sicheres Ergebnis zugeordnet werden könnte und nur dieses

[1]   Vgl. u. a. MIKUS (2001), S. 5.
[2]   Vgl. WINTER (2004a), S. 23 - 26 m. w. N.
[3]   Das dem handelnden Individuum eigene Wissen wird als Information bezeichnet. Vgl. dazu WITTMANN (1959), S. 14.
[4]   Vgl. MANDL/RABEL (1997), S. 210; PERRIDON/STEINER (2004), S. 99; SCHMIDT/TERBERGER (1999), S. 277f.; FRANKE/HAX (2004), S. 245.

Ergebnis für möglich gehalten würde; realiter wird von sicheren Entscheidungen indes nicht auszugehen sein[1]. Vielmehr wird jede Entscheidung – und damit jede unternehmerische Aktivität – auf einer Reihe von Daten und Erwartungen beruhen, die mit Unsicherheit behaftet sind[2], d. h., der Entscheider ist sich über die Folgen einer von ihm getroffenen Entscheidung unsicher, da er aufgrund unvollständigen Wissens die sich aus seinen Handlungen ergebende Zielverwirklichung nicht ermitteln kann[3].

Die ursachenbezogene Betrachtungsweise ist ursprünglich auf KNIGHT zurückzuführen[4]. KNIGHT unterscheidet je nach dem Grad des Informationsstandes, den der Entscheider über das Eintreten der Umweltzustände seiner Handlungsalternativen besitzt, drei Informationszustände: Er spricht von Sicherheit, wenn ein Ergebnis mit einer Wahrscheinlichkeit von 100 % eintreten wird. Sind die Umweltzustände objektiv messbar, d. h. den möglichen Ereignissen können objektive Wahrscheinlichkeiten zugeordnet werden, so handelt es sich um Risiko i. e. S. Können hingegen den möglichen Ereignissen keine oder nur subjektiv messbare bzw. schätzbare Wahrscheinlichkeiten zugeordnet werden, so handelt es sich um Ungewissheit[5].

Der so von KNIGHT definierte Risikobegriff erfasst nur mögliche Umweltzustände, denen tatsächlich objektive, statistisch ermittelte Wahrscheinlichkeitsverteilungen zugewiesen werden können. Dieser engen Begriffsauffassung sind zwischenzeitlich weitere Autoren gefolgt[6]. Eine statistisch messbare Wahrscheinlichkeitsverteilung schützt vor subjektiver Beeinflussung. Fraglich ist allerdings, ob und wie für künftige Ereignisse objektive Wahrscheinlichkeiten ermittelt werden können, so dass eine derart enge Begriffsauslegung mitunter nicht zielführend ist[7]. In der Praxis wird vielmehr davon auszugehen sein, dass häufig unvollständige Entscheidungsprobleme vorliegen, bei denen die individuellen Präferenzen der Entscheidungsträger, die Zahl der möglichen Handlungsalternativen und bzw. oder deren Zielbeitrag nicht vollständig bekannt sein

---

[1] Sicherheit im Sinne von „dies und nur dies könne eintreten, führt zu logischen Widersprüchen", da die Handlungsfähigkeit des Entscheiders dann außer Acht bleibt. Sicherheit kann nur als „erster Gedankenschritt" bei Planungen über die Vorteilhaftigkeit einer Entscheidung herangezogen werden; zur Lieferung einer guten Handlungsempfehlung ist sie nur in seltenen Fällen geeignet. SCHNEIDER (1995), S. 9 und 11.

[2] Vgl. PERRIDON/STEINER (2004), S. 98.

[3] Vgl. SCHNEIDER (1995), S. 12.

[4] Vgl. KNIGHT (1964), S. 197 - 232.

[5] Von KNIGHT auch als die „true uncertainties" bezeichnet, da diese den Mitteln der Wahrscheinlichkeitsrechnung nicht zugänglich sind. Vgl. KNIGHT (1964), S. 232f.

[6] Vgl. GUTENBERG (1964), S. 77f. Ähnlich bereits HART (1946), S. 547.

[7] Vgl. WITTMANN (1959), S. 54f. m. w. N. Andere Autoren verwenden die Begriffe Unsicherheit und Risiko synonym, da sie den Fall der Ungewissheit als realitätsfern und theoretisch zweifelhaft beurteilen. Vgl. HIRSHLEIFER/RILEY (1992), S. 9f.; EISENFÜHR/WEBER (2003), S. 20.

werden[1]. Daher kann in einem engeren Sinne Risiko als Unsicherheit über mögliche Umweltzustände definiert werden, denen der Entscheider objektive oder zumindest subjektive Wahrscheinlichkeiten zuordnen kann. Abbildung 2 verdeutlicht diese Definition des Risikobegriffs[2].

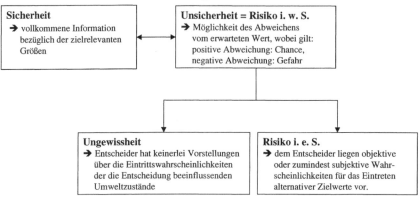

Abb. 2: Risiko und Ungewissheit

Quelle: In Anlehnung an PERRIDON/STEINER (2004), S. 99; KRUSCHWITZ (2003), S. 288.

Eine zweite Erklärungsrichtung des Risikobegriffs ist der *wirkungsbezogene Betrachtungsansatz*. Er beschreibt das Risiko als ökonomische Auswirkung auf die entscheidungsrelevanten Größen[3]. Ausgehend von den auf die Unternehmensleistung einwirkenden Einflüssen kann das Risiko als Gefahr eines Verlustes oder eines Schadens definiert werden[4]. Im Zusammenhang mit dem Zukunftsbezug von Entscheidungen ist unter Risiko die Gefahr einer Fehlentscheidung[5] oder das Misslingen von Plänen[6] zu verstehen. Die Verknüpfung dieser beiden Definitionen führt zu einem Risikobegriff, verstanden als Gefahr einer Fehlentwicklung mit der Folge eines Schadens[7]. Das so definierte Risiko stellt mit den Begriffen „Verlust" und „Schaden" im Wesentlichen auf monetäre Zielgrößen ab. Bei der Bestimmung eines auf das gesamte Unternehmen gerichteten Risi-

---

[1] Ebenso GEBHARDT (1980), S. 43; BONSE (2004), S. 62f.

[2] Vgl. auch SCHNEIDER (1995), S. 12. Eine etwas andere Aufteilung findet sich bei BUSSE VON COLBE/LAßMANN (1990), S. 156.

[3] Vgl. auch SCHULZE (2001), S. 18 - 23.

[4] Vgl. BUSSMANN (1955), S. 12. ENGELS versteht unter Risiko die Höhe des möglichen Verlustes multipliziert mit der Eintrittswahrscheinlichkeit, ihn zu erleiden. Vgl. ENGELS (1969), S. 22.

[5] Vgl. PHILIPP (1967), S. 37f.; IMBODEN (1983), S. 45f.

[6] Vgl. WITTMANN (1959), S. 36f.; EUCKEN (1965), S. 139 - 141.

[7] Vgl. BUSSMANN (1955), S. 15. Mit einer ähnlichen Sichtweise IMBODEN (1983), S. 51.

kobegriffs sind auch nichtmonetäre Zielgrößen wie Markt- und Qualitätsziele sowie soziale Ziele mit einzubeziehen. Durch Verallgemeinerung lässt sich das Risiko als Gefahr von Fehlentscheidungen beschreiben, die zur Nichterreichung der gesetzten Ziele führen[1]. Allerdings reicht die Unsicherheit über die künftige Entwicklung allein nicht aus, um einer Entscheidung ein „Risiko", im Sinne der Gefahr eines Verlustes, beizumessen, wenn eine zum jetzigen Zeitpunkt getroffene Entscheidung sofort und ohne zusätzliche Kosten korrigiert werden kann. Wird der Entscheider aber langfristig an seine Wahl gebunden oder kann diese nur durch einen außerordentlich hohen Aufwand rückgängig gemacht oder korrigiert werden, so kommt zu der eigentlichen *Unsicherheit* über die künftigen Entwicklung der relevanten Einflussfaktoren eine zusätzliche *Inflexibilität* von Entscheidungen[2].

Letztlich liegen die vorstehenden Begriffsbestimmungen inhaltlich eng beieinander. Zusammenfassend lässt sich Risiko als Möglichkeit einer Zielabweichung definieren. Die erwartete Entwicklung bzw. der erwartete Wert kann mithin von zwei Seiten verfehlt, d. h. über- oder unterschritten werden. Eine Abweichung mit negativer Wirkung (höherer Verlust bzw. niedrigerer Umsatz) wird als Risiko bezeichnet. Eine positive Wirkung ist folgerichtig als Chance definiert[3]. Im Rahmen dieser Arbeit wird Risiko definiert als Möglichkeit einer Abweichung des tatsächlichen Ergebnisses einer Entscheidung von dem geplanten Ergebnis. Es wird dabei grundsätzlich zwischen positiven und negativen Abweichungen unterschieden. Eine negative Abweichung wird als Risiko und eine positive Abweichung als Chance bezeichnet[4], da der Risikobegriff im Zusammenhang mit dem Risikobericht angewendet wird und die zu wählende Risiko- und Chancendefinition der gesetzlichen Bestimmung folgend, eine getrennte Betrachtung differierender Zielabweichungen ermöglichen muss[5].

In dieser Arbeit werden verschiedene *Risikomaße* für Nichtfinanzunternehmen diskutiert. Ein Risikomaß soll im Folgenden als numerischer Ausdruck festgelegt werden, der das Risiko eines Betrachtungsobjekts als Gefahr eines negativen Abweichens von einem erwarteten Cash-Flow quantitativ darstellt und somit eine vergleichende Aussage über das Risiko von verschiedenen Betrachtungsobjekten ermöglicht[6].

---

[1] Vgl. IMBODEN (1983), S. 45.
[2] Vgl. PERRIDON/STEINER (2004), S. 101.
[3] Vgl. BAETGE/SCHULZE (1998), S. 939; NEUBECK (2003), S. 19. Ein Risikobegriff, der sowohl reine Risiken als auch Chancen umfasst, kann auch als spekulativer Risikobegriff bezeichnet werden. Vgl. LÜCK (2003), S. 334 m. w. N.
[4] Vgl. JENDRUSCHEWITZ (1997), S. 9; BÜSCHGEN/BÖRNER (2003), S. 263.
[5] Die hier gewählte Definition weicht damit an dieser Stelle von der Risikodefinition in der Kapitalmarkttheorie ab.
[6] Vgl. ebenso BRACHINGER/WEBER (1997), WINTER (2004), S. 289.

Eng mit dem Risiko verbunden ist der Begriff des *Hedging*, der mit „einzäunen" oder „eingrenzen" übersetzt werden kann. Bezogen auf die Risikointerpretation als mögliche negative Zielabweichung lässt sich das Hegding als Eingrenzung dieser Zielabweichung und damit als Vorgehensweise zur Risikobeschränkung verstehen. Grundsätzlich wird unter Hegding der Abschluss von Zukunftskontrakten verstanden, die bezüglich einer bestimmten risikobehafteten Position ein Gegenengagement darstellen[1]. Dadurch werden kompensatorische Effekte erzielt, indem sich das Geschäft hinsichtlich des zugrunde liegenden Risikos in entgegengesetzter Weise verhält wie die abzusichernde Position[2]. Im Rahmen dieser Arbeit soll eine weitergehende Hedgingdefinition gewählt werden, bei der alle Absicherungsmaßnahmen unabhängig davon, ob es sich um die Sicherung bestehender Vermögenspositionen oder um die Absicherung zukünftiger Unternehmensprozesse handelt, unter dem Hedgingbegriff subsumiert werden[3]. Hedging stellt damit ein Konzept des Risikotransfers dar, bei dem risikobehaftete Positionen, die sich aus vorhandenen oder zukünftigen Rechten oder Pflichten ergeben, mittels verschiedener Instrumente bzw. Gegenengagements auf Dritte übertragen werden, so dass bei Risikoeintritt vollständige oder teilweise Kompensationseffekte entstehen.

1.3.2 Systematisierung von Risiken in Industrie- und Handelsunternehmen

Für die Einschätzung der Risiken eines Unternehmens ist die Höhe des Gesamtrisikos, das Risikoexposure, entscheidend. Die den Industrie- und Handelsunternehmen – welche im Rahmen dieser Arbeit besondere Berücksichtigung finden – zugrunde liegenden Risiken sind vielfältig; als gemeinsames Merkmal besitzen sie die Eigenschaft, dass sie die Höhe des finanziellen Überschusses des Unternehmens beeinflussen. Die relevanten Risikokomponenten sind jedoch unternehmensspezifisch festzulegen.

In der Literatur findet sich eine Vielzahl von Ansätzen für eine Kategorisierung von Risiken, die zum Teil sehr unterschiedlich ausfallen[4]. Die nachstehende Abbildung 3 gibt eine Übersicht über mögliche Risikokategorien von Industrie- und Handelsunternehmen, die eine trennscharfe Systematisierung ermöglichen sollen, ohne dabei – der Vielschichtigkeit der individuellen Risikopositionen der Unternehmen Rechnung tragend – einen Anspruch auf Vollständigkeit zu erheben.

---

[1] Vgl. SCHIERENBECK (2003), S. 461f.
[2] Vgl. BÜSCHGEN (1988), S. 31f.
[3] Vgl. ähnlich SPREMANN (1986), S. 445; BERGER (1990), S. 28f.
[4] Vgl. HAGER (2004), S. 12.

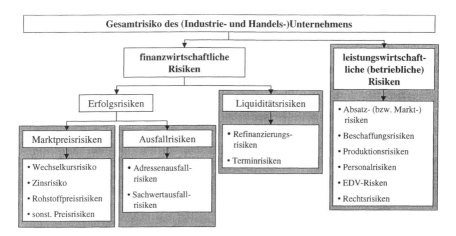

Abb. 3: **Kategorisierung von Risiken in Industrie- und Handelsunternehmen**
Quelle: In Anlehnung an WIEDEMANN (1998), S. 4; KREMERS (2002),
S. 47 – 52.

Eine mögliche Unterscheidung von Unternehmensrisiken besteht in der Differenzierung von finanz- und leistungswirtschaftlichen Risiken[1]. *Leistungswirtschaftliche Risiken,* teilweise auch als betriebliche oder nicht-finanzielle Risiken
bezeichnet[2], ergeben sich aus dem Leistungsprozess, d. h. dem eigentlichen Gegenstand der Unternehmensaktivität. Unter die leistungswirtschaftlichen Risiken
lassen sich Absatz-, Beschaffungs-, Produktions-, Personal-, EDV- und Rechts-
risiken subsumieren[3], die im Folgenden kurz skizziert werden.

- Ein wesentliches Risiko ist das *Absatzrisiko,* welches im weiteren Sinne auch
  als Marktrisiko zu definieren ist[4]. Das Risiko wird in Form sinkender Umsätze schlagend. Ursachen für das rückläufige Kaufverhalten des Unterneh-
  mensklientels können sowohl auf der strategischen als auch auf der operativen
  Ebene zu suchen sein. Im Einzelnen können ein geändertes Kaufverhalten,
  aber auch der fehlerhafte Einsatz von Marketinginstrumenten, ein negatives
  Image, eine falsche Produktpolitik und mangelnde Qualität oder Akzeptanz

---

[1] Allgemein lassen sich Risiken auch nach ihrer Herkunft in interne und externe Risiken unterscheiden. Die dazu erforderliche Abgrenzung der Risiken ist allerdings nicht unproblematisch, da eine eindeutige Trennung kaum möglich erscheint. Vgl. BÜSCHGEN/BÖRNER
(2003), S. 268; SCHIERENBECK/LISTER (2001), S. 332. Daneben sind weitere Unterschei-
dungen denkbar. Vgl. u. a. SCHIERENBECK/LISTER (2001), S. 331 - 336.
[2] Vgl. bspw. HAGER (2004), S. 12.
[3] Vgl. hier und im Folgenden KREMERS (2002), S. 47.
[4] Auch als Business-Risk bezeichnet. Vgl. LEE ET AL. (1999), S. 5.

der Produkte als Gründe identifiziert werden. Das Risiko ist daher eng mit der Geschäftspolitik verbunden.

• Das *Produktions-*, aber auch das *EDV-Risiko* werden zumeist als operationelle Risiken verstanden und umfassen organisatorische und technische Risiken. Hierunter fallen insbesondere der Ausfall der betrieblichen Informations- und Kontrollsysteme durch unzulängliche Kontrollen bzw. unausgereifte Systeme, geringe Datenqualität oder menschliches Versagen. Schließlich lassen sich auch die Risiken aus Naturkatastrophen unter das operationelle Risiko fassen[1]. Viele derartige Betriebsrisiken können durch geeignete Organisationsformen und durch die Risikoübertragung auf Versicherungen auf ein Mindestmaß reduziert werden[2].

• Das *Rechts-* bzw. *Vertragsrisiko* liegt vor, wenn gesetzliche Vorschriften die Durchführung von Geschäften be- oder verhindern. Denkbar ist sowohl die falsche Auslegung von Gesetzestexten bzw. Verordnungen als auch die unzureichende Ausgestaltung und Dokumentation von Verträgen[3]. Darüber hinaus können sich aus der mangelnden Durchsetzbarkeit vertraglicher oder gesetzlicher Ansprüche Risiken ergeben[4]. In diesem Zusammenhang sind auch die Risiken aus Schadensersatzansprüchen aus Haftpflichtgesetzen zu nennen, die aus Produktfehlern und Umweltbeeinträchtigungen resultieren können[5].

Neben dem betrieblichen Leistungsprozess sind Finanzprozesse durchzuführen, die den Leistungsprozess ermöglichen und unterstützen sollen. Die damit verbundenen *finanziellen* bzw. *finanzwirtschaftlichen* Risiken lassen sich zunächst grob in Liquiditäts- und Erfolgsrisiken gliedern.

• Das *Liquiditätsrisiko* steht aufgrund seiner existenziellen Bedeutung traditionell im Mittelpunkt des unternehmerischen Risikomanagements. Es entsteht dadurch, dass ein Unternehmen jederzeit in der Lage sein muss, seinen Zahlungsverpflichtungen nachzukommen[6]. Die Unmöglichkeit des Ausgleiches einer fälligen Forderung stellt einen Insolvenzgrund dar[7]. Die Konsequenzen des Liquiditätsrisikos wirken zumeist zeitversetzt, so dass die Liquidität nicht

---

[1] Vgl. OEHLER/UNSER (2002), S. 14f. Diese werden auch als Operational-Risk bezeichnet. Vgl. LEE ET AL. (1999), S. 5.
[2] Wenngleich eine völlige Eliminierung aller Risiken durch ein Unternehmen nicht möglich bzw. mit prohibitiv hohen Kosten verbunden wäre.
[3] Vgl. HORNUNG (1998), S. 686.
[4] Das Risiko liegt hier oft in einer veränderten Rechtsprechung, aus der eine veränderter Rechtsrahmen resultiert. Vgl. BÜSCHGEN/BÖRNER (2003), S. 269.
[5] Vgl. KREMERS (2002), S. 48.
[6] Vgl. HORNUNG (1998), S. 686.
[7] Vgl. § 17 InsO, sowie die drohende Zahlungsunfähigkeit gem. § 18 InsO. Die Überschuldung des Unternehmens (Vermögen < Schulden) stellt den zweiten wesentlichen Grund für die Anmeldung einer Insolvenz dar. Vgl. § 92 Abs. 2 AktG, § 19 InsO.

unmittelbar gemessen werden kann, sondern langfristig geplant werden muss. Das Liquiditätsrisiko lässt sich weiter in Refinanzierungs- und Terminrisiken unterteilen[1]. Über die Zahlungsfähigkeit des Unternehmens hinaus, beinhaltet das Liquiditätsrisiko auch die mangelnde Fungibilität auf Märkten oder andere Marktstörungen, die dazu führen, dass die Glattstellung einer Position verhindert wird[2].

Neben den Liquiditätsrisiken ist das Unternehmen zahlreichen *Erfolgsrisiken* ausgesetzt, welche die Gefahr einer unerwarteten Ergebnisverschlechterung mit sich bringen. Es sind insbesondere Marktpreis- und (Kredit-)Ausfallrisiken zu differenzieren.

- *Marktpreisrisiken* entstehen aus Marktpreisänderungen von Wechselkursen, Zinsen, Rohstoffen und sonstigen marktpreisbestimmten Positionen[3]. Sonstige Positionen können Marktrisiken aus Aktien sowie sonstige Optionspreisrisiken[4] sein[5]. Das Marktpreisrisiko beschreibt die Gefahr einer Ergebnisveränderung aufgrund zukünftiger Marktpreisänderungen. Je nach Ausgestaltung der Geschäftsaktivitäten kann sowohl eine Preissteigerung als auch eine Preissenkung zu einer Ergebnisverschlechterung führen[6].

- Neben den Marktpreisrisiken gehört das *(Kredit-)Ausfallrisiko* zu den Erfolgsrisiken. Das Ausfallrisiko kann in ein Adressen- und ein Sachwertrisiko unterteilt werden. Sachwertrisiken ergeben sich aus der Gefahr einer Sachwertminderung, die infolge einer Veralterung der Produktionsanlagen durch technischen Fortschritt oder – bei Immobilien – durch Kontamination des Bodens entstehen kann[7]. Das Adressenausfallrisiko geht mit Forderungen gegenüber Geschäftspartnern einher. Es tritt ein, wenn diese Verpflichtungen nicht bzw. nicht in voller Höhe oder verspätet erfüllt werden[8]. Denkbar ist bspw. der Forderungsausfall eines Kunden oder Kreditnehmers, der seiner

---

[1] Ein Refinanzierungsrisiko entsteht durch eine unterschiedliche Fristigkeit der Mittelbindung von Aktiv- und Passivseite. Terminrisiken ergeben sich aus ungeplanten Veränderungen der Kapitalbindungsdauer. Vgl. HAGER (2004), S. 14.

[2] Vgl. HORNUNG (1998), S. 686.

[3] Vgl. WIEDEMANN (1998), S. 7; BÜSCHGEN/BÖRNER (2003), S. 270; HAGER (2004), S. 14.

[4] Dies gilt grundsätzlich auch für Risiken aus Aktienoptionsprogrammen. Das Aktien- und Optionspreisrisiko wird für Industrie- und Handelsunternehmen nur eine begrenzte Relevanz besitzen, da es lediglich bei der Kapitalanlage in Aktien und Optionen schlagend wird.

[5] Vgl. HORNUNG (1998), S. 685f. Ihr Einfluss auf die Gesamtrisikoposition eines Industrie- und Handelsunternehmen soll aber im Rahmen dieser Arbeit als vernachlässigbar eingeordnet werden.

[6] Im Folgenden wird angenommen, dass die betrachteten Unternehmen nur einen geringen Einfluss auf die Marktpreise besitzen.

[7] Vgl. WIEDEMANN (1998), S. 6. Das Sachwertrisiko stellt damit streng genommen ein Risiko des leistungswirtschaftlichen Bereichs dar.

[8] Vgl. KREMERS (2002), S. 50.

Zahlungsverpflichtung nicht nachkommt. Das Adressenausfallrisiko steigt grundsätzlich mit der Konzentration der Kreditnehmer bzw. Kunden. Kann das Unternehmen einen offenen Kontrakt nicht mehr zu den vereinbarten Bedingungen glattstellen, so ergibt sich nicht nur ein Kreditrisiko, sondern – in Verbindung mit dem Absatzrisiko – auch ein Mengenrisiko, das dadurch entsteht, dass ein Vertragspartner seiner Liefer- oder Abnahmeverpflichtung nicht oder nicht in vollem Umfang nachkommt und damit eine offene Mengenposition verbleibt[1].

Die vorgenommene Darstellung der Risiken hat indes keinen abschließenden Charakter; vielmehr wurde die Gliederung im Hinblick auf das gesteckte Ziel vorgenommen. Für das Risikomanagement sowie die Risikoquantifizierung sind die Korrelationen, d. h. die Wechselbeziehungen zwischen den einzelnen Risikoarten, von entscheidender Bedeutung. Mögliche Interdependenzen zwischen den einzelnen Risikoarten sowie ihr Bezug zu der jeweiligen Ziel- bzw. Ergebnisgröße sind daher bei einer Risikoquantifizierung adäquat zu berücksichtigen[2].

1.3.3 Kapitalmarktunvollkommenheiten als Begründung unternehmerischen Risikomanagements

Im Rahmen dieser Arbeit wird die Veröffentlichung interner Risikokennzahlen im Rahmen der Risikoberichterstattung diskutiert. Die dazu benötigten Zahlen werden durch das unternehmensinterne Risikomanagement ermittelt. Indes findet sich in der Literatur eine breite Diskussion über die ökonomische Relevanz des Risikomanagements[3]. Ausgelöst wurde sie insbesondere durch den Widerspruch zwischen der unternehmerischen Praxis, die vor allem dem finanzwirtschaftlichen Risikomanagement große Aufmerksamkeit widmet, und verschiedenen ökonomischen Theorien, nach denen das Risikomanagement entweder als allgemein redundant bezeichnet wird oder zumindest ebenso gut, wenn nicht besser, durch die Anteilseigner durchgeführt werden könnte[4]. Im Folgenden soll kurz auf die Begründbarkeit eines unternehmerischen Risikomanagements eingegangen werden.

---

[1] Vgl. HORNUNG (1998), S. 686.
[2] Darüber hinaus kann eine Marktpreisänderung verschiedene Folgen haben: Eine Erhöhung des Wechselkurses kann zu einer Verteuerung von Einsatzstoffen führen, aber ebenfalls die Produkte im Ausland „verbilligen" und damit die Absatzchancen erhöhen. In Kapitel 7.2 werden verschiedene mögliche Wechselwirkungen, auch zwischen unterschiedlichen Risikoarten, ausführlich anhand eines Beispiels verdeutlicht.
[3] Vgl. GREBE (1993), S. 17 - 22; FENN/POST/SHARPE (1997), S. 13 - 31.
[4] Vgl. FRANKE/HAX (2004), S. 582f., mit einem Verweis auf das Irrelevanztheorem von MODIGLIANI/MILLER.

Von der ökonomischen Irrelevanz eines unternehmerischen Risikomanagements ist auf Basis des Arguments internationaler Gleichgewichtsbedingungen zwischen Währungen, Zinsen und Güterpreisen auszugehen[1]. Kann die Annahme über die Gültigkeit der Gleichgewichtszustände zwischen Kapital-, Währungs- und Gütermärkten getroffen werden, so wird jedes Risikomanagement obsolet, da negative Effekte eines Einflussfaktors sofort durch eine gegenläufige Entwicklung einer anderen ökonomischen Größe ausgeglichen werden. Empirische Untersuchungen weisen jedoch darauf hin, dass die genannten Gleichgewichtsbedingungen bestenfalls langfristig gelten, so dass regelmäßig eine Grundlage für finanzwirtschaftliches Risikomanagement besteht[2]. Damit ist jedoch noch ungeklärt, ob Unternehmen oder Anteilseigner aus ökonomischer Sicht die Aufgabe des Risikomanagements übernehmen sollen. Erkenntnisse hierüber können aus dem Irrelevanztheorem von MODIGLIANI/MILLER, MM, gewonnen werden[3].

Das Irrelevanztheorem besagt, dass die Kapitalstruktur eines Unternehmens unter den Prämissen eines vollkommenen Kapitalmarktes keinen Einfluss auf den Unternehmenswert hat, da die Anteilseigner jederzeit die Möglichkeit besitzen, mit Hilfe von (unendlich teilbaren) Kapitalmarkttransaktionen die Finanzpolitik der Gesellschaft zu replizieren[4]. Die so gestaltete Aussage lässt sich auf das unternehmerische Risikomanagement übertragen[5]. Ein (finanzielles) Risikomanagement wäre demnach nicht geeignet, den Unternehmenswert zu steigern, da die Anteilseigner das Management von Wechselkurs-, Zins- und Rohstoffpreisrisiken mindestens ebenso gut, bzw. aufgrund der Diversifikationseffekte im Rahmen der Portfoliobildung ggf. sogar besser, durchführen könnten.

Gleichwohl offenbart sich bei genauerer Betrachtung, dass die dem MM-Modell zugrunde liegenden neoklassischen Prämissen realiter nicht erfüllt sind. Es herrschen Marktunvollkommenheiten, die die Diskrepanz zwischen theoretischem Modell und Unternehmenspraxis erklären. Marktunvollkommenheiten bilden auch die Grundlage für die verschiedenen Theorien der Neuen Institutionenökonomik, die die ökonomische Relevanz des praktisch beobachtbaren unternehmerischen Risikomanagements unterlegen[6].

---

[1] Dies ergibt sich aus dem internationalen Fisher-Effekt und dem Kaufkraftparitätentheorem. Vgl. BARTRAM (1999a), S. 28 m. w. N.

[2] Vgl. ADLER/LEHMANN (1983), S. 1471 - 1487; ABUAF/JORION (1990), S. 157 - 174; FROOT/ROGOFF (1994); MARSTON (1994).

[3] Vgl. MODIGLIANI/MILLER (1958), S. 261 - 297; MODIGLIANI/MILLER (1959), S. 655 - 669; sowie die Erweiterungen zu Steuern MODIGLIANI/MILLER (1963), S. 433 - 443.

[4] Vgl. MODIGLIANI/MILLER (1958); STIGLITZ (1969), S. 784 - 793; STIGLITZ (1974), S. 851 - 866. Für eine Untersuchung der Relevanz der Kapitalstruktur und Dividendenpolitik von Kapitalgesellschaften in Deutschland und Österreich vgl. SWOBODA (1991), S. 851 - 866.

[5] Vgl. MACMINN (1987), S. 1169 - 1173.

[6] Vgl. FITE/PFLEIDERER (1995), S. 144f.

Grundsätzlich bewirkt das Risikomanagement zum einen eine Reduzierung der
Volatilität der Zahlungsströme der Unternehmen und damit eine kleinere Varianz des Unternehmenswertes. Zum anderen sind kleinere Unternehmenswerte
auch nur mit einer geringeren Wahrscheinlichkeit als ohne Hedgingmaßnahmen
zu erwarten. Nachstehende Abbildung 4 verdeutlicht die Effekte.

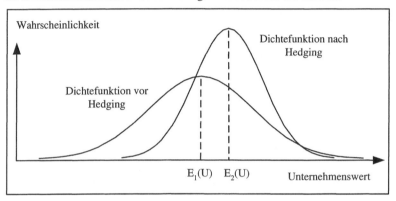

Abb. 4: **Auswirkungen von Maßnahmen des Risikomanagements auf den Unternehmenswert**

Quelle: In Anlehnung an SMITH/SMITHSON/WILFORD (1990).

Positive Theorien zur ökonomischen Relevanz unternehmerischen Risikomanagements gehen von Marktunvollkommenheiten aus, indem sie u. a. Steuern,
Hedgingkosten und Agency-Kosten[1] berücksichtigen. Die Funktion des Unternehmenswertes sei konkav, so dass die Reduktion der Cash-Flow-Volatilität eine Vergrößerung des Zahlungsstroms an die Anteilseigner zur Folge hätte. Dies
wird in der Abbildung 4 durch die Erhöhung des erwarteten Unternehmenswertes deutlich: $E_1(U) < E_2(U)$ [2]. Die Erklärungsansätze bestehen damit in der Steigerung des Unternehmenswerts aufgrund der Reduktion von Transaktions- bzw.
Agency-Kosten sowie der Senkung der Finanzierungskosten.

Ziel der Unternehmensleitung ist i. d. R. die langfristige Maximierung des Unternehmenswertes[3]. Das unternehmerische Risikomanagement wird mithin daran
zu messen sein, inwieweit es zu diesem Ziel beiträgt. Das Risikomanagement ist
dann ökonomisch sinnvoll, wenn der geschaffene Unternehmensmehrwert die

---

[1] Vgl. dazu ausf. Kapitel 6.4.
[2] Vgl. SANTOMERO (1995), S. 2; ebenso BARTRAM (1999a), S. 32.
[3] Zur praktischen Relevanz des Konzepts vgl. die Studien von PELLENS/ROCKHOLTZ/STIENE-
     MANN (1997), S. 1933 - 1939, sowie PELLENS/TOMASZEWSKI/WEBER (2000), S. 1825 -
     1833. Grundlegend zu dem Konzept des Shareholder Value vgl. RAPPAPORT (1995).

anfallenden Kosten übersteigt und die Anteilseigner diese Wertsteigerung nicht zu geringeren Kosten selbst hätten realisieren können.

1.3.4 Ziele und Aufgaben des Risikomanagements

Für die Eigenkapitalgeber einer Gesellschaft wird der Unternehmenswert i. d. R. als Barwert der zukünftigen freien Cash-Flows berechnet. Zur Diskontierung werden die erwarteten risikoabhängigen Kapitalkosten herangezogen. Hohe Risiken zeigen sich in unerwarteten, hohen Schwankungsbreiten der zukünftigen Cash-Flows. Die Kapitalmarkttheorie geht von risikoaversen Kapitalgebern aus, die ein risikoreicheres Unternehmen nur dann genauso hoch bewerten wie ein risikoärmeres, wenn sie höhere Erträge, d. h. einen Risikozuschlag erwarten können. Aufgabe des Risikomanagements ist es daher, durch eine Minderung der Schwankungsbreite bzw. Streuung der freien Cash-Flows eine Steigerung des Unternehmenswertes zu gewährleisten[1]. Dieses theoretische Argument wurde auf seine praktische Relevanz überprüft. In einer empirischen Studie zeigt DELMAR, dass diejenigen Unternehmen am erfolgreichsten sind, die sich der mit der Unternehmenstätigkeit verbundenen Risiken bewusst sind[2]. Die Unternehmensleitung kann also durch die Identifizierung und Beeinflussung von Risiken der Geschäftstätigkeit den Unternehmenserfolg beeinflussen. Das Risikomanagement kann mithin als ein Bestandteil der wertorientierten Unternehmensführung verstanden werden.

Neben dieser grundsätzlichen Einordnung des Risikomanagements als Bestandteil der wertorientierten Unternehmensführung lassen sich die **Ziele des Risikomanagements** im Hinblick auf eine interne bzw. externe Risikoquantifizierung konkretisieren[3]:

- Es soll eine steigende Transparenz der Risiken erreicht werden. Eine formale Quantifizierung der Risiken, die sich aus Veränderungen der Einflussfaktoren auf die Volatilität der betrieblichen Zielgröße ergibt, steigert das Verständnis für das übernommene Risiko des Unternehmens.

- Eine Risikomessung sowie die Veröffentlichung der daraus resultierenden Risikomesszahl soll nicht nur die Kommunikation innerhalb des Unternehmens bzw. zwischen Unternehmensteilen, sondern auch zwischen dem Management und Unternehmensexternen, wie Aktionären, Fondsmanagern, Ratingagenturen oder allgemein der interessierten Öffentlichkeit, erleichtern und verbessern.

---

[1] Vgl. GLEIßNER/WEISSMANN (2001), S. 46f. Dies setzt indes voraus, dass die Anleger eine derartige Absicherung nicht zu gleichen Kosten selbst übernehmen können.
[2] Vgl. DELMAR (1996), S. 16 - 30, insb. S. 27.
[3] In Anlehnung an LEE ET AL. (1999), S. ix.

- Die formale und strukturierte Berechnung einer Risikokennzahl und die damit verbundene Transparenz über die Risikozusammenhänge soll das wirkungsvolle Hedging erleichtern. Darüber hinaus lassen sich verschiedene Hedging-Strategien hinsichtlich ihrer Wirkung überprüfen.

- Die ermittelte Risikomesszahl soll die risikoadjustierte Investitionsentscheidung sowie die Festlegung eines der Investition zugrunde zu legenden Kapitalkostensatzes unterstützen.

- Die regelmäßige Ermittlung einer Risikomesszahl soll die Kontrollmöglichkeiten eines Unternehmens erhöhen und kann diesem die Möglichkeit verschaffen, verschiedene Einzelrisiken oder das bestehende Gesamtrisiko in bestimmten Bandbreiten zu halten (Risikolimits).

- Die Veröffentlichung derartiger Risikomesszahlen soll für die Nutzer der Informationen den Vorteil besitzen, dass das mit der Einkommenserzielung verbundene Risiko deutlich wird. Die Entscheidung über einen Aktienkauf bzw. -verkauf könnte dann risikoadjustiert erfolgen.

Die Ziele des Risikomanagements führen zu einer Definition der **Aufgaben** eines Risikomanagements. Dazu sei zunächst der Begriff des *Risikomanagements* spezifiziert. Er bezeichnet zum einen die Risikoanalyse mit den Teilbereichen Risikoerkennung, -messung und -bewertung und zum anderen die Handhabung von Risiken, d. h. die Anwendung risikopolitischer Instrumente im Rahmen des betrieblichen Risikomanagements[1].

Als Aufgabe eines Risikomanagements[2] wird zunächst die **Risikoanalyse**, d. h. die *Identifizierung* der vorhandenen Risikoarten angesehen. Diese sind im Rahmen einer Risikoinventur[3] möglichst sorgfältig und vollständig zu erfassen, indem alle Gefahrenquellen, Schadensursachen und Störpotenziale sowie möglichst auch deren Interdependenzen[4] berücksichtigt werden, so dass anschließend eine *Quantifizierung* der Risiken erfolgen kann. Auf dieser Grundlage wird eine *Beurteilung* der Risiken vorgenommen. Basierend auf der Risikopräferenz des Managements ist anschließend festzulegen, ob und bis zu welcher Höhe ein einzelnes Risiko bzw. das aggregierte Unternehmensrisiko eingegangen werden soll.

Sind die Risiken des Unternehmens aufgedeckt, können – zumindest solange diese noch nicht schlagend geworden sind – im Rahmen eines Risikomanage-

---

[1] Vgl. KROMSCHRÖDER (1998), S. 687.
[2] Die folgende Darstellung der Aufgabenbereiche ist angelehnt an die Ausführungen bei SÜCHTING/PAUL (1998), S. 480f. Ebenso WALL (2001), S. 214; SCHIERENBECK (2003), S. 3f.
[3] Vgl. u. a. LÜCK (2003), S. 339.
[4] Vgl. WALL (2001), S. 214, Rn. 123.

ments Maßnahmen zur **Risikosteuerung** eingeleitet werden. Für das Management von Risiken stehen insbesondere drei Grundtypen der Risikopolitik zur Verfügung[1]:

- Kompensation (Hedging): Einzelpositionen mit deutlich negativer Korrelation werden so zusammengefügt, dass die daraus resultierende Gesamtposition ein deutlich niedrigeres Risiko aufweist als jede der Einzelpositionen. Im Idealfall, also bei einer Korrelation von - 1, kann ein risikofreies Portfolio erreicht werden.

- Diversifikation: Wird ein Portfolio aus verschiedenen Einzelwerten zusammengesetzt, die stochastisch partiell unabhängig sind und damit keine vollständigen Korrelationen aufweisen, so ist das Gesamtrisiko wiederum deutlich geringer als die gewichtete Summe aller Einzelrisiken.

- Risikokumulation: Einzelwerte mit deutlich positiver Korrelation, im Extremfall perfekt korreliert mit + 1, werden zusammengefügt. Risikovernichtende oder -vermindernde Effekte wie beim Hedging oder der Diversifikation treten nicht auf. Das Gesamtrisiko entspricht damit der gewichteten Summe der Einzelrisiken.

Neben diesen Grundtypen der Risikopolitik werden zur Risikoverminderung verschiedene Strategien der Risikohandhabung unterschieden[2]:

- Risikovermeidung bzw. -beschränkung: Um Risiken nicht eingehen zu müssen, wird auf die Durchführung bestimmter Geschäfte verzichtet oder im Rahmen eines Limitsystems eine Beschränkung bestimmter Geschäfte vorgenommen, um die Ausweitung der Risikogesamtposition eines Portfolios zu verhindern.

- Risikoüberwälzung: Durch die Einschaltung einer Versicherungsgesellschaft oder durch vertragliche Regelungen können Risikopositionen an Dritte abgegeben werden[3].

- Risikoakzeptanz bzw. Risikoübernahme: Eine geplante oder bestehende Risikoposition wird ohne eine systematische Risikoreduktion eingegangen bzw. aufrechterhalten. Das Risiko wird also bewusst selbst getragen. Dies wird insbesondere dann der Fall sein, wenn das Risiko als sehr niedrig eingeschätzt wird oder eine Risikoverringerung nicht möglich oder nur zu sehr hohen Kosten möglich wäre; die mit der Position verbundenen Chancen indes genutzt werden sollen.

---

[1] In Anlehnung an DEUTSCH (2001), S. 456f.
[2] Vgl. SÜCHTING/PAUL (1998), S. 480f.; DEUTSCH (2001), S. 457f.
[3] Ausführlich dazu auch IMBODEN (1983), S. 249 - 294, insb. S. 268.

Die so ausgestaltete Risikosteuerung ist laufend zu **kontrollieren**, indem im sog. Risikocontrolling Soll- und Ist-Werte der quantifizierten Risiken gegenüberge-stellt werden. Durch die Kontrolle soll die Funktionsfähigkeit des Risikomana-gements überprüft werden und ggf. eine Ursachenanalyse erfolgen[1]. Abwei-chungen führen erneut zu einer Risikoanalyse. Es ergibt sich der in Abbildung 5 dargestellte Regelkreislauf.

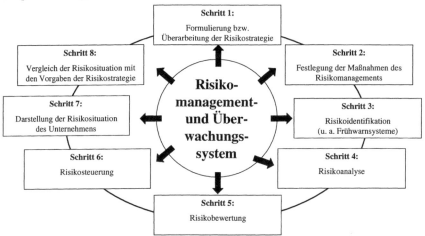

Abb. 5: **Regelkreislauf des Risikomanagement- und Überwachungssystems**
         Quelle: In Anlehnung an LÜCK (2002), S. 126.

Nach § 91 Abs. 2 AktG hat der Vorstand einer Aktiengesellschaft ein (Risiko-) Überwachungssystem einzurichten, um eine den Fortbestand der Gesellschaft gefährdende Entwicklung rechtzeitig zu erkennen. Diese Regelung lässt sich auf andere Unternehmen mit vergleichbarer Größe und Struktur übertragen[2]. Im La-gebericht ist das Risikofrüherkennungs- und -managementsystem zu beschrei-ben und ein Risikobericht abzugeben. In den folgenden Abschnitten werden die entsprechenden Regelungen der Lage- und Risikoberichterstattung ausführlich analysiert.

---

[1] Vgl. DEUTSCH (2001), S. 458.
[2] Vgl. ausf. LÜCK (1998), S. 8 - 14; BUNGARTZ (2003), S. 7f.

TEIL I: RISIKOBERICHT

2 NORMEN DER RISIKOBERICHTERSTATTUNG

2.1 Gesetzliche Anforderungen an den Lagebericht in Deutschland

2.1.1 Zum Verhältnis von Risikobericht, Lagebericht und Jahresabschluss

Der Risikobericht ist Teil des den Jahresabschluss ergänzenden (Konzern-) Lageberichts gemäß §§ 289 Abs. 1 bzw. 315 HGB[1]. Um die Anforderungen des Risikoberichts untersuchen und bewerten zu können, sei zunächst eine kurze Einführung zum Lagebericht bzw. Konzernlagebericht gegeben. Dies ist erforderlich, da sich die Grundlagen, Anforderungen und Funktionen des Risikoberichts in wesentlichen Teilen aus den Vorschriften des Lageberichts ergeben.

„Nachdem der (Konzern-)Lagebericht lange Zeit eher stiefmütterlich behandelt wurde"[2], hat er in den letzten Jahren eine größere Bedeutung als Informationsinstrument im Rahmen des Value Reporting von kapitalmarktorientierten Konzernen erlangt[3]. Empirische Nachweise einer unzureichenden Lageberichterstattung[4] sowie einige teilweise spektakuläre Bilanzskandale in jüngster Zeit, etwa von COMROAD und PARMALAT, haben den Gesetzgeber veranlasst, die Regelungen zur Lageberichterstattung grundlegend zu überarbeiten. Die Novellierungen sind durch den Gesetzgeber am 29. Oktober 2004 verabschiedet worden und sollen für Geschäftsjahre ab dem 01. Januar 2005 Anwendung finden. Diese Arbeit basiert auf der bis 2004 geltenden Gesetzeslage. Daneben werden die in 2004 und 2005 vorgenommenen Gesetzesänderungen und ihre Auswirkungen vorgestellt.

Der **Lagebericht** wird bislang in § 289 HGB a. F. wie folgt geregelt[5]:

---

[1] Wird im Folgenden vom Lagebericht gesprochen, ist neben dem Lagebericht nach § 289 HGB auch der Konzernlagebericht nach § 315 HGB gemeint.

[2] KAJÜTER (2004a), S. 197. Ebenso bereits STREIM (1995), S. 707f.

[3] Vgl. ARBEITSKREIS „EXTERNE UNTERNEHMENSRECHNUNG" DER SCHMALENBACH-GESELLSCHAFT (2002), S. 2337.

[4] Beispielhaft seien an dieser Stelle einige empirische Untersuchungen erwähnt, die die Qualität deutscher Lageberichte vor Einführung des KonTraG 1998 analysiert haben. Vgl. u. a. SCHILDBACH/BEERMANN/FELDHOFF (1990), S. 2297 - 2301, die den Informationsnutzen des Lageberichts für die Adressaten insgesamt bezweifeln, sowie SORG (1992), S. 1962 - 1969; KRUMBHOLZ (1994), insb. S. 263 - 268. BALLWIESER (1997) stellt ein ernüchterndes Bild mit erheblichen Informationsunterschieden und teilweise gravierenden Verstößen gegen die Grundsätze ordnungsmäßiger Lageberichterstattung fest. Vgl. BALLWIESER (1997), S. 172.

[5] Die bestehende Regelung wurde letztmalig durch das KonTraG im Jahr 1998 geändert. Die Änderungen sind in Fettschrift unterlegt.

„(1) Im Lagebericht sind zumindest der Geschäftsverlauf und die Lage der Kapitalgesellschaft so darzustellen, dass ein den tatsächlichen Verhältnissen entsprechendes Bild vermittelt wird; dabei ist auch auf die Risiken der zukünftigen Entwicklung einzugehen.

(2) Der Lagebericht soll auch eingehen auf:

1. *Vorgänge von besonderer Bedeutung, die nach dem Schluss des Geschäftsjahres eingetreten sind;*

2. *die voraussichtliche Entwicklung der Kapitalgesellschaft;*

3. *den Bereich Forschung und Entwicklung;*

4. *bestehende Zweigniederlassungen der Gesellschaft. "*

Die Regelungen gelten für den Konzernlagebericht über § 315 HGB analog. Lediglich § 289 Abs. 2 Nr. 4 HGB findet keine Entsprechung.

Am 21. April 2004 wurden der Entwurf des Bilanzkontrollgesetzes, BilKoG, sowie der Entwurf des Bilanzrechtsreformgesetzes, BilReG, vom Bundeskabinett beschlossen. Die Motivation des Gesetzgebers für die Änderung der Lageberichterstattung ist in der Stärkung der Unternehmensintegrität und des Anlegerschutzes zu sehen: „[...] nach der Vertrauenskrise an den Finanzmärkten [wollen wir] die Rahmenbedingungen des Finanzplatzes Deutschland verbessern. Transparenz und Selbstkontrolle der Unternehmensberichterstattung sind unerlässlich, damit die Anleger wieder Vertrauen in die Aktienmärkte fassen"[1]. Die Gesetzesentwürfe wurden am 29. Oktober 2004 durch den Bundestag mit den Stimmen aller Fraktionen verabschiedet. Im Folgenden sollen die grundsätzlichen Bestandteile der beiden Gesetzesnovellen kurz skizziert werden.

Das *Bilanzkontrollgesetz*[2] hat die Einrichtung eines sog. „Enforcement-Verfahrens" zur Kontrolle der Rechtmäßigkeit von Unternehmensabschlüssen zum Ziel. Zur Stärkung des Anlegerschutzes und der Unternehmensintegrität soll in einem zweistufigen Verfahren eine Kontrolle von Jahresabschluss und Lagebericht kapitalmarktorientierter Unternehmen erfolgen. In einer ersten Stufe soll eine privatrechtlich organisierte Prüfstelle im Rahmen von Verdachtsfällen oder auf Basis von Stichproben die Masse der Prüfungen durchführen. In einer zweiten Stufe soll die Bundesanstalt für Finanzdienstleistungsaufsicht, BAFIN, tätig werden, wenn die privatrechtliche Institution aufgrund mangelnder Kooperation des zu prüfenden Unternehmens nicht zielführend prüfen kann[3]. Eine direkte Auswirkung auf die Lageberichterstattung ergibt sich indes nicht.

---

[1] BRIGITTE ZYPRIES, Bundesjustizministerin, zur Gesetzesbegründung im Rahmen der Verabschiedung des Referentenentwurfes zum BilReG und BilKoG durch das Bundeskabinett am 21. April 2004.

[2] Vgl. E-BilKoG; abrufbar im Internet unter www.bmj.bund.de [Stand: 01.07.2004].

[3] Vgl. ERNST (2004), S. 936f. Zu einer kritischen Auseinandersetzung mit dem Entwurf des BilKoG vgl. u. a. HOMMELHOFF/MATTHEUS (2004), S. 93 - 100.

Das *Bilanzrechtsreformgesetz*[1] umfasst vier zentrale Vorgaben[2]: Erstens passt es die deutschen bilanzrechtlichen Vorschriften der IAS-Verordnung vom 19. Juli 2002 an. Insbesondere regelt es die durch die Mitgliedsstaaten zu gestaltenden Wahlrechte zur Ausübung von IAS/IFRS im Konzern- und Einzelabschluss ab 2005. Zweitens enthält der Entwurf eine Änderung der Größenkriterien zur Abgrenzung kleiner, mittelgroßer und großer Unternehmen[3]. Drittens zielt das BilReG auf die Stärkung der Unabhängigkeit des Abschlussprüfers ab, indem durch Reglementierung der Auswahl des Abschlussprüfers und die Eingrenzung der ihm erlaubten Tätigkeiten für ein Unternehmen eine Selbstprüfung vermieden soll. Schließlich enthält das Bilanzrechtsreformgesetz Anpassungen des nationalen Bilanzrechts an die zwingenden Vorgaben der sog. Fair-Value-Richtlinie[4] und der sog. Modernisierungsrichtlinie der EU[5], die Änderungen der im Anhang zum Jahresabschluss und im Lagebericht erforderlichen Angaben notwendig machen.

Die Bestimmungen zum Lagebericht werden durch das Gesetzesvorhaben einschneidenden Änderungen unterworfen. Die entsprechende Regelung zum Lagebericht in § 289 HGB lautet in neuer Fassung:

„(1) $_1$Im Lagebericht sind der Geschäftsverlauf einschließlich des Geschäftsergebnisses und die Lage der Kapitalgesellschaft so darzustellen, dass ein den tatsächlichen Verhältnissen entsprechendes Bild vermittelt wird. $_2$Er hat eine ausgewogene und umfassende, dem Umfang und der Komplexität der Geschäftstätigkeit entsprechende Analyse des Geschäftsverlaufs und der Lage der Gesellschaft zu enthalten. $_3$In die Analyse sind die für die Geschäftstätigkeit bedeutsamen finanziellen Leistungsindikatoren einzubeziehen und unter Bezugnahme auf die im Jahresabschluss ausgewiesenen Beträge und Angaben zu erläutern. $_4$Ferner ist im Lagebericht die voraussichtliche Entwicklung mit ihren wesentlichen Chancen und Risiken zu beurteilen und zu erläutern; zugrunde liegende Annahmen sind anzugeben.

(2) Der Lagebericht soll auch eingehen auf:

1. Vorgänge von besonderer Bedeutung, die nach dem Schluss des Geschäftsjahres eingetreten sind;

---

[1] Vgl. E-BilReG; abrufbar im Internet unter www.bmj.bund.de [Stand: 01.07.2004].
[2] Zu einer kritischen Auseinandersetzung mit dem Entwurf des BilReG vgl. ARBEITSKREIS BILANZRECHT DER HOCHSCHULLEHRER RECHTSWISSENSCHAFT (2004), S. 546 - 548; HÜTTEMANN (2004), S. 203 - 209; KAJÜTER (2004a), S. 197 - 203. Insbesondere aus Sicht der Unabhängigkeit des Abschlussprüfers vgl. PEEMÖLLER/OEHLER (2004), S. 539 - 546. Aus dem Blickwinkel der Modernisierungsrichtlinie vgl. KIRSCH/SCHEELE (2004), S. 1 - 12. Zu Änderungen für den Konzernlagebericht vgl. GREINERT (2004), S. 51 - 60.
[3] Damit setzt das BilReG die sog. Schwellenwertrichtlinie der EU um, indem die Größenkriterien angehoben werden. Vgl. Schwellenwertrichtlinie (2003/38/EG) vom 13.05.2003.
[4] Vgl. Fair-Value-Richtlinie (2001/65/EG) vom 27.09.2001.
[5] Vgl. Modernisierungsrichtlinie (2003/51/EG) vom 18.06.2003.

2. *a) die Risikomanagementziele und -methoden der Gesellschaft einschließlich ihrer Methoden zur Absicherung aller wichtigen Arten von Transaktionen, die im Rahmen der Bilanzierung von Sicherungsgeschäften erfasst werden, sowie*

    b) die Preisänderungs-, Ausfall- und Liquiditätsrisiken sowie die Risiken aus Zahlungsstromschwankungen, denen die Gesellschaft ausgesetzt ist, jeweils in Bezug auf die Verwendung von Finanzinstrumenten durch die Gesellschaft und sofern dies für die Beurteilung der Lage oder der voraussichtlichen Entwicklung von Belang ist.

3. *den Bereich Forschung und Entwicklung;*

4. *bestehende Zweigniederlassungen der Gesellschaft.*

(3)   ₁Bei einer großen Kapitalgesellschaft (§ 267 Abs. 3) gilt Absatz 1 Satz 3 entsprechend für nicht finanzielle Leistungsindikatoren, wie Informationen über Umwelt- und Arbeitnehmerbelange, soweit sie für das Verständnis des Geschäftsverlaufs oder der Lage von Bedeutung sind."

Für den in § 315 HGB kodifizierten Konzernlagebericht wurden, bis auf wenige Ausnahmen, analoge Änderungen vorgenommen. Daneben sind grundsätzlich auch nicht finanzielle Leistungsindikatoren in die Analyse mit einzubeziehen, soweit sie für das Verständnis des Geschäftsverlaufs und der Lage des Konzerns von Bedeutung sind[1]. Darüber hinaus sind durch die explizite Berücksichtigung von Chancen in §§ 289 und 315 Abs. 1 HBG n. F. auch entsprechende Änderungen in den §§ 317 und 322 HGB zur Prüfung von Lageberichten vorgesehen[2].

Neben den oben aufgeführten Änderungen wird auch der im Februar 2005 bekannt gemachte neue Standard des Deutschen Standardisierungsrates, der DRS 15[3], diskutiert, der die Lageberichterstattung kapitalmarktorientierter Muttergesellschaften erneuert[4]. Der Standard soll die inhaltliche und formale Gestaltung der Konzernlageberichte normieren; er stellt zudem einen Vorschlag für die internationale Harmonisierung der Lageberichterstattung dar.

Im Folgenden sind die grundsätzlichen Regelungen zum Lagebericht dargestellt. Auswirkungen des BilReG und des DRS 15 werden jeweils angegeben.

2.1.2   Aufstellungs- und Offenlegungspflicht des Lageberichts

Die Aufstellungs- und Offenlegungspflichten des Risikoberichts ergeben sich aus den Pflichten zur Aufstellung und Offenlegung des Lageberichts, dessen Bestandteil der Risikobericht ist. Grundsätzlich haben Kapitalgesellschaften einen

---

[1] Der Unterschied ist bedingt durch die Inanspruchnahme des Mitgliedstaatenwahlrechts gem. Art. 46 Abs. 4 der 4. EG-Richtlinie.

[2] Zur Berichterstattung über Chancen und die damit verbundenen Anforderungen an die Unternehmen vgl. KAISER (2005), S. 345 - 353.

[3] Der DRS 15 kann im Internet unter www.drsc.de abgerufen werden [Stand: 21.07.2004]. Er wurde am 07.12.2004 durch den DSR verabschiedet und vom BMJ am 26.02.2005 im Bundesanzeiger Nr. 40 bekannt gemacht.

[4] Vgl. die Diskussion bei KIRSCH/SCHEELE (2003), S. 2733 - 2739.

Jahresabschluss aufzustellen. Dieser besteht gemäß § 264 Abs. 1 HGB aus einer Bilanz, einer Gewinn- und Verlustrechnung sowie einem Anhang. Zusätzlich haben große und mittelgroße Kapitalgesellschaften gemäß § 289 HGB sowie Genossenschaften (§ 336 HGB), Kreditinstitute (§ 340a Abs. 1 HGB) und Versicherungsunternehmen (§ 341a Abs. 1 HGB) einen Lagebericht zu erstellen, der ein eigenständiger Bestandteil der handelsrechtlichen Rechnungslegung mit eigenen Grundsätzen und Vorschriften ist[1]. Diese Aufstellungspflicht gilt gemäß § 264a I HGB auch für haftungsbeschränkte Personenhandelsgesellschaften[2]. Kleine Kapitalgesellschaften und kleine haftungsbeschränkte Personenhandelsgesellschaften (§ 264 Abs. 1 Satz 3 HGB) sowie Einzelkaufleute (§ 5 Abs. 2 PublG) sind hingegen von der Pflicht zur Aufstellung eines Lageberichts befreit. Durch das Bilanzrechtsreformgesetz sollen die entsprechenden Schwellenwerte des § 267 HBG zur Bestimmung der Größenklassen um etwa ein Sechstel angehoben werden[3].

Der Lagebericht ist zusammen mit dem Jahresabschluss gemäß § 264 Abs. 1 HGB innerhalb der ersten drei Monate des Geschäftsjahres für das vergangene Geschäftsjahr aufzustellen.

Unternehmen, die einen Konzernabschluss aufzustellen haben, sind gemäß § 290 Abs. 1 HGB auch zur Aufstellung eines Konzernlageberichts verpflichtet. Das Mutterunternehmen hat allerdings die Möglichkeit, den Lagebericht sowie den Konzernlagebericht gemäß § 315 Abs. 3 HGB zusammenzufassen. Die Aufstellungsfrist für den Konzernlagebericht beträgt fünf Monate (§ 290 Abs. 1 HGB).

Der Lagebericht unterliegt nach § 316 Abs. 1 HGB der Prüfungspflicht und ist gemäß § 325 Abs. 2 HGB bei großen Kapitalgesellschaften unmittelbar nach seiner Vorlage an die Gesellschafter, spätestens jedoch innerhalb von neun Monaten nach Geschäftsjahresende zusammen mit dem Jahresabschluss im Bundesanzeiger zu veröffentlichen und anschließend zur Eintragung im Handelsregister einzureichen. Die Regelung gilt für den Konzernabschluss bzw. -lagebericht gemäß §§ 316 Abs. 2 und 325 Abs. 3 HGB analog. Im Falle einer Zusammenlegung von Lagebericht und Konzernlagebericht ist eine gemeinsame Offenlegung geboten[4].

Für mittelgroße Kapitalgesellschaften gilt eine Erleichterung: Sie haben den Lagebericht unter Einhaltung der gleichen Frist zum Handelsregister einzureichen; eine Veröffentlichung im Bundesanzeiger ist aber nicht erforderlich, vielmehr

---

[1] Vgl. LÜCK (1995), § 289, Tz. 1; SCHILDBACH (1995), S. 378.
[2] Dies gilt, sofern die Größenkriterien des § 267 Abs. 2 bzw. 3 HGB erfüllt sind.
[3] Zudem sollen Wertpapieremittenten unter bestimmten Voraussetzungen grundsätzlich als große Kapitalgesellschaften gelten. Vgl. Kapitel 2.2.4.
[4] Vgl. COENENBERG (2001), S. 838.

genügt hier gemäß § 325 Abs. 1 HGB eine Bekanntgabe der Hinterlegung im Bundesanzeiger. Durch die geplante Erhöhung der Schwellenwerte werden im Vergleich zur aktuell gültigen Gesetzeslage mehr Unternehmen von den Erleichterungen für kleine und mittelgroße Gesellschaften profitieren und damit von der Verpflichtung zur Aufstellung eines Lageberichts und zur Prüfung ihrer Abschlüsse durch einen unabhängigen Prüfer befreit.

2.1.3 Funktionen und Adressaten des Lageberichts

Die berechtigten Informationsempfänger von Jahresabschluss und Lagebericht werden nach MOXTER als **Adressaten** bezeichnet[1]; sie determinieren die Funktionen bzw. Aufgaben des Lageberichts. Als Informationsbedürftige kommen Kapitalgeber, das Management und Dritte, also Kunden, Lieferanten, Arbeitnehmer und die Öffentlichkeit in Frage[2].

Unternehmensexterne Adressaten der Rechnungslegung und damit auch des Lageberichts sind grundsätzlich alle Wirtschaftssubjekte, für die die nachstehenden Funktionen des Lageberichts definiert werden, wenn ihnen ein schutzwürdiges Interesse zukommt. Die Ermittlung und Berücksichtigung der Interessen der Öffentlichkeit für die Formulierung des Lageberichtsinhalts würde das aufstellende Unternehmen jedoch überfordern, weil dann die Interessen aller Individuen zu berücksichtigen wären, so dass hier die Öffentlichkeit vom Kreis der Adressaten des Lageberichts ausgeschlossen wird[3]. Vielmehr sollen diejenigen als Adressaten des Lageberichts bezeichnet werden, die ökonomische Entscheidungen von der wirtschaftlichen Lage des Unternehmens abhängig machen und die im Wesentlichen auf die externe Rechnungslegung und Informationsvermittlung angewiesen sind[4]. Nur dieser Gruppe von Empfängern des Lageberichts wird damit ein schutzwürdiges Interesse an den so vermittelten Informationen zugesprochen[5]. Zu diesem Kreis gehören vor allem die *Anteilseigner* bzw. *Gesellschafter*, deren Gewinnanspruch durch die wirtschaftliche Situation determiniert wird. Ebenso zählen die *Gläubiger* des Unternehmens zu den Adressaten, sofern ihre

---

[1] Vgl. MOXTER (1976), S. 94f.

[2] Vgl. PELLENS (2001), S. 135. Grundsätzlich kommen also auch Unternehmensinterne, insbesondere die Geschäftsleitung, als Adressaten des Jahresabschlusses in Betracht. Ihnen stehen jedoch auch andere Instrumente des Rechnungswesens zur Verfügung, so dass diese nicht im Fokus dieser Arbeit stehen. Vgl. ebenso BAETGE/KIRSCH/THIELE (2002), S. 5.

[3] Vgl. STOBBE (1988), S. 305.

[4] Damit scheiden auch Konkurrenten als Adressaten des Lageberichts aus, da diese zwar ein Interesse an den Informationen haben, dieses aber nicht als schutzwürdig erachtet wird. Vgl. BAETGE/FISCHER/PASKERT (1989), S. 11.

[5] Vgl. BAETGE/FISCHER/PASKERT (1989), S. 11.

Forderung nicht gesichert ist, da die Rückzahlung von der wirtschaftlichen Lage abhängen mag[1].

Informationen können als „zweckorientiertes Wissen"[2] bezeichnet werden. Die verschiedenen Interessengruppen werden daher unterschiedliche Interessen besitzen. Anteilseigener werden möglicherweise an der erwarteten Dividendenzahlung und Kapitalentwicklung interessiert sein, während Fremdkapitalgeber ihr Augenmerk im Wesentlichen auf die Kapitaldienstfähigkeit des Unternehmens legen dürften. Der Lagebericht „ist ein Instrument der Rechenschaftslegung von Vorstand bzw. Geschäftsführung als Verwalter fremden Vermögens und vermittelt zusammen mit dem Jahresabschluss die von den Adressaten der Rechnungslegung benötigten Informationen. Seine Aufgabe ist es, im Zusammenhang mit dem Jahresabschluss die gesamte wirtschaftliche Lage des Unternehmens darzulegen, für die neben betriebswirtschaftlichen Aspekten auch technische, rechtliche, politische und volkswirtschaftliche Gesichtspunkte bedeutsam sein können."[3] Der Lagebericht soll in stärkerem Maße als der Jahresabschluss[4] zukunftsorientierte Sachverhalte mit einbeziehen[5].

Dem Lagebericht werden eine **Ergänzungs-**, eine **Verdichtungs-** und eine **Beurteilungsfunktion** zugewiesen[6]. Die Informationsfunktion des Lageberichts wird auch als *Ergänzungsfunktion* zum Jahresabschluss interpretiert, die eine Gesamtdarstellung der wirtschaftlichen Situation des Unternehmens erst ermöglicht, da bspw. Informationen über den Bereich der Forschung und Entwicklung

---

[1] Daneben können auch *Dauerkunden* und *Lieferanten* ein schutzwürdiges Interesse haben, da vor allem bei längerfristigen Geschäftsbeziehungen Investitionsentscheidungen von der jeweiligen wirtschaftlichen Entwicklung des Unternehmens abhängen. Darüber hinaus werden *Arbeitnehmer* als Adressaten genannt, da der Erhalt des Arbeitsplätze durch die Situation des Unternehmens beeinflusst wird. Vgl. STOBBE (1988), S. 304; REITTINGER (1994), Rn. 33.

[2] WITTMANN (1959), S. 14.

[3] IDW RS HFA 1 (2000), Rn. 2.

[4] Dem Jahresabschluss werden im Wesentlichen die Dokumentations-, die Einkommensbemessungs- und die Informationsfunktion zugeschrieben. Vgl. dazu ausf. MOXTER (1986), S. 67f.; VON WYSOCKI (1989), S. 261; BUSSE VON COLBE/ORDELHEIDE (1993), S. 19 - 24; SCHNEIDER (1997), S. 8 - 11; COENENBERG (2001), S. 839; BAETGE/KIRSCH/THIELE (2002), S. 689. Für STREIM steht die Einkommensbemessungsfunktion aus Gründen des Gläubigerschutzes im Vordergrund. Vgl. STREIM (1988), S. 9 - 24, insb. S. 20. Die Informationsfunktion wird hingegen insbesondere dem Anhang und dem Lagebericht zuteil. Vgl. SCHILDBACH (1995), S. 50 - 71. Im internationalen Vergleich wird dem handelsrechtlichen Abschluss seit jeher ein starker Gläubigerschutz zugesprochen. Dies gilt vor allem für Kapitalgesellschaften. Vgl. STREIM (1988), S. 20; BONSE/LINNHOFF/PELLENS (2000), S. 244. Zum Weg von institutionalisierten zum informationellen Gläubigerschutz vgl. COENENBERG (2001), S. 46.

[5] Vgl. COENENBERG (2001), S. 839.

[6] Vgl. SELCHERT ET AL. (2000), S. 31f. BAETGE/FISCHER/PASKERT (1989), S. 9, unterscheiden eine Verdichtungs- und eine Ergänzungsaufgabe.

oder über Vorgänge nach dem Bilanzstichtag nur im Lagebericht gegeben werden[1]. Der Lagebericht hat darüber hinaus eine *Verdichtungsfunktion* zu erfüllen, indem er Informationen in Form einzelner Daten und Fakten, bspw. der Risiken der künftigen Entwicklung, im Jahresabschluss zu einer Gesamtaussage zusammenfasst[2]. Schließlich besitzt der Lagebericht eine *Beurteilungsfunktion*. Zunächst durch die Einführung des KonTraG und nunmehr durch die Konkretisierungen des BilReG hat diese Funktion an Bedeutung gewonnen, da im Rahmen der zukunftsbezogenen Risiko- und Prognoseberichterstattung nunmehr eine Einschätzung, also eine Beurteilung, durch die Geschäftsführung zu erfolgen hat[3].

Der in der Ergänzung, Verdichtung und Beurteilung bestehende Zweck der Lageberichterstattung erstreckt sich in seiner Ausrichtung auf die Informationsbedürfnisse der Adressaten. Sowohl Ersteller als auch Prüfer des Lageberichts müssen sich daher von deren Anforderungen leiten lassen. SELCHERT ET AL. weisen allerdings darauf hin, dass die „Anforderungen an den Lageberichtsprüfer dort ihre Grenzen [haben], wo die gesetzliche Normierung endet"[4]. Durch die aktuellen Reformen im Sinne des BilReG und des DRS 15 wird die Kapitalmarktorientierung noch weiter in den Mittelpunkt des Interesses gerückt und der Lagebericht als zweite Säule der Rechnungslegung weiter aufgewertet[5]. Es werden vermehrt strategieorientierte Informationen, analytische Aufbereitungen und Einschätzungen aus Sicht der Unternehmensleitung gefordert, so dass der Lagebericht als „Instrument einer wert- und zukunftsorientierten Berichterstattung ausgebaut"[6] wird.

2.1.4   Formale Anforderungen an den Lagebericht

Kodifizierte Restriktionen für die formale Gestaltung des Lageberichts liegen grundsätzlich nicht vor. Gleichwohl hat der Lagebericht die allgemeinen Berichterstattungsgrundsätze, die so genannten Grundsätze ordnungsmäßiger Lageberichterstattung, GoL, zu erfüllen[7]. Als Grundsätze werden im Einzelnen genannt: Grundsatz der Vollständigkeit, Grundsatz der Richtigkeit sowie der Grundsatz der Klarheit und Übersichtlichkeit.

Gemäß dem *Grundsatz der Vollständigkeit* muss umfassend über die wirtschaftliche Situation des Unternehmens berichtet werden, „wobei alle erreichbaren

---

[1]   Vgl. u. a. ADLER/DÜRING/SCHMALTZ (1995), § 289, Tz. 12 und 18.
[2]   Vgl. SELCHERT ET AL. (2000), S. 31.
[3]   Vgl. MAUL/GREINERT (2002), S. 2605.
[4]   SELCHERT ET AL. (2000), S. 33.
[5]   Vgl. KAJÜTER (2004a), S. 203.
[6]   DRS 15, Anhang C, C2.
[7]   Vgl. IDW RS HFA 1 (2000), Rn. 7 – 18; COENENBERG (2001), S. 840. Grundlegend zu den GoL, vgl. UNSELD (1976), S. 62 - 65; BAETGE/FISCHER/PASKERT (1989), S. 16 - 27.

Erkenntnisquellen ausgeschöpft werden müssen"[1]. Dem Adressaten sind alle Informationen zu präsentieren, die für die Beurteilung der wirtschaftlichen Lage von Bedeutung sind und die nicht aus den anderen Daten des Jahresabschlusses zu entnehmen sind. Der Grundsatz der Vollständigkeit wird durch die Beschränkung auf die wesentlichen Risiken begrenzt[2]. COENENBERG (2001) weist daraufhin, dass „sogar ein Unterlassen von in § 289 HGB geforderten Berichtselementen nicht zu beanstanden [ist], falls anstelle dessen andere Angaben für die Unternehmenslage wesentlich sind"[3]. Besonderer Wert wird auf die entwicklungsgefährdenden Sachverhalte gelegt, die „in Zeiten angespannter wirtschaftlicher Lage eine umfangreichere Berichtspflicht"[4] nach sich ziehen. Lediglich Informationen, die auch auf der Hauptversammlung vom Auskunftsrecht des Aktionärs gemäß § 131 Abs. 3 AktG ausgenommen werden, sind analog auch von der Berichtspflicht im Lagebericht befreit[5].

Der *Grundsatz der Richtigkeit* bezieht sich auf die Wahrheitstreue der Aussagen der Geschäftsleitung. Da der Lagebericht auch Prognosen bzw. Einschätzungen des Managements enthält, sind absolut richtige und wahre Darstellungen im Lagebericht kaum möglich[6]. Es ist daher eine differenzierte Betrachtung des Grundsatzes vorzunehmen: Tatsachen müssen mit der Realität übereinstimmen, Beurteilungen haben der Überzeugung des Managements zu entsprechen und Prognosen unterliegen dem Plausibilitätspostulat[7]. Insofern wird eine Berichterstattung erwartet, die entweder intersubjektiv überprüfbare Tatsachen enthält oder Annahmen, die plausibel sind und nicht im Widerspruch zum Jahresabschluss bzw. allgemein bekannten Tatsachen stehen. Die den Folgerungen bzw. Prognosen zugrunde liegenden Prämissen und Annahmen müssen rechnerisch und sachlich richtig sowie willkürfrei festgelegt worden sein[8] und sind zur Prüfung durch den Adressaten offen zu legen[9].

Der Lageberichtleser soll einen übersichtlichen, eindeutigen und für ihn verständlichen Bericht erhalten. Unter dem *Grundsatz der Klarheit und Übersichtlichkeit* wird daher verstanden, dass der Lagebericht als solcher gekennzeichnet und klar gegliedert wird. Die wesentlichen Sachverhalte sind hervorzuheben,

---

[1] BAETGE/KIRSCH/THIELE (2002), S. 690.

[2] Vgl. COENENBERG (2001), S. 840.

[3] COENENBERG (2001), S. 840; vgl. dazu auch IDW RS HFA 1 (2000), Rn. 7.

[4] IDW RS HFA 1 (2000), Rn. 9.

[5] So wird eine Kollision der Berichtspflichten mit den der Geschäftsleitung auferlegten Sorgfalts- und Verschwiegenheitspflichten vermieden. Vgl. IDW RS HFA 1 (2000), Rn. 12.

[6] Vgl. BAETGE/FISCHER/PASKERT (1989), S. 17.

[7] Vgl. REITTINGER (1994), Rn. 12.

[8] Vgl. IDW RS HFA 1 (2000), Rn. 13.

[9] Vgl. REITTINGER (1994), Rn. 52; BAETGE/FISCHER/PASKERT (1989), S. 17; LEFFSON (1987), S. 217f. Diese Forderung wird umgesetzt durch DRS 5.20 sowie § 289 Abs. 1 Satz 4 HGB n. F.

ohne dass die Ausführungen dabei vage oder weitschweifig sind oder an anderer Stelle wieder entkräftet werden[1]. Der Lagebericht soll sowohl intertemporär als auch zwischenbetrieblich vergleichbar sein. Um dieses Ziel zu erreichen, ist der Bericht im Zeitablauf mit einem kontinuierlichen Berichtsaufbau auszustatten und es sind einheitliche betriebswirtschaftliche Kennzahlen zu verwenden. Den Zahlenangaben sind die entsprechenden Vergleichszahlen der Vorperiode(n) gegenüberzustellen und diese im Falle von Unstetigkeiten zu erläutern[2]. Im Interesse der Klarheit können wesentliche Sachverhalte auch graphisch verdeutlicht werden[3].

Neben den oben beschriebenen Grundsätzen definieren BAETGE/FISCHER/ PASKERT zudem die Grundsätze der zeitlichen und zwischenbetrieblichen Vergleichbarkeit, der Wirtschaftlichkeit bzw. Wesentlichkeit, der Informationsabstufung nach Art und Größe des Unternehmens sowie den Grundsatz der Vorsicht[4]. Diese lassen sich jedoch unter die o. g. Grundsätze subsumieren[5].

2.1.5 Inhaltliche Anforderungen an den Lagebericht

2.1.5.1 Bestehende Regelung gemäß §§ 289 bzw. 315 HGB

Die Regelungen des § 289 Abs. 1 bzw. des § 315 Abs. 1 HGB sehen vor, dass der Lagebericht bzw. Konzernlagebericht zumindest den Geschäftsverlauf der Gesellschaft bzw. des Konzerns wiedergibt (sog. *Wirtschaftsbericht*). Darüber hinaus hat der Lagebericht seit den Änderungen durch das KonTraG auch die Risiken der zukünftigen Entwicklung zu enthalten (sog. *Risikobericht*)[6]. Neben diesen beiden Pflichtbestandteilen werden in Abs. 2 weitere Einzelangaben als „Soll"-Bestandteile aufgeführt. Konkret werden Erläuterungen zu Vorgängen von besonderer Bedeutung nach dem Bilanzstichtag (sog. *Nachtragsbericht*), Beurteilungsangaben zur voraussichtlichen Entwicklung der Unternehmen (sog. *Prognosebericht*) und Informationen zur Forschungs- und Entwicklungstätigkeit (sog. *Forschungs- und Entwicklungsbericht*) gefordert. Auf Gesellschaftsebene

---

[1] Vgl. COENENBERG (2001), S. 840; IDW RS HFA 1 (2000), Rn. 14.

[2] Vgl. IDW RS HFA 1 (2000), Rn. 16f. Für die Verwendung einheitlicher betriebswirtschaftlicher Kennzahlen in Geschäftsberichten hat der ARBEITSKREIS „EXTERNE UNTERNEHMENSRECHNUNG" DER SCHMALENBACH-GESELLSCHAFT Empfehlungen erarbeitet. Vgl. ARBEITSKREIS „EXTERNE UNTERNEHMENSRECHNUNG" DER SCHMALENBACH-GESELLSCHAFT (1996), S. 1989 - 1994.

[3] Vgl. IDW RS HFA 1 (2000), Rn. 18.

[4] Vgl. BAETGE/FISCHER/PASKERT (1989), S. 20 - 27. Ähnlich UNSELD, der die Grundsätze der Wesentlichkeit, der Sachlichkeit und der Adäquanz als spezielle Grundsätze des Lageberichts bezeichnet. Vgl. UNSELD (1976), S. 71 - 75.

[5] Ebenso DÖRNER/BISCHOF (1999a), S. 378f.

[6] Vgl. dazu ausführlich Kapitel 2.2.1.

ist der Bericht durch Angaben zu bestehenden Zweigniederlassungen zu ergänzen (sog. *Zweigniederlassungsbericht*)[1].

COENENBERG weist darauf hin, dass aus dem Begriff der „Soll-Bestandteile"
nicht geschlossen werden darf, dass es sich hierbei um ein durch das Unternehmen auszuübendes Berichtswahlrecht handelt. Vielmehr soll damit die Problematik der Veröffentlichung von Prognoseeigenschaften berücksichtigt werden.
Die Unternehmen unterliegen nur dann einer Informationspflicht, wenn sie objektiv in der Lage sind, über derartige Informationen Bericht zu erstatten und
deren Grundlagen genügend gesichert erscheinen[2]. Im Folgenden sollen kurz die
Teile des Lageberichts im Einzelnen vorgestellt werden, um schließlich auf den
Risikobericht im Besonderen einzugehen.

Im Rahmen des *Wirtschaftsberichts* hat das Management zunächst Angaben
zum Geschäftsverlauf zu machen, d. h. es ist ein Überblick über die Unterneh-
mensentwicklung und deren Beurteilung durch das Management abzugeben[3].
Hierfür sind Informationen über die Entwicklung des Unternehmens und seiner
Umwelt im abgelaufenen Geschäftsjahr notwendig[4]. Wie zuvor erläutert, halten
hier auch subjektive Wertungen Einzug in den Lagebericht[5]. Eine Berichtspflicht ergibt sich, die Wesentlichkeit für die Darstellung der Lage des Unternehmens vorausgesetzt, entlang der klassischen funktionalen Unternehmensbereiche Produktion, Beschaffung, Investition und Finanzierung, Personal sowie
der Entwicklung der Branche bzw. der Gesamtwirtschaft, der Umsatz- und Auf-
tragsentwicklung und des Umweltschutzes[6]. Die *wirtschaftliche Lage* des Unternehmens ist entsprechend den tatsächlichen Verhältnissen darzustellen. Die
vergangenheitsorientierten Daten sind durch künftige Entwicklungen zu ergänzen. Dazu zählen bspw. bedeutende Investitionsvorhaben, schwebende Geschäfte und wesentliche, von der Unternehmensleitung erwartete, Entwicklungsten-
denzen[7]. Die Darstellung der Vermögens-, Finanz- und Ertragslage des Unternehmens soll durch geeignete Kennzahlen unterstützt werden[8].

---

[1] So auch COENENBERG (2001), S. 841. Zum genauen Textlaut vgl. Kapitel 2.1.1.
[2] Vgl. COENENBERG (2001), S. 841; ebenso ADLER/DÜRING/SCHMALTZ (1995), § 289, Tz. 95.
[3] Vgl. IDW RS HFA 1 (2000), Rn 23.
[4] Vgl. COENENBERG (2001), S. 841.
[5] BAETGE/FISCHER/PASKERT weisen darauf hin, dass die Vorschrift eine Reihe unbestimmter
Rechtsbegriffe enthält, bei denen der Gesetzgeber nicht explizit festgelegt hat, welche Angaben ein Unternehmen machen muss, um seine Berichtspflicht zu erfüllen. Vgl. BAETGE/
FISCHER/PASKERT (1989), S. 1.
[6] Vgl. IDW RS HFA 1 (2000), Rn. 24, mit den jeweils zu veröffentlichenden Einzelinforma-
tionen.
[7] Vgl. COENENBERG (2001), S. 841.
[8] Vgl. IDW RS HFA 1 (2000), Rn. 26. Die Berechnungsmethode ist anzugeben.

Aufgrund des Stichtagsprinzips werden im Jahresabschluss nur Sachverhalte berücksichtigt, die sich im abgelaufenen Geschäftsjahr ereignet haben[1]. Im *Nachtragsbericht* hat die Unternehmensleitung mithin über solche Tatbestände zu berichten, die zwischen Bilanzstichtag und Aufstellungsdatum stattgefunden haben; zu denken wäre u. a. an den Erwerb wichtiger Beteiligungen, schwerwiegende Produktionsausfälle durch Streiks, Insolvenzen großer Kunden oder Änderungen wesentlicher Marktdaten. Die Berichtspflicht umfasst auch nicht abgeschlossene Entwicklungen wie signifikante Wechselkursbewegungen. Es ist insbesondere über die negativen Auswirkungen zu berichten, um den Adressaten Zeit zu geben, „rechtzeitig präventive Maßnahmen einzuleiten"[2].

Im *Prognosebericht* hat die Unternehmensleitung die voraussichtliche Entwicklung der Gesellschaft zu skizzieren. Die hier zu veröffentlichenden Daten haben Prognosecharakter; Umfang und Detaillierungsgrad sind jedoch nicht kodifiziert[3]. Eine Verpflichtung zur Veröffentlichung von quantitativen Prognosen kann aus der gesetzlichen Norm nicht abgeleitet werden. Die Veröffentlichung von einwertigen Zahlenangaben wird in der Literatur aufgrund einer evtl. Scheingenauigkeit ebenso kritisch betrachtet wie die Publizierung umfangreicher Planungsdaten, wie Planbilanzen und -erfolgsrechnungen sowie die darunter liegenden Prognosegrundlagen und -prämissen aufgrund von Konkurrenzschutzüberlegungen[4]. Beispielsweise spricht sich REITTINGER gegen numerische Voraussagen aus, da trotz der Prognoseungewissheit durch die Angabe von Zahlenwerten eine nicht vorhandene Sicherheit vorgetäuscht wird. Die dadurch entstehende Notwendigkeit späterer Prognoseanpassungen blieben für die Adressaten undurchsichtig. Deshalb bestehe nur eine Verpflichtung zu verbalen Zukunftsaussagen in Form von Tendenzaussagen, bspw. „die Entwicklung der wirtschaftlichen Lage wird positiv eingeschätzt"[5]. Insgesamt werden qualitative, die Tendenzen verbal umschreibende Erläuterungen zu den auch im Wirtschaftsbericht beschriebenen Bereichen als ausreichend angesehen. Durch Änderung des Gesetzes im Rahmen des KonTraG wird allerdings verstärkt eine quantitative Unterstützung der verbalen Angaben gefordert, um die Aussagefähigkeit

---

[1] Erhält die Unternehmensleitung Kenntnis von wertaufhellenden Informationen, also von Sachverhalten, die den Wert eines Vermögensgegenstandes oder einer Schuld im Jahresabschluss beeinflussen und die eindeutig dem abgelaufenen Geschäftsjahr zuzurechnen sind, so sind diese indes im Jahresabschluss zu berücksichtigen. Sachverhalte, die dem neuen Geschäftsjahr zuzurechen sind, sog. wertbegründende Informationen, dürfen im Jahresabschluss hingegen nicht berücksichtigt werden. Vgl. MOXTER (1986), S. 35f.; BAETGE/ FISCHER/PASKERT (1989), S. 37.

[2] IDW RS HFA 1 (2000), Rn. 39. Vgl. ebenso STREIM (1988), S. 151.

[3] Vgl. COENENBERG (2001), S. 843.

[4] Vgl. STREIM (1988), S. 151; ADLER/DÜRING/SCHMALTZ (1995), § 289, Tz. 106 - 111; IDW RS HFA 1 (2000), Rn. 42. Die für den Anhang geltende Schutzklausel des § 286 HGB wird mithin auf den Lagebericht übertragen. Vgl. LÜCK (1995), Tz. 55.

[5] REITTINGER (1994), Rn. 51.

der Lageberichte zu verbessern[1]. Statt einwertiger Zahlen sollen Bandbreiten vorgegeben werden. Die zugrunde liegenden Prämissen sind dann in geeigneter Form wiederzugeben[2]. Der Prognosehorizont soll sich je nach Art der Geschäftstätigkeit auf zumindest zwei Jahre belaufen, auch wenn damit eine Reduzierung der Eintrittswahrscheinlichkeit in Kauf genommen wird[3].

Die Notwendigkeit eines *Forschungs- und Entwicklungsberichts* ergibt sich aus der Vorstellung, dass die zukünftige Wettbewerbsfähigkeit eines hoch technologisierten Industrieunternehmens an ausreichende Forschungs- und Entwicklungsaktivitäten gebunden ist[4]. Für die Berichterstattung kommen dabei in Anlehnung an die OECD-Definitionen die Grundlagenforschung, die angewandte Forschung und die experimentelle Entwicklung in Betracht[5]. Die Angabe des Forschungs- und Entwicklungsaufwandes wird als wünschenswert erachtet, eine detaillierte Aufteilung des Aufwandes auf verschiedene Forschungsprojekte wird indes nicht gefordert[6].

Der *Risikobericht*, ausführlich behandelt in Kapitel 2.2, soll explizit „die Risiken der zukünftigen Entwicklung"[7] enthalten. Diese Forderung des Gesetzgebers unterstreicht die zukunftsorientierte Komponente der Lageberichterstattung[8]. Die Risikoberichterstattung soll den Adressaten des Lageberichts entscheidungsrelevante und verlässliche Informationen zur Verfügung stellen, die es ihnen ermöglichen, sich ein zutreffendes Bild über die Risiken der künftigen Entwicklung des Unternehmens zu machen[9]. Die Unternehmensleitung hat über alle wesentlichen Risiken zu berichten, die den Fortbestand der Gesellschaft gefährden oder die die Vermögens-, Finanz- und Ertragslage des Unternehmens erheblich beeinflussen können. Dazu sind insbesondere negative Planabweichungen zu zählen, die auf ungünstigen Wechselkurs-, Preis-, Zins- oder Mengenentwicklungen basieren, sowie sonstige durch betriebliche Funktionsbereiche bzw. externe Umwelteinflüsse verursachte Verlustrisiken[10].

Im Einzelabschluss ist darüber hinaus gemäß § 289 Abs. 2 Nr. 4 HGB ein *Zweigniederlassungsbericht* abzufassen. „Zweigniederlassungen sind dauerhafte, von der Hauptniederlassung personell und organisatorisch getrennte Einrich-

---

[1] Vgl. LÜCK (1998a), Tz. 60; KRAWITZ (1999), Tz. 105.
[2] Vgl. IDW RS HFA 1 (2000), Rn. 41f.
[3] Vgl. IDW RS HFA 1 (2000), Rn. 44.
[4] Vgl. BAETGE/FISCHER/PASKERT (1989), S. 44.
[5] Vgl. LÜCK (1995), Tz. 64, mit den entsprechenden Definitionen in Tz. 65 - 67.
[6] Vgl. IDW RS HFA 1 (2000), Rn. 47; ADLER/DÜRING/SCHMALTZ (1995), § 289, Tz. 117f.
[7] §§ 289 Abs. 1, 315 Abs. 1 HGB.
[8] Vgl. LANGE (2001), S. 227.
[9] Vgl. DRS 5.2.
[10] Vgl. IDW RS HFA 1 (2000), Rn. 35; ELLROTT (2003), § 289, Tz. 28.

tungen, die selbständig am Geschäftsverkehr teilnehmen"[1]. Im Bericht sind die Standorte der in- und ausländischen Zweigniederlassungen ebenso aufzuführen wie die wesentlichen Neugründungen, Schließungen und Verlegungen gegenüber dem Vorjahr[2]. Darüber hinaus ist auf im abgelaufenen Geschäftsjahr getätigte Umsätze, wesentliche Investitionsprogramme und die Zahl der Mitarbeiter einzugehen[3]. Der so gestaltete Zweigniederlassungsbericht soll den Adressaten einen Überblick über die geographische Verbreitung der Gesellschaft und die damit verbundenen Chancen und Risiken vermitteln.

Über die o. g. Anforderungen hinaus haben Aktiengesellschaften und KGaA, die als abhängige Gesellschaften i. S. des Aktienrechts eingeordnet werden und bei denen kein Beherrschungsvertrag besteht, nach § 312 Abs. 3 Satz 3 AktG eine *Schlusserklärung* zum Abhängigkeitsverhältnis in den Lagebericht aufzunehmen. Die Geschäftsführung hat dort zu erklären, ob Nachteile, die durch Rechtsgeschäfte oder andere Maßnahmen im abgelaufenen Geschäftsjahr mit dem herrschenden Unternehmen oder den damit verbundenen Gesellschaften entstanden sind, wieder ausgeglichen wurden. Die Angaben dienen dem Schutz der Gläubiger und Minderheitsaktionäre, denen ggf. die Möglichkeit zur Geltendmachung von Schadensersatzansprüchen gegeben werden soll. Mithin soll bereits durch die Pflicht zur Berichterstattung über nachteilige Geschäfte eine Abschreckung erreicht werden[4].

2.1.5.2 Auswirkungen des BilReG und des DRS 15 auf die Lageberichterstattung

Die oben beschriebenen Regulierungen werden durch die Umsetzung des bereits in Kapitel 2.1.1 vorgestellten BilReG und den DRS 15 erheblichen Änderungen unterworfen. Die wesentlichen Änderungen werden im Folgenden vorgestellt.

Die Neuregelung der Lageberichterstattung durch das BilReG zielt auf die Erhöhung des Informationsgehalts und der Vergleichbarkeit von Lageberichten ab[5]. Die Berichtsinhalte werden durch die ausführlichere Beschreibung in § 289 HGB n. F. erweitert und konkretisiert. Für den Konzernlagebericht sind analoge Änderungen des § 315 HGB erfolgt. Die Änderungen sollen erstmals für das nach dem 31. Dezember 2004 beginnende Geschäftsjahr Anwendung finden.

Die nähere Ausgestaltung der Regelung wird bereits in § 289 Abs. 1 HGB n. F. deutlich. Satz 1 ist dahingehend konkretisiert worden, dass im Rahmen der Lagebeurteilung der Gesellschaft auch das Geschäftsergebnis zu bewerten ist. Der

---

[1] HACHMEISTER (2002), Sp. 1439.
[2] Vgl. IDW RS HFA 1 (2000), Rn. 49.
[3] Vgl. ELLROTT (2003), § 289, Tz. 44.
[4] Vgl. HACHMEISTER (2002), Sp. 1440.
[5] Vgl. Begründung zum Referentenentwurf des BilReG, S. 25.

Risikobericht ist nunmehr in Satz 4 des § 289 Abs. 1 HGB n. F. geregelt[1]. Die Änderungen, die sich für den Risikobericht ergeben, werden getrennt in Kapitel 2.2.4 diskutiert. Die Analyse im Lagebericht umfasst gemäß § 289 Abs. 1 Satz 3 HGB n. F. die hauptsächlichen finanziellen Leistungsmerkmale, bspw. Ergebnisentwicklung, Liquidität und Kapitalausstattung[2], mit ergänzenden Hinweisen zum Jahresabschluss soweit dies dem Verständnis der Adressaten dient[3]. Der Lagebericht soll damit der Analyse und Kommentierung relevanter Kennzahlen und Sachverhalte dienen.

Der bislang in § 289 Abs. 2 Nr. 2 HGB kodifizierte Prognosebericht wird von einem Soll- zu einem Pflichtbestandteil, indem er nunmehr zusammen mit dem Risikobericht in Abs. 1 Satz 4 geregelt wird. Die wesentlichen Prämissen, die den zukunftsbezogenen Aussagen zugrunde liegen, sind anzugeben. Die Trennung von Risiko- und Prognosebericht wird somit aufgehoben[4]. An die Stelle des Prognoseberichts in Abs. 2 tritt künftig die Vorschrift zur Risikoberichterstattung in Bezug auf den Einsatz von Finanzinstrumenten. Dies gilt analog auch für den Konzernlagebericht in § 315 Abs. 2 Nr. 2 HGB n. F. Diese Vorgabe ergibt sich aus der Umsetzung der europäischen Fair-Value-Richtlinie[5]. Der Lagebericht soll auf die Ziele und Methoden des Risikomanagements der Gesellschaft einschließlich der Methoden des Risikohedgings eingehen. Insbesondere ist über Cash-Flow-Risiken, sog. „Zahlungsstromschwankungen"[6], zu berichten, die sich aus der Verwendung von Finanzinstrumenten ergeben, wenn dies zur Beurteilung der Lage oder voraussichtlichen Entwicklung der Gesellschaft von Bedeutung ist.

Betroffen sind durch die Änderungen der §§ 289 und 315 HGB vor allem der Wirtschafts-, der Risiko- und der Prognosebericht. Die Vorgaben für den Nach-

---

[1] Im Entwurf des neuen § 289 HGB war ursprünglich auch vorgesehen, dass die Unternehmen daneben auch die Ziele und Strategien der Unternehmensleitung in ihren wesentlichen Elementen anzugeben haben. Dies entspräche dem internationalen Verständnis einer Analyse der Geschäftsentwicklung durch das Management. Vgl. Begründung des BilReG, Nr. 9, Buchst. a. Dieser Vorschlag hat letztlich keinen Eingang in den § 289 HGB n. F. gefunden.

[2] Satz 3 setzt damit Art. 46 Abs. 1 Buchst. b Hs. 1 und Buchst. c der Vierten EU-Richtlinie n. F. (78/660/EWG) vom 14.08.1978, geändert zuletzt durch die Modernisierungsrichtlinie (2003/51/EG) vom 18.06.2003, um. Vgl. dazu ebenso KIRSCH/SCHEELE (2004), S. 10.

[3] Die Einschränkung soll durch eine eindeutige Bezugnahme im Lagebericht auf den Jahresabschluss eine Verdoppelung der Angaben im Lagebericht vermeiden. Vgl. Begründung des BilReG, Nr. 9, Buchst. a.

[4] Vgl. BREITWEG (2005), S. 335.

[5] Da die Fair-Value-Richtlinie bis Ende 2003 in nationales Recht umzusetzen war, soll die Regelung bereits erstmalig für nach dem 31.12.2003 beginnende Geschäftsjahre verpflichtend sein. Vgl. Fair-Value-Richtlinie (2001/65/EG) vom 27.09.2001, Art. 4, Abs. 1.

[6] Der englische Begriff der „cashflow risks" wurde durch den deutschen Begriff „Risiken aus Zahlungsstromschwankungen" ersetzt. Vgl. Begründung des BilReG, Nr. 9, Buchst. b.

trags-, den Forschungs- und Entwicklungs- sowie den Zweigniederlassungsbericht bleiben hingegen unverändert[1]. Die Änderungen durch das BilReG sind in der nachstehenden Abbildung 6 schematisch wiedergegeben.

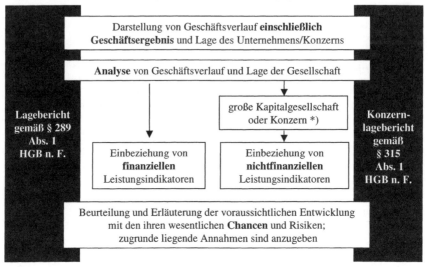

*) Für den Einzelabschluss nach § 289 HGB n. F. sind nichtfinanzielle Leistungsindikatoren nur bei großen Kapitalgesellschaften gemäß § 267 Abs. 3 HGB in die Analyse einzubeziehen.

Abb. 6:   Änderungen der §§ 289 Abs. 1 bzw. 315 Abs. 1 HGB durch das BilReG
Quelle: In Anlehnung an GREINERT (2004), S. 53.

In der mit der Lageberichterstattung verbundenen Analyse sind bei großen Kapitalgesellschaften auch die wichtigsten nichtfinanziellen Leistungsindikatoren, insbesondere ökologische und soziale Faktoren, einzubeziehen, sofern sie für die Geschäftstätigkeit des Unternehmens von Bedeutung und für das Verständnis seines Geschäftsverlaufs und seiner Lage erforderlich sind. § 289 Abs. 3 HGB n. F. dient damit der Umsetzung des Artikels 46 Abs. 1 Buchst. b Hs. 2 und Abs. 4 der Bilanzrichtlinie[2]. Die Einschränkung dieser Vorgabe auf große Kapitalgesellschaften stellt die Ausübung eines Mitgliedsstaatenwahlrechts dar.

Der Kreis der zur Aufstellung eines (Konzern-)Lageberichts verpflichteten Unternehmen ändert sich durch das BilReG nicht grundsätzlich. Gleichwohl können sich im Einzelfall Veränderungen dadurch ergeben, dass im Rahmen des BilReG die Befreiung von der Pflicht zur Teilkonzernrechnungslegung einge-

---

[1] Vgl. KAJÜTER (2004a), S. 198.
[2] Vgl. Vierte EU-Richtlinie n. F. (78/660/EWG) vom 14.08.1978, zuletzt geändert durch die Modernisierungsrichtlinie (2003/51/EG) vom 18.06.2003.

schränkt wird[1], die Schwellenwerte für die Größenklassifizierung nach § 267 HGB erhöht werden und Kapitalgesellschaften immer dann als groß gelten, wenn sie als Wertpapieremittent einen geregelten Markt in der EU oder im EWR in Anspruch nehmen. Mit dem neu eingefügten § 315a HGB n. F. wird nun klargestellt, dass auch nach IAS/IFRS bilanzierende Mutterunternehmen einen Konzernlagebericht zu erstellen haben. Gleiches gilt für große Kapitalgesellschaften, die nach § 325 Abs. 2a HGB n. F. von der Möglichkeit Gebrauch machen, einen Einzelabschluss nach IAS/IFRS offen zu legen[2].

Der *Deutsche Rechnungslegungs Standard Nr. 15, DRS 15 - Lageberichterstattung*[3], baut auf dem § 315a HGB n. F. auf und konkretisiert die inhaltlichen und formalen Anforderungen an die Lageberichterstattung für Mutterunternehmen, die aufgrund einer gesetzlichen Verpflichtung oder freiwillig einen Konzernlagebericht aufstellen (DRS 15.4). Der Konzernlagebericht soll als „Instrument einer wert- und zukunftsorientierten Berichterstattung ausgebaut werden, der die Prognose über die voraussichtliche Entwicklung des Unternehmens erleichtert"[4]. Die Konzeption des DRS 15 ist – wie die des DRS 5 – branchenübergreifend (DRS 15.6) und die Anwendung auf den Einzelabschluss nach § 289 HGB sowie die Aktualisierung von Angaben des Lageberichts im Rahmen der Zwischenberichterstattung werden empfohlen (DRS 15.5, 7). Ziel des DRS 15 ist die Zurverfügungstellung von entscheidungsrelevanten und verlässlichen Informationen, die es den Adressaten ermöglichen, „sich ein zutreffendes Bild des Geschäftsverlaufs und der Lage des Konzerns zu machen"[5]. Zu seiner Umsetzung werden im DRS 15 fünf Grundsätze kodifiziert, die die allgemeinen Anforderungen an die Lageberichterstattung präzisieren: Der Lagebericht soll die Grundsätze der Vollständigkeit, Verlässlichkeit, Klarheit und Übersichtlichkeit erfüllen sowie Informationen aus Sicht der Unternehmensleitung liefern und sich auf die nachhaltige Wertschaffung konzentrieren (DRS 15.9 - 35)[6]. Darüber hinaus enthält der Entwurf zahlreiche Regeln zu den Inhalten der einzelnen Berichtsteile (DRS 15.36 - 91) sowie Empfehlungen für die Lageberichterstattung

---

[1] Vgl. § 291 Abs. 3 Nr. 1 HGB-E. Die Regelung entspricht damit der Modernisierungsrichtlinie sowie der Konzernbilanzrichtlinie (83/349/EWG) vom 13.06.1983. Vgl. dazu kritisch die Stellungnahme des Bundesrates vom 11.06.2004, S. 1, Nr. 2.

[2] Der befreiende Konzernabschluss nach § 292a HGB entfällt damit. Allerdings bleibt offen, inwieweit ein MD&A (vgl. Kap. 2.3.3.1) als Äquivalent für einen Lagebericht angesehen werden kann. Vgl. KAJÜTER (2004a), S. 198.

[3] Der DRS 15 lag als E-DRS 20 im Entwurf vor und wurde am 07.12.2004 als DRS 15 vom DSR verabschiedet. Die Bekanntmachung durch das BMJ vom 31.01.2005 erfolgte durch Veröffentlichung im Bundesanzeiger Nr. 40a am 26.02.2005.

[4] E-DRS 20, Anhang C, C2.

[5] DRS 15.3, Satz 1.

[6] Zu einer Übersicht der Anforderungen an die künftige Gestaltung von Lageberichten durch die fünf Grundsätze vgl. KAJÜTER (2004a), S. 199f.

in der Anlage (DRS 15.93 - 123). Der DRS 15 ist für nach dem 31. Dezember 2004 beginnende Geschäftsjahre anzuwenden[1].

Um die unternehmensübergreifende Vergleichbarkeit der Lageberichterstattung zu verbessern, wird nunmehr eine sachlogische Gliederung in sieben Berichtsteile vorgeschlagen, die dem Aufbau des DRS 15 entsprechen (DRS 15.93). Die vorgeschlagene Gliederung wird in Abbildung 7 schematisch dargestellt.

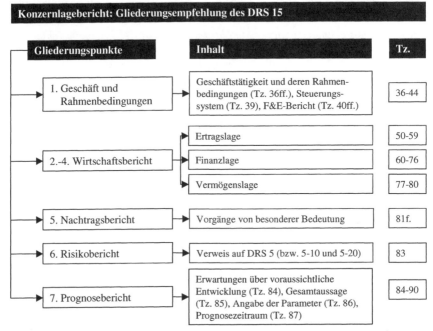

Abb. 7:   Gliederungsempfehlung zum Konzernlagebericht nach DRS 15[2]

Ebenso wie der Entwurf des BilReG sah der E-DRS 20 vor, dass zukünftig auch die wesentlichen Ziele und Strategien des Unternehmens im Lagebericht zu beschreiben seien. Der E-DRS 20 hätte daher die Einführung eines neuen Berichtsteils *Geschäft und Strategie* bedeutet[3]. Die Gesetzespassage über die Angabe der Unternehmensstrategie konnte indes nicht durchgesetzt werden, sodass nun auch

---

[1] Vgl. DRS 15.92.
[2] Vgl. DRS 15.93 [Stand 20.07.2004].
[3] Vgl. DRS 15.36 - 47, sowie die Erläuterungen in DRS 15.97 - 102 und die Begründung im Anhang C23 - C26. Der Berichtsteil kann auch als „Hintergrundbericht" bezeichnet werden, da er einen allgemeinen Überblick über Strategie und Struktur der Geschäftstätigkeit des Konzerns bieten soll. KAJÜTER (2004a), S. 199.

der DRS 15 lediglich eine konkrete Veröffentlichung der Geschäftstätigkeit und des -verlaufs vorsieht[1]. Der Forschungs- und Entwicklungsbericht gemäß §§ 289, 315 Abs. 2 Nr. 3 HGB soll in diesen Berichtsteil integriert werden. Der Wirtschaftsbericht umfasst die Berichtsteile zwei bis vier. Er soll, der international vorherrschenden Dreiteilung folgend[2], eine Darstellung der Ertrags-, Finanz- und Vermögenslage enthalten[3]. In dem daran anzuschließenden separaten Nachtragsbericht sind Vorgänge von besonderer Bedeutung anzugeben und zu erläutern[4]. Der Risikobericht wird als fünfter Berichtsteil definiert. Aufgrund der vorliegenden Regelungen des DRS 5 zur Risikoberichterstattung werden keine besonderen Anmerkungen gemacht, sondern es erfolgt ein Hinweis auf den spezifischen Standard[5]. Der siebte Berichtsteil ist schließlich der Prognosebericht, der aus Gründen der Klarheit getrennt vom Risikobericht in einem separaten Abschnitt zu präsentieren ist (DRS 15.91)[6]. Der DRS 15 sieht nunmehr für die Darstellung der erwarteten Entwicklung wesentlicher Einflussfaktoren explizit einen Prognosezeitraum von zwei Jahren vor (DRS 15.87)[7].

Grundsätzlich ist der DRS 15 aufgrund der dem DRSC in § 342 Abs. 2 HGB zugewiesenen Aufgaben lediglich bei der Anwendung auf den Konzernlagebericht zu beachten. Indes wird von einer Ausstrahlungswirkung auch auf den Lagebericht im Einzelabschluss auszugehen sein, da die gesetzlichen Normen zum Lagebericht und zum Konzernlagebericht einander entsprechen[8].

---

[1] Vgl. DRS 15.94 - 98.

[2] Die Aufteilung ist an die Anforderungen der SEC an den MD&A angelehnt. Vgl. DRS 15, Anhang C, C27.

[3] Aussagen zur Vermögenslage seien, abgesehen von Informationen über Forschung und Entwicklung, international eher unüblich. Gleichwohl sind Angaben über die Vermögenslage europarechtlich ein zwingender Bestandteil des Konzernlageberichts. Vgl. E-DRS 20, Anhang C, C34.

[4] Der überarbeitete Entwurf des DRS 15 sieht nunmehr vor, den Nachtragsbericht als eigenen Berichtsteil in den Lagebericht aufzunehmen. Vgl. DRS 15.93.

[5] Vgl. DRS 15.83. Vgl. dazu Kapitel 2.2.3. Zu den Auswirkungen des DRS 15 sowie des BilReG vgl. Kapitel 2.2.4.

[6] Eine klare Abgrenzung zum Risikobericht, mit seinen ebenfalls prospektiven Informationen ist in der Literatur jedoch nicht unumstritten. Vgl. ELLROTT (2003), Tz 25. Ebenso BONSE (2004), S. 160.

[7] Der überarbeitete Entwurf des E-DRS 20 sah für die Darstellung der erwarteten Entwicklung wesentlicher Einflussfaktoren noch einen Prognosezeitraum von einem Jahr vor. Vgl. E-DRS 20.124.

[8] Vgl. SPANHEIMER (2000), S. 1000 - 1002; speziell zum DRS 5 vgl. DÖRNER/BISCHOF (2003), S. 621f. Zur Verbindlichkeit der DRS vgl. Kapitel 2.2.3.6.

2.1.6 Prüfung des Lageberichts

2.1.6.1 Bestehende Regelungen der §§ 317, 321 und 322 HGB

Aus §§ 317, 321 und 322 HGB ergibt sich der Umfang der Prüfungspflicht. Der Lagebericht muss gemäß § 321 Abs. 2 HGB formal den gesetzlichen und den ergänzenden gesellschaftsvertraglichen bzw. satzungsmäßigen Vorschriften entsprechen. Nach § 317 Abs. 2 Satz 1 HGB ist vom Abschlussprüfer zu prüfen, ob der Lagebericht mit dem Jahresabschluss und den bei der Prüfung gewonnenen Erkenntnissen übereinstimmt. Der Abschlussprüfer hat gemäß § 322 Abs. 3 Satz 1 HGB sicherzustellen, dass eine zutreffende Vorstellung von der Lage des Unternehmens vermittelt wird und die Risiken der zukünftigen Entwicklung zutreffend dargestellt sind. Die aktuelle Gesetzgebung fordert damit im Gegensatz zu früheren Regelungen – die lediglich verlangten, dass keine falsche Vorstellung von der Lage des Unternehmens erweckt wird[1] – nun ausdrücklich die Vermittlung eines zutreffenden Bildes[2]. Der Gesetzgeber verspricht sich dadurch eine zeitnahe Entdeckung von Risiken und Fehlentwicklungen, so dass eine rechtzeitige Gegensteuerung ermöglicht wird[3].

Die durch das KonTraG eingeführten Änderungen betreffen damit vor allem die Prüfung, ob die Risiken der zukünftigen Entwicklung zutreffend dargestellt sind (§ 317 Abs. 1 Satz 2 HGB). Eine Beschäftigung mit den Risiken ist nunmehr erforderlich, da der Abschlussprüfer im Prüfungsbericht auf Basis der verifizierten Unterlagen und des Lageberichts zur Beurteilung der wirtschaftlichen Lage durch die Geschäftsführung Stellung zu beziehen hat. Bei der Prüfung des Lageberichts handelt es sich weitestgehend um eine Plausibilitätsprüfung. Der Prüfer hat sich dabei auf die im Rahmen der Abschlussprüfung gewonnenen Erkenntnisse, die mit dem Management geführten Gespräche sowie seine eigenen Branchenkenntnisse zu stützen, um sich auf dieser Grundlage ein eigenständiges Urteil über die von der Unternehmensleitung gemachten Angaben im Lagebericht zu bilden[4]. Insbesondere hat er dabei auf die Beurteilung des Fortbestandes der Gesellschaft und die künftige Entwicklung einzugehen (§ 321 Abs. 1 Satz 2 HGB). Diese Pflicht zur Stellungnahme besteht unabhängig davon, ob der Lagebericht den Anforderungen nach § 289 HGB entspricht[5]. Der Abschlussprüfer

---

[1] Nach herrschender Meinung war die negative Formulierung des Prüfungsziels dahingehend zu interpretieren, dass eine Prüfung des Lageberichts im Detail nicht erforderlich, sondern vielmehr der Gesamteindruck ausschlaggebend sei. Die Prüfung des Lageberichts wurde damit zu einem weniger wichtigen Teil der Abschlussprüfung. Vgl. REITTINGER (1994), Rn. 59 m. w. N.

[2] Vgl. HACHMEISTER (2002), Sp. 1443.

[3] Vgl. DEUTSCHER BUNDESTAG (1997), BT-Drucksache 13/9712, S. 29.

[4] Vgl. KAJÜTER (2004), S. 432f.

[5] Vgl. IDW PS 350, Rn. 22.

hat bei seinen Feststellungen zur Lage des Unternehmens ggf. eigene Akzente zu setzen und auf für ihn wesentliche Punkte ausführlicher einzugehen als die Geschäftsführung in dem für die Öffentlichkeit bestimmten Lagebericht[1].

Zudem ist nun ausdrücklich durch den Wirtschaftsprüfer sowohl im Prüfungsbericht als auch im Bestätigungsvermerk zu testieren, dass die Risiken im (Konzern-)Lagebericht zutreffend dargestellt worden sind (§ 322 Abs. 2 Satz 2, Abs. 3 Satz 2 HGB)[2]. Diese Schwerpunktverlagerung auf die Berichterstattung über mögliche Risiken der Gesellschaft hat zur Folge, dass der Ausgangspunkt der Lageberichtsprüfung nunmehr die Untersuchung des nach § 91 Abs. 2 AktG einzurichtenden Risikomanagementsystems ist, d. h. der Revisor hat sich zu versichern, dass die Einschätzung über die Risiken in einer ordnungsmäßigen Art und Weise erfolgt[3]. Zur Problematik der Prüfung von Prognosen und anderen zukünftigen Wertungen durch die Gesellschaft wird auf die Ausführungen zur Prüfung des Risikoberichts in den Kapiteln 2.2.2.4 und 2.2.3.5 verwiesen.

In seinem Prüfungsbericht hat der Prüfer auf Mängel hinzuweisen, wenn nach seinem Urteil der Lagebericht nicht den gesetzlichen oder gesellschaftsvertraglichen bzw. satzungsmäßigen Vorschriften entspricht; dies gilt auch, wenn diese Beanstandungen nicht zu einer Einschränkung des Bestätigungsvermerks führen[4]. Werden während der Prüfung bestandsgefährdende oder die Entwicklung beeinträchtigende Risiken festgestellt, so hat der Abschlussprüfer im Rahmen seiner *Redepflicht* explizit im Bestätigungsvermerk darauf hinzuweisen, auch wenn die Risiken bereits ausreichend im Lagebericht gewürdigt wurden[5]. Der Bestätigungsvermerk ist in Bezug auf den Lagebericht einzuschränken, wenn Einwendungen zu erheben sind. Neben der unterlassenen Erstellung des Lageberichts trotz gesetzlicher Verpflichtung kann eine solche Einwendung auch darin bestehen, dass der Lagebericht im Widerspruch zu den geprüften Unterlagen steht oder dass der Abschlussprüfer prognostische Aussagen nicht für plausibel hält[6].

2.1.6.2   Auswirkungen des BilReG und des DRS 15 auf die Prüfung des Lageberichts

Mit dem BilReG hat der Gesetzgeber eine grundlegende inhaltliche Reform der Lageberichterstattung angestoßen. Durch die Erweiterung der Lageberichtinhalte, u. a. durch die Beschreibung der wesentlichen Ziele und Strategien des Ma-

[1] Vgl. IDW PS 350, Rn. 22; HACHMEISTER (2002), Sp. 1444.
[2] Vgl. LANGE (2001), S. 227; KAJÜTER (2002), S. 243.
[3] Vgl. HACHMEISTER (2002), Sp. 1443; WALL (2003). Vgl. ausf. Kapitel 2.2.2.2.
[4] Vgl. IDW PS 350, Rn. 21.
[5] Vgl. IDW PS 350, Rn. 24.
[6] Vgl. IDW PS 350, Rn. 26.

nagements, werden die Inhalte des Lageberichts stärker auf die Informationsbedürfnisse von Kapitalmarktteilnehmern ausgerichtet[1]. Auch die Risikoberichterstattung wird durch die Verpflichtung zur Offenlegung von Finanzrisiken und deren Risikomanagement in das HGB und die explizite Berücksichtigung von Chancen als Teil des Risikoberichts erweitert.

Aus den Änderungen ergeben sich auch für die Abschlussprüfer Konsequenzen, denn mit den Neuerungen erweitert sich der Prüfungsgegenstand. Bereits seit Einführung der Risikoberichterstattung durch das KonTraG musste sich der Abschlussprüfer intensiver mit der Risikolage des Unternehmens beschäftigen. Er wird künftig noch stärker gefordert sein, sich neben den Risiken auch mit den Chancen des zu prüfenden Unternehmens auseinanderzusetzen. Wenngleich sich durch die Ausweitung der Anforderungen an die Lageberichterstattung insgesamt die Unternehmenspublizität quantitativ und qualitativ erhöht und somit der Prüfungsgegenstand der Abschlussprüfung erweitert wird, bleibt die Art der Durchsicht unverändert. Wie bisher wird die Prüfung des Lageberichts durch den Abschlussprüfer weitestgehend im Rahmen einer Plausibilitätsprüfung der durch die Unternehmensleitung gemachten Angaben erfolgen. Eine eigene Chancenanalyse ist durch den Prüfer in Zukunft ebenso wenig gefordert wie bisher eine eigene Risikoanalyse[2].

Neben den direkten Auswirkungen auf die Prüfungshandlungen des Abschlussprüfers durch die vorliegenden Rechtsnormenerneuerungen ergeben sich durch das BilReG weitere Änderungen, die sich auf die Voraussetzungen für die Bestellung als Abschlussprüfer beziehen und damit die Unabhängigkeit der Abschlussprüfer verstärken sollen[3]. Das Ziel soll u. a. erreicht werden, indem die Tätigkeiten eingegrenzt und präzisiert werden, die ein Wirtschaftsprüfer[4] zusätzlich für das zu prüfende Unternehmen erbringen darf, wenn er als Abschlussprüfer tätig ist. Die Regeln zur Unabhängigkeit des Abschlussprüfers werden durch die Neufassung des § 319 HGB n. F. (Auswahl der Abschlussprüfer und Aus-

---

[1] Vgl. KIRSCH/SCHEELE (2003), S. 2738.

[2] Vgl. KAJÜTER (2004), S. 432f.

[3] Die Gesetzesmodifikation wurde durch die massive Kritik an der Qualität der Abschlussprüfung hervorgerufen. In der Gesetzesbegründung werden die Bilanzskandale ENRON und PARMALAT explizit genannt. Zu einer ausführlichen Darstellung des Reputationsverlustes der Wirtschaftsprüfer vgl. SIEBENMORGEN (2004), S. 394 - 403. Während in den USA vor allem der Bilanzskandal der ENRON mit dem folgenden Zusammenbruch der Wirtschaftsprüfungsgesellschaft ARTHUR ANDERSEN zu einer nachhaltigen Schädigung des öffentlichen Ansehens der Wirtschaftsprüfer führte, haben in Deutschland vor allem Fälle von Wirtschaftskriminalität wie der der COMROAD AG zu einem Reputationsverlust der Wirtschaftsprüfer geführt. Vgl. SIEBENMORGEN (2004), S. 394, 396.

[4] Abschlussprüfer können Wirtschaftsprüfer, vereidigte Buchprüfer sowie Wirtschaftsprüfungsgesellschaften und Buchprüfungsgesellschaften sein. Im Folgenden wird vereinfachend die Bezeichnung „Wirtschaftsprüfer" verwendet.

schlussgründe) sowie durch den neu eingefügten § 319a HGB n. F. (Ausschlussgründe in besonderen Fällen) wesentlich erweitert. Gemäß dem Grundsatz der Verhältnismäßigkeit gibt der Gesetzgeber damit in § 319a HGB n. F. strengere Maßstäbe für die Prüfung von „Unternehmen von öffentlichem Interesse"[1] vor. Da sich aus den entsprechenden Neuregelungen keine direkten Auswirkungen auf die Risikoberichterstattung ergeben, wird für eine ausführliche Betrachtung der geänderten Voraussetzungen zur Auswahl der Abschlussprüfer und der erweiterten Ausschlussgründe an dieser Stelle auf die weiterführende Literatur verwiesen[2].

Neben den Änderungen der gesetzlichen Regelungen konkretisiert auch der DRS 15 in erheblichem Maße die Anforderungen an die Lageberichterstattung und schränkt die Ermessensspielräume bei der Erstellung der Lageberichte weiter ein, so dass den Abschlussprüfern engere und ausführlichere Maßstäbe zur Prüfung an die Hand gegeben werden[3].

2.1.7 Schematische Übersicht der Regelungen zum Lagebericht

Die nachfolgende Abbildung 8 fasst die bestehenden und vorgeschlagenen Regelungen zum Lagebericht noch einmal zusammen.

---

[1] Begründung des BilReG, S. 86f. Dazu gehören kapitalmarktorientierte Unternehmen sowie Banken und Versicherungen. Vgl. ausf. PEEMÖLLER/OEHLER (2004), S. 539 - 546.
[2] Vgl. ausf. BAETGE/LUTTER (2003), S. 11; PEEMÖLLER/OEHLER (2004), 539 - 546 m. w. N.
[3] Die EU-Kommission hat am 16. März 2004 einen Vorschlag zur Modernisierung der 8. EU-Richtlinie, die sog. Abschlussprüferrichtlinie, veröffentlicht, die durch eine prinzipienorientierte Festlegung von Grundsätzen zur Unabhängigkeit des Abschlussprüfers, zur Ausgestaltung des Systems der externen Qualitätskontrolle und zur öffentlichen Aufsicht über den Berufsstand eine Stärkung der Abschlussprüfung bewirken soll. Zu einer kritischen Betrachtung des Entwurfs vgl. ausführlich KLEIN/TIELMANN (2004), S. 501 - 510, sowie die Stellungnahme des IDW (2004), S. 469f.

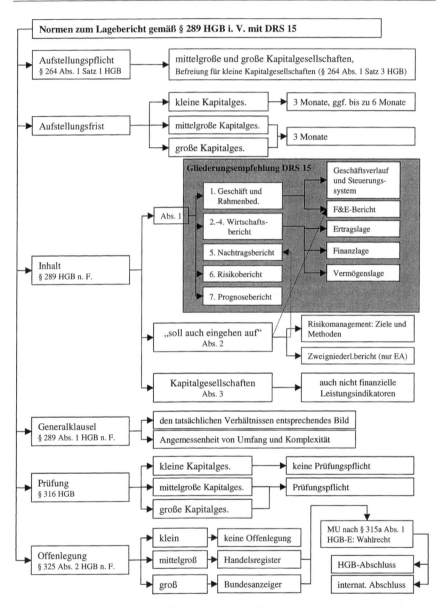

Abb. 8:   Zusammenfassende Darstellung der Regelungen zum Lagebericht unter Berücksichtigung des BilReG und des DRS 15

2.2 Gesetzliche Anforderungen an den Risikobericht in Deutschland

2.2.1 Historische Entwicklung der Regulierungen zum Risikobericht

Im Folgenden wird ein kurzer historischer Abriss gegeben über die Entwicklung von der Lageberichterstattung hin zur Institution des Risikoberichts in Deutschland. Zu Beginn des Kapitels 2.1 wurde die nachlässige Behandlung der Lageberichterstattung bereits beschrieben. Durch die steigende Kapitalmarktorientierung deutscher Unternehmen und das zukunftsorientierte Interesse der Stakeholder hat der Lagebericht an Bedeutung gewonnen. Gleichwohl wird die Lageberichterstattung insbesondere im Hinblick auf die zukunftsorientierten Angaben als wenig aussagekräftig bezeichnet[1]. Diese Befunde haben den Gesetzgeber zu einer Änderung der Vorschriften zur Lage- bzw. Konzernlageberichterstattung veranlasst.

Am 01. Mai 1998 trat das KonTraG in Kraft, mit dem der § 289 Abs. 1 HGB um den zweiten Halbsatz ergänzt wurde. Seither ist im Lagebericht auch auf die Risiken der künftigen Entwicklung einzugehen.

Ausgelöst wurde diese Gesetzesnovelle vor allem durch spektakuläre Unternehmenszusammenbrüche bzw. -krisen sowie der, oben kurz beschriebenen, empirisch überprüften allgemein unzureichenden Qualität der Lageberichterstattung. Der Gesetzgeber sah sich gezwungen, die Überwachungs- und Kontrollmechanismen im Unternehmensbereich zu verbessern und die Rechnungslegung der Unternehmen mehr auf die internationalen Anforderungen des Kapitalmarktes auszurichten[2]. Das daher eingeführte KonTraG fordert von den Aktiengesellschaften u. a. explizit die Einrichtung eines Risikomanagements sowie dessen Durchsicht durch den Abschlussprüfer. Auf eine genaue Spezifizierung des Risikomanagements wurde jedoch verzichtet, so dass eine breite theoretische und praktische Diskussion entstand[3].

Die gesetzlichen Vertreter von großen und mittelgroßen Kapitalgesellschaften haben ihren Jahresabschluss gemäß § 264 Abs. 1 Satz 1 HGB um einen Lagebericht zu ergänzen. Dieser musste gemäß § 289 Abs. 1 Hs. 2 HGB a. F., nach Änderung im Rahmen des KonTraG ausdrücklich kodifiziert, „auch auf die Risiken der künftigen Entwicklung eingehen". Die Einführung des KonTraG war jedoch nicht ausreichend, um die Aussagekraft und Vergleichbarkeit der Lageberichte sicherzustellen. Nachdem empirische Studien noch immer Mängel bei der Lage-

---

[1] Vgl. DÖRNER/BISCHOF (1999a), S. 371.
[2] Vgl. ERNST/SEIBERT/STUCKERT (1998), S. 2. Durch die verbesserte Rechnungslegung soll die bestehende Erwartungslücke zwischen Berichterstattung der Gesellschaft und den Anforderungen der Adressaten vermindert werden. Vgl. ELLROTT (1999), § 289, Tz. 25.
[3] Vgl. u. a. DÖRNER/DOLECZIK (2000), S. 195 - 217; GEBHARDT/MANSCH (2001); LANGE/WALL (2001); SCHULZE (2001); WOLF/RUNZHEIMER (2003).

berichterstattung feststellten[1], wurden die Regelungen der §§ 289 bzw. 315 HGB durch den DRS 5 2001 inhaltlich und formal konkretisiert.

Auch auf europäischer Ebene wurde 2003 schließlich durch die Modernisierungsrichtlinie eine Risikoberichterstattung eingeführt[2]. Da der DRS 5 die entsprechenden europäischen Erfordernisse bereits erfüllt, besteht seitens des DRSC kein Änderungsbedarf. Gleichwohl hat der Gesetzgeber mit dem BilReG eine Änderung der Risikoberichterstattung vorgenommen, indem zum einen „die voraussichtliche Entwicklung mit ihren wesentlichen Chancen und Risiken zu beurteilen und zu erläutern"[3] ist. Demnach werden nicht nur Risiken, sondern auch Chancen zukünftig berichtspflichtig sein. Zum anderen sind spezifische Vorschriften zur Berichterstattung über die aus der Verwendung von Finanzinstrumenten entstehenden Risiken geplant. Im Folgenden wird zunächst auf die bestehenden Rechtsnormen der §§ 289 und 315 HGB eingegangen und die Konkretisierung dieser Regelungen durch den DRS 5 aufgezeigt. In Kapitel 2.2.4 werden schließlich die Änderungen diskutiert, die sich aus dem BilReG und dem DRS 15 für die Risikoberichterstattung ergeben.

2.2.2   Risikoberichterstattung gemäß §§ 289 und 315 HGB

2.2.2.1 Bestimmung des Risikobegriffs

Der Begriff des Risikos wird vom Gesetzgeber weder im Gesetz noch in der Gesetzesbegründung konkretisiert; es handelt sich vielmehr um einen unbestimmten Rechtsbegriff[4]. Er kann möglicherweise mit demjenigen der Unsicherheit gleichgesetzt werden[5], d. h. die Definition folgt der betriebswirtschaftlich verwendeten Erläuterung von Risiko als Möglichkeit einer Abweichung vom erwarteten Wert[6]. Risiko wird dadurch zum Oberbegriff, der sowohl das positive Abweichen vom Erwartungswert, die Chance, als auch die negative Abweichung, die Gefahr, umfasst, so dass Abweichungen in beide Richtungen mit einbezogen werden[7].

---

[1] Vgl. u. a. KAJÜTER (2001a), S. 105 - 111. KAJÜTER testete 61 Lageberichte hinsichtlich der Güte ihrer Risikoberichterstattung und stellte erhebliche Mängel - auch bei der Prüfung der Berichte durch die Wirtschaftsprüfer - fest. Vgl. mit einer Übersicht über die empirischen Ergebnisse zur Risikoberichterstattung ausführlich Kapitel 3.

[2] Vgl. Vierte EU-Richtlinie (78/660/EWG) vom 25.07.1978, zuletzt geändert durch die Modernisierungsrichtlinie (2003/51/EG) vom 18.06.2003.

[3] §§ 289, 315 Abs. 1 Satz 4 HGB-E.

[4] Vgl. ADLER/DÜRING/SCHMALTZ (2001), § 289 n. F., Tz. 6.

[5] So ein erster Ansatz bei BAETGE/SCHULZE. Vgl. BAETGE/SCHULZE (1998), S. 939.

[6] Vgl. PERRIDON/STEINER (2004), S. 98 - 101. Vgl. ebenso Kapitel 1.3.1.

[7] Vgl. LANGE (2001a), S. 136.

Eine engere Auslegung, verstanden lediglich als Gefahr, ist indes aus der Verwendung des Begriffs im Gesetz abzuleiten, da gemäß § 252 Abs. 1 Nr. 4 HGB alle vorhersehbaren Risiken und Verluste, die bis zum Abschlussstichtag entstanden sind, im Jahresabschluss berücksichtigt werden. Demnach sind unter Risiko die Verlustgefahren zu verstehen, die stets mit einer unternehmerischen Tätigkeit verbunden sind und die aus der bestehenden Unsicherheit über die Ergebnisse des unternehmerischen Handelns und der Entwicklung der Einflussfaktoren resultieren[1]. Für diese verlustorientierte Sichtweise spricht auch die für die deutsche Rechnungslegung übliche Schutzfunktion der Berichterstattung, welche durch das Vorsichtsprinzip und das Imparitätsprinzip ausgedrückt wird[2]. Es „ist unzweifelhaft davon auszugehen, daß der Gesetzgeber diese Begriffsbestimmung vor Augen hat, wenn er im § 289 Abs. 1 HGB n. F. von Risiken spricht."[3] Der Schwerpunkt der Berichterstattung soll daher auf den Risiken als Möglichkeit ungünstiger künftiger Entwicklungen liegen, die mit einer erheblichen Wahrscheinlichkeit erwartet werden[4]. Dieser Definition folgend bezieht sich eine *Gefahr* zum einen darauf, dass etwas Negatives eintritt und zum anderen, dass etwas Positives nicht realisiert werden kann[5].

Dies schließt indes nicht aus, auch über die mit den Risiken verbundenen Chancen zu berichten. Eine Saldierung von Chancen und Risiken mit der Folge, dass die Berichterstattung insgesamt unterbleibt, ist hingegen ebenso unzulässig wie die Kompensation gegenläufiger Entwicklungen[6]. Um einer zu umfangreichen Berichtspflicht entgegen zu wirken, ist jedoch nur auf spezielle, d. h. wesentliche Risiken einzugehen[7].

2.2.2.2 Einrichtung eines Risikofrüherkennungssystems

Die von den Unternehmen geforderte Berichterstattung über die Risiken der künftigen Entwicklung setzt deren sorgfältige Ermittlung voraus. Durch die Bestimmungen des KonTraG nach § 91 Abs. 2 AktG sind Aktiengesellschaften verpflichtet, ein System zur Risikofrüherkennung einzurichten und zu unterhalten, damit die Unternehmensleitung Entwicklungen, die den Fortbestand der Gesellschaft gefährden, rechtzeitig bemerkt[8]. Der Gesetzgeber verfolgt damit die Absicht, Unternehmenskrisen zu vermeiden. Der Aufsichtsrat hat die Einfüh-

---

[1] Vgl. ELLROTT (2003), § 289, Tz. 26.
[2] Vgl. ADLER/DÜRING/SCHMALTZ (2001), § 289 n. F., Tz. 7.
[3] BAETGE/SCHULZE (1998), S. 940; Vgl. ebenso LANGE (2001a), S. 136; ausf. SCHULZE (2001); HACHMEISTER (2002), Sp. 1436.
[4] Vgl. IDW RS HFA 1 (2000), Rn. 29.
[5] Vgl. LANGE (2001a), S. 137.
[6] Vgl. ADLER/DÜRING/SCHMALTZ (2001), § 289 n. F., Tz. 8.
[7] Vgl. ELLROTT (2003), § 289, Tz. 26.
[8] Vgl. ADLER/DÜRING/SCHMALTZ (2001), § 289 HGB n. F., Tz. 4.

rung zu überwachen und sich von der Plausibilität des Systems zu überzeugen[1]. Es handelt sich indes um einen Pflichtrahmen zur Erfassung den Fortbestand der Gesellschaft gefährdender Entwicklungen, welcher nur einen Teilbereich des allgemeinen Risikomanagementsystems erfasst[2]. Dabei steht die Früherkennung von Risiken im Mittelpunkt des Gesetzes; dem Vorstand wird gleichwohl nicht verboten, Risiken, auch existenzgefährdende, einzugehen[3].

Die Bestimmungen richten sich zunächst nur an den Vorstand einer Aktiengesellschaft. Da es sich um die Ausformulierung eines Grundsatzes ordnungsmäßiger Geschäftsführung handelt, wird in der Literatur eine Ausstrahlung auch auf Gesellschaften anderer Rechtsformen gleicher Größe, Komplexität und Struktur vermutet[4]. Sonstige Kapitalgesellschaften, die ein solches Überwachungssystem nicht eingerichtet haben, müssen durch andere geeignete Möglichkeiten gewährleisten, dass sie die relevanten wesentlichen Risiken erfassen und quantifizieren können. Die Angabe der Risiken im Lagebericht ist mithin unabhängig vom Bestehen einer Pflicht zur Errichtung eines Risikomanagementsystems[5].

Mit der Festschreibung der Pflicht zur Einrichtung eines derartigen Überwachungssystems hat der Gesetzgeber die Geschäftsführungspflicht des Vorstandes konkretisiert. Die Regelung hat damit im Wesentlichen einen deklaratorischen Charakter. Ein Ziel des Gesetzgebers war es, dem Abschlussprüfer die gesetzliche Verpflichtung zur Beurteilung des Überwachungssystems aufzuerlegen[6]. Aus der im KonTraG formulierten Begründung zur Einführung eines Risikofrüherkennungssystems lassen sich zwei wesentliche Vorgaben ableiten[7]: Zum einen muss es zumindest bestands- und entwicklungsgefährdende Risiken so frühzeitig erkennen, dass die Geschäftsführung noch geeignete Gegenmaßnahmen einleiten kann. Zum anderen hat das Risikofrüherkennungssystem auch die unternehmensindividuellen Zielsetzungen abzudecken, um die Voraussetzungen für die Weiterentwicklung der Gesellschaft und damit die Erhaltung und Steigerung des Unternehmenswertes zu gewährleisten. Das Risikomanagement ist damit auch „Chancenmanagement" und als integraler Bestandteil des betrieblichen Steuerungs- und Überwachungssystems zu definieren[8].

---

[1] Vgl. LUTTER (2002), Sp. 122.
[2] Vgl. ZIMMER/SONNEBORN (2001), S. 56, Rn. 189.
[3] Vgl. ERNST (1998), S. 1027. Zum Umfang des gesetzlich geforderten Risikomanagements vgl. ausf. NEUBECK (2003), S. 30 - 35.
[4] Vgl. ADLER/DÜRING/SCHMALTZ (2001), § 289 HGB n. F., Tz. 4; ERNST/SEIBERT/ STUCKERT, (1998), S. 53.
[5] Vgl. ADLER/DÜRING/SCHMALTZ (2001), § 289 HGB n. F., Tz. 5.
[6] Vgl. ERNST (1998), S. 1026.
[7] Vgl. SAITZ (1999), S. 72.
[8] Vgl. SAITZ (1999), S. 72.

2.2.2.3 Inhaltliche und formale Anforderungen an die Risikopublizität

Die Unternehmensleitung hat ausschließlich über wesentliche Risiken der Gesellschaft zu berichten[1]. Während das Gesetz die Risiken nicht weiter erläutert, unterscheidet das IDW, in der Stellungnahme zur Aufstellung von Lageberichten, IDW RS HFA 1, zwischen Risiken, die bestandsgefährdend sind und Risiken, die einen wesentlichen Einfluss auf die Vermögens-, Finanz- und Ertragslage haben können. Im Hinblick auf die Klarheit der Darstellung solle sich die Berichterstattung auf diese beiden Risikokategorien beschränken[2]. Mit dieser Einschränkung soll die Warnfunktion der Risikoberichterstattung gesichert werden. Einer freiwilligen Berichterstattung über sonstige Risiken im Risikobericht steht diese Vorschrift aber nicht im Wege, wenn dadurch die Klarheit der Darstellung nicht beeinträchtigt wird[3].

Unter *bestandsgefährdenden Risiken* werden Risiken verstanden, die bei ihrer Realisierung den Fortbestand des Unternehmens (Going Concern) gefährden können. Es muss daher zu jedem Abschlussstichtag eine zukunftsbezogene Einschätzung der Existenzfähigkeit des Unternehmens erfolgen[4]. Dabei sind auch Risiken zu berücksichtigen, die zum Abschlussstichtag noch nicht vorhersehbar waren und die erst zum Zeitpunkt der Lageberichterstellung entstanden sind[5].

Sonstige *Risiken mit einem wesentlichen Einfluss auf die Vermögens-, Finanz- und Ertragslage* des Unternehmens stehen der Going-Concern-Annahme nicht entgegen. Allerdings wirken sie sich im Falle ihres Eintretens in wesentlichem Maße nachteilig auf den Geschäftsverlauf und die Lage der Gesellschaft aus und beeinträchtigen so die künftige Entwicklung der Unternehmung[6]. In den Kommentierungen werden zahlreiche mögliche berichtspflichtige Risiken aufgeführt. Genannt werden Preis-, Wechselkurs- und Zinsrisiken, die Gefahr steigender Lohnforderungen, branchenbezogene Risiken wie Marktveränderungen, Wettbewerbsbedingungen oder Verbrauchsverschiebungen, Engpässe oder Abhängigkeiten bei Produktion, Absatz, Personal oder Investition und Finanzierung[7].

Durch das HGB werden die Darstellung der Risiken, die Angaben zur Wahrscheinlichkeit des Risikoeintritts und der Prognosezeitraum nur unzureichend konkretisiert. Lediglich die Gesetzeskommentierungen und die erläuternde Lite-

---

[1] Vgl. BAETGE/SCHULZE (1998), S. 942f.; ERNST (1998), S. 1028; IDW RS HFA 1 (2000), Rn. 29.
[2] Vgl. IDW RS HFA 1 (2000), Rn. 29.
[3] Vgl. BAETGE/SCHULZE (1998), S. 942; ADLER/DÜRING/SCHMALTZ (2001), § 289 HGB n. F., Tz. 9.
[4] Vgl. IDW RS HFA 1 (2000), Rn. 30.
[5] Vgl. KÜTING/HÜTTEN (1997), S. 252.
[6] Vgl. IDW RS HFA 1 (2000), Rn. 34.
[7] Vgl. ELLROTT (2003) Tz. 28; HACHMEISTER (2002), Sp. 1437.

ratur geben weitere Anhaltspunkte. Auf Risiken einzugehen bedeutet, eine hinreichende verbale Erläuterung zu geben und diese gegebenenfalls durch eine Zahlenangabe zu ergänzen[1]. Eine quantitative Berichterstattung hat dann zu erfolgen, wenn eine verbale Beschreibung nicht geeignet oder ausreichend erscheint, zur Verdeutlichung des Risikos beizutragen[2]. Darüber hinaus sind die Folgen einer Realisierung des Risikos anzugeben[3]. Es ist demnach eine Bewertung erforderlich, welche eine Quantifizierung der Risiken nach Verlusthöhe und Eintrittswahrscheinlichkeit vornimmt[4].

Ein besonderer Schwerpunkt liegt auf der zukunftsbezogenen Einschätzung der Insolvenzgefährdung des Unternehmens. Auch wenn bestandsgefährdende Sachverhalte noch nicht die Existenz der Gesellschaft unmittelbar bedrohen, ist auf eine solche Gefährdung hinzuweisen[5]. Bei den zu berichtenden Risiken der künftigen Entwicklung muss es sich um Gefahren handeln, „die mit einer erheblichen, wenn auch nicht notwendigerweise überwiegenden Wahrscheinlichkeit erwartet werden."[6] Über ein Risiko, das bei seinem Eintritt zwar einen wesentlichen Einfluss auf die Gesellschaft haben würde, aber nur mit einer sehr geringen Eintrittswahrscheinlichkeit erwartet wird, braucht nicht berichtet zu werden[7]. In der Regel wird es für die Realisierung einzelner Risiken keine objektiven Eintrittswahrscheinlichkeiten geben. Die Geschäftsleitung hat daher bei ihrer Risikoberichterstattung auch auf subjektive Erwartungen zurückzugreifen, die quantitativ oder verbal zu umschreiben sind[8]. Eine Aussage, ob das Management mit dem Eintritt des Risikos rechnet, braucht nicht zu erfolgen[9]. Vielmehr soll es jedem Adressaten möglich sein, sich durch die detaillierte Beschreibung des Risikos selbst ein Bild über dessen Eintrittswahrscheinlichkeit zu machen[10].

Die Berichtspflicht über Risiken wird nach herrschender Meinung weder durch deren Berücksichtigung im Jahresabschluss, bspw. über die Bildung von Rück-

---

[1] SELCHERT ET AL. weisen dem Begriff der Erläuterung nur eine sehr schwache Bedeutung zu. Vgl. SELCHERT ET AL. (2000), S. 214. Mit einer stärkeren Auslegung vgl. KAJÜTER (2004a), S. 202 m. w. N.

[2] Vgl. ADLER/DÜRING/SCHMALTZ (2001), § 289 n. F., Tz. 19.

[3] Vgl. ADLER/DÜRING/SCHMALTZ (2001), § 289 n. F., Tz. 20.

[4] Vgl. KÜTING/HÜTTEN (1997), S. 252f. Anderer Ansicht ist ELLROTT (2003), § 289, Tz. 25.

[5] Vgl. IDW RS HFA 1 (2000), Rn. 30.

[6] IDW RS HFA 1 (2000), Rn. 29.

[7] Vgl. ADLER/DÜRING/SCHMALTZ (2001), § 289 HGB, Rn. 14. Vgl. mit einem Beispiel DÖRNER/BISCHOF (1999), S. 447. Etwas anders KÜTING/HÜTTEN (1997), S. 252, die lediglich bei einer nur „theoretischen Eintrittswahrscheinlichkeit" von einer Berichtspflicht absehen.

[8] Vgl. ADLER/DÜRING/SCHMALTZ (2001), § 289 HGB, Rn. 15.

[9] Vgl. ADLER/DÜRING/SCHMALTZ (2001), § 289 HGB, Rn. 15; anders KÜTING/HÜTTEN (1997), S. 253.

[10] Vgl. BAETGE/SCHULZE (1998), S. 943.

stellungen[1], noch durch die für den Anhang geltende Schutzklausel des § 286 HGB eingeschränkt[2]. Die Art und Weise der Berichterstattung wird im Einzelfall zwischen dem Interesse der Gesellschaft an ihrem Fortbestand einerseits und dem Informationsinteresse der Adressaten andererseits abzuwägen sein. Das Unternehmen wird insbesondere auf die zur Abwehr oder Begrenzung des Risikos eingeleiteten Maßnahmen hinweisen. Nur wenn detaillierte Aussagen mit einer sehr hohen Wahrscheinlichkeit zu gravierenden Nachteilen für das Unternehmen führen würden, wird eine Verallgemeinerung der Risikodarstellung, nicht aber der völlige Verzicht, für zulässig erachtet[3]. Der drohende Eintritt wahrscheinlicher Risiken kann auch im Hinblick auf mögliche Imageschäden für die Gesellschaft nicht von der Berichterstattung entbinden[4]. Lediglich die Überwälzung der Risiken auf Dritte, z. B. Versicherungen, oder eine anderweitige Absicherung, z. B. Hedginggeschäfte, befreien von der Berichtspflicht[5].

Anders als der Anhang ist der Lagebericht nicht an die vergangenheitsorientierten Instrumente Bilanz und GuV gebunden, und mit dem KonTraG wurde die Zukunftsorientierung weiter verstärkt[6]. Einen exakt definierten Prognosezeitraum sieht das Gesetz allerdings nicht vor. Das Fehlen einer genauen Vorgabe durch den Gesetzgeber lässt sich dadurch erklären, dass die Eigenarten verschiedener Branchen und die unterschiedlichen Gegenstände der Berichterstattung sowie möglicherweise die Größe der Gesellschaft einen einheitlichen Prognosezeitraum kaum ermöglichen[7]. In der Literatur hat sich in Bezug auf den Prognosebericht nach § 289 Abs. 2 Nr. 2 HGB ein Zeitraum von zwei Jahren etabliert[8].

---

[1] Die Aussage, ob über Risiken, die mittels Abschreibungen, Wertberichtigungen und Rückstellungen bereits berücksichtigt wurden, Bericht zu erstatten sei, ist nicht unumstritten. Vor allem wenn keine darüber hinausgehenden Folgewirkungen erwartet werden, das Risiko also abschließend berücksichtigt ist, soll auf eine Darstellung verzichtet werden können. Verneinend ELLROTT (2003), § 289, Tz. 27. Anders bei DÖRNER/BISCHOF (1999a), S. 390; ADLER/ DÜRING/SCHMALTZ (2001), § 289 HGB n. F., Tz. 20.

[2] Die Schutzklausel des § 286 HGB wird in der Literatur teilweise auch für den Lagebericht angenommen. Vgl. BAETGE/FISCHER/PASKERT (1989), S. 13; WIEDMANN (1999), § 289 HGB, Rn. 11. Problematisch ist im Zusammenhang mit der Pflicht zur Berichterstattung bestandsgefährdender Risiken die Gefahr einer sich selbst erfüllenden Zusammenbruchsprognose. Vgl. MOXTER (1997), S. 723.

[3] Vgl. REITTINGER (1994), Rn. 35; KÜTING/HÜTTEN (1997), S. 255.

[4] Vgl. KÜTING/HÜTTEN (1997), S. 255 m. w. N.; BAETGE/SCHULZE (1998), S. 943.

[5] Vgl. DÖRNER/BISCHOF (1999a), S. 390; KAJÜTER (2001a), S. 106. Über Restrisiken ist zu berichten.

[6] Vgl. LANGE (2001a), S. 142, Rn. 42.

[7] Vgl. ADLER/DÜRING/SCHMALTZ (1995), § 289, Rn. 111.

[8] Vgl. ELLROTT (2003), § 289, Rn. 35; LÜCK (1995), § 289, Rn. 57; HACHMEISTER (2002), Sp. 1438.

Grundsätzlich ist davon auszugehen, dass die Vorhersehbarkeit mit zunehmendem Prognosezeitraum abnimmt und die abgeleiteten Formulierungen dementsprechend vorsichtiger gehalten werden sollten. Das IDW sieht einen inneren Zusammenhang zwischen der Prüfung der Unternehmensfortführung gemäß § 252 Abs. 1 Nr. 2 HGB und der Prognose über bestandsgefährdende Risiken im Lagebericht und hält daher für beide Sachverhalte identische Betrachtungszeiträume für sinnvoll[1]. Nach herrschender Meinung wird bei der Beurteilung der Fortführungsprämisse ein Zeitraum von zwölf Monaten angelegt, der analog auch für die Berichterstattung über bestandsgefährdende Risiken gelten soll[2]. Für Unternehmen mit längeren Produktionszyklen können jedoch auch weitreichendere Prognosezeiträume sachgerecht sein[3]. Für wesentliche Risiken der Vermögens-, Finanz- und Ertragslage wird allgemein von einem Betrachtungszeitraum von zwei Jahren ausgegangen[4].

2.2.2.4 Prüfung des Risikoberichts

In Kapitel 2.1.6 wurden die Prüfung des Lageberichts und die damit zusammenhängenden Pflichten des Abschlussprüfers beschrieben. Die Besonderheiten bei der Prüfung des Risikoberichts sollen nun an dieser Stelle Berücksichtigung finden.

Die Pflichten des Abschlussprüfers bei der Prüfung sind durch das KonTraG weitestgehend überarbeitet und erweitert worden. Im Einzelnen hat der Abschlussprüfer nun ausdrücklich das *Risikomanagementsystem* von Aktiengesellschaften gemäß § 91 Abs. 2 AktG zu prüfen. Er muss beurteilen, ob dieses den Fortbestand der Gesellschaft gefährdende Tatsachen frühzeitig erkennen kann (§ 317 Abs. 4 HGB). Des Weiteren hat eine Prüfung zu erfolgen, ob die *Risiken der künftigen Entwicklung* im Risikobericht des Managements gemäß §§ 289 Abs. 1 und 315 Abs. 1 HGB *zutreffend dargestellt* sind (§ 317 Abs. 2 HGB). Der Abschlussprüfer hat einen *Vorwegbericht* aufzustellen, in dem er zum einen zur Beurteilung des Fortbestands und der künftigen Entwicklung des Unternehmens durch dessen gesetzliche Vertreter im Lagebericht Stellung bezieht (§ 321 Abs. 1 Satz 2 HGB) und zum anderen die bestandsgefährdenden oder die Entwicklung des Unternehmens wesentlich beeinträchtigenden Tatsachen einer eigenen Darstellung unterzieht (§ 321 Abs. 1 Satz 3 HGB). In seinem *Bestätigungsvermerk* hat der Abschlussprüfer schließlich einerseits auf die den Fortbestand des Unternehmens gefährdenden Risiken einzugehen (§ 322 Abs. 2 Satz 2

---

[1] Vgl. IDW RS HFA 1 (2000), Rn. 33.
[2] Vgl. LANGE (2001a), S. 139, Rn. 27.
[3] Vgl. IDW RS HFA 1 (2000), Rn. 33.
[4] Vgl. IDW RS HFA 1 (2000), Rn. 36; LANGE (2001a), S. 143, Rn. 44.

HGB) und andererseits zu beurteilen, ob die Risiken der künftigen Entwicklung im Risikobericht zutreffend dargestellt sind (§ 322 Abs. 3 Satz 2 HGB)[1].

Das Gesetz verlangt damit vom Abschlussprüfer, die den Fortbestand gefährdenden Risiken zu beurteilen und darüber nicht nur in dem lediglich für interne Adressaten bestimmten Prüfungsbericht, sondern zusätzlich auch in dem für externe Adressaten zugänglichen Bestätigungsvermerk gesondert zu berichten[2]. Die Stellungnahme des Abschlussprüfers ist aufgrund einer eigenen Beurteilung der Lage des Unternehmens abzugeben. Der Adressat soll damit in die Lage versetzt werden, eine eigene Einschätzung vornehmen zu können. Dazu hat der Abschlussprüfer vertiefende Erläuterungen einzelner Entwicklungen abzugeben und Ursachen zu nennen sowie die zugrunde gelegten Annahmen kritisch zu würdigen. Eine eigene Prognoserechnung wird von ihm indes nicht verlangt[3].

Wird von der Gesellschaft zulässigerweise kein Lagebericht erstellt, so hat der Abschlussprüfer nicht die Verpflichtung, im Prüfungsbericht zur Lage der Unternehmung Stellung zu nehmen. Es ergibt sich allerdings eine Pflicht zur Berichterstattung, wenn die Unternehmensvertreter bei der Bilanzierung von einer Unternehmensfortführung ausgehen, an dieser Annahme aufgrund bestandsgefährdender Risiken aber Zweifel bestehen. Der Abschlussprüfer hat dann die Going-Concern-Prämisse zu diskutieren um den Berichtsadressaten eine Urteilsbildung zu ermöglichen[4].

Durch die im Rahmen des KonTraG eingeführte explizite Pflicht der Unternehmensleitung zur Errichtung eines geeigneten Früherkennungssystems nach § 317 Abs. 4 HGB hat der Abschlussprüfer dieses im Zuge der Jahresabschlussprüfung zu beurteilen. Über das Ergebnis der Prüfung des Risikofrüherkennungssystems hat der Abschlussprüfer von börsennotierten Aktiengesellschaften gemäß § 321 Abs. 4 Satz 1 HGB im Prüfungsbericht zu berichten. Er hat darin auszuführen, ob der Vorstand die ihm gemäß § 91 Abs. 2 AktG obliegenden Maßnahmen getroffen und insbesondere ein geeignetes Überwachungssystem eingerichtet hat und ob dieses Überwachungssystem seine Aufgaben erfüllen kann. Auf erforderliche Maßnahmen zur Verbesserung des Risikofrüherkennungssystems hat er nach § 321 Abs. 4 Satz 2 HGB hinzuweisen[5]. Ziel der Prüfung ist es, festzustellen, ob das eingerichtete System in der Lage ist, wesentliche Risiken aufzudecken und damit seiner Aufgabe gerecht werden zu können. Eine Beurteilung der

---

[1] Vgl. zu einer ausf. Darstellung LANGE (2001), S. 227.
[2] Vgl. BAETGE/BAETGE/KRUSE (1999), S. 1923.
[3] Vgl. IDW EPS 450 n. F. (2002), Tz. 29.
[4] Vgl. IDW EPS 450 n. F. (2002), Tz. 33.
[5] Vgl. dazu auch IDW EPS 450 n. F. (2002), Tz. 83. Aufgrund der Ausstrahlungswirkung der aktienrechtlichen Regelungen auch auf Gesellschaften anderer Rechtsformen gelten die getroffenen Feststellungen auch für diese Gesellschaften. Vgl. IDW EPS 450 n. F. (2002), Tz. 86.

Reaktionen der Unternehmensleitung bezüglich der erkannten Risiken ist hingegen nicht Gegenstand der Prüfungshandlungen[1].

In den neuen gesetzlichen Vorschriften nach Einführung des KonTraG sind indes keine Hinweise zum erforderlichen Detaillierungsgrad und zur Form der Berichterstattung gegeben worden. Diese Lücke sollte durch die Entwicklung des DRS 5 geschlossen werden. Der Standard, seine Zielsetzung und seine Auswirkungen werden im nächsten Abschnitt vorgestellt.

2.2.3 Risikoberichterstattung gemäß DRS 5

2.2.3.1 Vorbemerkung und Ziele

Die durch das KonTraG initiierte Kodifizierung der Risikoberichterstattung sollte eine deutlich klarere Publizität der von den Unternehmen eingegangenen Risiken bewirken. Die Prüfung des Risikomanagementsystems wurde explizit vorgeschrieben. Dennoch offenbarten sich „erhebliche Mängel bei der Umsetzung dieser neuen Regelungen"[2]. In einer empirischen Untersuchung ermittelte KAJÜTER mangelhafte Risikoberichte, bei denen die möglichen Auswirkungen der Risiken nicht ausreichend erläutert wurden. Zudem konnten unpräzise Formulierungen festgestellt werden, die das Verständnis der Berichterstattung beeinträchtigten. Gleichwohl wurden auch Risikoberichte geringer Qualität mit dem Vermerk „stellt die Risiken der zukünftigen Entwicklung zutreffend dar" testiert[3].

Begründet wird die unzureichende Publizität der Risiken mit der Tatsache, dass die inhaltliche und formale Ausgestaltung der Risikoberichtpflicht im HGB nicht detailliert vorgegeben wurde. Auch die Stellungnahme des IDW zur Aufstellung von Lageberichten stellt nur eine grobe Richtschnur für die Aufstellung von Risikoberichten dar[4].

Den berichtspflichtigen Unternehmen fehlte damit die notwendige Orientierung für die Erstellung eines Risikoberichts und den Abschlussprüfern ein Beurteilungsmaßstab für dessen Prüfung[5]. Der DEUTSCHE STANDARDISIERUNGSRAT[6] hat

---

[1] Vgl. ERNST (1998), S. 1027. Ausführlich zur Prüfung des Risikomanagementsystems vgl. IDW PS 340, hier Tz. 6 und BREBECK (2002), Sp. 2071 - 2088, hier Sp. 2081.

[2] KAJÜTER (2002), S. 243.

[3] Vgl. hierzu ausführlich KAJÜTER (2001). Auch die Wirtschaftsprüferkammer hat Defizite bei der Risikoberichterstattung und deren Prüfung festgestellt. Vgl. WIRTSCHAFTSPRÜFERKAMMER (2001).

[4] Vgl. KAJÜTER (2002), S. 243.

[5] Vgl. KAJÜTER (2002), S. 243.

[6] Der DEUTSCHE STANDARDISIERUNGSRAT hat den Auftrag, Grundsätze für eine ordnungsmäßige Konzernrechnungslegung zu entwickeln, den Gesetzgeber bei der Fortentwicklung der Rechnungslegung zu beraten und die Bundesrepublik Deutschland in internationalen Rechnungslegungsgremien zu vertreten. Die von ihm erlassenen Deutschen Rechnungsle-

diese Lücke zumindest für Konzernunternehmen mit der Formulierung des DRS 5 geschlossen. Ziel des DRS 5 ist es, die Risikoberichterstattung der Unternehmen so zu gestalten, dass der Abschluss „den Adressaten des Konzernlageberichts entscheidungsrelevante und verlässliche Informationen zur Verfügung stellt, die es ihnen ermöglichen, sich ein zutreffendes Bild über die Risiken der künftigen Entwicklung zu machen."[1]

Der DRS 5 regelt die Grundsätze der Risikoberichterstattung für alle Mutterunternehmen, die gemäß § 315 Abs. 1 Hs. 2 HGB über die Risiken der künftigen Entwicklung im Konzernlagebericht zu berichten haben. Der Standard ist auch anzuwenden auf die Rechnungslegung im Rahmen des § 292a HGB[2]. Für alle weiteren Anwendungen nach § 289 Abs. 1 Hs. 2 HGB wird seine Beachtung empfohlen, denn auch wenn er seine direkte Wirkung nur auf den Konzernlagebericht entfaltet, sei er für die Interpretationen von gesetzlichen Vorschriften des Einzelabschlusses geeignet[3]. Der DRS 5 ist am 29. Mai 2001 vom Bundesministerium der Justiz bekannt gemacht worden und war erstmals auf Geschäftsjahre anzuwenden, die nach dem 31. Dezember 2000 begonnen haben[4]. Die sich aus dem Standard ergebenden Erfordernisse werden im Folgenden, in inhaltliche und formale Anforderungen unterteilt, dargestellt.

2.2.3.2 Inhaltliche Anforderungen

In diesem Abschnitt werden die inhaltlichen Anforderungen des DRS 5 an die Risikoberichterstattung vorgestellt. Es wird dabei einer Unterteilung nach der Art der zu berichtenden Risiken, dem Umfang und den Grenzen der Berichtspflicht, dem Detaillierungsgrad der Berichterstattung sowie der freiwilligen Angaben gefolgt.

Zunächst gilt es, einige Begriffsabgrenzungen vorzunehmen, die notwendig sind, um die *Art der zu berichtenden Risiken* festzulegen[5]. Der Begriff des Risi-

---

gungs Standards haben die Vermutung für sich, Grundsätze ordnungsmäßiger Buchführung der Konzernrechnungslegung zu sein. Vgl. BAETGE/KRUMNOW/NOELLE (2001), S 769 - 774.

[1] DRS 5.2.

[2] Vgl. DRS 5.6. Die Vorschrift über einen befreienden Konzernabschluss nach international anerkannten Regeln gemäß § 292a HGB wurde erstmals durch das KapAEG vom 20.04.1998 in das HGB eingeführt. Sie gilt für börsennotierte Mutterunternehmen, die ausländische Kapitalmärkte in Anspruch nehmen wollen. Vgl. ausf. ADLER/DÜRING/SCHMALTZ (2001), § 292a HGB n. F.

[3] Vgl. DREYER (2002), S. 390.

[4] Für die Risikoberichterstattung von Kredit- und Finanzdienstleistungsinstituten (DRS 5-10) sowie Versicherungsunternehmen (DRS 5-20) liegen spezielle Rechnungslegungsstandards vor. Zur Risikoberichterstattung von Banken vgl. LÖW/LORENZ (2001), S. 211 - 222; KRUMNOW/SPRIßLER ET AL. (2004), S. 1625 - 1673.

[5] Zur Notwendigkeit einer Begriffsbestimmung vgl. KAJÜTER (2001a), S. 110.

kos wird als „Möglichkeit von negativen künftigen Entwicklungen der wirtschaftlichen Lage des Konzerns" (DRS 5.9) definiert. Grundsätzlich ist über alle Risiken zu berichten, „die die Entscheidung der Adressaten [...] beeinflussen könnten" (DRS 5.10). Konkretisierend werden vor allem die finanziellen Entscheidungen von Kapitalmarktteilnehmern genannt und Risiken herausgegriffen, die zu einer deutlichen Verschlechterung der wirtschaftlichen Lage führen oder Hinweise auf eine mögliche wirtschaftliche oder rechtliche Bestandsgefährdung bieten (DRS 5.11). Aus dem Wesentlichkeitsgrundsatz, der jedem Standard vorangestellt ist, ergibt sich implizit, dass nur über wesentliche Risiken zu berichten ist. Bestandsgefährdende Risiken sind als solche zu bezeichnen (DRS 5.15). Damit hat eine klare Trennung zwischen berichtspflichtigen und freiwillig berichteten Risiken zu erfolgen, um eine transparente Berichterstattung zu gewährleisten[1]. Trotz der Fokussierung auf die Risiken der Gesellschaft darf auch über die damit verbundenen Chancen berichtet werden, wenn die Darstellung der Risiken dadurch nicht beeinträchtigt wird. Insbesondere ist eine Verrechnung von Chancen und Risiken nicht statthaft[2].

Die mit dem KonTraG eingeführte Vorschrift zur Einrichtung eines Risikofrüherkennungssystems wird erweitert, indem nun das Risikomanagementsystem in einem „angemessenen Umfang" (DRS 5.28) zu beschreiben ist. Konkretisierend wird eine Definition des Risikomanagementsystems gegeben. Demnach wird darunter ein „nachvollziehbares, alle Unternehmensaktivitäten umfassendes System verstanden, das auf Basis einer definierten Risikostrategie ein systematisches und permanentes Vorgehen mit folgenden Elementen umfasst: Identifikation, Analyse, Bewertung, Steuerung, Dokumentation und Kommunikation von Risiken sowie die Überwachung dieser Aktivitäten"[3]. Zur besseren Einschätzbarkeit sind dem Adressaten dabei Informationen über die Strategie, den Prozess und die Organisation des Risikomanagements zu geben (DRS 5.29).

Darüber hinaus ist vorgeschrieben, die Risiken zu geeigneten Risikokategorien zusammenzufassen. Eine bestimmte Kategorisierung wird nicht vorgeschrieben, sie hat sich vielmehr an der intern vorgegebenen Einteilung des Risikomanagementsystems des Unternehmens zu orientieren (DRS 5.16). Gemäß DRS 5.17 kann eine Aufteilung bspw. in (1) Umfeld- und Branchenrisiken, (2) unternehmensstrategische Risiken, (3) leistungswirtschaftliche Risiken, (4) Personalrisiken, (5) informationstechnische Risiken, (6) finanzwirtschaftliche Risiken sowie (7) sonstige Risiken erfolgen. Im Gegensatz zu den Standards des Banken- und Versicherungssektors wurde jedoch auf die Vorgabe einer festen Risikokategorisierung verzichtet. Die Unternehmen sollen sich vielmehr an der aus dem inter-

---

[1] Vgl. bspw. die Diskussion zum E-DRS 5 bei KAJÜTER (2001a), S. 110.
[2] Vgl. DRS 5.26f.
[3] DRS 5.9.

nen Risikomanagement stammenden Risikosystematik orientieren. Ein Vorteil dieser Regelung ist der Einblick in die internen (Risiko-) Steuerungssysteme der Gesellschaft. Der daraus entstehende Informationsvorteil wird indes durch den Nachteil einer geringeren zwischenbetrieblichen Vergleichbarkeit eingeschränkt, die sich aus einer Vielzahl uneinheitlicher Risikokategorisierungen ergibt[1]. Der Versuch einer Vorgabe einheitlicher Risikokategorien wird indes regelmäßig mit dem Problem konfrontiert werden, dass überschneidungsfreie und zugleich universell einsetzbare Risikokategorien nur schwer oder gar nicht abzugrenzen sind.

Zur Bestimmung des *Umfangs und der Grenzen der Berichtspflicht* über Risiken ist der Grundsatz der Vollständigkeit heranzuziehen. Es ist über alle vorstehend eingegrenzten Risiken zu berichten. Neben den Einzelrisiken ist auch die Beschreibung ihrer Interdependenzen wünschenswert[2]. Die Wechselwirkungen zwischen den Risiken sollen hinsichtlich ihrer Bedeutung analysiert und beurteilt werden, da nur so ein zutreffendes Bild der Gesamtrisikoposition des Unternehmens erstellt werden kann[3].

Es ist über bestehende und zukünftige Risiken zu berichten. Die zur Berechnung zukünftiger Risiken zu verwendenden Prognosezeiträume wurden in Anlehnung an die bereits nach der Einführung des Risikoberichts durch das KonTraG herausgebildeten Prognosezeiträume festgelegt[4]. Für bestandsgefährdende Risiken sollte ein Prognosezeitraum von grundsätzlich einem Jahr und für andere wesentliche Risiken ein überschaubarer Zeitraum, i. d. R. zwei Jahre, gewählt werden. Für Unternehmen mit längeren Produktionszyklen oder bei komplexen Großprojekten wird ein längerer Prognosezeitraum empfohlen[5].

Im DRS 5 wird indes kein Hinweis im Risikobericht gefordert, wenn die Unternehmensleitung in dem zugrunde gelegten Prognosezeitraum keine Risiken ermittelt hat. Eine solche Fehlanzeige würde aber die Aussagekraft der übermittelten Daten erhöhen, da der Adressat nachvollziehen könnte, ob tatsächlich keine Risiken vorliegen oder ob fehlende Aussagen zu Risiken auf eine mangelnde Berichterstattung zurückzuführen sind[6].

Den aufgetretenen Mängeln beim *Detaillierungsgrad der Risikoberichterstattung* auch nach Einführung des KonTraG ist Rechnung getragen worden, indem

---

[1] KAJÜTER hält eine verbindliche Vorgabe einheitlicher Hauptkategorien für zweckmäßiger. Vgl. KAJÜTER (2001), S. 209.
[2] Vgl. DRS 5.25.
[3] Auch allein unbedeutende Risiken können gemeinsam zu erheblichen negativen Konsequenzen führen.
[4] Vgl. REITTINGER (1994), Rn. 53; LÜCK (1995), § 289, Rn. 57; ELLROTT (2003), § 289, Rn. 26; HACHMEISTER (2002), Sp. 1438.
[5] Vgl. DRS 5.24.
[6] Vgl. ebenso KAJÜTER (2001a), S. 106.

explizit die eigenständige Verständlichkeit des Risikoberichts vorgeschrieben ist. Einzelne Risiken sind zu beschreiben und die sich daraus ergebenden Konsequenzen zu erläutern (DRS 5.18). Um die Bedeutung der Risiken für den Konzern deutlich werden zu lassen, sind sowohl deren Eintrittswahrscheinlichkeiten als auch deren betragsmäßige Auswirkung offen zu legen (DRS 5.19).

Gemäß DRS 5.20 sind Risiken zu quantifizieren. Dies ist an die Voraussetzungen gebunden, dass (1) anerkannte und verlässliche Methoden vorhanden sind, die eine solche Quantifizierung möglich machen. Die Methoden müssen (2) wirtschaftlich vertretbar sein und die Information muss (3) für die Adressaten entscheidungsrelevant sein. Die zur Quantifizierung verwendeten Modelle und deren Annahmen sind (4) zu erläutern.

In der Literatur wird vielfach die Meinung vertreten, dass durch die o. g. Einschränkungen die Risikoquantifizierung zunächst nur für Finanzrisiken verbindlich wird[1]. Für den Finanzbereich, bei dem die leistungswirtschaftlichen Risiken vielfach und überwiegend aus Finanzrisiken bestehen, wurde ein spezieller Standard zur Risikoberichterstattung von Kredit- und Finanzdienstleistungsinstituten, der DRS 5-10, entwickelt. Dieser nennt ausdrücklich Verfahren wie das des VaR und Capital at Risk als Modelle zur Quantifizierung von Finanzrisiken, lässt aber auch Sensitivitätsanalysen zu[2]. Bei der Verwendung dieser Modelle sind die zugrunde gelegten Parameter, die Ergebnisse von Stress-Tests und regelmäßigen Backtesting-Verfahren anzugeben[3]. Die genaue Beschreibung der Vorgehensweise der quantitativen Risikomessung im Risikobericht erscheint sinnvoll, da die zu treffenden Annahmen und Parameter das Ergebnis stark determinieren. Die grundsätzliche Angabe des Risikos in einer Zahl wird begrüßt[4]. Der Informationswert eines Risikoberichts wird durch die Quantifizierung deutlich aufgewertet, wenngleich die zuverlässige Ermittlung in der Praxis oftmals Probleme bereitet. Zugleich lässt die Formulierung in DRS 5.20 Spielraum für die Weiterentwicklung der Risikobewertungsverfahren, so dass bei Vorliegen entsprechender Methoden auch verstärkt die Risikopositionen im Nichtfinanzbereich unter die Pflicht zur Risikoquantifizierung fallen könnten. Auch Tendenzaussagen oder Bandbreiten (von Wahrscheinlichkeitsverteilungen) zu den voraussichtlichen negativen Entwicklungen könnten hier einen Informationswert besitzen. Die „Darstellung der Interdependenzen zwischen einzelnen Risiken ist wünschenswert; sie ist erforderlich, wenn anders die Risiken nicht zutreffend eingeschätzt werden können" (DRS 5.25).

---

[1] Vgl. auch KAJÜTER (2001a), S. 110.
[2] Vgl. DRS 5-10.36 und 39; ähnlich DRS 5-20.22 bis 31.
[3] Vgl. DRS 5-10.37.
[4] Vgl. KAJÜTER (2001a), S. 110.

Über die vorgeschriebenen Angaben hinaus werden in der Praxis von den Gesellschaften *freiwillige Angaben* gemacht. Dazu gehören die Abgabe einer Fehlanzeige, wenn keine wesentlichen bzw. bestandsgefährdenden Risiken erkannt werden, sonstige Angaben wie externe Ratings oder die Veränderung der Risikotragfähigkeit des Unternehmens sowie eine Gesamtbeurteilung der Risikoposition der Gesellschaft.

Insgesamt wird deutlich, dass trotz der zunehmenden Konkretisierung der Anforderungen weiterhin erhebliche Ermessensspielräume, insbesondere bezüglich des Detaillierungsgrads der Berichterstattung verbleiben, die zwar einerseits die unternehmerische Flexibilität erhalten, andererseits aber die Aussagefähigkeit der Risikoberichterstattung, vor allem durch mangelnde Vergleichbarkeit, einschränken.

2.2.3.3 Formale Anforderungen

Auch formal wurden nach Einführung des Risikoberichts im Zuge des KonTraG Fehler und Mängel ausgemacht[1]. Folgerichtig stellt der Standard des DSR die Verständlichkeit des Risikoberichts in den Vordergrund und legt die *Stellung des Risikoberichts* im Lagebericht fest. Der Risikobericht hat nunmehr in einem separaten, geschlossenen Abschnitt innerhalb des Konzernlageberichts zu erfolgen (DRS 5.30). Er ist dabei vom Prognoseteil des Lageberichts zu trennen, wobei Querverweise auf andere Teile des Konzernabschlusses erlaubt sind, sofern sie die Transparenz des Risikoberichts nicht gefährden (DRS 5.31)[2].

Darüber hinaus ist eine *klare Abgrenzung der Pflichtangaben* von freiwillig gemachten Ausführungen vorzunehmen, um die Darstellung der Risikoberichterstattung nicht zu beeinträchtigen. Die Angaben im Risikobericht müssen „klar, eindeutig und in verständlicher Form gemacht werden"[3]. Wie für den Lagebericht insgesamt gilt auch für den Risikobericht, dass der Informationsgehalt durch die Präzision der darin enthaltenen Aussagen bestimmt wird. „Vage Formulierungen entsprechen daher nicht den Anforderungen an die Risikoberichterstattung"[4].

---

[1] Vgl. KAJÜTER (2001a), S. 107; WIRTSCHAFTSPRÜFERKAMMER (2001).
[2] Es hätten dagegen auch Argumente für eine Integration des Risikoberichts in den Wirtschafts- und/oder Prognosebericht bestanden, mit der eine möglicherweise künstliche Trennung von inhaltlich eng verbundenen Themenbereichen vermieden worden wäre. Vgl. DÖRNER/BISCHOF (2003), S. 633f. m. w. N.
[3] IDW RS HFA 1 (2000), Rn. 14.
[4] KAJÜTER (2001a), S. 107.

2.2.3.4 Branchenspezifische Vorschriften

Es erscheint im Hinblick auf die Entstehungsgeschichte der Standards bemer-
kenswert, dass, anders als bisher, das DRSC mit dem DRS 5-10 zunächst einen
branchenspezifischen Standard für Kredit- und Finanzdienstleistungsinstitute
entwickelt und veröffentlicht hat, der erstmals auf nach dem 31. Dezember 1999
beginnende Geschäftsjahre anzuwenden war[1]. Aus dieser Besonderheit wird die
Vorreiterrolle der Banken in Bezug auf das Risikomanagement und die Risikoberichterstattung deutlich[2]. Im Gegensatz zur Regulierung der Risikoberichterstattung für Nichtfinanzunternehmen wurde mit dem DRS 5-10 allerdings kein
Neuland betreten, da der Bundesverband deutscher Banken bereits 1995 Empfehlungen zur Berichterstattung über Finanzderivate und später auch zur Marktrisikopublizität sowie zur Offenlegung von Kreditderivaten herausgegeben hat[3].
Der allgemeine Standard gleicht dem DRS 5-10 in Ziel und Aufbau sowie in der
formalen Eigenständigkeit des Risikoberichts innerhalb des Konzernlageb e-
richts. Anders als der DRS 5 stellt der branchenspezifische Standard aber die
Vergleichbarkeit der Risikoberichterstattung mit anderen Instituten als ein wün-
schenswertes Ziel in den Vordergrund[4]. Die Definition des Begriffs Risiko erfolgt analog dem allgemeinen Standard. Die Aufteilung des Risikos wird allerdings in die Kategorien Adressenausfall-, Liquiditäts- und Marktrisiko sowie
operationales und sonstiges Risiko vorgenommen[5].

2.2.3.5 Prüfung des Risikoberichts

Die Stellungnahme des IDW zur Aufstellung von Lageberichten, IDW RS
HFA 1, gibt allgemeine Hinweise zur Prüfung der Risikoberichterstattung, indem er u. a. den Risikobegriff definiert. Der Standard zur Prüfung des Lageberichts, IDW PS 350, bestimmt darüber hinaus Umfang und Ablauf der Prüfung.
Demnach hat die Prüfung des Risikoberichts nach den gleichen Grundsätzen und
mit der gleichen Intensität zu erfolgen wie die des Jahresabschlusses[6].

Im Vergleich zu den oben genannten Standards des IDW enthält DRS 5 umfas-
sendere und detailliertere Regeln zur inhaltlichen und formalen Gestaltung des

---

[1] Der DRS 5-10 wurde am 30.12.2000 durch das BMJ bekannt gemacht. Für die Versiche-
    rungsbranche liegt der DRS 5-20 - Risikoberichterstattung von Versicherungsunternehmen
    vor, der kurz darauf, am 29.05.2001, bekannt gemacht wurde.

[2] Vgl. BAETGE/KRUMNOW/NOELLE (2001), S. 771. Zur Analyse der Risikoberichterstattung
    in den Geschäftsberichten vgl. LÖW/LORENZ (2001), S. 219 - 221.

[3] Vgl. AUSSCHUSS FÜR BILANZIERUNG DES BUNDESVERBANDES DEUTSCHER BANKEN (1995),
    S. 1 - 6; (1996), S. 64 - 66 und (2000), S. 677 - 696.

[4] Vgl. DRS 5-10.14.

[5] Vgl. DRS 5-10.9.

[6] Vgl. IDW PS 350 (1998), Tz. 6. In die Prüfung sind ebenso die freiwilligen Angaben im
    Risikobericht mit einzubeziehen. KAJÜTER (2002), S. 244.

Risikoberichts und stellt damit eine Konkretisierung der Prüfungsanforderungen dar. Da DRS 5 durch seine Bekanntmachung am 29. Mai 2001 durch das BMJ den Status von Grundsätzen ordnungsmäßiger Buchführung erlangt hat, muss der Abschlussprüfer ihn bei der Prüfung des Konzernrisikoberichts berücksichtigen[1]. Der Revisor muss sich nun noch intensiver mit der Risikoposition des Unternehmens beschäftigen. Es wird daher eine Weiterentwicklung des Prüfungsansatzes von einem ‚financial audit' hin zu einem ‚business audit' notwendig werden, bei dem eine strategische Analyse des Geschäftsumfeldes, der Prozesse und der Einflussfaktoren des zu prüfenden Unternehmens erfolgt[2]. Der Abschlussprüfer soll sich auf Basis der bei der Prüfung gewonnenen Kenntnisse, der mit dem Management geführten Gespräche und der eigenen Branchenkenntnisse ein eigenständiges Urteil über die tatsächliche Risikoposition des Unternehmens und deren Darstellung im Risikobericht bilden. Eine eigene Risikoanalyse oder eine Hinterfragung sämtlicher Einzelheiten der Unternehmensplanung wird dagegen in der Literatur abgelehnt[3]. Die Prüfung stellt damit weitestgehend eine Plausibilitätsprüfung dar, die einerseits den Einklang des Risikoberichts mit dem Jahres- bzw. Konzernabschluss und andererseits die zutreffende Darstellung der Risiken sicherstellen soll[4]. Insbesondere ist zu prüfen, ob der Risikobericht den Grundsätzen der Vollständigkeit, Richtigkeit und Klarheit entspricht[5].

Über Verstöße muss der Abschlussprüfer in seinem Prüfungsbericht berichten. Wie in Kapitel 2.2.3.6 ausführlicher dargestellt, darf eine Einschränkung oder Versagung des Bestätigungsvermerks nur erfolgen, wenn nach Auffassung des Abschlussprüfers keine ordnungsgemäße Rechnungslegung vorliegt[6]. Gemäß § 342 Abs. 1 Nr. 1 HGB stellt der DRS 5 für den Einzelabschluss lediglich eine Empfehlung dar, so dass der Abschlussprüfer Abweichungen von den Regeln des DRS nicht beanstanden kann.

2.2.3.6 Verbindlichkeit von Standards des DRSC

Die vom DRSC gemäß § 342 Abs. 1 Nr. 1 HGB verabschiedeten Rechnungslegungsstandards besitzen keine Rechtsnormqualität[7]. Sie haben lediglich den Charakter einer Empfehlung. Auch die Verlautbarung durch das Bundesministe-

[1] Vgl. IDW PS 201 (2000), Tz. 12.
[2] Vgl. WIEDMANN (1998), S. 338 - 350; ORTH (1999), S. 573 - 585.
[3] Vgl. WIEDMANN (1998), 344; KÜTING/HÜTTEN (2000), S. 426; KAJÜTER (2002), S. 244.
[4] Mit einem Ansatz zur Prüfung der Mindestanforderungen an den Risikobericht vgl. KÜTING/HÜTTEN: Eine Darstellung der Risiken im Risikobericht, die dem Abschlussprüfer keine Beurteilung der künftigen Entwicklung erlaubt, wird sicher nicht den Informationsbedürfnissen der Adressaten gerecht und genügt den Ansprüchen daher nicht. Vgl. KÜTING/HÜTTEN (1997), S. 255.
[5] Vgl. ausf. KAJÜTER (2002), S. 243 - 249.
[6] Vgl. SPANHEIMER (2000), S. 1006.
[7] Vgl. SCHWAB (2002), Sp. 521.

rium der Justiz ändert an diesem Status nichts, da sie nach § 342 Abs. 2 HGB lediglich dazu führt, dass bei der Anwendung der so veröffentlichten Standards die Beachtung der die Konzernrechnungslegung betreffenden Grundsätze ordnungsmäßiger Buchführung (GoB) vermutet wird[1]. Dies bedeutet, dass nach DRS bilanziert werden darf, die Einhaltung der Standards jedoch nicht rechtlich erzwingbar ist. Allerdings wird aufgrund der Erfahrungen in anderen Bereichen privater Standardsetter, z. B. DIN-Normen, vermutet, dass die Gerichte de facto für die Nichtanwendung von DRS eine positive Rechtfertigung verlangen werden[2].

Die Anwendung des DRS 5 betrifft Mutterunternehmen in der Rechtsform der Kapitalgesellschaft nach § 290 HGB und diesen gleichgestellte Unternehmen gemäß 264a HGB. Da, wie in Kapitel 2.3 gezeigt wird, weder die IFRS noch die US-GAAP bislang einen alle Risikoarten umfassenden eigenständigen Standard zur Risikoberichterstattung enthalten, gilt der DRS 5 auch für Mutterunternehmen, die gemäß § 292a HGB ihren Konzernabschluss nach international anerkannten Rechnungslegungsgrundsätzen aufstellen[3]. Während sich die Rechnungslegung des DRSC entsprechend des in § 342 Abs. 1 Nr. 1 HGB kodifizierten Auftrags[4] eines privaten Rechnungslegungsgremiums lediglich auf die Konzernrechnungslegung bezieht und eine Übertragung auf den Einzelabschluss nicht beabsichtigt oder zulässig ist[5], wird eine Anwendung des DRS 5 auf den Lagebericht nach § 289 Abs. 1 Hs. 2 HGB, d. h. im Einzelabschluss, ausdrücklich empfohlen[6].

Eine Nichtbeachtung der DRS bei der Konzernabschlusserstellung führt zu einer Hinweispflicht des Abschlussprüfers im Prüfungsbericht; eine Einschränkung

---

[1] Vgl. KÜTING/BRAKENSIEK (1999), S. 682. Das DRSC soll dabei Empfehlungen zur *Anwendung* der Grundsätze der Konzernrechnungslegung geben. Vgl. MOXTER (1998), S. 1427; SCHILDBACH (1999), S. 645f.; SPANHEIMER (2000), S. 998. Zur Notwendigkeit institutioneller Neuerungen vgl. BÖCKEM (2000), S. 1185 - 1191.

[2] Vgl. SCHWAB (2002), Sp. 524 m. w. N.

[3] Vgl. LÖW/LORENZ (2001), S. 212f. Die DRS können indirekt auch für die Anwender des § 292a HGB Relevanz erlangen, da die Standards prinzipiell für die Prüfung der Gleichwertigkeit der Aussagekraft nach § 292a Abs. 2 Nr. 3 HGB herangezogen werden können. Vgl. SPANHEIMER (2000), S. 998. Das IASB hat am 22.07.2004 den Entwurf ED 7, Financial Instruments: Disclosures veröffentlicht, der alle in IAS 30 und IAS 32 enthaltenen Regelungen zur Risikoberichterstattung über Finanzinstrumente zusammenfasst. Vgl. Kapitel 2.3.2.1.

[4] Zu den Problemfeldern eines privaten Rechnungslegungsgremiums im Rahmen des § 342 Abs. 1 Nr. 1 HGB vgl. ausführlich SPANHEIMER (2000), S. 997 - 1007.

[5] Vgl. KÜTING/BRAKENSIEK (1999), S. 682. Eine Übertragung von Gestaltungs- und Mitwirkungsmöglichkeiten auf ein privates Gremium hinsichtlich des Einzelabschlusses wird im Hinblick auf die Maßgeblichkeit der Handelsbilanz für die steuerliche Gewinnermittlung als außerordentlich schwierig angesehen. Vgl. ERNST (1999), S. 346.

[6] Vgl. DRS 5.8.

oder Versagung des Bestätigungsvermerks darf aber nur erfolgen, wenn nach Auffassung des Abschlussprüfers keine ordnungsmäßige Rechnungslegung vorliegt[1]. Dies erlaubt den Unternehmen einen großen Argumentationsspielraum und stellt die Abschlussprüfer vor die schwierige Aufgabe, die „Verwirklichung der gesetzlichen Ziele"[2] ermessen zu müssen.

Zusammenfassend bleibt festzuhalten, dass die Standards des DRSC per se keine rechtliche Bindungswirkung entfalten. Verbindlichkeit erlangen sie erst durch die allgemeine Akzeptanz in der Praxis[3]. Dies ist im internationalen Vergleich nicht anders: Auch die Verlautbarungen des FASB in den USA haben isoliert betrachtet keinen Rechtsnormcharakter, sie entfalten vielmehr ihre quasi-gesetzliche Wirkung erst durch das Zusammenspiel von Börsenaufsicht, FASB und Wirtschaftsprüfern[4].

2.2.4 Auswirkungen auf die Risikoberichterstattung durch das Bilanzrechtsreformgesetz sowie den DRS 15

Der Risikobericht ist durch den DRS 5 bereits im Wesentlichen konform mit den in den EG-Bilanzrichtlinien gemachten Vorgaben. Indes ist mit der Konkretisierung der §§ 289, 315 Abs. 1 HGB n. F. durch den Zusatz, dass „**Chancen und Risiken zu beurteilen und zu erläutern** [sind]"[5], die Risikoberichterstattung überarbeitet worden.

Wie bereits ausgeführt, kann auf Grundlage der bisherigen Gesetzesinterpretation Risiko (Chance) als die Möglichkeit einer negativen (positiven) Abweichung von einem erwarteten Wert definiert werden[6]. Gleichermaßen definieren der DRS 5 und der DRS 15 Risiko (Chance) als die Möglichkeit von negativen (positiven) künftigen Entwicklungen der wirtschaftlichen Lage der Gesellschaft[7]. Wenngleich eine Berichterstattung über Chancen nunmehr ausdrücklich kodifiziert ist, war es schon gemäß DRS 5 möglich, zur besseren Einschätzung der

---

[1] Vgl. SPANHEIMER (2000), S. 1006.

[2] SPANHEIMER (2000), S. 1006.

[3] Vgl. SCHILDBACH (1999), S. 652; SPANHEIMER (2000), S. 1004.

[4] Die Verlautbarungen des FASB genießen den sog. „substantial authoritative support" der Börsenaufsicht. Unternehmen, die der SEC-Berichtspflicht unterliegen, müssen uneingeschränkt testierte Jahresabschlüsse einreichen. Einen solchen Bestätigungsvermerk können die Wirtschaftsprüfer aufgrund ihrer Berufsgrundsätze jedoch nur bei Einhaltung der US-GAAP und der FASB-Verlautbarungen erteilen. Vgl. HÜTTEN/BRAKENSIEK (2000), S. 870f.; PELLENS/FÜLBIER/GASSEN (2004), S. 64.

[5] Die vorgenommenen Markierungen kennzeichnen die Änderungen des Gesetzeswortlauts durch das BilReG.

[6] Vgl. u. a. KÜTING/HÜTTEN (1997), S. 252; BAETGE/SCHULZE (1998), S. 939f.

[7] Vgl. DRS 5.9; DRS 15.8.

Risiken im Lagebericht neben den Gefahren auch die Chancen darzustellen[1]. Der expliziten Pflicht zur Chancen- und Risikoberichterstattung kommt damit formal ein weitgehend deklaratorischer Charakter zu[2]. Empirische Untersuchungen haben jedoch gezeigt, dass Chancen im Risikobericht nur vereinzelt und mit abnehmender Tendenz dargestellt werden und auch in anderen Teilen des Lageberichts nur selten konkrete Aussagen diesbezüglich zu finden sind[3], so dass realiter von einer Erweiterung der Berichtspflicht auszugehen ist. In Zukunft ist daher mit einer ausgewogeneren Berichterstattung über Chancen und Risiken zu rechnen, bei der die Risiken „nicht mehr so im Vordergrund stehen, wie das bislang im Rahmen der Risikoberichterstattung der Fall ist"[4]. Die Ergänzung, dass nur wesentliche Chancen und Risiken erläutert werden sollen, hat dagegen eine rein klarstellende Funktion, da bereits der DRS 5 eine derartige Einschränkung vorgenommen hat (DRS 5.10); daneben gilt allgemein im HGB der Wesentlichkeitsgrundsatz.

Die Regelung der §§ 289 und 315 Abs. 1 HGB n. F. konkretisiert darüber hinaus den Umfang und die Bedeutung der Aussagen zur Risikoberichterstattung, indem künftig eine ‚Beurteilung und Erläuterung', statt bislang ein ‚Eingehen auf' die (Chancen) und Risiken der künftigen Entwicklung gefordert wird. Zudem müssen die zugrunde liegenden Annahmen angegeben werden. Dadurch wird, wie bereits in DRS 5.18, deutlich gemacht, dass eine reine Aufzählung von Risiken mit dem Gesetz nicht vereinbar ist[5], wenngleich in der Literatur vereinzelt die Ansicht vertreten wurde, dass allgemeine Aussagen zu den Risiken hinreichend seien, da „Eingehen auf etwas [...] eine deutlich geringere Berichtsintensität als Darstellen"[6] verlange. Durch die präzise Formulierung im BilReG wird eine derartige Interpretation unterbunden und stattdessen eine Bewertung der potenziellen Risiken und eine Beschreibung der aus ihnen erwachsenden möglichen Konsequenzen gefordert[7].

In §§ 289, 315 Abs. 2 Nr. 2 HGB n. F. wird nunmehr kodifiziert, dass im Rahmen der Lageberichterstattung auch auf das Risikomanagement, dessen Ziele

---

[1] DRS 5.26f. weist auf diese Möglichkeit ausdrücklich hin. In der Literatur wird vereinzelt die Meinung vertreten, dass Chancen im Prognosebericht darzustellen sind. Vgl. KRAWITZ (1999), § 289, Rn. 85.

[2] Vgl. KAJÜTER (2004a), S. 202.

[3] Vgl. KAJÜTER (2001a), S. 109; KAJÜTER/WINKLER (2003), S. 224.

[4] GREINERT (2004), S. 55. GREINERT weiter: „Ob das zu begrüßen ist, mag dahingestellt bleiben."

[5] So die herrschende Meinung in der Literatur. Vgl. u. a. KÜTING/HÜTTEN (1997), S. 252f.; DÖRNER/BISCHOF (1999), S. 450; KAJÜTER (2001), S. 445.

[6] SELCHERT ET AL. (2000), S. 214.

[7] Vgl. KAJÜTER (2004a), S. 202, der in der Gesetzesformulierung daher lediglich eine Präzisierung bestehender Regeln sieht. GREINERT spricht hingegen von einer Aufwertung des Risikoberichts. Vgl. GREINERT (2004), S. 55.

und die Methoden zur Risikoabsicherung einzugehen ist. Die neu eingefügte Vorschrift ergibt sich aus der Umsetzung der Fair-Value-Richtlinie[1] und regelt die Anforderungen an die Darstellung der Risiken aus der Verwendung von Finanzinstrumenten. Diese Regelung mag einen rein klarstellenden Charakter haben, da zumindest im Konzernlagebericht auf die genannten Preisänderungs-, Ausfall- und Liquiditätsrisiken sowie Risiken aus Zahlungsstromschwankungen bereits derzeit ebenso einzugehen ist wie auf Ziele und Methoden des Risikomanagements[2]. Indes ist zu erwarten, dass durch die ausdrückliche Erwähnung im Gesetz nicht nur die „Bedeutung, die diesen Risiken in der Praxis häufig zukommt"[3] hervorgehoben wird, sondern dass damit realiter eine Erweiterung der Risikoberichterstattung verbunden sein wird.

Insgesamt werten die konkretisierenden Regelungen der §§ 289, 315 HGB n. F. sowie des DRS 15 die Lage- und Risikoberichterstattung erheblich auf. Es werden deutlich mehr strategieorientierte Informationen, segmentbezogene Angaben und eine analytische Aufbereitung und Beurteilung aus Sicht der Unternehmensleitung sowie – bei kapitalmarktorientierten Konzernen – Informationen zum internen Steuerungssystem gefordert.

Wenngleich die Änderungen die Aussagefähigkeit des Lageberichts durch eine stärkere Zukunftsorientierung im Blick haben, lässt sich eine Verpflichtung zur Veröffentlichung quantitativer Angaben oder Prognosen aus den gesetzlichen Vorgaben noch immer nicht ableiten[4]. Auch die dazu notwendige Offenlegung von Planungsprämissen ist in der Literatur umstritten, da möglicherweise ein Einblick in vertrauliche interne Planungen gegeben würde[5]. Gleichwohl kann der Offenlegung von Prämissen empirisch eine hohe Bedeutung für die Adressaten beigemessen werden, da sie in die Lage versetzt werden, die gemachten Angaben hinsichtlich ihrer Plausibilität zu überprüfen[6]. Durch die Beschränkung der Offenlegung auf wesentliche Annahmen, wie sie im Rahmen der Modernisierungsrichtlinie[7] geplant ist, soll dieser Befürchtung entgegengetreten werden. Eine Berichtspflicht besteht für Prämissen zu Wechselkursen, Inflation, Marktwachstum und Konjunktur[8]. Je nach Art der getroffenen Aussagen im (Konzern-) Lagebericht ist es, insbesondere bei Verwendung von Risikoquanti-

---

[1] Vgl. Fair-Value-Richtlinie (2001/65/EG) vom 27.09.2001, S. 31.

[2] Darauf weist KAJÜTER (2004a), S. 202, hin. Vgl. DRS 5.28f.

[3] KAJÜTER (2004a), S. 202.

[4] Wenngleich die Veröffentlichung einer Risikokennzahl - indes nicht im Zusammenhang mit dem Lagebericht - durchaus vorgeschlagen wird. Vgl. STEIN ET AL. (2000), S. 9f.; LEE ET AL. (1999), 23f.; JORION (2001), S. 371.

[5] Vgl. u. a. BAETGE/FISCHER/PASKERT (1989), S. 44, für eine Befürwortung der Offenlegung. Dagegen u. a. LANGE (2001b), Rn. 89.

[6] Vgl. auch KRUMBHOLZ (1994), S. 135.

[7] Vgl. Modernisierungsrichtlinie (2003/51/EG) vom 18.06.2003, S. 18.

[8] Vgl. KAJÜTER (2004a), S. 202.

fizierungsmodellen, fraglich, ob eine Offenlegung derart allgemeiner Prämissen zur Plausibilitätsprüfung durch die Jahresabschlussadressaten ausreicht.

Durch die neuen Reglementierungen wird auch eine Überarbeitung des DRS 5 notwendig, da segmentspezifische Informationen und die Anforderung, die Risikoeinschätzungen der Unternehmensleitung zu einer Gesamtaussage zu verdichten (DRS 15.85), gemäß DRS 5 bislang nicht vorgesehen sind, wenngleich damit die Klarheit und Aussagekraft des Risikoberichts erhöht werden könnte[1].

2.2.5 Freiwillige Angaben

Der Begriff der wirtschaftlichen Lage eines Unternehmens ist vielfältig; nahezu alle Angaben über das Unternehmen können unter die Darstellung der wirtschaftlichen Lage sowie ihrer zukünftigen Entwicklung subsumiert werden. Der Umfang eines Lageberichts ist daher nicht explizit begrenzt. Allerdings hat sich die Geschäftsführung auf das Wesentliche zu beschränken, um nicht durch die Vermischung von wichtigen und unwichtigen Informationen die Lage der Gesellschaft zu verschleiern[2]. So kann die Aufnahme einer Fülle von Angaben über das Produktionsprogramm in den Lagebericht, die hauptsächlich werbenden Charakter haben, dazu führen, dass entscheidende Aussagen über die wirtschaftliche Lage verdeckt werden und so ein unzutreffender Gesamteindruck der Lage der Gesellschaft vermittelt wird. REITTINGER weist darauf hin, dass in Zweifelsfällen eine strenge Auslegung des Wesentlichkeitsgrundsatzes erfolgen solle, um die korrekte Darstellung der wirtschaftlichen Lage zu gewährleisten[3].

Bei der Neuregelung der §§ 289 und 315 HGB n. F. ist im ersten Absatz jeweils das Wort „zumindest" entfallen. Bislang wurde durch diese Formulierung verdeutlicht, dass das Gesetz lediglich einen Mindestumfang des Lageberichts kodifiziert[4]. Mit dem Entfallen des Wortes könnte die Absicht verbunden sein, den Inhalt des Lageberichts nunmehr abschließend zu regeln. Dies scheint jedoch nicht Intention gewesen zu sein, da zum einen in der Begründung des Gesetzestextes nur von einer redaktionellen Vereinfachung gesprochen wird und zum anderen eine derartige inhaltliche Beschränkung nicht im Sinne der EG-Richtlinie wäre, in der weiterhin durch das Wort „zumindest" angedeutet wird, dass es sich nicht um eine abschließende Regelung handelt[5]. Die Angabe frei-

---

[1] Vgl. ebenso KAJÜTER (2004), S. 433.
[2] Vgl. REITTINGER (1994), Rn. 57.
[3] Vgl. REITTINGER (1994), Rn. 57, der für weiterführende Darstellungen Firmenbroschüren oder eine separate Darstellung im Geschäftsbericht vorschlägt.
[4] Vgl. LÜCK (1990), Rn. 31.
[5] Vgl. Begründung des BilReG, Nr. 9, Buchst. a.

williger Zusatzinformationen ist daher auch künftig zulässig, solange diese die Klarheit des Risikoberichts nicht beeinträchtigen[1].

2.3 Vergleich der Lage- und Risikoberichterstattung nach international anerkannten Rechnungslegungsstandards

2.3.1 Vorbemerkung

Die Rechnungslegungsvorschriften werden, gleichlaufend zu der Globalisierung der Märkte, zunehmend internationaler. Die deutschen Bilanzierungsvorschriften werden im Rechtsrahmen der europäischen Bilanzierungsrichtlinien entwickelt und diese wiederum mit US-amerikanischen Regeln harmonisiert. Im Folgenden soll daher ein kurzer Überblick über die dem Lagebericht vergleichbaren Berichterstattungspflichten nach internationalen Vorschriften, insbesondere den IAS/IFRS und US-GAAP, gegeben werden, um einen vergleichenden Eindruck über Art und Umfang der Lage- und Risikoberichterstattung zu ermöglichen.

Einführend sei angemerkt, dass die in Kapitel 2.1.3 umschriebenen **Adressaten** der handelsrechtlichen Rechnungslegung im internationalen Kontext abweichend definiert werden. Das amerikanische FINANCIAL ACCOUNTING STANDARDS BOARD, FASB[2], stellt die Informationsbedürfnisse der aktuellen und potenziellen Eigen- und Fremdkapitalgeber in den Mittelpunkt[3]. Die Informationsbedürfnisse von Publikumsaktionären und Fremdkapitalgebern mit geringen Möglichkeiten der Einflussnahme sind dabei in erhöhtem Maße zu berücksichtigen, da diese zum einen für die Funktionsfähigkeit des Kapitalmarktes bedeutend und zum anderen i. d. R. nicht selbst in der Lage sind, die gewünschten Angaben vom Unternehmen zu verlangen[4]. Es sollen daher vor allem Informationen gewährt werden, die eine Bestimmung der Höhe, des Zeitpunkts und der Wahrscheinlichkeit der Erzielung zukünftiger Cash-Flows des Unternehmens und der damit einhergehenden erwarteten Einkommenserzielung der Kapitalgeber ermöglichen[5].

---

[1] Vgl. ebenso KAJÜTER (2004a), S. 200.

[2] Ausführlich zum FASB vgl. PELLENS/FÜLBIER/GASSEN (2004), S. 58 - 64.

[3] Vgl. PELLENS (2001), S. 133 m. w. N. Das FASB definiert in SFAC No. 1 Par. 24 Anteilseigner, Kreditgeber, Lieferanten, Kunden, Arbeitnehmer, Finanzanalysten und die Öffentlichkeit als mögliche Nutzer von Unternehmensinformationen. Bei Auslegung der Standards wird jedoch deutlich, dass die Informationsbedürfnisse der Kapitalgeber deutlich im Mittelpunkt stehen. Die Fokussierung auf die Gruppe der Kapitalgeber wird dadurch begründet, dass diese Informationen auch für die sonstigen Jahresabschlussadressaten nützlich seien. Vgl. FASB, SFAC No. 1, Par. 30.

[4] Vgl. HALLER (1994), S. 205; SCHILDBACH (2002), S. 40.

[5] Vgl. FASB (1978), Abs. 37; MACAVE (1981), S. 55 und 107.

Ähnlich argumentiert das INTERNATIONAL ACCOUNTING STANDARDS BOARD, IASB, das zunächst die unterschiedlichen Interessengruppen und ihre Bedeutung nennt, dann aber aufgrund der divergierenden Informationsbedürfnisse eine vollständige Befriedigung aller Interessen ausschließt. Es wird daher eine Fokussierung auf die Bedürfnisse der Investoren vorgenommen, da gleichlaufend auch die Informationswünsche der restlichen Unternehmensbeteiligten weitestgehend erfüllt seien[1]. Möglich wird diese deutliche Ausrichtung, da die Rechnungslegung im internationalen Kontext nicht die handelsrechtlichen Funktionen der Einkommensbemessung erfüllen muss[2].

2.3.2 IFRS

2.3.2.1 Lagebericht nach IFRS

Die INTERNATIONAL ACCOUNTING STANDARDS, IAS, bzw. die INTERNATIONAL FINANCIAL REPORTING STANDARDS, IFRS, sehen keine Aufstellungspflicht für einen Lagebericht vor. Das Framework weist explizit darauf hin, dass eine eventuell enthaltene *discussion and analysis by management* kein Bestandteil der Financial Statements sind[3]. Nach IAS 1.8 wird den Unternehmen lediglich angeraten, einen wenig konkretisierten *financial review by management* zu erstellen. Dabei ist insbesondere zu berichten über die Einflussfaktoren auf die Ertragslage, die Herkunft des Kapitals und der Verschuldung sowie die Bedeutung der Ressourcen, die nicht in der Bilanz erkennbar sind[4]. Darüber hinaus soll der Review einen Überblick über die Veränderungen des Umfeldes geben, in dem das Unternehmen operiert. Des Weiteren sind die Reaktionen des Unternehmens auf diese Veränderungen und die Grundsätze des Risikomanagements und der Maßnahmen zur Risikobewältigung darzustellen. Damit ist der IAS 1.8 im Grundsatz durchaus mit dem DRS 5 vereinbar. Dennoch unterscheiden sie sich in wesentlichen Aspekten[5]: Die Risikoangaben des Risikoberichts nach DRS 5 sind als Teil der Konzernlageberichterstattung im Gegensatz zu den IAS 1.8 keine Empfehlung, sondern ein zwingender Bestandteil der Rechnungslegung. Die Risikoberichterstattung ist damit verpflichtend und unterliegt, im Gegensatz zu dem Bericht nach IAS 1.8, der Prüfungspflicht durch den Abschlussprüfer und den sich daraus ergebenden Berichterstattungspflichten im Prüfungs-

---

[1] Vgl. IASB, (2004), Framework, Par. 10.

[2] Aus IAS/IFRS-Abschlüssen bzw. US-GAAP-Abschlüssen werden keine unmittelbaren Verfügungsrechte abgeleitet, d. h. sie werden weder direkt zur Ertragsteuerbemessung noch zur Ergebnisverteilung herangezogen. Ihre Zielsetzung liegt ausschließlich in der Vermittlung entscheidungsrelevanter Informationen. Vgl. dazu PELLENS/FÜLBIER/GASSEN (2004), S. 55 und 102.

[3] Vgl. IASB (2004), Framework, Par. 7.

[4] Vgl. dazu auch HACHMEISTER (2002), Sp. 1441.

[5] Vgl. E-DRS 5, Anhang D, D.3.

bericht und im Bestätigungsvermerk. Darüber hinaus sind die Regelungen zur Berichterstattung nach DRS 5 konkreter und detaillierter ausgestaltet.

In letzter Zeit werden indes Forderungen lauter, das IASB solle Grundsätze für die Lageberichterstellung herausgeben, so dass die Entwicklung eines derartigen Standards nunmehr auf der Agenda des IASB gesetzt und das Projekt „MD&A" initialisiert wurde[1].

2.3.2.2 Risikoberichterstattung nach IFRS

Wenngleich den IFRS kein dem Lagebericht vergleichbares Publizitätsinstrument zu eigen ist, enthalten einzelne IAS/IFRS jedoch Pflichtangaben oder Empfehlungen zu verschiedenen Risiken, insbesondere für Finanzrisiken, die sich auf den Abschluss bzw. den Anhang beziehen.

- IAS 32.43A fordert die Angabe der Zielsetzung und der Politik des Finanzrisikomanagements und für größere Transaktionen die Angabe der Risikoabsicherungsmethode. Die Angaben können dabei aus einer Kombination von beschreibendem Text und quantitativen Daten bestehen[2]. IAS 32.42-43 differenziert vier Arten von Finanzrisiken, über die zu berichten ist. Es handelt sich dabei um Preis-, Ausfall-, Liquiditäts- und Cash-Flow-Risiken[3].

- IAS 32.56 verlangt für jede Klasse von finanziellen Vermögenswerten und Verbindlichkeiten die Angabe, inwieweit das Unternehmen einem Zinsänderungsrisiko ausgesetzt ist. Diese Berichterstattung schließt vertraglich festgelegte Fälligkeitstermine oder Zinsanpassungstermine sowie Effektivzinssätze mit ein.

- Nach IAS 32.66 sind für jede Klasse von finanziellen Vermögenswerten und Verbindlichkeiten bestimmte Angaben zum Kreditausfallrisiko zu machen. Dabei sind der Betrag, der das maximale Ausfallrisiko zum Bilanzstichtag am zutreffendsten wiedergibt, sowie erhebliche Ausfallrisikokonzentrationen anzugeben.

- Bilanziert ein Unternehmen Finanzinstrumente, die als Sicherungsgeschäfte für Risiken dienen, die mit zukünftigen Geschäften verbunden sind, so sind nach IAS 32.91 Angaben in den Notes zu machen. Dazu gehören eine Beschreibung der erwarteten Transaktion und deren erwarteter Durchführungszeitraum, eine Beschreibung der eingesetzten Sicherungsinstrumente, der Betrag der erfolgsneutral vorgetragenen oder nicht angesetzten Gewinne oder

---

[1] Vgl. www.iasb.org.uk [Stand: 02.06.2004].

[2] Vgl. IAS 32.44. Der Detaillierungsgrad der Angaben richtet sich nach der relativen Bedeutung der Finanzinstrumente. Vgl. IAS 32.45.

[3] Zu einer Definition der Risiken vgl. LÖW/LORENZ (2001), S. 216; KRUMNOW/SPRIßLER ET AL. (2004), S. 1447f.

Verluste und der erwartete Zeitpunkt ihrer Erfassung als Aufwand oder Ertrag.

- IAS 21.47 empfiehlt die Angabe der vom Unternehmen verfolgten Politik beim Management von Fremdwährungsrisiken.

- IAS 37 regelt Angaben zu Risiken, denen bereits bilanziell durch die Bildung von Rückstellungen Rechnung getragen wurde. So hat bspw. ein Unternehmen für jede Gruppe von Rückstellungen die Art, die Fälligkeit sowie die damit in Zusammenhang stehende Unsicherheit und die für die Berechung der Rückstellung getroffenen Annahmen anzugeben[1].

Durch das Vorschreiben einer Berichtspflicht für die einzelnen, fest definierten Risiken schaffen die Regelungen nach IAS/IFRS eine Vorgehensweise, die der Vergleichbarkeit der Risikosituation verschiedener Unternehmen zuträglich ist. Allerdings bleiben Risiken, die mit anderen nichtfinanziellen Vermögenswerten oder Schulden verbunden sind, nach IAS 32 weitgehend unbeachtet.

Ähnlich wie der DSR hat auch das IASB einen branchenspezifischen Standard zur Risikoberichterstattung für Banken geschaffen. Der IAS 30 enthält Vorschriften für Angaben im Abschluss von Banken und ähnlichen Finanzinstitutionen. Demnach haben Banken in einer Erläuterung zum Abschluss über alle Risiken zu berichten, die Einfluss auf die Liquidität und die Solvenz des Instituts haben oder die mit bilanzierten Vermögenswerten und Schulden sowie mit bilanzunwirksamen Posten oder Sachverhalten verbunden sind[2]. LÖW/LORENZ zeigen indes, dass sich die im DRS 5-10 vorgenommene Einteilung der Risiken nur zum Teil in IAS 30 wieder findet. Die Anforderungen des IAS 30 bleiben hinter den „sehr detaillierten Definitionen der einzelnen, berichtspflichtigen Risikoarten der fünf Risikokategorien des DRS 5-10"[3] zurück.

Das IASB hat die IAS 32 und IAS 39 (revised 2003) überarbeitet und am 17. Dezember 2003 veröffentlicht. Die Überarbeitung wurde notwendig, um Inkonsistenzen zwischen den beiden Standards zu beseitigen, eine weitere Annäherung an die US-amerikanischen Bilanzierungsvorschriften, US-GAAP, zu erzielen, und zusätzliche Hilfestellungen bei der praktischen Anwendung der Standards zur Verfügung zu stellen[4]. Neben einer Vielzahl von Abstimmungs- und Definitionsbestimmungen wurden auch die Offenlegungspflichten für Finanzinstrumente erweitert.

---

[1] Allerdings kann es nach IAS 37.92 zu einer Einschränkung der Berichtspflicht kommen: Wird die Lage des Unternehmens durch die Offenlegung eines Rechtsstreits mit einer anderen Partei ernsthaft beeinträchtigt, darf auf die Darstellung dieses Risikos ausnahmsweise verzichtet werden.
[2] Vgl. IAS 30.28f.
[3] LÖW/LORENZ (2001), S. 217, insb. Abb. 1.
[4] Vgl. ausf. ERNST & YOUNG (2004).

Im Juli 2004 hat das IASB einen Entwurf des IFRS ED 7, Financial Instruments Disclosures, veröffentlicht, der die Regelungen der IAS 30 und IAS 32 mit neuen Regelungen zur Risikoberichterstattung über Finanzinstrumente zusammenfassen soll[1]. Anders als der IAS 30, der für die Rechnungslegung von Banken und ähnlichen Finanzinstitutionen konzipiert ist, wird der ED 7 auf alle Unternehmen anzuwenden sein. Der Standard verfolgt das Ziel, (potenzielle) Kapitalgeber über den Einfluss von Finanzinstrumenten auf die Vermögens-, Finanz- und Ertragslage des Unternehmens zu informieren. Daneben soll das Ausmaß des Risikos anhand qualitativer und quantitativer Angaben veröffentlicht werden, dem das Unternehmen durch die Nutzung von Finanzinstrumenten während der Berichtsperiode ausgesetzt war, so dass Externen eine bessere Abschätzung des Vermögens des Unternehmens ermöglicht wird[2]. Wenngleich der Standard für alle Unternehmen gelten soll, wird der Umfang der Angabepflichten von der Bedeutung von Finanzrisiken für die jeweilige Gesellschaft abhängen[3].

2.3.3 US-GAAP

2.3.3.1 Lagebericht nach US-GAAP

Die deutsche Rechnungslegungspraxis richtet sich, abgesehen von der relativ jungen Institution des DRSC, im Wesentlichen nach den vom Gesetzgeber erlassenen Vorschriften in verschiedenen Gesetzen. Im Vergleich dazu stützt sich die Rechnungslegung in den USA hauptsächlich auf allgemein akzeptierte Statements und Prinzipien (generally accepted accounting principles) verschiedener privatrechtlicher Organisationen, die als Standard-Setter auftreten[4].

Im Gegensatz zu den IAS/IFRS findet sich in der amerikanischen Rechnungslegung zumindest für börsennotierte Unternehmen ein Gegenstück zum deutschen Lagebericht. In den USA börsennotierte Unternehmen sind verpflichtet der SEC ihre Jahresabschlüsse einzureichen. Die Unternehmen haben dabei bestimmte Formvorschriften einzuhalten. Gemäß Regulation S-K, Item 303, sind börsennotierte Unternehmen durch die SEC verpflichtet, eine *Management's Discussion and Analysis of Financial Condition and Results of Operations, MD&A,* zu erstellen, die vielfach als „wichtigster Berichtsteil angesehen wird"[5]. Eine Be-

---

[1] Vgl. ED 7, S. 11f., abrufbar unter www.iasb.org [Stand: 02.08.2004]. Die Kommentierungsfrist lief bis zum 22.10.2004.

[2] Vgl. ED 7, S. 9.

[3] Vgl. ED 7, S. 12f.

[4] Vgl. PELLENS/FÜLBIER/GASSEN (2004), S. 64. Zur Hierarchie der Statements, dem sog. *House of GAAP*, vgl. ausf. RUBIN (1984), S. 122 - 129; SAUTER (1991), S. 30 - 37; MÖHLMANN-MAHLAU/MÖLLER/STOLBINGER (2001), S. 943 sowie PELLENS/FÜLBIER/GASSEN (2004), S. 65 - 70.

[5] JOHNEN/GANSKE (2002), Sp. 1521.

richterstattung hat bei inländischen, d. h. amerikanischen Unternehmen mittels Form 10-K und bei ausländischen Unternehmen mittels Form 20-F auf jährlicher Basis zu erfolgen. Darüber hinaus wird eine Quartalsberichterstattung sowohl für inländische (Form 10-Q) als auch für ausländische Unternehmen (Form 6-K) gefordert. Der konsolidierte Lagebericht ist zusammen mit dem Konzernabschluss börsennotierter amerikanischer Unternehmen innerhalb von 90 Tagen nach Geschäftsjahresschluss bei der SEC einzureichen[1]. Ausländischen Emittenten wird eine Frist von 180 Tagen eingeräumt[2].

Im September 1999 hat die SEC die für ausländische Emittenten geltenden Publizitätsvorschriften an die Vorschriften der INTERNATIONAL ORGANIZATION OF SECURITIES COMMISSIONS, IOSCO, angepasst und die MD&A-Vorschriften durch die internationalen Vorschriften eines *Operating and Financial Review and Prospects*, OFR, ersetzt[3]. Die SEC betrachtet die Einführung des OFR lediglich als formale, unerhebliche Änderung und interpretiert die neuen Anforderungen als im Wesentlichen identisch mit den MD&A-Vorschriften, die für ausländische Emittenten galten[4]. Darüber hinaus sind auch für die Berichterstattung nach den neuen OFR-Regeln die grundlegenden Erläuterungen der MD&A-Vorschriften bindend. Für alle US-amerikanischen Unternehmen gelten weiterhin die MD&A-Vorschriften, so dass dieser Berichtsteil im Folgenden ungeachtet seiner formalen Bezeichnung, analog der üblichen Gepflogenheiten[5], vereinfachend weiterhin mit MD&A bezeichnet wird.

In seiner Funktion unterscheidet sich der nach US-GAAP aufgestellte Lagebericht nicht von der handelsrechtlichen Lageberichterstattung[6]. Allerdings steht bei der MD&A der Einblick eines Investors in die Finanzlage und die nachhaltige Ertragskraft aus Sicht des Managements im Vordergrund[7], d. h. im Vergleich zum deutschen Lagebericht sind deutlich mehr Details offenzulegen und es ist eine tiefgreifendere Analyse vorzunehmen[8]. Die Informationsvermittlung steht im Mittelpunkt der Vorschriften, wobei weniger eine Ergänzung als vielmehr eine Erklärung der jahresabschlussbezogenen Daten vermittelt werden soll. Ziel

---

[1] Vgl. Form 10-K. Zur SEC und ihren Verlautbarungen, sowie zum Zusammenspiel zwischen SEC und FASB vgl. ausführlich PELLENS/FÜLBIER/GASSEN (2004), S. 54 - 58.
[2] Vgl. Form 20-F.
[3] Vgl. Form 20-F, Zif. 5.
[4] Vgl. SEC-Veröffentlichung Nr. 33-7945 vom 28.09.1999; vgl. auch JOHNEN/GANSKE (2002), Sp. 1521.
[5] Vgl. JOHNEN/GANSKE (2002), Sp. 1522 m. w. N.
[6] Vgl. COENENBERG (2001), S. 829.
[7] Vgl. Regulation S-K, Item 303(a).
[8] Vgl. JOHNEN/GANSKE (2002), Sp. 1522. Zu Möglichkeiten und Problemen einer Vorbildfunktion der MD&A für den deutschen Lagebericht vgl. SELCHERT (1999), S. 219 - 237.

ist es, das Verständnis eines Investors von der Finanz- und Ertragslage eines Unternehmens auf Konzernebene zu erhöhen[1].

Auch wenn die SEC-Bestimmungen keinen konkreten Aufbau der MD&A vorschreiben, wird i. d. R. eine Aufteilung in die drei Abschnitte Überblick, vergleichende Analyse der Ereignisse der Geschäftstätigkeit des Berichtzeitraums und Untersuchung der Liquidität und Kapitalausstattung des Emittenten vorgenommen[2]. Ziel der Ausführungen soll die Befähigung des Adressaten sein, zu erkennen, ob sich die Fähigkeit des Unternehmens verbessert oder verschlechtert hat, zukünftige Ausgaben durch Einnahmen zu decken[3]. Allerdings wurde in empirischen Studien festgestellt, dass insbesondere die Aussagen über die Zukunftsaussichten meist unvollständig und vage sind[4].

Angaben über besondere Vorgänge nach dem Schluss des Geschäftsjahres sind nach amerikanischem Verständnis in den Notes zu erläutern oder gar bis zur Aufstellung der financial statements zu berücksichtigen[5]. In den einzelnen Statements des FASB werden entsprechende Ereignisse angeführt. Speziell zur Risikoberichterstattung im Rahmen des MD&A wird auf den Abschnitt 2.3.2.2 verwiesen.

2.3.3.2 Risikoberichterstattung nach US-GAAP

Nachfolgend werden die Statements vorgestellt, die einen Einfluss auf die Risikoberichterstattung der nach US-amerikanischem Recht bilanzierenden Unternehmen haben.

- SFAS 5 regelt die Behandlung von Contingencies, d. h. Risiken im weiteren Sinne. Künftige Ereignisse, die mit einer Eintrittswahrscheinlichkeit zwischen wahrscheinlich (*probable*) und möglich (*reasonably possible*) liegen, können gemäß SFAS 5.10 als Eventualverlust bzw. gemäß SFAS 5.17 als Eventualgewinn angabepflichtig sein. Dazu gehören z. B. die Gefahr einer Enteignung, von Rechtsstreitigkeiten und Garantieverpflichtungen, nicht aber von allgemeinen Geschäftsrisiken[6]. Voraussetzung für die Berücksichtigung des Risikos durch Bildung einer Rückstellung ist die Abschätzbarkeit, d. h. die Quantifizierbarkeit des Risikos. Für den *wahrscheinlichen Wert* ist eine Rückstellung zu dotieren und eine Erläuterung in den Notes abzugeben. Le-

---

[1] Vgl. COENENBERG (2001), S. 839. Die Vermögenslage wird dagegen in den Hintergrund gerückt.
[2] Vgl. JOHNEN/GANSKE (2002), Sp. 1525.
[3] Vgl. HACHMEISTER (2002), Sp. 1441.
[4] Vgl. BROTTE (1997); BRUNS/RENNER (2001), S. 7 - 26.
[5] Zum Ausmaß freiwilliger Berichterstattung in den USA vgl. HALLER/DIETRICH (2001), S. 206 - 211.
[6] Vgl. SFAS 5.14.

diglich *mögliche Risiken* sind ausschließlich verbal in den Notes zu erläutern. *Unwahrscheinliche (remote) Risiken* werden hingegen nicht bewertet oder ausgewiesen[1].

• Weitreichende Angaben zu Risiken in Bezug auf Finanzinstrumente sind in SFAS 133.44f. geregelt. Die Unternehmen haben die verfolgten Ziele für das Halten bzw. die Ausgabe von Finanzinstrumenten sowie die Risikomanagementstrategie anzugeben. Darüber hinaus fordert die Norm qualitative Angaben in Bezug auf derivative Finanzinstrumente und quantitative Angaben zu Nicht-Derivativen, die mit den erstgenannten in Zusammenhang stehen. In einer empirischen Studie testete KAWALLER die Auswirkungen des SFAS 133 auf die Ausgestaltung des Risikomanagements in Bezug auf die Nutzung von Derivaten. Nach der bevorzugten Methode zur Quantifizierung vom Hedging-Risiken befragt, konnte keine Präferenz für eine bestimmte Methode ermittelt werden[2].

• Die Vereinigung amerikanischer Wirtschaftsprüfer AICPA hat den SOP 94-6, Disclosure of certain significant risks and uncertainties, herausgegeben. Gemäß SOP 94-6, par. 21, haben Unternehmen, die ihre Jahresabschlüsse bzw. Zwischenabschlüsse nach US-GAAP aufstellen, unter bestimmten Umständen Angaben über Risikokonzentrationen zu machen, wenn diese Konzentrationen das Unternehmen für eine schwerwiegende, störende Auswirkung in einem Zeitraum von weniger als einem Jahr anfällig machen[3]. Risiken aus Finanzinstrumenten werden in SOP 94-6 nicht kodifiziert. Die Offenlegung der Risiken nach SOP 94-6 hat in den sog. *basic financial statements* zu erfolgen und ist damit integraler Bestandteil des Jahresabschlusses[4].

• Die SEC sieht für börsennotierte Unternehmen weiterreichende Berichtspflichten vor. Inländische Emittenten haben nach Form 10-K bestimmte Angaben zu Risiken zu machen, die sich hauptsächlich aus den items 7 und 7a ergeben. Es handelt sich dabei zum einen um die *quantitative and qualtitative disclosures about market risks*[5] und die o. g. *Management Discussion and*

---

[1] Vgl. MÖHLMANN-MAHLAU/MÖLLER/STOLBINGER (2001), S. 943f.

[2] Für die Quantifizierung von Hedging-Risiken bot die Untersuchung die alternativen Methoden der Szenarioanalyse, Regression, Value-at-Risk-Berechnung und andere statistische Methoden an. KAWALLER befragte Anfang 2001 mehr als 200 Unternehmen als Endnutzer von Derivaten zu den Auswirkungen, die der neue SFAS 133 auf deren Risikomanagementsystem hat. Vgl. KAWALLER (2001), S. 19 - 24.

[3] Risikokonzentrationen können bspw. aus Konzentrationen hinsichtlich des Geschäftsumfangs resultieren, der mit Kunden, Lieferanten usw. durchgeführt wird, hinsichtlich der Erträge durch ein bestimmtes Produkt sowie hinsichtlich der verfügbaren Ressourcen an Material und Arbeitskräften, die für die Geschäftstätigkeit erforderlich sind.

[4] Vgl. SFAC No. 5 Par. 8, S. 1089.

[5] Vgl. 10-K, item 7a.

Analysis of Financial Condition and Results of Operation[1]. In der MD&A sind Einschätzungen der Unternehmensleitung zu Faktoren und Entwicklungen zu geben, von denen ein wesentlicher Einfluss auf die Vermögens-, Finanz- und Ertragslage erwartet wird. Dabei soll das Management vor allem über ihm bekannte wesentliche Ereignisse und Unsicherheiten berichten, die noch nicht im Abschluss verarbeitet worden sind. Diese zukunftsbezogenen Aussagen sind indes nur angabepflichtig, wenn sie dem Management bereits bekannt sind, z. B. im Falle bereits beschlossener zukünftiger Steigerungen von Löhnen oder Materialkosten. Zu Marktrisiken, etwa Zins- und Währungsrisiken, ist ebenfalls Stellung zu nehmen. In Bezug auf die quantitative Berichterstattung sind Finanzinstrumente zu unterscheiden, die für Absicherungszwecke und solche, die für Handelszwecke eingegangen wurden. Grundsätzlich besteht die Möglichkeit der Berichterstattung über quantitative Risiken in Form der Offenlegung in Tabellenform sowie der Angabe von Sensitivitäten oder des Value at Risk. Die zugrunde liegenden Annahmen der verwendeten Modelle sind jeweils anzugeben. Darüber hinausgehende Informationen werden zwar empfohlen, sind aber nicht verpflichtend.

- Ausländische Emittenten, die den Vorschriften der SEC unterliegen, haben nach Form 20-F bestimmte Angaben zu Risiken zu machen, die sich im Wesentlichen aus items 3D, 5D und 11 ergeben: In Abschnitt 3D sind die „Risk factors", d. h. unternehmensindividuelle oder branchenbezogene Risikofaktoren darzustellen, die das Wertpapier spekulativ oder sehr risikoreich machen. Die Risikofaktoren sollen dort noch einmal nach ihrer Bedeutung geordnet zusammengefasst werden. In item 5D sind Einschätzungen der Unternehmensleitung über Faktoren und Entwicklungen darzulegen, die geeignet erscheinen, einen wesentlichen Einfluss auf die Vermögens-, Finanz- und Ertragslage zu haben. In item 11 schließlich sind quantitative und qualitative Angaben zu Finanzrisiken zu machen. Die Anforderungen entsprechen in etwa denen des MD&A für inländische Emittenten, so dass an dieser Stelle darauf verwiesen wird.

Auch die SEC hat eine besondere Regelung für Kreditinstitute erlassen. In dem bankenspezifischen Industry Guide 3 schreibt die SEC für das Kreditportfolio die tabellarische Auflistung der vorgenommenen Wertberichtigungen nach Sektoren und Ländern vor. Zudem sind die Kredite aufzuführen, für die Ausfallrisiken bestehen. Diese Vorschrift geht über die Anforderungen des DRS 5-10 hinaus. Eine Zusammenfassung aller Risiken zu einer Gesamtrisikoposition, wie in DRS 5-10 gefordert, wird allerdings nach US-GAAP nicht verlangt[2].

---

[1] Vgl. 10-K, item 7.
[2] Vgl. dazu auch LÖW/LORENZ (2001), S. 219.

Zusammenfassend bleibt festzuhalten, dass die Risikoberichterstattung nach amerikanischen Vorschriften wesentlich detaillierter ausgestaltet ist. Während die Regelungen des DRS 5 eine höhere Flexibilität aufweisen, sind die US-GAAP-Regelungen deutlich konkreter, nicht zuletzt, da für die Marktrisiken verbindliche Verfahren zur Risikoquantifizierung vorgegeben werden. Allerdings konstatieren MÖHLMANN-MAHLAU/MÖLLER/STOLBINGER, dass die Berichterstattung nach US-GAAP in Bezug auf „die Übersichtlichkeit und die Relevanz der Darstellung aufgrund der Detailliertheit der Informationen sowie der Darstellung in mehreren Teilen [...] verbesserungswürdig erscheint"[1]. Insgesamt gibt es eine Vielzahl unterschiedlicher Verlautbarungen und Standards, ein zusammenhängendes Regelwerk zur Risikoberichterstattung fehlt jedoch[2]. Insgesamt muss konstatiert werden, dass die deutschen Regelungen aufgrund der Erweiterung der Risikoberichterstattung durch das KonTraG und den DRS 5 sowie aufgrund der Änderungen durch das BilReG weitgehender bzw. umfassender als die amerikanischen Vorschriften sind[3].

2.4 Zusammenfassende Bemerkungen zur Regulierung der Risikoberichterstattung

Die Regelungen zur Lageberichterstattung werden mit dem BilReG grundlegend neu gefasst und an EU-Recht angepasst. Ein deutlicher Schwerpunkt ist auf die kapitalmarktorientierte Berichterstattung gesetzt worden. Für den Risikobericht sind die Änderungen eher deklaratorischer Natur: Neben der Berichterstattung über Risiken wird explizit auch die ausgewogene Diskussion über die damit verbundenen Chancen gefordert.

Mit den Vorschriften zur Risikoberichterstattung haben die deutschen Normen im internationalen Vergleich nunmehr eine Vorreiterrolle übernommen[4]. Nach IAS/IFRS bzw. US-GAAP existieren ebenfalls Regelungen zur Offenlegung von Risiken, insbesondere von Finanzrisiken. Gleichwohl wird dort eine vergleichbar geschlossene Darstellung, wie sie durch das HGB bzw. DRS 5 und DRS 15 gefordert werden, nicht verlangt, so dass die Offenlegung von Risiken international deutlich konkreter geregelt, aber insgesamt als nicht so umfassend anzusehen ist. Abgesehen von der Berichterstattung über Finanzderivate ist nach IAS/IFRS die Risikoberichterstattung eher ein Bestandteil der freiwilligen Unternehmenspublizität. Die teilweise vorliegenden Empfehlungen von Berufsverbänden und Standardsettern zur Risikoberichterstattung verdeutlichen indes die

---

[1] MÖHLMANN-MAHLAU/MÖLLER/STOLBINGER (2001), S. 949.
[2] Vgl. LÖW/LORENZ (2001), S. 219.
[3] Vor diesen Änderungen hat BROTTE die Regelungen dagegen als weitestgehend vergleichbar bezeichnet. Vgl. BROTTE (1997).
[4] Vgl. KAJÜTER (2004), S. 428.

zunehmende internationale Bedeutung der Risikoberichterstattung. Eine einheitliche internationale Regelung hat sich jedoch bislang nicht herausgebildet[1].

Mit Einführung des KonTraG, aber vor allem durch die Umsetzung der EU-Bilanzrichtlinie im Rahmen des BilReG sind die Anforderungen an die Lage- und Risikoberichterstattung mit dem Ziel erweitert und konkretisiert worden, die Aussagekraft weiter zu erhöhen. Es werden zunehmend quantitative Angaben gefordert, um die qualitativen (oft allgemeinen) Angaben zu ergänzen und zu erläutern. Auch die Anforderungen an die Quantifizierung von Risiken im Risikobericht sind immer wieder aufgegriffen und erweitert worden. Allerdings sind die Anforderungen im Vergleich zur Risikoquantifizierung im Finanzsektor weiterhin mit einem großen Ermessensspielraum versehen. So sind die an die Risikoquantifizierung gestellten Bedingungen nur schwer zu verifizieren. Die verwendeten Modelle müssen gemäß DRS 5.20 nach anerkannten und verlässlichen Methoden arbeiten und wirtschaftlich vertretbar sein. Darüber hinaus müssen sie für die Adressaten eine entscheidungsrelevante Information darstellen. Werden quantitative Daten publiziert, sind die gesetzten Annahmen und Parameter anzugeben[2].

Wenngleich Modelle und Methoden bekannt sind, die eine Quantifizierung des gesamten Unternehmensrisikos ermöglichen, wird in der Literatur vielfach davon ausgegangen, dass lediglich finanzielle Risiken quantifizierbar sind. Eine genauere Vorgabe ist indes schon allein deshalb schwierig, da Theorie und Praxis laufend aktualisierte und verbesserte Lösungsansätze bereitstellen. Gleichwohl lassen sich die im Folgenden vorzustellenden Methoden zur Risikoquantifizierung an diesen Anforderungen falsifizieren, wenn sie nicht als anerkannt und verlässlich bzw. nicht als wirtschaftlich vertretbar eingestuft werden können.

Die Effizienz der Risikoberichterstattung ergibt sich jedoch nicht zwingend aus gesetzlichen Regeln und Normen, sondern insbesondere aus der tatsächlichen Umsetzung dieser Regelungen in die Unternehmenspraxis. Bestehende Ermessensspielräume sowie eine nachlässige Prüfung der Normen durch die Abschlussprüfer können den Informationsgehalt der Risikoberichterstattung einschränken. Im Folgenden werden empirische Befunde zur Risikoberichterstattung und deren Prüfung vorgestellt und die Ergebnisse analysiert.

---

[1] Unterschiede bestehen u. a. in Bezug auf den zugrunde gelegten Risikobegriff, die Wesentlichkeitsgrenzen für die Berichterstattung und den Prognosezeitraum für die Risikobewertung. Vgl. KAJÜTER (2004), S. 428.

[2] Vgl. DRS 5.20.

3 EMPIRISCHE BEFUNDE DER EXTERNEN RISIKOBERICHTERSTATTUNG

3.1 Risikoberichterstattung in der Praxis

In den vorstehenden Abschnitten wurden die gesetzlichen Regelungen und ergänzenden Standards zur Lage- und insbesondere zur Risikoberichterstattung wiedergegeben und diskutiert. Es wird deutlich, dass die entsprechenden Normen einer Erweiterung und Verschärfung unterzogen wurden. Die aktuellen Regelungsentwürfe werten die Lageberichterstattung weiter auf und sollen die Prognose der voraussichtlichen Entwicklung des Unternehmens erleichtern. Die Regelungen geben einen „umfassenden Orientierungsrahmen für die Aufstellung von Lageberichten"[1]. Diesen jedoch auszufüllen, liegt in der Verantwortung der Unternehmenspraxis. Ermessens- und Gestaltungsspielräume der Regelungen zur Berichterstattung können indes die Vergleichbarkeit der Risikoberichterstattung einschränken.

In dem folgenden Abschnitt soll die tatsächlich beobachtete Unternehmenspraxis analysiert werden, indem die Ergebnisse verschiedener empirischer Untersuchungen zur Risikoberichterstattung und deren Prüfung ausgewertet werden. Nachfolgend werden zunächst empirische Studien zur Qualität der Risikoberichterstattung vorgestellt. Dabei wird eine chronologische Abfolge gewählt, die einen Überblick über die Güte der in der Praxis vorzufindenden Risikoberichterstattung im Zeitablauf ermöglicht. Bereits in Kapitel 2.1.1 wurde kurz anhand ausgewählter Studien aufgezeigt, dass die Lageberichterstattung vor Einführung des KonTraG in 1998 nur wenig aussagekräftig war[2]. Im Folgenden werden lediglich diejenigen empirische Studien ausgewertet, die die Qualität der Risikoberichterstattung seit Einführung des Risikoberichts durch das KonTraG beurteilen.

Die Lageberichterstattung wurde 1998 um den Risikobericht erweitert um die Qualität der Informationen, insbesondere über die mit der Geschäftätigkeit verbundenen Risiken, zu erhöhen. Im Rahmen der Diskussion um den DRS 5 hat KAJÜTER die Risikoberichterstattung von einhundert DAX-Unternehmen im Geschäftsjahr 1999 anhand inhaltlicher und formaler Anforderungen getestet[3]. Er kommt zu dem Ergebnis, dass das Ziel, dem Adressaten der Unternehmenspublizität die Risikolage des Unternehmens transparent zu machen, nur bedingt erreicht wurde[4]. Die Regelungen würden zu große Ermessensspielräume erlau-

---

[1] KAJÜTER (2004a), S. 203.
[2] Vgl. bspw. SCHILDBACH/BEERMANN/FELDHOFF (1990); SORG (1994); KRUMBHOLZ (1994); BALLWIESER (1997). Zum Prognosebericht vgl. DROBECK (1998).
[3] Vgl. KAJÜTER (2001a), S. 105 - 111.
[4] Vgl. KAJÜTER (2001a), S. 109.

ben und nicht ausreichend konkret sein, um eine einheitliche, aussagekräftige Berichterstattung zu ermöglichen. Auf eine Risikoquantifizierung wird weitgehend verzichtet; KAJÜTER führt dies auf die im Bereich der Nichtfinanzunternehmen weniger entwickelten Methoden zurück[1]. Insgesamt habe sich an der geringen Bedeutung des Lageberichts als dem „unwichtigen Anhängsel des Jahresabschlusses"[2] daher wenig geändert[3].

Um den Stand der deutschen Risikoberichterstattung nach dem KonTraG in einem internationalen Kontext zu analysieren, untersuchen MÖHLMANN-MAHLAU/ MÖLLER/STOLBINGER exemplarisch die Jahresabschlüsse dreier Unternehmen für das Geschäftsjahr 2000 und vergleichen dabei die Risikoberichterstattung in den Konzernlageberichten mit der Risikoberichterstattung an die SEC durch die eingereichten Forms 10-K/20-F[4]. Die nicht repräsentative Untersuchung zeigt, dass die Risikoberichterstattung nach amerikanischem Standard „umfangreicher, konkreter und detaillierter erscheint"[5].

LÖW/LORENZ vergleichen die Risikoberichterstattung nach den Standards des DRSC mit der internationaler Normengeber, dem IASB und dem FASB[6]. Sie stellen fest, dass weder die Vorschriften nach IFRS noch nach US-GAAP einen „alle Risikoarten umfassenden, eigenständigen Standard zur Risikoberichterstattung"[7] enthalten. Bei der Beurteilung der Publizität der deutschen DAX30-Unternehmen (ohne Banken und Versicherungen) im Geschäftsjahr 2000 kommen LÖW/LORENZ des Weiteren zu dem Schluss, dass zum einen die Risikokategorisierung nicht der vorgeschlagenen Kategorisierung des DRS 5 entspricht und dass zum anderen die Risikoquantifizierung nur sporadisch, aber auf jeden Fall sehr uneinheitlich erfolgt[8].

KÜTING/HEIDEN erinnern an die Pflicht zur Quantifizierung von Risiken gemäß DRS 5.19f., wenn dies durch eine anerkannte Methode möglich ist[9]. Sie sind der

---

[1] Vgl. KAJÜTER (2001a), S. 109.

[2] STREIM (1995), S. 708.

[3] Vgl. KAJÜTER (2001a), S. 111.

[4] Vgl. MÖHLMANN-MAHLAU/MÖLLER/STOLBINGER (2001), S. 946 - 949. Es handelt sich um die Unternehmen BRAU UND BRUNNEN AG, E.ON AG sowie die PHILIP MORRIS INC.

[5] MÖHLMANN-MAHLAU/MÖLLER/STOLBINGER (2001), S. 948.

[6] Vgl. LÖW/LORENZ (2001), S. 211 - 222.

[7] LÖW/LORENZ (2001), S. 212.

[8] Die untersuchten Abschlüsse „enthalten fast ausschließlich verbale Darstellungen". Die quantitativen Angaben beschränken sich auf die vereinzelte Darstellung von Risiken aus Devisentermingeschäften, Aufwendungen aus Mitarbeiterprogrammen, Forderungsausfällen oder Risiken aus ungünstigen Entwicklungen des Treibstoffpreises. Vgl. LÖW/LORENZ (2001), S. 219.

[9] Vgl. KÜTING/HEIDEN (2002), S. 934. Die Untersuchung basiert auf einem Vergleich der Risiko- und Prognoseberichte der DAX/MDAX/NEMAX/SMAX-Unternehmen für die Jahre 2000 und 2001. Vgl. KÜTING/HEIDEN (2002), S. 933 - 937.

Ansicht, dass über eine „verstärkte Angabe quantifizierender Risikoinformationen", bspw. von Wechselkurssensitivitäten oder eines Value at Risk, die Informationsqualität der Jahresabschlüsse „nachhaltig verbessert"[1] werden könnte. Trotz der gestiegenen Anforderungen durch den DRS 5 blieben die Risikoinformationen oberflächlich und machten das Studium weiterer Informationsquellen nötig. Sie weisen darauf hin, dass Wirtschaftsprüfer und gegebenenfalls auch eine zukünftige Enforcement-Instanz stärker auf den Informationsgehalt zu achten haben, damit der Risikobericht nicht durch Offenlegung wenig entscheidungsrelevanter Informationen als ‚reine Pflichterfüllung' verstanden wird[2].

KAJÜTER/WINKLER (2003) untersuchen die Risikoberichte der DAX100-Unternehmen (ohne Finanzunternehmen) der Geschäftsjahre 1999, 2000 und 2001. Sie ermitteln, dass die Risikoberichterstattung im Zeitablauf besser geworden sei; jedoch würden die geforderte Risikokategorisierung und die Erläuterung der wesentlichen Risiken nur unzureichend erfüllt[3]. Bei der Quantifizierung finanzieller, marktpreisbezogener Risiken sei ein positiver Trend zu verzeichnen, allerdings sei der Anteil der Unternehmen mit 10 % an der Grundgesamtheit noch immer sehr gering. „Von der Möglichkeit, die potenziellen Risikowirkungen zumindest in Bandbreiten zu quantifizieren, wurde bei nichtfinanziellen Risiken kein Gebrauch gemacht"[4]. Bei der Risikoquantifizierung waren weiterhin große Lücken zu verzeichnen, insbesondere bestanden große Unterschiede zwischen den einzelnen Unternehmen[5]. Kein Risikobericht gab die quantitative Wahrscheinlichkeit wieder, mit der ein bestimmtes Risiko eintreten würde, so dass sich der Adressat ein eigenes Urteil darüber bilden muss. Vor allem bei internen Risiken wird dies jedoch nur schwerlich möglich sein. Darüber hinaus wurden die Wechselwirkungen zwischen den einzelnen Risiken nicht beschrieben[6]. Vereinzelt wurden keine wesentlichen Risiken aufgeführt, aber auch keine Fehlanzeige erstattet, so dass unklar bleibt, ob keine Risiken vorlagen oder lediglich die Berichterstattung darüber unterblieben ist. Insgesamt stellen sie fest, dass „Rechnungslegungsstandards und Prüfungspflichten alleine noch keine hochwertige Unternehmenspublizität garantieren"[7]. Wenngleich eine Verbesserung der Risikoberichte im Zeitablauf zu beobachten ist, werden diese zum Teil als

---

[1] KÜTING/HEIDEN (2002), S. 936.
[2] Vgl. KÜTING/HEIDEN (2002), S. 936.
[3] Vgl. KAJÜTER/WINKLER (2003), S. 222.
[4] KAJÜTER/WINKLER (2003), S. 222.
[5] DAIMLERCHRYSLER hat eine Quantifizierung von Finanzrisiken anhand des Value at Risk vorgenommen und das zugrunde liegende Modell erläutert. Vgl. DAIMLERCHRYSLER AG, Geschäftsbericht 2001, S. 65f. Es ist zu vermuten, dass die Bedingungen zu einer Risikoquantifizierung auch bei anderen Unternehmen gegeben gewesen wären.
[6] Die Wirkungszusammenhänge zwischen den Risiken können indes einen entscheidenden Einfluss auf die Risikoposition eines Unternehmens haben. Vgl. Kapitel 7.2.
[7] KAJÜTER/WINKLER (2003), S. 228.

verbale Pflichterfüllung verstanden und befriedigen die in Bezug auf die Risikokategorisierung und -beschreibung an sie gestellten Anforderungen oftmals
nicht[1].

Eine Gegenüberstellung zwischen den gesetzlichen sowie berufsständischen und
betriebswirtschaftlichen Anforderungen mit der Selbsteinschätzung der Unter-
nehmensleitungen über die Qualität ihrer Risikoberichterstattung nimmt BUN-
GARTZ anhand der Geschäftsberichte für das Geschäftsjahr 2000 vor. Auf
Grundlage eines Scoring-Verfahrens versucht er die Qualität der Risikoberichte
von 117 DAX- und NEMAX-Unternehmen zu beziffern[2]. Wenngleich eine solche Vorgehensweise nur eine grobe, schlecht objektivierbare Einschätzung darstellen wird, verdeutlicht ein durchschnittlicher Qualitätswert von 40,6 %, dass
die Qualität der Risikoberichterstattung noch nicht ausreichend erscheint[3]. Insgesamt bescheinigt er nur 10 % der 117 untersuchten Unternehmen, die gesetzlichen Anforderungen uneingeschränkt erfüllen. Es werden fast ausschließlich
Finanzrisiken quantifiziert. Bei 44 % der Unternehmen unterbleibt eine Risikoquantifizierung völlig[4]. Die Ergebnisse werden mit den Einschätzungen des Managements der untersuchten Unternehmen gespiegelt, indem diese mittels eines
Fragebogens nach ihrer Einschätzung über die Qualität ihres Risikoberichts befragt werden. Insgesamt wird deutlich, dass eine große Kluft zwischen tatsächlicher und eingeschätzter Erfüllung der gestellten Anforderungen existiert[5]. Ins-

In einer weiteren Studie untersuchen KAJÜTER/WINKLER (2004) die Umsetzung
der Anforderungen des DRS 5 an die Risikoberichterstattung anhand der Konzernlageberichte der DAX100-Unternehmen für das Jahr 2001[6]. Sie kommen zu
dem Ergebnis, dass die Ausführungen nach wie vor sehr allgemein gehalten
sind. Vielfach fehlen Angaben über die möglichen Auswirkungen der erwähnten
Risiken, so dass das Ziel des DRS 5 bislang nur bedingt erreicht worden zu sein
scheint[7]. Sie konstatieren, dass größere DAX30-Unternehmen umfassender über
ihre Risikolage und das Risikomanagement berichten als kleinere Unternehmen[8]. Darüber hinaus scheint eine Bilanzierung nach internationalen Standards

---

[1] Vgl. KAJÜTER/WINKLER (2003), S. 217 - 228.
[2] Vgl. BUNGARTZ (2003), S. 60.
[3] Dabei nimmt die Qualität vom DAX über den MDAX zum NEMAX ab. Vgl. BUNGARTZ
    (2003), S. 79.
[4] Vgl. BUNGARTZ (2003), S. 77.
[5] Vgl. BUNGARTZ (2003), S. 81f.
[6] Vgl. KAJÜTER/WINKLER (2004), S. 249 - 261.
[7] Vgl. KAJÜTER/WINKLER (2004), S. 258.
[8] Zum signifikanten Unterschied zwischen (größeren) DAX30-Unternehmen und (kleineren)
    MDAX-Unternehmen vgl. KAJÜTER/WINKLER (2004), S. 255. Einen ähnlichen Befund
    stellt bereits KRUMBHOLZ (1994) aus, der einen signifikanten Unterschied in der Lagebe-
    richterstattung großer und kleiner Unternehmen nachweist. Eine Divergenz zwischen gro-

eine ausführlichere Risikoberichterstattung zu unterstützen und bringt damit möglicherweise die stärkere Kapitalmarktorientierung zum Ausdruck[1]. „Gleichwohl weisen die Untersuchungsergebnisse darauf hin, dass die vorhandenen Ermessenspielräume von einigen Konzernen zu einer oberflächlichen und vermutlich lückenhaften Risikoberichterstattung genutzt wurden"[2].

LÜCK hat die einhundert größten deutschen Aktiengesellschaften zur Risikokultur und zur Risikoberichterstattung befragt und kommt zu dem Ergebnis, dass bei der formellen und materiellen Analyse von Risikoinformationen in den (Konzern-) Lageberichten deutscher Unternehmen grobe Mängel der Risikoberichterstattung an externe Adressaten offenkundig würden[3]. „[A]uch fünf Jahre nach Einführung des Gesetzes zur Kontrolle und Transparenz im Unternehmensbereich (KonTraG) [sind die Risikoberichte deutscher Aktiengesellschaften] wenig aussagekräftig"[4]. Dabei offenbare sich eine große Lücke zwischen der tatsächlichen Risikopublizität und der Selbsteinschätzung der Unternehmen über ihre Risikoberichterstattung. LÜCK zieht das Fazit: „Die externe Risikoberichterstattung in den Geschäftsberichten deutscher Unternehmen erfüllt nicht den an sie gestellten Anspruch" und fordert ihre qualitative und quantitative Ausweitung. Zudem weist er darauf hin, dass nur ein umfassendes internes Risikoberichtssystem und seine Verzahnung mit der externen Berichterstattung zielführend sein könne. Die adäquate Ausgestaltung der Publizität über Risiken deutscher Aktiengesellschaften hält er daher nicht nur für eine zwingende Voraussetzung für die Überlebensfähigkeit eines Unternehmens, vielmehr ermögliche ein wirksames Berichtsystem eine konsequente Chancennutzung und trage damit zur Steigerung des Shareholder Value bei[5].

ßen und mittelgroßen Unternehmen konnte hingegen nicht signifikant gemessen werden. Vgl. KRUMBHOLZ (1994), S. 268.

[1] Indes korreliert die Anwendung internationaler Rechnungslegungsnormen auch mit der Unternehmensgröße. Vgl. KAJÜTER/ WINKLER (2004), S. 251.

[2] KAJÜTER/WINKLER (2004), S. 259.

[3] Vgl. LÜCK (2004), S. 20.

[4] Zitate hier und im Folgenden LÜCK (2004), S. 20.

[5] Vgl. LÜCK (2004), S. 20.

Abbildung 9 gibt die empirischen Studien noch einmal im Überblick wieder.

Unter-suchung	Ziel	Umfang und Zeitbezug	Maßstab	Ergebnis
KAJÜTER (2001a)	Informationsgehalt deutscher Risikoberichte kurz vor Einführung des DRS 5	DAX30 und MDAX-Unternehmen (ohne NFU) des Geschäftsjahres (GJ) 1999	inhaltliche und formale Anforderungen (Art, Umfang, Detaillierungsgrad, Präzision)	Aussagefähigkeit des Risikoberichts noch nicht ausreichend erhöht; Übermittlung entscheidungsrelevanter Informationen fraglich
MÖHLMANN-MAHLAU/ MÖLLER/ STOLBINGER (2001)	Praxisvergleich der Risikoberichterstattung HGB/US-GAAP	drei Jahresabschlüsse des GJ 2000	entfällt	SEC-Berichte erscheinen umfangreicher, konkreter und detaillierter
LÖW/ LORENZ (2001)	Vergleich der Risikoberichterstattung nach DRS/IFRS/US-GAAP	DAX30-Nichtfinanzunternehmen sowie Großbanken im GJ 1999 und 2000	formaler Umfang sowie Beurteilung der qualitativen und quantitativen Angaben	Regelungen grundsätzlich geeignet; Risikoquantifizierung nur sporadisch; einheitlicher internationaler Standard nicht vorh., Berichterstattung uneinheitlich; Risikopublizität der Banken hochwertiger
KÜTING/ HEIDEN (2002)	Praxis der Risiko- und Prognoseberichterstattung im Zeitvergleich	DAX/MDAX/ NEMAX/ SMAX-Unternehmen der GJ 2000 und 2001	Punktbewertungsverfahren zum Informationsgehalt der Angaben	Risikoberichte durch DRS 5 insg. besser geworden; DAX-Unternehmen befriedigend (65 %), MDAX, SMAX und NEMAX schlechter (40 – 50 %); Detaillierungsgehalt verbesserungswürdig; Quantifizierung der verbalen Angaben ist zu verstärken
KAJÜTER/ WINKLER (2003)	Praxis der Risikoberichterstattung und deren Prüfung im Zeitvergleich	DAX100-Unternehmen (nur NFU) der GJ 1999, 2000 und 2001	Formale (Stellung, Bezeichnung, Umfang, Kategorisierung) und inhaltliche (Art, Aussagegehalt, quantitative Angaben) Anforderungen	Risikoberichte sind v. a. formal besser geworden, Informationsgehalt noch nicht ausreichend, da sehr allgemein; schlechte Vergleichbarkeit und große Unterschiede zwischen den Unternehmen, Forderung nach einer unabhängigen Enforcement-Instanz
BUNGARTZ (2003)	Bestandsaufnahme sowie Vergleich mit Selbsteinschätzung	DAX 100 und NEMAX 50 Unternehmen des GJ 2000 sowie Befragung im Jahr 2001	Checkliste sowie Fragebogen	Risikoberichterstattung seitens der Unternehmen, des Aufsichtsrats und der Abschlussprüfer stark verbesserungsbedürftig; große Kluft zwischen tatsächlicher Berichterstattung und Selbsteinschätzung der Unternehmen

Unter-suchung	Ziel	Umfang und Zeitbezug	Maßstab	Ergebnis
				Fortsetzung Abbildung 9:
KAJÜTER/ WINKLER (2004)	Praxis der Risikobe-richterstattung	Konzernrisi-koberichte der DAX100-Konzerne im GJ 2001	strukturiertes Erhebungsras-ter zum Ver-gleich mit den Anforderungen des DRS 5	Aussagen weiterhin nur allgemein; es bestehen Größenunterschiede; Risikoberichte nach internationa-len Normen informativer; Ziel des DRS 5 noch nicht erreicht
LÜCK (2004)	Vergleich der Selbstein-schätzung der Unternehmen mit tatsächli-cher Risiko-publizität	Risikoberich-te der 100 größten deut-schen Unter-nehmen des GJ 2003	formelle und materielle Ana-lyse	Anforderungen werden nicht er-füllt; große Lücke zwischen Selbsteinschätzung und Realität; v. a. Ausweitung quantitativer Anga-ben erforderlich

Abb. 9: Übersicht empirischer Studien zur Risikoberichterstattung

Es bleibt festzuhalten, dass die Einführung des DRS 5 zwar erneut zu einer Ver-besserung der Risikoberichterstattung, aber auch zu einer quantitativen Erweite-rung der verbalen Erläuterungen geführt hat. Die Vergleichbarkeit der Risikobe-richte verschiedener Unternehmen ist durch die fehlende bzw. uneinheitliche Risikokategorisierung schwierig. Quantitative Aussagen werden kaum vorge-nommen, wenngleich einzelne Unternehmen solche sowie die damit verbunde-nen Annahmen veröffentlichen. Insgesamt werden die Untersuchungen zur Qua-lität der Risikoberichterstattung dadurch erschwert, dass eine Überprüfung der Vollständigkeit der unternehmerischen Risiken aus externer Sicht nicht durchge-führt werden kann[1].

3.2 Empirische Ergebnisse zur Prüfung des Risikoberichts

Wie bereits in Kapitel 2.2.2.4 und 2.2.3.5 beschrieben, hat der Abschlussprüfer gemäß § 317 Abs. 2 HGB den Lagebericht zu prüfen und insbesondere festzu-stellen, ob die Risiken zutreffend dargestellt sind. Über das Ergebnis seiner Tä-tigkeit hat er im Prüfungsbericht und im Bestätigungsvermerk zu berichten[2]. Im Folgenden werden empirische Untersuchungen über die Prüfung von Risikobe-richten vorgestellt. Da eine externe Einsicht in die Prüfungsberichte grundsätz-lich nicht möglich sein wird, beschränken sich die Untersuchungen auf die Ana-lyse des veröffentlichten Bestätigungsvermerks.

---

[1] Vgl. KAJÜTER/WINKLER (2004), S. 259.
[2] Vgl. §§ 321 und 322 HGB.

Die WIRTSCHAFTSPRÜFERKAMMER hat in ihrer Abschlussdurchsicht der Berichte des Jahres 2000 festgestellt, dass die durch das KonTraG eingeführte Regelung, im Lagebericht auch auf die Risiken der künftigen Entwicklung einzugehen, in einer Reihe von Fällen nicht eingehalten wurde, oder dass die Ausführungen nicht unmittelbar identifizierbar waren[1]. Es ergaben sich insgesamt 30 Beanstandungen (2,7 % der untersuchten Abschlüsse) in Einzel- und sieben Beanstandungen (0,7 %) in Konzernabschlüssen. „Teilweise wurden hieraus nicht die notwendigen Konsequenzen [durch die Abschlussprüfer] gezogen"[2]. Insgesamt neun Mal (0,9 %) fehlte die Aussage zum Risikobericht im Bestätigungsvermerk[3].

BUNGARTZ untersuchte die Geschäftsberichte von 117 Unternehmen des DAX 100 und des NEMAX 50 im Geschäftsjahr 2000 auch im Hinblick auf die Risikoberichterstattung des Abschlussprüfers. Er konstatiert ein positives Ergebnis, da nur 11 % der untersuchten Berichte die gesetzlichen Anforderungen im Bestätigungsvermerk nicht erfüllten[4]. Indes stellt auch Bungartz in vereinzelten Fällen grobe Abweichungen von den Anforderungen fest, indem bestandsgefährdende Risiken im Bestätigungsvermerk nicht als solche bezeichnet werden. Daneben wird die Darstellung der Risiken der künftigen Entwicklung bestätigt, wenngleich eine solche Darstellung im Risikobericht nicht erkennbar ist[5]. Er kommt daher zu dem Schluss, dass auch die Risikoberichterstattung des Abschlussprüfers verbesserungsbedürftig ist.

Auch zwei Jahre später musste die WIRTSCHAFTSPRÜFERKAMMER, trotz eines Rückgangs der Beanstandungen, Anfragen zur Berichterstattung über die Risiken der künftigen Entwicklung durchführen[6]. Eine Reihe von Lageberichten enthält die erforderlichen Angaben nicht oder diese waren erst durch zusätzliche Erläuterungen des Abschlussprüfers identifizierbar. Insgesamt kam es zu 13 (0,8 %) Beanstandungen, da trotz des Testats des Abschlussprüfers der notwendige Risikobericht fehlte. Im Vorjahr war dieser Fehler noch 65 Mal (4,0 %) be-

---

[1] Vgl. WIRTSCHAFTSPRÜFERKAMMER (2001), S. 4. Die Wirtschaftsprüferkammer hat nach § 57 Abs. 1 WPO als Teil der allgemeinen Fachaufsicht des Berufsstandes der Wirtschaftsprüfer u. a. die Aufgabe, die beruflichen Pflichten ihrer Mitglieder zu überwachen. Bei der Zusammenstellung handelt es sich indes nicht um eine Auflistung der tatsächlichen Fehler von Abschlussprüfern, sondern um eine Beschreibung des Zustands der publizierten Abschlüsse. Eine unzureichende Einreichung der erforderlichen Unterlagen beim Bundesanzeiger oder Handelsregister und Fehler durch eine mangelhafte Drucklegung des Bundesanzeigers kommen ebenso als Gründe für eine Beanstandung in Frage.

[2] WIRTSCHAFTSPRÜFERKAMMER (2001), S. 4.

[3] Vgl. WIRTSCHAFTSPRÜFERKAMMER (2001), S. 8 - 12.

[4] Vgl. BUNGARTZ (2003), S. 89.

[5] Vgl. hier und im Folgenden BUNGARTZ (2003), S. 88f.

[6] Vgl. WIRTSCHAFTSPRÜFERKAMMER (2003), S. 3. Im Jahr 2002 wurden insgesamt 16.950 Bestätigungsvermerke und 7.732 Abschlüsse durchgesehen. Vgl. WIRTSCHAFTSPRÜFERKAMMER (2003), S. 2f.

anstandet worden. Im Konzernlagebericht fehlte der Risikobericht lediglich in drei Fällen (0,2 %), im Vorjahr hatte die Wirtschaftsprüferkammer noch 21 (1,3 %) Beanstandungen[1].

Die empirisch immer wieder nachgewiesenen Mängel bei der Umsetzung der Regelungen zur Risikoberichterstattung nahm KAJÜTER zum Anlass, die Prüfung der Risikoberichte durch die Abschlussprüfer vor Inkrafttreten des DRS 5 zu analysieren und die zukünftigen Auswirkungen des DRS 5 auf die Prüfungspraxis zu diskutieren[2]. Er kommt zu dem Ergebnis, dass die Vorschriften der §§ 289 und 315 HGB zur Prüfung des (Konzern-)Lageberichts, vor allem im Hinblick auf den Risikobericht, nicht zu einer Verbesserung der Risikoberichterstattung geführt haben. Trotz der grundsätzlich niedrigen Qualität der analysierten Berichte wurden alle mit dem Vermerk „stellt die Risiken der künftigen Entwicklung zutreffend dar" testiert, so dass sich die Prüfungspflichten offensichtlich „als wenig wirksames ‚Druckmittel' für eine Verbesserung der Unternehmenspublizität erwiesen"[3] haben. Den Grund für das negative Ergebnis sieht KAJÜTER darin, dass die inhaltliche und formale Ausgestaltung der Risikoberichtspflicht im Gesetz nicht ausreichend detailliert geregelt worden sei und den Abschlussprüfern damit der notwendige Beurteilungsmaßstab für die Prüfung fehle. Durch die Verabschiedung des DRS 5 soll nun eine Konkretisierung der Anforderungen an die Risikoberichterstattung erfolgen und es sollen den Abschlussprüfern weitere Anhaltspunkte zur Prüfung der publizierten Risikoeinschätzungen an die Hand gegeben werden. Der DRS 5 enthält deutlichere Anforderungen an die Risikoberichterstattung. Es kommt damit zu einer Ausweitung des Prüfungsumfangs, da die Prüfer sich intensiver mit der Risikolage des Unternehmens auseinandersetzen müssen. Indes existiere in Deutschland keine Enforcement-Instanz, die die Durchsetzung der DRS garantiert, so dass den Abschlussprüfern in Zukunft eine zentrale Rolle bei der Umsetzung des DRS 5 zukommen werde[4].

Insgesamt ist zu konstatieren, dass die Risikoberichte sowie die Berichterstattung des Abschlussprüfers über dessen Prüfung im Zeitablauf vor allem formal besser geworden sind. Indes scheinen die Regelungen bislang nicht ausreichend konkretisiert zu sein, so dass den Abschlussprüfern kein eindeutiger Prüfungsmaßstab vorliegt, der eine umfassende und vergleichbare Risikoberichterstattung sicherzustellen vermag. Die geplanten Änderungen durch das BilReG und den DRS 15 erscheinen damit wünschenswert.

---

[1] Vgl. WIRTSCHAFTSPRÜFERKAMMER (2003), S. 7 - 11.
[2] Vgl. KAJÜTER (2002), S. 243 - 249 m. w. N.
[3] KAJÜTER (2002), S. 243, beide Zitate. Die Einrichtung einer privatrechtlich organisierten Enforcement-Instanz ist nunmehr durch das BilKoG kodifiziert. Vgl. ausf. Kapitel 2.1.1.
[4] Vgl. KAJÜTER (2002), S. 243.

3.3 Zwischenfazit: Quantitative Risikoberichterstattung als Folgerung aus den empirischen Untersuchungen

Die empirische Studien zeigen wiederholt ein ernüchterndes Bild von der Umsetzung der Normen zum Lagebericht auf. Vor Einführung des Risikoberichts stellte SCHNEIDER fest, dass dem Lagebericht „mehr als Phrasen über die voraussichtliche Entwicklung und Einzelaussagen zum Bereich Forschung und Entwicklung [...] jedoch selten zu entnehmen"[1] seien. Durch die Einführung der Risikoberichterstattung im Rahmen des KonTraG und insbesondere durch die Konkretisierung der Normen anhand des DRS 5 hat sich die Aussagekraft über die Risiken der künftigen Entwicklung verbessert. Durch die Erhöhung der Anforderungen an den Risikobericht durch den DRS 5 sind die Risikoberichte formal besser erkennbar und quantitativ umfangreicher geworden.

Gleichwohl weisen aktuelle empirische Untersuchungen bspw. von KAJÜTER/ WINKLER (2003) und LÜCK (2004) darauf hin, dass die theoretischen und praktischen Erfordernisse noch immer nicht befriedigend gelöst sind. Neben der ausführlichen Beschreibung des Risikomanagementsystems werden oft nur verbale, allgemeine Einschätzungen über die verschiedenen, meist externen und nicht durch das Unternehmen beeinflussbaren Risiken angegeben. Es besteht darüber hinaus die Gefahr, dass die Erläuterung und Gewichtung der Risiken im Laufe der Jahre immer weniger angepasst werden und so die Aussagefähigkeit erneut sinken könnte. Zudem müssen die Anforderungen des DRS 5 stringenter durchgesetzt und vor allem die quantitativen Angaben von Risiken durch die Unternehmen gesteigert werden[2], um die Einschätzungen durch die externen Adressaten zu erleichtern und die Vergleichbarkeit zu erhöhen. Ein hoher Informationswert des Risikoberichts für die Adressaten erscheint auf Basis der vorgestellten Studien unrealistisch. Der Risikobericht wird der Aufgabe, den Kapitalgebern eine ausreichende Entscheidungshilfe für ihre Kapitalanlage bzw. Kreditgewährung zu geben, nicht gerecht. Für den Abschlussprüfer besteht zudem das Problem, dass er die Angaben der Gesellschaft, oft auf einem für ihn fremden Terrain, nicht hinreichend genau überprüfen kann, wodurch ein enormer Verhandlungsspielraum zwischen Mandant und Abschlussprüfer entsteht.

Insgesamt bleibt festzuhalten, dass die Risikoberichterstattung deutscher Unternehmen im Lagebericht bislang unterentwickelt ist. Es besteht eine große Diskrepanz zwischen dem internen Risikoreporting der Unternehmen, dem diesbezüglich möglichen praktischen und theoretischen Stand der Technik und den tatsächlich für Externe veröffentlichten Informationen. Im Rahmen eines offensiven Value Reportings erscheint es angebracht, neben aussagekräftigen Rendite-Informationen auch glaubwürdige und aussagefähige Angaben über die Risi-

---

[1] SCHNEIDER (1997), S. 75.
[2] Vgl. ebenso KÜTING/HEIDEN (2002), S. 937.

koposition des Unternehmens zu liefern. Eine Argumentation für zusätzliche quantitative Informationen „erfolgt aus der Überzeugung, dass geeignete Zahlenangaben in Bezug auf Manipulationsverminderung Vorteile gegenüber den verbalen Erläuterungen aufweisen"[1]. Einzelne Modelle zur einheitlichen Quantifizierung im Risikobericht konnten sich bislang nicht durchsetzen. Im Bereich der Finanzinstitute ist, begründet durch die seit geraumer Zeit bestehenden gesetzlichen Vorgaben, das Risikomanagement vergleichsweise ausgereift[2]. Die Regulierung für das Management von Risiken und die darauf bezogene Berichterstattung bei Nichtfinanzunternehmen ist hingegen relativ vage.

Die vorangestellten Argumente deuten die Notwendigkeit zur Erweiterung der Risikoberichterstattung um eine Risikoquantifizierung an und könnten eine Messung der von einem Unternehmen insgesamt übernommenen Risiken in Form einer Kennzahl für den Risikobericht von Nichtfinanzunternehmen begründen. Wenngleich auch bei dieser Arbeit die Veröffentlichung der Informationen an die Rechnungslegungsadressaten im Vordergrund steht, liegt das primäre Ziel einer Risikobewertung zunächst jedoch in der unternehmensinternen Risikosteuerung und -kontrolle.

In der Literatur wird die Veröffentlichung von Cash-Flow at Risk-Kennziffern im Rahmen des freiwilligen bzw. gesetzlichen Reportings vorgeschlagen[3]. Je nach Konzept lassen sich dadurch verschiedene Aussagen ableiten, die eine entscheidungsrelevante Information für die Adressaten des Lageberichts darstellen können. Im weiteren Verlauf der Arbeit sollen daher im Rahmen einer ökonomischen Analyse Anforderungen an die zu analysierenden Cash-Flow-at-Risk-Konzepte ermittelt werden, so dass die Veröffentlichung einer solchen Kennzahl zu einer Verbesserung des Informationsstandes der externen Adressaten beitragen kann. Dazu wird im Folgenden das Konzept des Cash-Flow at Risk eingeführt und seine Eignung für die Ermittlung einer extern publizierbaren Risikomaßzahl untersucht. Eine Übertragung der im Bereich der Finanzinstitute bekannten formal-analytischen Modelle auf Industrie- und Handelsunternehmen ist, wie noch zu zeigen sein wird, nicht ohne weiteres möglich. Dennoch werden ausgehend von der Bedeutung des Konzepts für den CFaR zunächst die Kernelemente des Value at Risk dargestellt, um das Konzept sodann auf den Nichtfinanzbereich zu übertragen. Die daraus abgeleiteten Konzepte des Cash-Flow at Risk werden ausführlich erläutert und ihre Verwendungsmöglichkeiten im Rahmen der Risikoberichterstattung kritisch diskutiert.

---

[1] UNSELD (1976), S. 76.
[2] Vgl. HOMBURG/UHRIG-HOMBURG (2004), S. 311.
[3] Vgl. STEIN ET AL. (2000), S. 9f.; LEE ET AL. (1999), 23f. Mit einem Beispiel für die Veröffentlichung eines unternehmensweiten Value at Risk vgl. JORION (2001), S. 371.

TEIL II: CASH-FLOW AT RISK

4 VALUE AT RISK – (BASIS-)KONZEPT ZUR RISIKOQUANTIFIZIERUNG IN FINANZUNTERNEHMEN

4.1 Einordnung des Value at Risk

4.1.1 Instrumente des Risikomanagements

Im ersten Teil der Arbeit wurden die theoretischen Regelungen zum Risikobe-richt sowie deren praktische Umsetzung dargelegt. Im zweiten Teil der Arbeit gilt es nun, Methoden der Risikoquantifizierung, insbesondere den Cash-Flow at Risk, darzustellen, um anschließend die Eignung dieser Konzepte für die Infor-mationsbedürfnisse der Rechnungslegungsadressaten zu prüfen. Da die Cash-Flow at Risk-(CFaR)-Kennzahlen auf den aus dem Bankenbereich stammenden Value at Risk-(VaR)-Konzepten basieren, werden zunächst letztere vorgestellt. Einleitend wird das Konzept des VaR in die Instrumente des Risikomanage-ments eingeordnet.

Die zunehmende Verflechtung der internationalen Finanzmärkte, die regulatori-schen Anforderungen der Aufsichtsbehörden im Bankenbereich sowie die wach-senden Handelsvolumina von Finanzderivaten haben zur Entwicklung verschie-dener Quantifizierungsmethoden geführt, um das gestiegene Risikopotenzial der Finanzintermediäre besser messen und steuern zu können[1]. Ziel dieser Instru-mente ist es, finanzmarkttheoretische Erkenntnisse und statistische Methoden so anzuwenden, dass die unterschiedlichen finanzwirtschaftlichen Risiken mög-lichst genau definiert und quantifiziert werden können[2]. Der Messung von Marktpreisrisiken wird dabei größte Aufmerksamkeit verliehen. Dazu zählen vor allem Streuungsmaße wie die Standardabweichung oder die Varianz der Rendite des Handelsbestandes sowie der Value at Risk[3]. Grundsätzlich stehen zur Beurteilung des finanziellen Risikopotenzials eines Unternehmens darüber hinaus weitere Methoden zur Verfügung, die im Folgenden kurz aufgeführt werden. Sie lassen sich in klassische und statistische Messverfahren unterteilen[4]. Zu den klassischen Messverfahren zählen die Sensitivitäts- und Szenarioanaly-

---

[1] Vgl. OEHLER/UNSER (2002), S. 154; ähnlich J. P. MORGAN/REUTERS (1996), S. 21. Des Weiteren wird die Bedeutung der Risiken auch durch eine erhöhte Volatilität der Markt-preise begründet. Für diese Behauptung lassen sich indes keine empirischen Belege finden. Vgl. BÜHLER/SCHMIDT (1997), S. 3. Zu den Problemen der Vorgabe einer Risikoquantifi-zierung im Bankenbereich vgl. u. a. HORSCH/PAUL (1998), S. 328 - 336.

[2] Vgl. KREMERS (2002), S. 120.

[3] Zu einem empirischen Vergleich verschiedener Methoden der Marktrisikoquantifizierung vgl. AUER (2002).

[4] Vgl. HAGER (2004), S. 28 und 40.

sen; unter statistischen Verfahren sind die Verfahren der Risikoanalyse zu verstehen. *Sensitivitätsanalysen* ermitteln die Reaktion bzw. Empfindlichkeit der Outputgrößen auf Veränderungen einer oder mehrerer Inputgrößen bzw. Einflussfaktoren (um eine Einheit)[1], wobei i. d. R. aufgrund der multiplen Interdependenzen häufig nur jeweils ein Einflussfaktor verändert wird[2]. Ergebnis dieser Fragestellung ist der Einfluss von Datenabweichungen auf die absolute Höhe des Erfolgs. Daneben lässt sich eine zweite Fragestellung identifizieren: Im Rahmen einer Sensitivitätsanalyse kann auch ermittelt werden, inwieweit die Feststellung, dass eine bestimmte Alternative im Vergleich zu einer anderen optimal sei, durch Abweichungen einer Einflussgröße berührt wird[3].

Daneben lassen sich die Verfahren der Szenario- bzw. Risikoanalyse unterscheiden, die in Abbildung 10 im Überblick dargestellt sind.

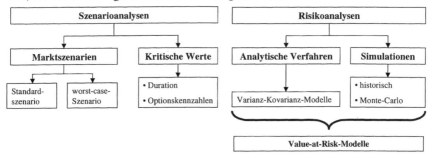

Abb. 10: Verfahren zur Szenario- und Risikoanalyse
Quelle: In Anlehnung an OEHLER/UNSER (2002), S. 154.

Mit *Szenarioanalysen* lassen sich die Auswirkungen einzelner bzw. ausgewählter Einflussfaktoren bzw. Umweltzustände auf die gewünschte Zielgröße ermitteln[4]. Im Rahmen der Szenarioanalyse werden zum Teil nur die kritischen Werte zur Analyse des Risikos einer Position betrachtet, bspw. der Betafaktor für Aktienkursrisiken bzw. die modifizierte Duration für Zinsänderungsrisiken. Alternativ werden bestimmte Markt- bzw. Umweltszenarien unterstellt und deren Auswirkung auf das zugrunde liegende Risikoexposure untersucht. Der Begriff des Risikoexposures bezeichnet dabei die Sensitivität betrieblicher Erfolgsvariablen

---

[1] Vgl. PERRIDON/STEINER (2004), S. 103 - 107; KRUSCHWITZ (2003), S. 314.
[2] Die Verfahren werden daher auch als *Single-Indicator-Modelle* bezeichnet. Vgl. DEUTSCH (2001), S. 450.
[3] Vgl. FRANKE/HAX (2004), S. 252f. Vgl. ausf. DEUTSCH (2001), S. 450 - 455.
[4] Vgl. OEHLER/UNSER (2002), S. 154f.

in Bezug auf Risikofaktoren[1]. Szenarioanalysen sind zu differenzieren in Standardszenarien, die die durchschnittlichen Veränderungen der Risikofaktoren und deren Einfluss auf die Zielgröße beziffern, und *Stressszenarien* bzw. *Stresstests*, die der Ergänzung und Erweiterung von Standardszenarien und Risikoanalysen dienen, indem sie den schlechtesten Fall, den sog. worst-case, der möglichen Entwicklungen annehmen und damit den (unwahrscheinlichen) maximalen Verlust einer Investition ermitteln[2]. Ziel solcher Stresstests ist die Erfassung der Auswirkungen von Ausreißern, die außerhalb des Konfidenzintervalls auftreten, da auch diejenigen Verluste von entscheidender Bedeutung sein können, die nur mit einer sehr kleinen Wahrscheinlichkeit eintreten werden[3].

Im Gegensatz zu den Szenarioanalysen ist das Ziel der *Risikoanalysen* die Ableitung einer Wahrscheinlichkeitsverteilung für die Outputgröße aus sicheren und unsicheren Informationen hinsichtlich der relevanten Inputgrößen[4]. VaR-Modelle zählen zu den Risikoanalysen, die das finanzielle Risiko auf analytischem Weg oder anhand von Simulationen bestimmen, indem sie die in jüngster Vergangenheit festgestellten oder simulierten Veränderungen der für eine Risikoposition relevanten Einflussfaktoren berücksichtigen[5]. Von den in Abbildung 10 dargestellten Modellen haben sich die VaR-Modelle vor allem aufgrund ihrer Akzeptanz bei den Aufsichtsbehörden der Finanzinstitute durchgesetzt. Die Risikoanalyse ermöglicht die simultane Betrachtung mehrerer Einflussfaktoren, so dass die Abbildung des entsprechenden Preis- bzw. Ausfallrisikos dann mit einer höheren Genauigkeit als bei einer einfachen Sensitivitäts- oder Szenarioanalyse erfolgt[6]. Der Value at Risk gibt den Verlust in Zeiten normaler Marktentwicklungen wieder, welcher mit einer sehr großen Wahrscheinlichkeit nicht überschritten wird. Er beziffert damit im Gegensatz zu den Stresstests nicht den schlechtesten denkbaren Fall, obwohl auch dieser statistisch mit einer entsprechend kleinen Wahrscheinlichkeit erwartet werden muss. Es gilt daher neben einer VaR-Berechnung Szenarien festzulegen, die die wirklich schlechten Entwicklungen abbilden. Allerdings können den hierbei ermittelten Verlusten keine oder nur sehr ungenaue Wahrscheinlichkeiten zugeordnet werden.

Im weiteren Verlauf wird, dem Zweck der Arbeit folgend, nur noch auf die verschiedenen Formen der VaR-Berechnung eingegangen. Da VaR-Modelle auf einer Risikoaggregation verschiedener Risikopositionen basieren und damit auf die Erkenntnisse der Portfolio-Selektion-Theorie zurückgreifen, wird diese im Folgenden näher erläutert.

---

[1] Vgl. BARTRAM (2000), S. 1268.
[2] Vgl. ROBINSON (1996), S. 117.
[3] Vgl. DIGGELMANN (1999), S. 185.
[4] Vgl. KRUSCHWITZ (2003), S. 319.
[5] Vgl. OEHLER/UNSER (2002), S. 154.
[6] Vgl. OEHLER/UNSER (2002), S. 155.

4.1.2   Portfolio-Selektion-Theorie als Grundlage der Risikoaggregation

Unter Portfolio-Gesichtspunkten ist der Wirkungszusammenhang verschiedener Risiken hinsichtlich des Werts des Gesamtvermögens von Bedeutung. Im Rahmen der Risikoanalyse ist daher das aggregierte Risikopotenzial verschiedener risikobehafteter Positionen zu berechnen. Bei der Risikoanalyse ist auf Portfolio- und ebenso auf Unternehmens- bzw. Gesamtbankebene eine Vielzahl verschiedener und zusammengesetzter Risiken zu berücksichtigen. Im Folgenden wird die theoretische Grundlage zur Aggregation von Einzelrisiken zu einem Gesamtrisiko, die Portfolio-Selektion-Theorie nach MARKOWITZ, dargestellt[1].

Sowohl bei Erfolgs- als auch bei Risikoaspekten sind Wirkungszusammenhänge zwischen den Risikopositionen gegeben, die zur Risikominderung ausgenutzt werden können[2]. Das Erkennen und Ausnutzen von verschiedenen Rendite-Risiko-Strukturen einzelner Investitionsobjekte kann als Streben nach Diversifikation bezeichnet werden[3]. MARKOWITZ hat diese Diversifikationsüberlegungen erstmalig in einen Kontext mit der Zusammenstellung von Wertpapierportfolios gestellt und die Phänomene der Risikostreuung und deren Motive erläutert[4]. Er zeigt, dass die Diversifikation eines Portfolios rational durchgeführt werden kann und welche bzw. wie viele Wertpapiere aufgenommen werden sollen[5]. Die Risiken stellen eine unvermeidliche Kehrseite der Chancen dar und müssen daher in das Kalkül eines nicht risikoneutralen Investors mit aufgenommen werden[6]. Erkenntnis dieses Ansatzes ist, dass risikoaverse Investoren bereit sind, auch in einer durch Unsicherheit geprägten Welt Investitionen zu tätigen, da sie von der Gegebenheit profitieren, dass zwei unterschiedliche Wertpapiere selten oder nur zufallsbedingt genau dieselben Marktbewegungen vollziehen. Diese Feststellung wird als Portfolioeffekt bezeichnet. Er besagt, dass die Differenz zwischen dem Gesamtrisiko eines Portfolios und der Summe der Risiken der Einzelpositionen negativ ist[7].

Die MARKOWITZ'schen Überlegungen zielen auf die zweidimensionale Betrachtung von *Rendite* und *Risiko* ab. Dabei soll der Nutzen maximiert werden, der

---

[1]   Vgl. MARKOWITZ (1952); MARKOWITZ (1959). Mit Aufbereitungen vgl. STEINER/UHLIR (2001), S. 137 - 169; STEINER/BRUNS (2002), S. 7 - 16; BREALEY/MYERS (2003), S. 187 - 198.

[2]   Vgl. SÜCHTING (1995), S. 360.

[3]   SÜCHTING definiert Diversifikation als „Zusammenfassung von Vermögensgegenständen, deren Renditen nicht vollständig positiv miteinander korreliert sind, mit dem Ziel der Minderung des Risikos". SÜCHTING (1995), S. 361.

[4]   Vgl. MARKOWITZ (1952); MARKOWITZ (1959).

[5]   Vgl. PERRIDON/STEINER (2004), S. 265f.

[6]   Vgl. HIELSCHER (1999), S. 54.

[7]   Vgl. FRANKE/HAX (2004), S. 315.

von der Rendite und dem dafür zu tragenden Risiko abhängig ist[1]. Im Gegensatz zur Rendite ist der Nutzen indes nur schwer zu quantifizieren, da sich in der Praxis alle Individuen durch unterschiedliche Präferenzen und damit auch Nutzenfunktionen auszeichnen[2]. Die Portfolio-Theorie geht von der Annahme aus, die Individuen seien risikoavers[3]. Der Grenznutzen ist positiv, nimmt aber ceteris paribus bei zunehmender Renditesteigerung ab, d. h. die Erzielung einer zusätzlichen erwarteten Rendite-Einheit bewirkt nur eine unterproportionale Zunahme des Nutzens[4]. Die Risikoaversion eines Investors führt dazu, dass er sich von zwei Portfolios mit dem gleichen Erwartungswert für das Portfolio mit der kleineren Renditevarianz entscheiden wird, da der Nutzen für ihn dort größer ist.

Der Erkenntnisgewinn der Portfolio-Theorie besteht darin, dass der Rendite nun das Risiko auch quantitativ gegenübergestellt wird, da bei der Betrachtung eines Wertpapiers das Risiko als die Schwankung der Rendite um den Erwartungswert definiert wird[5]. Diese Schwankungen umfassen sowohl positive als auch negative Abweichungen der erfassten Werte vom Mittel- bzw. Erwartungswert[6]. Die Renditeausschläge um den Erwartungswert können anhand einer Streubreite abgebildet werden. Diese drückt das Maß der Schwankung um den vorgegebenen Mittelwert aus. Statistisch können diese Schwankungen durch die Standardabweichung oder die Varianz ermittelt werden[7]. Die Schwankung der Zielgröße um den Erwartungswert μ wird als Volatilität bezeichnet und wird meist als Standardabweichung formal wie folgt dargestellt:

$$\sigma = \sqrt{(1/n)\sum_{i=1}^{n}(x_i - \overline{x})^2} \qquad (4.1)$$

wobei gilt:

σ = Standardabweichung

n = Anzahl beobachteter Wertausprägungen

x_i = Ausprägungsform des i-ten Wertes

$\overline{x}$ = Mittelwert aller berücksichtigten Werte; entspricht dem Erwartungswert μ

---

[1] MARKOWITZ spricht von „expected utility". Vgl. MARKOWITZ (1959), S. 207.

[2] Vgl. COPELAND/WESTON (1992), S. 85.

[3] Diese Annahme ist nicht unrealistisch. Vgl. SÜCHTING (1995), S. 351f. Ebenso DIGGELMANN (1999), S. 36.

[4] Die Annahme risikoaverser Individuen führt zu einer konkav verlaufenden Nutzenfunktion, deren zweite Ableitung negativ ist. Die Nutzen-Rendite-Relation kann dann in Analogie zum 1. GOSSENSCHEN GESETZ gesehen werden, bei dem der Grenznutzen unterproportional zur Steigerung der Rendite zunimmt. Vgl. ausf. COPELAND/WESTON (1992), S. 85 - 90.

[5] Vgl. STEINER/BRUNS (2002), S. 13 - 16.

[6] Die Definition des Risikos entspricht damit hier nicht der dieser Arbeit zugrunde liegenden Festlegung des Risikos ausschließlich als negative Abweichung vom Erwartungswert.

[7] Vgl. BAMBERG/BAUER (2002), S. 122 - 125.

Durch Berechnung der Standardabweichung der Renditen kann jeder Titel eines Portfolios auf sein Risiko überprüft und beurteilt werden. Die Ermittlung der erwarteten Rendite eines Portfolios lässt sich durch die Summe der gewichteten Einzelrenditen berechnen. Die Berechnung des erwarteten Risikos eines Portfolios ist dagegen mit deutlich höherem Aufwand verbunden, da die Risiken in einem Portfolio, außer im Fall vollständiger Korrelation, eben nicht additiv miteinander verbunden sind[1]. Das Portfoliorisiko, ebenfalls gemessen durch die Standardabweichung, ergibt sich dann formal als:

$$\sigma = \sqrt{\sum_{i=1}^{n} w_i^2 \cdot \sigma_i^2 + 2 \cdot \left(\sum_{i=1}^{n-1} \sum_{j>i}^{n} w_i \cdot w_j \cdot (\rho_{ij} \cdot \sigma_i \cdot \sigma_j) \right)} \qquad (4.2)$$

Wobei gilt:

σ = Standardabweichung der Titel i oder j

w_i = Gewichtung Titel i

ρ_{ij} = Korrelationskoeffizient zwischen Titel i und j

n = Anzahl der Titel

Die Standardabweichung ist ein Streuungsmaß. Sie nimmt die gleiche Dimension an wie ihre dazugehörige statistische Variable. Bevor aber vergleichende Schlüsse über einzelne Titel oder Portfolios getroffen werden können, ist es notwendig, eine Annahme über die Verteilung der möglichen Ausprägungen zu treffen. In der Regel wird die Normalverteilung als plausibel angenommen[2].

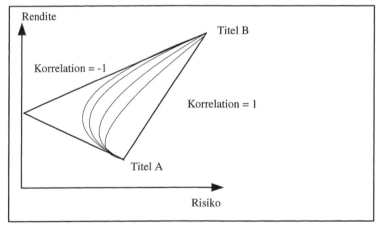

Abb. 11:   Zusammenhang Rendite/Risiko im Zwei-Wertpapier-Fall
Quelle: In Anlehnung an ALEXANDER/SHARPE/BAILEY (2000), S. 156.

---

[1] Vgl. FRANKE/HAX (2004), S. 316.
[2] Vgl. BREALEY/MYERS (2003), S. 187f.

Abbildung 11 verdeutlicht den Zusammenhang zwischen Rendite und Risiko in einem Zwei-Titel-Portfolio unter Berücksichtigung möglicher Korrelationskonstellationen. Die gekrümmten Linien zeigen, dass bei einem Korrelationskoeffizienten zwischen -1 und 1 eine überproportionale Zunahme der Rendite im Verhältnis zum Risiko erreicht werden kann. Der so beschriebene Effekt ist elementarer Bestandteil der modernen Portfoliotheorie und wird im Allgemeinen als Diversifikationseffekt beschrieben[1]. Wenngleich der MARKOWITZ'sche Risikobegriff von der dem Value at Risk zugrunde liegenden Definition des Risikos als Abweichung nach unten (Downside-Risk) abweicht, gründet sich die Konzeption des Value at Risk auf dem oben beschriebenen Diversifikationseffekt, denn durch die erfassten Risikoverminderungseffekte wird die Aggregation auf einer höheren Ebene erst ermöglicht und sinnvoll[2]. Diese Erkenntnisse bilden folgerichtig auch die Grundlage für die Betrachtung der Interdependenzen verschiedener Risikofaktoren innerhalb eines Gesamtunternehmens.

Es wird dabei eine Unterscheidung in einen diversifizierbaren (unsystematischen bzw. titelspezifischen) und einen nicht diversifizierbaren Teil (dem systematischen Risiko bzw. Marktrisiko) des (Portfolio-)Gesamtrisikos vorgenommen[3]. Einerseits wird deutlich, dass das Gesamtrisiko mit zunehmender Anzahl von Titeln abnimmt, anderseits wird dieses Risiko nie geringer als das asymptotisch angenäherte Marktrisiko sein.

Die im Rahmen der Portfolio-Selektion-Theorie erhaltenen Erkenntnisse werden bei der Ermittlung des Risikos von Finanzportfolios durch den VaR umgesetzt. Das Konzept wird in den folgenden Abschnitten vorgestellt.

4.2 Theoretische Grundlagen des Value at Risk

4.2.1 Konzept

Das Risikomaß *Value at Risk* wurde Mitte der 1990er Jahre zur Messung von Marktpreisrisiken von Finanzinstrumenten konzipiert und dient der Bewertung des aggregierten Risikos von Portfolios[4]. Mit Value at Risk bezeichnet man die in Geldeinheiten gemessene negative Veränderung einer Risikoposition, die mit einer vorher festgelegten Wahrscheinlichkeit unter üblichen Marktbedingungen innerhalb eines bestimmten Zeitraums nicht überschritten wird[5]. In ersten An-

---

[1] Vgl. COPELAND/WESTON (1992), S. 185 - 187; BREALEY/MYERS (2003), S. 168.
[2] Vgl. DIGGELMANN (1999), S. 41.
[3] Vgl. COPELAND/WESTON (1992), S. 186; ALEXANDER/SHARPE/BAILEY (2000), S. 163.
[4] Vgl. KREMERS (2002), S. 122f.; WINTER (2004), S. 289.
[5] Vgl. UHLIR/AUSSENEGG (1996), S. 832. Grundlegend vgl. JOHANNING (1998), S. 46 - 50; LINSMEIER/PEARSON (2000); JORION (2001). Zu den Auswirkungen des VaR auf die Kontrolle der Kapitalanlage von Versicherungsunternehmen vgl. ALBRECHT/BÄHRLE/KÖNIG (1997), S. 81 - 101.

sätzen wurden zunächst Aktienkurs-, Zinsänderungs- und Wechselkursrisiken betrachtet, später kamen Kreditrisiken hinzu[1].

Der VaR bezieht sich auf die Wahrscheinlichkeitsverteilung eines Risikos. Im Unterschied zu Streuungsmaßen wie Varianz oder Standardabweichung, die das Risiko als Grad der Abweichung vom Mittelwert angeben, betrachtet der VaR nur das negative Ende der Wahrscheinlichkeitsverteilung, das sog. Downside-Risk. Es werden somit lediglich die negativen Konstellationen betrachtet, der Chancenaspekt bleibt unberücksichtigt[2]. Das Verlustpotenzial wird in Geldeinheiten angegeben, es handelt sich damit um ein monetäres Risikomaß. Der VaR-Berechnung liegt die Wahrscheinlichkeitsverteilung der zukünftigen Verluste zugrunde, sie ist daher zukunftsorientiert[3].

Der Value at Risk ist das am weitesten verbreitete Konzept zur Risikomessung im Bankenbereich[4]. Durch die Möglichkeit, anhand des VaR auch die Kapitalausstattung von Banken zu ermitteln, die erforderlich ist, um mögliche Verluste aufzufangen, hat das Verfahren auch Bedeutung für die Bankenaufsicht erlangt[5]. Bereits seit Ende der 1990er Jahre dient der Value at Risk im Rahmen der Beaufsichtigung von Kreditinstituten, indem die Banken zur Messung von Marktpreisrisiken anstelle der Standardmethoden unter bestimmten Voraussetzungen auch interne Modelle verwenden dürfen, die auf dem VaR basieren[6]. Neben der Verpflichtung der Finanzinstitute zur Unterlegung von Risiken mit Eigenkapital[7] sind im neuen Baseler Eigenkapitalakkord darüber hinaus weitreichende Veröf-

---

[1] Vgl. DOWD (1998), S. 4f.

[2] Vgl. KREMERS (2002), S. 122.

[3] Vgl. HUSCHENS (2000), S. 183; KREMERS (2002), S. 123.

[4] Die VaR-Methode gilt mittlerweile als Standardverfahren zur Messung finanzieller Risiken. Vgl. JORION (2002), S. 911. Die Verbreitung des Value at Risk hat schlagartig mit der Veröffentlichung des Produktes RISKMETRICS™ durch die Investmentbank J. P. MORGAN im Oktober 1994 zugenommen, welches die tägliche Bewertung des Handelsbestandes mittels VaR ermöglicht. Ausgangspunkt war der sog. 4.15-Report: Dem Vorstand von J. P. MORGAN musste täglich um 16:15 Uhr ein Bericht abgeliefert werden, worin auf einer Seite einerseits das gesamte Marktexposure des Handelsbestandes der Bank und andererseits eine Schätzung des möglichen Verlustes über die nächsten 24 Stunden dargestellt war. Vgl. J. P. MORGAN (1995) sowie LAUBSCH (2000), S. 745f.

[5] Die Quantifizierung der Risiken wird in den Grundsätzen über das Eigenkapital und die Liquidität der Kreditinstitute (Grundsatz I) definiert. Vgl. BUNDESAUFSICHTSAMT FÜR DAS KREDITWESEN (1997); sowie BELLAVITE-HÖVERMANN ET AL. (2001), S. 5 m. w. N.

[6] Vgl. Grundsatz I, 7. Abschnitt. Vgl. auch JOHANNING (1996), S. 287 - 302; FEUCHT (1999), S. 507 - 527; JORION (2001), S. 63 - 65. Zu einem historischen Abriss der bankenaufsichtsrechtlichen Regelungen vgl. BELLAVITE-HÖVERMANN ET AL. (2001), S. 6f.

[7] Die §§ 10 und 10a Kreditwesengesetz stellen die bankenaufsichtsrechtlichen Vorschriften zur Eigenmittelunterlegung verschiedener finanzieller Risiken dar. Zu einer ausführlichen Darstellung vgl. BELLAVITE-HÖVERMANN ET AL. (2001).

fentlichungspflichten vorgesehen[1]. Für Banken dürfte daher im Bereich des Risikomanagements kaum eine Alternative zum VaR bestehen, so dass „das Risikocontrolling in Finanzinstituten [...] vergleichsweise ausgereift"[2] ist.

Der VaR ergibt sich aus der Wahrscheinlichkeitsverteilung der Veränderung der Marktwerte eines Finanztitels oder Portfolios aus Finanztiteln. Statistisch steht der VaR für ein Quantil der Verteilungen möglicher Wertveränderungen eines Portfolios innerhalb der Haltedauer. Wenn MW_0 den aktuellen Marktwert und MW_t den Marktwert zum Zeitpunkt t repräsentieren, dann entspricht die Differenz zwischen diesen beiden Marktwerten $\Delta MW = MW_t\text{-}MW_0$ dem Verlust zum Zeitpunkt t[3]. Da der Marktwert zum Zeitpunkt t bei der Risikobewertung noch nicht bekannt ist, wird stattdessen eine Wahrscheinlichkeitsverteilung von künftigen Marktwerten herangezogen. Im Ergebnis können damit auch verschiedene Wertveränderungen des Portfolios ΔMW mit unterschiedlichen Wahrscheinlichkeiten auftreten. Der VaR bestimmt sich dann als Quantilswert auf Basis eines einseitigen Konfidenzintervalls, so dass dieser die Verlustobergrenze des Portfolios für den Zeitraum t angibt, die mit einer bestimmten Konfidenz (z) nicht überschritten wird[4].

Zunächst sei unterstellt, dass die Marktwertveränderungen einer Normalverteilung gehorchen, die durch die beiden Daten Mittelwert (= Erwartungswert) μ und die Volatilität σ vollständig beschrieben werden können[5]. Zudem wird angenommen, dass die Marktwertveränderungen einen Erwartungswert von $\mu = 0$ aufweisen; eine Einschätzung, die zumindest untertägig oder bei Betrachtungen von Tag zu Tag nicht unrealistisch sein muss.

Sind die Volatilität und der aktuelle Marktwert einer Position bekannt, lässt sich mit Hilfe des *(1 - z)*-Quantils die Marktwertveränderung ermitteln, die mit der vorher festgelegten Wahrscheinlichkeit (Konfidenz) von z innerhalb eines bestimmten Zeitraumes, z. B. eines Tages, nicht unterschritten wird[6]. Die nachstehende Abbildung 12 stellt den VaR grafisch dar.

---

[1] Vgl. ausf. zu der Publizitätsvorschriften im Rahmen der dritten Säule von „Basel II" KRUMNOW/SPRIßLER ET AL. (2004), S. 1625 - 1673.
[2] HOMBURG/UHRIG-HOMBURG (2004), S. 311.
[3] So auch ROLFES (1999), S. 121. Dies gilt für den Fall $MW_t < MW_0$. Für den Fall $MW_t > MW_0$ liegt ein „negativer Verlust", also ein Gewinn vor.
[4] Vgl. DEUTSCH (2001), S. 364f.
[5] Zu Änderungen der Verteilungsannahmen vgl. u. a. JÖDICKE/SCHREMPER (1999).
[6] Wird für ein VaR ein eintägiger Betrachtungszeitraum herangezogen, so wird dieser auch als Daily-Earnings-at-Risk bezeichnet. Zur Transformation auf einen längeren Zeitraum vgl. u. a. HIELSCHER (1999), S. 84 - 88.

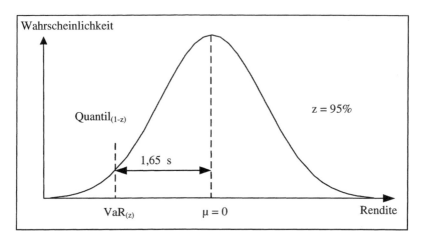

Abb. 12: VaR als Abweichung vom Erwartungswert bei Annahme einer Standardnormalverteilung und einer Konfidenz von 95 % (z = 95 %)

Quelle: In Anlehnung an JOHANNING (1996), S. 291.

Der Value at Risk berechnet sich formal mit

$$VaR_z = z \cdot \sigma_j \cdot MW_{j0} \qquad (4.3)$$

wobei gilt:

z = z-Wert der Normalverteilung

σ_j = Standardabweichung (Volatilität) der Position j

MW_{j0} = aktueller Marktwert der Position j

Es wird deutlich, dass der Value at Risk im Wesentlichen von der Volatilität der Renditen um den Erwartungswert und damit auch von der Qualität der Volatilitätsmessung abhängt.

Der Value at Risk stellt ein Downside-Risikomaß dar[1] und untersucht nur die unerwünschten Konstellationen. Er kann daher als einseitiges, verlustorientiertes Risikomaß bezeichnet werden[2]. Der Chancenaspekt eines Risikos bleibt unberücksichtigt[3]. Einfluss auf die Berechnung des VaR haben insbesondere die festzulegenden Parameter: die Wahrscheinlichkeitsverteilung der Renditen des zugrunde liegenden Portfolios, der zu betrachtende Zeitraum und die gewünsch-

---

[1] Vgl. JORION (1996), S. 832.

[2] Vgl. HUSCHENS (1999), S. 1.

[3] Vgl. KREMERS (2002), S. 122.

te ‚Aussagesicherheit' in Form des Konfidenzniveaus[1]. Diese Parameter seien nachfolgend kurz beleuchtet.

4.2.2 Modellparameter

4.2.2.1 Haltedauer

Mit der Haltedauer wird die Festlegung auf den Zeithorizont bezeichnet, auf den sich die statistischen Messungen beziehen und für den der VaR berechnet werden soll. Für ein Handelsportfolio ist dabei eine Haltedauer von einem Tag bzw. einer Woche üblich[2]. Grundsätzlich wird damit die Zeitperiode bezeichnet, innerhalb derer der Entscheidungsträger bereit ist, das Risiko aus seinem Portfolio zu tragen. Dieser Zeitraum ist aber untrennbar daran gebunden, in welcher Zeit die Risikopositionen liquidiert oder abgesichert werden können, d. h. je länger die Liquidation einer Position in Anspruch nimmt, desto länger sollte die Halteperiode gesetzt werden.

4.2.2.2 Konfidenzniveau

Das Konfidenzniveau bzw. Vertrauensintervall einer Verteilung bezeichnet die Wahrscheinlichkeit, mit der ein durch dieses Intervall bestimmter Wert über- oder unterschritten wird. Das Konfidenzniveau ist ein exogen vorzugebender Parameter bei der VaR-Ermittlung. Das Vertrauensintervall legt fest, an wie vielen von hundert Beobachtungen in Kauf genommen wird[3], eine Zielgröße innerhalb des sich am linken Rand der Verteilung befindenden Konfidenzperzentils zu erreichen. Insofern bringt das Konfidenzniveau den Grad der Risikoaversion zum Ausdruck: Je höher die Risikoabneigung, desto höher ist das Vertrauensintervall zu wählen[4].

Die Frage nach dem ‚richtigen' Konfidenzintervall kann indes nicht beantwortet werden. Einerseits sollten der Grad der Risikoaversion des Entscheiders, andererseits die Kosten eines Überschreitens des Value at Risk berücksichtigt werden. Es muss eine Übereinstimmung zwischen Risikoneigung und Risikotragfähigkeit gefunden werden[5]. Letztlich spielt das Anwendungsgebiet eine entscheidende Rolle. Wird die Methode innerhalb eines Unternehmens für absolute

---

[1] Vgl. STOCKS (1997), S. 78; DIGGELMANN (1999), S. 73.

[2] Vgl. PETRACHI (1997), S. 216f. Für Nichtfinanzunternehmen werden längere Haltedauern zweckmäßiger sein. Vgl. ausf. Kapitel 4.3 sowie STOCKS (1997), S. 78. Darüber hinaus kann die Haltedauer auch an den Zeitraum angelehnt werden, in dem die Erfolgsmessung des Risikomanagers erfolgt. Hier ist ein Zeitraum von bis zu einem Jahr gebräuchlich.

[3] Die Anzahl der Beobachtungen wird dabei mit der Entscheidung der Haltedauer festgelegt.

[4] Vgl. JORION (1996), S. 48; KREMERS (2002), S. 131.

[5] Vgl. DIGGELMANN (1999), S. 77. Zu den Problemen im Rahmen der Bankenaufsicht vgl. SÜCHTING/PAUL (1998), S. 566f.

VaR-Vergleiche benötigt, erscheint die Wahl des Konfidenzniveaus nicht von entscheidender Bedeutung[1]. Werden hingegen Kapitalallokationsentscheidungen auf Basis des VaR vorgenommen, hat die Festlegung des Vertrauensintervalls mitunter große Auswirkungen auf das zur Verfügung gestellte Risikokapital[2].

In der Regel werden Konfidenzniveaus zwischen 95 und 99 % gewählt[3]. Für interne Risikomodelle wird vom Bundesaufsichtsamt ein vergleichsweise hohes Wahrscheinlichkeitsniveau von 99 % vorgegeben[4]. Gleichwohl haben empirische ex-post-Untersuchungen gezeigt, dass Verlustabschätzungen auf Basis von Modellen mit einem Konfidenzniveau von 95 % größere Übereinstimmungen erzielt haben als diejenigen mit 99 %. Als Gründe werden so genannte „Fat-Tails" angegeben, d. h. die tatsächlichen Verteilungen der Risikofaktoren folgen häufig nicht der üblicherweise unterstellten Normalverteilungsannahme, sondern weisen an den Enden höhere Wahrscheinlichkeiten auf, die mit einer Normalverteilung nicht zutreffend approximiert werden und vor allem bei hohen Konfidenzniveaus zu Verzerrungen führen[5]. Es bleibt festzuhalten, dass auch wenn sich aus regulatorischer Sicht das 99 %-ige Konfidenzintervall durchgesetzt hat, dieses jedoch weiterhin nicht allgemein akzeptiert ist. Vielmehr ist dieser Eingangsparameter im Einklang mit dem Analysezweck festzulegen.

4.2.3   Volatilitäten und Korrelationen

4.2.3.1 Systematisierung der Ermittlungsmethoden

Volatilitäten und Korrelationen der Risikofaktoren sind die wesentlichen Größen bei der Ermittlung des VaR[6]. Für die Simulation der zeitlichen Entwicklung eines isolierten Einflussfaktors sind der Trend und die Volatilität nötig. Bei Betrachtung kurzer Prognosezeiträume ist der Trend (Drift) vernachlässigbar. Die Schätzung der Volatilität ist hingegen von besonderer Bedeutung[7]. Zur Berechnung der Volatilität steht eine große Auswahl an Berechnungsmethoden zur Verfügung, die in der Literatur bereits eingehend diskutiert wurden, so dass im Wesentlichen darauf verwiesen sei[8]. Grundsätzlich lassen sich Volatilitäten auf Basis historischer Veränderungen der Risikofaktoren oder durch implizite Vola-

---

[1]   Vgl. JORION (2004), S. 2.
[2]   Vgl. DIGGELMANN (1999), S. 77.
[3]   Vgl. DUFFIE/PAN (1997), S. 9; DIGGELMANN listet beispielhaft einige Institutionen auf, die Konfidenzintervalle von 95 % bis 99 % verwenden. Vgl. DIGGELMANN (1999), S. 78.
[4]   Vgl. § 34 Grundsatz I, BUNDESAUFSICHTSAMT FÜR DAS KREDITWESEN (1997), S. 176f.
[5]   Vgl. BEDER (1996), S. 14 - 25; MEYER (1999), S. 99.
[6]   Dies gilt auch und besonders für die Risikoexposures von Nichtfinanzunternehmen. Vgl. HAYT/SONG (1995), S. 99.
[7]   Vgl. HAGER (2004), S. 78, mit einem rechnerischen Beispiel.
[8]   Vgl. ausf. ENGLE (1993), S. 72 - 78; DIGGELMANN (1999), S. 94 - 113; HAGER (2004), S. 78 - 101; MEYER (1999), S. 104 - 120.

tilitäten von Finanzinstrumenten ermitteln[1]. Im Einzelnen können insbesondere die in Abbildung 13 dargestellten Ansätze zur Berechnung der Volatilität identifiziert werden. In den folgenden Gliederungspunkten werden kurz die grundsätzlichen Unterschiede und Probleme beleuchtet, so weit sie zum Verständnis der Arbeit erforderlich sind.

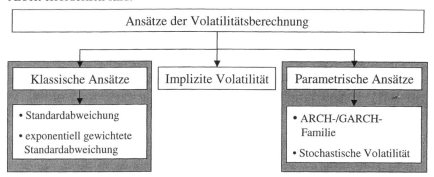

Abb. 13: Wesentliche Ansätze zur Volatilitätsberechnung
Quelle: In Anlehnung an DIGGELMANN (1999), S. 94.

Bei der Betrachtung mehrerer Risikofaktoren ist darüber hinaus auch die Korrelation zwischen den Faktoren zu beachten und in die VaR-Ermittlung einzubeziehen. Die Korrelation misst die Beziehung zwischen zwei Einflussfaktoren. Die Korrelation zwischen verschiedenen Bezugsgrößen determiniert die Höhe der Diversifikation des Portfolios[2]. Die Methoden zur Berechnung der Korrelationen sind grundsätzlich mit denen der Volatilitätsberechnung identisch, wobei vor allem bei komplexen Ansätzen die Anzahl der zu berücksichtigenden Parameter exponentiell mit der Anzahl der betrachteten Risikofaktoren ansteigt[3].

4.2.3.2 Klassische Ansätze

Klassische Ansätze zur Ermittlung der Volatilitäten greifen auf die historischen Zeitreihen der Risikofaktoren zurück, aus denen sie, meist über logarithmierte Renditen, die Standardabweichung ermitteln. Grundsätzlich können zwei Varianten unterschieden werden. Im Rahmen der Berechnung der Volatilität über eine ungewichtete *Standardabweichung* werden die Daten der betrachteten Zeit-

---

[1] Vgl. DEUTSCH (2001), S. 473 - 535.
[2] Vgl. STOCKS (1997), S. 78.
[3] Vgl. DIGGELMANN (1999), S. 94. HAGER weist darüber hinaus auf die Beeinflussbarkeit der Korrelationskoeffizienten durch die Wahl des Betrachtungszeitraums und die Gefahr eines „correlation breakdown" hin, der sich aus im Zeitablauf stark verändernder Korrelationen zwischen zwei Risikofaktoren ergibt. Vgl. HAGER (2004), S. 95 - 101.

reihe gleichgewichtet[1]. Bei der Festlegung auf einen geeigneten Zeithorizont ergibt sich der Trade-off zwischen einer statistischen Genauigkeit aufgrund einer möglichst langen Zeitreihe einerseits und dem zunehmenden zeitlichen Unterschied zwischen erster und letzter Zahl andererseits, der zur Berücksichtigung fragwürdiger veralteter Zahlen führen kann. Dieser Nachteil soll durch die Berechnung der Volatilität auf Basis der *exponentiell gewichteten Standardabweichung* vermieden werden, indem jüngere Werte stärker gewichtet werden als ältere. Die ungleiche Gewichtung hat der Vorteil, dass die Aktualität der Zahlen erhöht wird, ohne den Zeithorizont der einfließenden Daten zu verkürzen. Die Gewichtung wird durch den sog. Decay-Faktor angegeben[2]. Formal stellt sich die Methode wie folgt dar:

$$\sigma_t = \sqrt{(1-\lambda)\sum\nolimits_{i=1}^{n} \lambda^{i-1}(x_i - \overline{x})^2} \qquad (4.4)$$

wobei gilt:

σ_t = exponentiell gewichtete Standardabweichung am Beobachtungstag t

λ = Decay-Faktor

n = Anzahl aufgetretener Werte im Beobachtungszeitraum

x_i = logarithmierte Rendite im Zeitpunkt i

$\overline{x}$ = Mittelwert der Renditen im Beobachtungszeitraum

Dadurch, dass aktuellen Werten mehr Gewicht verliehen wird, erhalten Marktschocks schneller und stärkeren Einfluss auf die Volatilitätsschätzung. Nach einem Marktschock fällt die Volatilität rascher wieder auf das ursprüngliche Niveau zurück, da die Daten nach und nach an Gewicht verlieren[3].

Die klassischen Verfahren sind trotz ihrer offensichtlichen Mängel insbesondere wegen ihrer Einfachheit sehr verbreitet[4]. Ohne die Gewichtung des Alters der Beobachtungswerte kommt es zu sog. Geisterstrukturen, da jeder Ausschlag unabhängig seines Alters in die Berechnung eingeht, bis der entsprechende Summand plötzlich verschwindet, da er nicht mehr im Zeitfenster der Betrachtung

---

[1] Vgl. DIGGELMANN (1999), S. 95 - 97.

[2] Dieser kann auch als *Zersetzungs-* bzw. *Zerfallsfaktor* der Daten bezeichnet werden. Ein solcher Faktor wird bspw. durch J. P. MORGAN angewendet. Vgl. J. P. MORGAN/REUTERS (1996), S. 74.

[3] J. P. MORGAN/REUTERS haben den Decay-Faktor mit $\lambda = 0{,}94$ für tägliche Volatilitäten und $\lambda = 0{,}97$ für monatliche Datensets festgelegt. Vgl. J. P. MORGAN/REUTERS (1996), S. 98f. DEUTSCH hält Werte von 0,80 bis 0,98 für sinnvoll. Vgl. DEUTSCH (2001), S. 531. Zu den Auswirkungen eines Schocks auf die exponentiell gewichtete Standardabweichung sowie zur Sensitivität der Volatilität auf die Wahl des Decay-Faktors vgl. DIGGELMANN (1999), S. 99f.

[4] Vgl. DEUTSCH (2001), S. 531f.

liegt. Es erscheint daher besser, eine Gewichtung vorzunehmen, so dass ältere Werte immer schwächer berücksichtigt werden[1].

4.2.3.3 Implizite Volatilität

Das *Konzept der impliziten Volatilitäten* wählt einen völlig anderen Ansatz zur Bestimmung der Volatilität. Im Gegensatz zu den übrigen Methoden erfolgt die Ableitung nicht aus den Marktdaten der Vergangenheit, sondern berechnet die Volatilität aus den Preisen zukunftsbezogener Optionen. Das Grundkonzept besteht darin, den Marktwert und die bekannten Parameter in die Optionspreisformel nach BLACK/SCHOLES einzusetzen und die Formel anschließend nach der verbliebenen Unbekannten, der Volatilität σ, aufzulösen[2]. Grundsätzlich wird die implizite Volatilität als eine geeignete Grundlage für die Prognose zukünftiger Entwicklungen angesehen[3]. Die Ableitung einer impliziten Volatilität setzt allerdings voraus, dass beobachtbare Optionspreise in genügender Qualität und ausreichendem Umfang zur Verfügung stehen[4]. Zudem wird die Auflösung nach σ durch die enthaltene kumulative Normalverteilungsfunktion stark erschwert, für die ein Instrumentarium verschiedener iterativer und analytischer Verfahren herangezogen werden muss[5]. Da die implizite Volatilität darüber hinaus starke Schwankungen im Zeitablauf aufweist[6] und im Unternehmenskontext kein ausreichendes Spektrum an börsengehandelten Optionen zur Verfügung steht, um alle Positionen des Risikoexposures abzudecken, wird im Folgenden von der Berechnung impliziter Volatilitäten und impliziter Korrelationen abgesehen.

4.2.3.4 Parametrische Ansätze

Unter die parametrischen Ansätze sind sowohl die Methoden der stochastischen Volatilität als auch die ARCH-/GARCH-Ansätze[7] zu subsumieren. Die Modelle der *stochastischen Volatilität* berücksichtigen, dass die im Rahmen der BLACK/SCHOLES-Optionspreistheorie getroffene Annahme konstanter Volatilitäten nicht aufrecht erhalten werden kann. Das Resultat der stochastischen Volatilität besteht dann aus einem Wert für die Volatilität und einem Wert für die Schwankungen um sie herum. Da die Modelle einen hohen Komplexitätsgrad aufweisen

---

[1] Vgl. DEUTSCH (2001), S. 531 - 533; HAGER (2004), S. 81 - 94.
[2] Vgl. COX/RUBINSTEIN (1985), S. 278f. Zur BLACK/SCHOLES-Formel vgl. BLACK/SCHOLES (1973), S. 637 - 654. Daneben wird für amerikanische Optionen das Binominalmodell von COX/ROSS/RUBINSTEIN verwendet. Vgl. MAYHEW (1995), S. 6; DENNIS/MAYHEW (1998).
[3] Vgl. HAGER (2004), S. 81.
[4] Vgl. J. P. MORGAN/REUTERS (1996), S. 77f.
[5] Vgl. DIGGELMANN (1999), S. 102.
[6] Vgl. WERNER (1997), S. 342 - 345; WITTROCK/BEER (1994), S. 518 - 523. Zu den Inkonsistenzen innerhalb der Theoriegerüste vgl. JORION (1995), S. 509 und 513.
[7] Vgl. ausf. DEUTSCH (2001), S. 524 - 531.

und damit schwer implementierbar sind, werden sie i. d. R. als nicht praktikabel erachtet[1] und bleiben an dieser Stelle außen vor. Es wird auf die entsprechende Literatur verwiesen[2].

Die *GARCH-Modelle* stellen eine bestimmte Form der stochastischen Volatilität dar. Sie berücksichtigen, dass bei der Untersuchung der Varianz historischer Daten häufig zeitliche Muster auftreten[3]. Demnach werden Zeiträume mit kleiner Volatilität durch turbulente Phasen abgelöst, die sich später möglicherweise wieder beruhigen. Dieses Phänomen wird als Volatility-Clustering bezeichnet[4]. Mit Hilfe des GARCH-Modells kann eine zeitvariierende Schätzung der Volatilität gezeigt werden, die nicht unterstellt, dass die Volatilität im Betrachtungszeitraum konstant ist. Neben den GARCH-Modellen existieren verschiedene Erweiterungen und Modifizierungen. Auch hier sei auf die weiterführende Literatur verwiesen[5].

4.2.4 Verfahren der Value-at-Risk-Berechnung

Bei der Berechung des VaR steht die Ableitung der Wahrscheinlichkeitsverteilung der künftigen Marktwertveränderungen des Portfolios im Mittelpunkt. Dies kann über verschiedene Methoden erfolgen, die sich im Wesentlichen hinsichtlich ihrer Annahmen über die Wahrscheinlichkeitsverteilungen der Einflussfaktoren und bezüglich der erforderlichen Approximationen zur Ermittlung des VaR unterscheiden. Es stehen im Wesentlichen die Varianz-Kovarianz-Methode, die Historische Simulation und die Monte-Carlo-Simulation zu Verfügung. Die verschiedenen Ansätze werden im Folgenden erläutert. Einleitend wird jedoch auf die Probleme bei der modellhaften Beschreibung realer auftretender Wahrscheinlichkeitsverteilungen hingewiesen.

4.2.4.1 Parameter der Wahrscheinlichkeitsfunktion

Im Rahmen der Risikoanalyse ist für die jeweiligen Einflussfaktoren entweder eine Verteilungsannahme zu treffen oder eine solche aus historischen Daten abzuleiten. Fraglich ist, inwieweit eine tatsächliche Wahrscheinlichkeitsverteilung durch die Angabe der Parameter Erwartungswert und Varianz oder Standardabweichung beschrieben werden kann, ohne dass entscheidungsrelevante Informa-

---

[1] Vgl. J. P. MORGAN (1995), S. 12ff.; ebenso JORION (1995), S. 509. Zu Möglichkeiten der Durchführbarkeit und ihrer Grenzen vgl. HARVEY/RUIZ/ SHEPHARD (1994), S. 247 - 264, insb. S. 261.

[2] Vgl. u. a. HULL/WHITE (1987), S. 281 - 300.

[3] Vgl. GEYER (1994), S. 202; DIGGELMANN (1999), S. 108.

[4] Vgl. ENGLE (1993), S. 72.

[5] Mit einer Auflistung verschiedener Modellvarianten und Literaturverweisen vgl. ENGLE (1993), S. 75.

tionen verloren gehen[1]. Die Beschreibung einer Wahrscheinlichkeitsverteilung erfolgt durch ihre charakteristischen Parameter. Diese können u. a. über die *Momentenmethode* ermittelt werden[2]. Es lassen sich vier zentrale Momente differenzieren: Erstens geben Lageparameter die Lage der Verteilung, bspw. über den Erwartungswert oder α-Quantile an[3]. Zweitens kennzeichnen Streuungsparameter wie die Varianz oder die Standardabweichung die relative Abweichung der Verteilung. Schiefeparameter, bspw. Schiefe bzw. skewness, charakterisieren drittens die Symmetrieeigenschaften der Verteilung. Viertens können die Wölbung und die Breite der Verteilung über die Stauchungsparameter Kurtosis bzw. Exzess erfasst werden[4].

Eine Normalverteilung lässt sich durch die Parameter Erwartungswert und Varianz eindeutig beschreiben[5]. Ist eine Verteilung hingegen nicht symmetrisch um den Mittelwert gestreut, so sind diese Momente nicht ausreichend, um eine Verteilung zu determinieren. Schiefe und Wölbung sind sodann ebenfalls entscheidend für das Charakteristikum der Dichtefunktion. Daraus resultierend kommt es auch zu einer unterschiedlichen Bedeutung von geringen und extremen Abweichungen vom Mittelwert. Die durchaus erstrebenswerte Verdichtung von Informationen im Rahmen der Risikomessung mit der Momentenmethode anhand von Erwartungswert und Varianz bzw. Standardabweichung muss daher kritisch betrachtet werden, da von einer symmetrischen Normalverteilung realiter nicht zwingend auszugehen sein wird[6]. Zur Berechnung des Value at Risk wird mitunter eine Normalverteilung unterstellt[7]. Die im Folgenden vorgestellten VaR-Kennzahlen werden daher auch hinsichtlich der zugrunde liegenden Wahrscheinlichkeitsverteilungen zu analysieren sein.

4.2.4.2 Varianz-Kovarianz-Ansatz

Der Varianz-Kovarianz-Ansatz, auch analytisches Verfahren genannt[8], baut auf den Erkenntnissen der Portfolio-Selektion-Theorie[9] auf. Es wird zunächst die Sensitivität der einzelnen Depotpositionen gegenüber den relevanten Risikopa-

---

[1] Vgl. FRANKE/HAX (2004), S. 264f.
[2] Vgl. ausf. HARTUNG (1999), S. 126.
[3] Weitere Lageparameter sind Median und Modus. Allerdings kennzeichnen sie eine Renditeverteilung nicht ausreichend. Vgl. MEYER (1999), S. 23.
[4] Zu einer erläuternden Darstellung der Momentenmethode sei verwiesen auf JENDRUSCHEWITZ (1997), S. 116 - 121; HARTUNG (1999), S. 127; PODDIG/DICHTL/PETERSMEIER (2003), S. 196f.
[5] Vgl. PODDIG/DICHTL/PETERSMEIER (2003), S. 70. Ebenso STEINER/BRUNS (2002), S. 59.
[6] Die Normalverteilungsannahme stellt indes eine Basisprämisse der portfoliotheoretischen Modelle dar. Vgl. STEINER/BRUNS (2002), S. 59.
[7] Zu von der Normalverteilung abweichenden Annahmen vgl. JÖDICKE/SCHREMPER (1999).
[8] Vgl. HAGER (2004), S. 103.
[9] Vgl. Kapitel 4.1.2.

rametern ermittelt und daraus eine Wahrscheinlichkeitsverteilung für die Wertänderung der Einzelpositionen abgeleitet. Die einzelnen Verteilungen werden dann zu einer Wahrscheinlichkeitsverteilung für das Gesamtportfolio zusammengeführt, indem die Preisschwankungen des gesamten Portfolios aus dem Zusammenwirken der Preissensitivitäten der Einzelpositionen zusammengesetzt werden[1]. Es entsteht dabei keine Information über Marktszenarien, sondern direkt das Endergebnis, der VaR des Portfolios[2].

Der analytische Ansatz ist durch zwei wesentliche Aspekte gekennzeichnet. Zum einen werden für die einzelnen Risikoparameter i. d. R. Normalverteilungsannahmen getroffen. Werden die Einzelverteilungen zu einer Verteilung für das Gesamtportfolio zusammengeführt, folgt diese mithin ebenso der Normalverteilung. Zum anderen ist ein Diversifikationseffekt anzunehmen. Die einzelnen Wertpapierpositionen reagieren auf die Risikofaktoren nicht in identischer Weise, so dass es zu einem Risikoausgleich kommt. Daher ist, wie in Kapitel 4.1.2 bereits gezeigt, das Risiko eines Portfolios immer geringer als die Summe der Risiken der einzelnen Positionen. Es ist daher nötig, die Interdependenzen, d. h. die Korrelationen zwischen den Risikofaktoren zu ermitteln und zu berücksichtigen[3]. Dem Modell liegt implizit die Annahme zugrunde, dass in der Vergangenheit beobachtete Entwicklungen in die Zukunft fortgeschrieben werden können, die Wahrscheinlichkeitsverteilungen mithin stabil bleiben. Das arithmetische Mittel der Beobachtungswerte entspricht damit dem Erwartungswert der Wahrscheinlichkeitsverteilung[4].

Die Vorgehensweise sei an einer Beispielrechnung aufgezeigt. Dem Zweck der Arbeit folgend wird das Beispiel an einem Industrieunternehmen ausgerichtet. Ein deutscher Automobilhersteller hält zum Jahresende 2003 Aluminium-Vorräte mit einem Marktwert von 100 Mio. USD. Der Rohstoffpreis für Aluminium in USD pro metrische Tonne beträgt 1.588,75 USD[5] und hat auf Basis von historischen Betrachtungen im Zeitraum vom 01. Januar 2002 bis zum 31. Dezember 2003 eine tägliche Volatilität, gemessen als Standardweichung über 521 Beobachtungen, von 0,91252 %[6]. Mit einer Wahrscheinlichkeit von

---

[1]   Vgl. MEYER (1999), S. 125. Da mit der Varianz-Kovarianz-Methode das Portfolio nur einmal zum Startzeitpunkt bewertet wird, zählt die Methode zu den *local valuation methods*. Die Simulationsmodelle gehören, da sie bei jeder Simulation eine komplett neue Bewertung des Portfolios vornehmen, zu den *full-valuation-Methods*. Vgl. JORION (2001), S. 205.

[2]   Vgl. DEUTSCH (2001), S. 381.

[3]   Vgl. KOHLHOF/COLINA (2000), S. 57; sowie KREMERS (2002), S. 134 m. w. N.

[4]   Vgl. KREMERS (2002), S. 136.

[5]   Vgl. LONDON METALS EXCHANGE, LME: Aluminium Spot Price für Primary Aluminium zum 31.12.2003. Daten entnommen aus BLOOMBERG L.P.

[6]   Der Marktpreis für Aluminium entspricht dem Spot Price für Primary Aluminium (LME) und wird in USD pro metrische Tonne angegeben. Die Messung erfolgte auf Basis logarithmierter täglicher Renditen im Zeitraum vom 01.01.2002 bis zum 31.12.2003.

95 % wird der Verlust aus einer Aluminiumpreisänderung binnen eines Tages nicht größer als −1,50 Mio. USD (= −1,6449·0,0091252·100 Mio. USD) ausfallen[1]. Bei einem Wechselkurs von 0,7936 EUR/USD am 31. Dezember 2003 würde sich daraus ein VaR_{Alu} in EUR von −1,19 Mio. EUR ergeben.

In diese Betrachtung ist das Wechselkursrisiko mit einzubeziehen, indem zunächst in einer isolierten Betrachtungsweise ein VaR_{Wk} errechnet wird. Die Volatilität für den Wechselkurs EUR/USD beträgt im gleichen Zeitraum 0,60968 %[2]. Daraus ergibt sich auf einem Konfidenzniveau von 95 % ein VaR_{Wk} von −1,00 Mio. USD (= −1,6449·0,0060968·100 Mio. USD). Umgerechnet mit dem Wechselkurs vom 31. Dezember 2003 von 0,7936 EUR/USD beträgt der VaR_{Wk} −0,80 Mio. EUR.

Die Bildung des Gesamt-VaR kann indes nicht durch einfache Addition der beiden VaR-Kennziffern erfolgen, es sei denn, es könnte von einer Korrelation zwischen den beiden Risikofaktoren von exakt +1 ausgegangen werden. Eine simple Addition würde einen Gesamt-VaR von −2,50 Mio. USD bzw. −1,99 Mio. EUR ergeben. Für das hier vorgenommene Beispiel wurde für die betrachteten Handelstage eine Korrelation von 0,045146 gemessen, so dass Risikodiversifikationseffekte realisiert werden[3]: Der VaR des Portfolios ergibt sich dann wie folgt:

$$VaR = \sqrt{VaR_1^2 + VaR_2^2 + 2 \cdot VaR_1 \cdot VaR_2 \cdot k_{1,2}} \qquad (4.5)$$

Wird in die Formel für VaR_1 der VaR_{Alu} und für VaR_2 der VaR_{Wk} und eine Korrelation von $k_{1,2}$ = 0,045146 eingesetzt, so ergibt sich ein Gesamt-VaR von −1,84 Mio. USD bzw. −1,46 Mio. EUR.

Dieses zweistufige Vorgehen ist im Rahmen des praktischen Einsatzes sehr aufwendig. Stattdessen werden die mit den Volumina x_1 und x_2 gewichteten Volatilitäten der einzelnen Risikofaktoren zusammengefasst, um auf Basis der gemeinsamen Volatilität direkt den Gesamt-VaR zu berechnen. Die Gleichung wird dann wie folgt modifiziert; dabei wird aufgrund der Berechnung eines Portfoliowerts die Notation P eingeführt:

$$\sigma_P = \sqrt{x_1^2 \cdot \sigma_1^2 + x_2^2 \cdot \sigma_2^2 + 2 \cdot x_1 \cdot \sigma_1 \cdot x_2 \cdot \sigma_2 \cdot k_{1,2}} \qquad (4.6)$$

---

[1] Die Grenze des einseitigen Konfidenzintervalls einer Standardnormalverteilung beträgt bei einer Konfidenz z von 95 % -1,6449.

[2] Die Messung erfolgte gleichfalls auf Basis logarithmierter täglicher Wechselkursänderungen im Zeitraum vom 01.01.2002 bis zum 31.12.2003. Die Volatilität wird als Standardabweichung der logarithmierten Renditeverteilung bemessen.

[3] Die Korrelation kann in Anlehnung an MARKOWITZ mit Hilfe einer Gleichung für den Zwei-Wertpapier-Fall berechnet werden. Vgl. Kapitel 4.1.2.

Während MARKOWITZ die Volatilitäten mit den Anteilen der Wertpapiere am Portfolio gewichtet, wird für den VaR der jeweilige nominale Marktwert eingesetzt. Im Ergebnis steht daher nicht die Portfolio-Volatilität, sondern ein VaR-Betrag (in Geldeinheiten). Es ergibt sich dann:

$$\sigma_P = \sqrt{\frac{(100^2 \cdot (-1,6449 \cdot 0,91252)^2) + (100^2 \cdot (-1,6449 \cdot 0,60968)^2) +}{2 \cdot (100 \cdot -1,6449 \cdot 0,91252) \cdot (100 \cdot -1,6449 \cdot 0,60968) \cdot 0,045146}} \tag{4.7}$$

Es resultiert ein VaR von –1,84 Mio. USD bzw. –1,46 Mio. EUR.

Für die Berechnung eines Value at Risk mit mehr als zwei Wertpapieren lässt sich Formel 4.6 in eine allgemeine Form bringen, indem sie in eine Matrix-schreibweise mit einer Matrix mit m Zeilen und n Spalten überführt wird. Die Gleichungen werden mit einem z-Wert auf die gewünschte Wahrscheinlichkeit skaliert. Diese Skalierung erfolgt nun außerhalb der Wurzel. Der Vorteil liegt darin, später alternative Wahrscheinlichkeiten (verschiedene z-Werte) ohne größeren Aufwand berechnen zu können[1].

$$VaR_P = z \cdot \sqrt{\sum_{i=1}^{n} x_i^2 \cdot \sigma_i^2 + 2 \cdot \sum_{i=1}^{n} \sum_{j<1}^{n} x_i \cdot x_j \cdot \sigma_{i,j}} \tag{4.8}$$

Zur Verwendung der Matrizenschreibweise sind die Kovarianzen der Faktoren zu ermitteln. Die Kovarianz ist eine Kombination zwischen der Volatilität zweier Risikofaktoren und deren gegenseitiger Korrelation $(\text{cov}_{1,2} = \sigma_1 \cdot \sigma_2 \cdot k_{1,2})$[2]. Zusammengefasst lässt sich dann die Gleichung bilden:

$$VaR = z \cdot \sqrt{X^T \cdot \text{cov} \cdot X} \tag{4.9}$$

Das Hauptcharakteristikum der Varianz-Kovarianzmethode ist, dass der von den Risikofaktoren abhängige Portfoliowert als Funktion der Risikofaktoren mittels einer Taylor-Entwicklung genähert wird[3]. Abhängig von der Annahme über den Zusammenhang zwischen den Veränderungen der Risikofaktoren und den Marktwerten der Positionen werden zwei Ausprägungen der Varianz-Kovarianz-Methode unterschieden: der Delta-Normal-Ansatz und der Delta-Gamma-Ansatz.

Der *Delta-Normal-Ansatz* verwendet eine Taylor-Entwicklung nur bis zur ersten Ordnung und unterstellt damit einen linearen Zusammenhang zwischen den Veränderungen der Risikofaktoren und den Marktwerten der Positionen[4]. Er ist

---

[1] So auch HAGER (2004), S. 107.
[2] Vgl. DEUTSCH (2001), S. 388.
[3] Vgl. DEUTSCH (2001), S. 381.
[4] Vgl. JORION (2001); S. 206f.

daher für die Risikoberechnung von Portfolios mit symmetrischen Finanzinstrumenten, bspw. Aktien, geeignet[1].

Die zweite Variante ist der *Delta-Gamma-Ansatz*. Durch Verwendung der Taylor-Entwicklung bis einschließlich zur zweiten Ordnung lassen sich die einzelnen Risikofaktoren nicht länger separieren, sie sind über eine Matrix miteinander gekoppelt. Es wird so eine Annäherung für nichtlineare Finanzinstrumente, bspw. Optionen, möglich[2].

4.2.4.3 Historische Simulation

Als grundlegende Idee der historischen Simulation gilt, dass der Wert jedes Portfoliobestandteils am Berechnungsstichtag mit sämtlichen logarithmierten Renditen über den Betrachtungszeitraum hinweg multipliziert wird[3]. Die historische Simulation stellt damit das konzeptionell einfachste Modell zur Berechnung des VaR dar[4], da auf eine analytische Untersuchung der Risikofaktoren verzichtet wird. Im Gegensatz zu den anderen vorgestellten Methoden sind hier keine statistischen Parameter zu schätzen und es entfällt die Ermittlung von Volatilitäten und Korrelationen[5].

Die bestehenden Einzelpositionen werden zu historischen Marktpreisen bewertet. Aus den sich ergebenden Preiskonstellationen werden die Gewinne und Verluste abgeleitet, indem zu jedem Stichtag innerhalb des Bewertungszeitraums eine vollständige Neubewertung des Portfolios erfolgt[6]. Aus n historischen Daten werden somit $n-1$ Szenarien für mögliche zukünftige Marktentwicklungen gebildet. Die Rendite eines Portfolios zu einem Zeitpunkt t stellt sich formal dar mit:

$$R_{p,t} = \sum_{i=1}^{N} w_i R_{i,t} \qquad (4.10)$$

wobei gilt:

$R_{p,t}$ = Hypothetische Portfoliorendite in einem vergangenen Zeitpunkt t

w_i = Gewichtung des Titels i im Portfolio am Betrachtungszeitpunkt

$R_{i,t}$ = Empirisch ermittelte Rendite des Titels i im Zeitpunkt t

---

[1] Vgl. MEYER (1999), S. 189; HAGER (2004), S. 109.
[2] Vgl. HAGER (2004), S. 115. Vgl. ausf. HUSCHENS (2000), S. 181 - 218.
[3] Vgl. JORION (1996a), S. 193 - 199; BUTLER (1999), S. 50f.
[4] Vgl. KREMERS (2002), S. 151; DIGGELMANN (1999), S. 149.
[5] Vgl. SCHIERENBECK (2003) S. 86. Grundsätzlich kann die historische Simulation neben dem hier beschriebenen Quotientenansatz auch durch einen Differenzenansatz durchgeführt werden. Aufgrund der konzeptionellen Nachteile des Differenzenansatzes wird in der Literatur häufig lediglich der Quotientenansatz vorgestellt. Vgl. DEUTSCH (2001), S. 410f.; JORION (1996a), S. 193f.; OHLER/UNSER (2002), S. 161. Zu einer Übersicht der Problemfelder des Differenzenansatzes vgl. HAGER (2004), S. 123 - 133.
[6] Vgl. MEYER (1999), S. 191; JORION (2001), S. 222; DIGGELMANN (1999), S. 149.

Mit Hilfe dieser Formel lässt sich für jeden Zeitpunkt innerhalb der Betrachtungsperiode eine hypothetische Portfoliorendite ermitteln. Die Menge aller Renditen der zum Zeitpunkt t im Portfolio befindlichen Werte ergibt dann die gesuchte Portfoliorenditeverteilung am Betrachtungszeitpunkt.

Werden die täglichen Renditen nach ihrer Größe aufsteigend sortiert, lässt sich aus der Verteilung der VaR für ein bestimmtes Wahrscheinlichkeitsniveau bestimmen. In einem Betrachtungszeitraum von 101 Handelstagen und 100 Simulationen werden 100 Neubewertungen des Portfolios durchgeführt. Aufsteigend sortiert nach Höhe der Rendite entspricht der VaR bei einem Konfidenzintervall von 99 % dem zweitgrößten und bei 95 % dem fünftgrößten Verlust[1].

In Anlehnung an das oben eingeführte Beispiel werden die Aluminium-Vorräte des deutschen Automobilherstellers nun im Rahmen der historischen Simulation betrachtet; sie unterliegen erneut einem Rohstoff- und einem Wechselkursrisiko. Für das Risikoportfolio soll ein Value at Risk mit einer Haltedauer von einem Tag zum 31. Dezember 2003 auf Basis von 520 historischen logarithmierten Renditen und einem Konfidenzniveau von 95 % ermittelt werden. In einem ersten Schritt werden dazu die logarithmierten Renditen der 521 Beobachtungen im Zeitraum vom 01. Januar 2002 bis 31. Dezember 2003 berechnet[2]. Anschließend werden die ermittelten Renditen mit dem aktuellen Wert des jeweiligen Einflussfaktors vom 31. Dezember 2003 multipliziert, sodass 520 mögliche Wertveränderungen für den nächsten Handelstag entstehen. Da die Veränderungsraten auf Basis des natürlichen Logarithmus' zweier aufeinander folgender Preise berechnet werden, ist der Veränderungsfaktor aus der Eulerschen Zahl potenziert mit der Veränderungsrate zu ermitteln. Formal ergeben sich die jeweiligen simulierten Aluminiumpreise, $P(Alu_t)$, bzw. Wechselkurse, $P(Wk_t)$ mit:

$$P(Wk_{sim}) = P(Wk_{aktuell}) \bullet e^{\ln(P(Wk_t)/P(Wk_{t-1}))}$$

$$bzw. \qquad\qquad\qquad\qquad\qquad\qquad\qquad\qquad\qquad (4.11)$$

$$P(Alu_{sim}) = P(Alu_{aktuell}) \bullet e^{\ln(P(Alu_t)/P(Alu_{t-1}))}$$

Das Portfolio, bestehend aus 62.942,6 Tonnen Aluminium, wird sodann mit den simulierten Aluminiumpreisen bewertet und mit den so berechneten Wechselkursen in EUR umgerechnet. Die Ergebnisse werden abschließend der Größe nach aufsteigend sortiert. Von den jeweiligen Portfoliowerten wird der aktuelle Portfoliowert von 100 Mio. USD bzw. 79,36 Mio. EUR abgezogen. Die nachstehende Abbildung 14 gibt den (relevanten) Ausschnitt der geordneten Ergebnisse der historischen Simulation wieder.

---

[1] Vgl. DEUTSCH (2001), S. 410f.
[2] Daten entnommen aus der BLOOMBERG L. P.-Datenbank.

Datum	EUR/USD-Wechselkurs			Aluminium Spot Price (USD/to.)			Portfoliowert (in Mio. USD)	Portfoliowert (in Mio. EUR)	Rang	Verlust (in Mio. EUR)
	P(Wk)	ln-Rendite	P(Wk$_{sim}$)	P(Alu)	ln-Rendite	P(Alu$_{sim}$)				
09.09.2003	0,8906	-0,0140	0,7825	1.382,25	-0,0341	1535,4307	96,64	75,63	1	-3,733
08.07.2002	1,0092	-0,0184	0,7792	1.350,20	-0,0135	1567,5047	98,66	76,87	2	-2,486
04.08.2003	0,8807	-0,0076	0,7876	1.477,50	-0,0224	1553,5262	97,78	77,01	3	-2,345
01.05.2002	1,1033	-0,0067	0,7883	1.345,75	-0,0219	1554,3877	97,84	77,13	4	-2,234
02.01.2002	1,1069	-0,0160	0,7810	1.322,75	-0,0126	1568,8832	98,75	77,13	5	-2,233
13.02.2003	0,9231	-0,0111	0,7848	1.396,25	-0,0169	1562,1776	98,33	77,17	6	-2,188
16.05.2003	0,8638	-0,0171	0,7801	1.403,75	-0,0087	1575,0055	99,13	77,34	7	-2,021
14.10.2003	0,8523	-0,0016	0,7923	1.464,75	-0,0239	1551,1558	97,63	77,36	8	-2,005
04.09.2003	0,9141	-0,0090	0,7865	1.426,25	-0,0144	1565,9673	98,57	77,52	9	-1,842
03.05.2002	1,0898	-0,0157	0,7812	1.348,10	-0,0073	1577,1678	99,27	77,55	10	-1,810
10.01.2002	1,1216	-0,0005	0,7932	1.383,00	-0,0225	1553,3696	97,77	77,55	11	-1,809
16.08.2002	1,0153	-0,0031	0,7911	1.289,50	-0,0186	1559,4239	98,15	77,65	12	-1,710
05.06.2003	0,8441	-0,0177	0,7797	1.425,90	-0,0034	1583,3644	99,66	77,70	13	-1,659
26.03.2003	0,9351	-0,0035	0,7908	1.353,00	-0,0176	1561,0594	98,26	77,70	14	-1,657
23.05.2003	0,8453	-0,0115	0,7845	1.400,75	-0,0058	1574,0851	99,08	77,73	15	-1,634
30.06.2003	0,8678	-0,0077	0,7875	1.388,00	-0,0125	1568,9683	98,75	77,77	16	-1,589
31.03.2003	0,9162	-0,0126	0,7837	1.340,75	-0,0074	1576,9880	99,26	77,79	17	-1,572
14.02.2002	1,1443	-0,0027	0,7915	1.377,50	-0,0104	1562,1565	98,33	77,82	18	-1,539
12.08.2002	1,0212	-0,0088	0,7867	1.286,00	-0,0104	1572,2451	98,96	77,85	19	-1,511
22.03.2002	1,1389	0,0051	0,7977	1.375,25	-0,0241	1550,9830	97,62	77,87	20	-1,490
03.09.2002	1,0029	-0,0128	0,7835	1.289,50	-0,0058	1579,5629	99,42	77,90	21	-1,461
20.06.2002	1,0362	-0,0079	0,7874	1.329,25	-0,0103	1572,4839	98,98	77,93	22	-1,429
09.06.2003	0,8536	-0,0008	0,7929	1.409,15	-0,0172	1561,6539	98,29	77,94	23	-1,417
22.04.2003	0,9114	-0,0093	0,7863	1.346,25	-0,0087	1575,0035	99,13	77,95	24	-1,414
07.08.2002	1,0259	-0,0090	0,7865	1.281,50	-0,0089	1574,6196	99,11	77,95	25	-1,412
26.11.2002	**1,0066**	**-0,0014**	**0,7925**	**1.350,75**	**-0,0163**	**1563,0037**	**98,38**	**77,97**	**26**	**-1,394**

Abb. 14: Geordnete Ergebnisse der historischen Simulation (Ausschnitt)

Für das festgelegte Konfidenzniveau von 95 % wird nun das 5 %-Quantil bestimmt. Bei 520 Werten fällt das 5 %-Quantil exakt auf den 26. Wert[1], so dass im Ergebnis die Aussage getroffen werden kann: Mit einer Wahrscheinlichkeit von 95 % wird sich der aus dem (Aluminiumvorrats-)Portfolio resultierende Verlust am nächsten Tag höchstens auf –1,39 Mio. EUR belaufen.

Durch das oben beschriebenen Beispiel wird deutlich, dass vor allem im Gegensatz zur Varianz-Kovarianz-Methode deutlich weniger kritische Prämissen verwendet werden[2]. Erstens sind keine impliziten Annahmen über die Wahrscheinlichkeitsverteilung, Volatilitäten und Korrelationen der Risikofaktoren zu treffen, da die Berechnung stattdessen auf den tatsächlichen Ausprägungen beruht. Mögliche Schiefen der Verteilungen bzw. Fat Tails werden daher korrekt berücksichtigt[3]. Zweitens werden durch die ständige vollständige Neubewertung des Portfolios über den Betrachtungszeitraum in jedem Szenario die tatsächlichen Korrelationen zwischen den Risikofaktoren und sogar deren Veränderung

---

[1] Fällt das jeweils zu bestimmende Quantil zwischen zwei errechnete Werte, so kann, je nach Risikoprofil des Entscheiders, der kleinere oder der größere Wert genommen werden, so dass sich das Wahrscheinlichkeitsniveau ändern würde. Alternativ kann die Ermittlung des exakten Quantils auch durch Interpolation der beiden Werte erfolgen. Vgl. ausf. DEUTSCH (2001), S. 428f., 472.

[2] Vgl. KREMERS (2002), S. 155.

[3] Das gilt auch für „ausgesprochen außergewöhnliche Verteilungen". DIGGELMANN (1999), S. 152.

während der Beobachtungsdauer berücksichtigt. Und drittens folgt aus der jeweiligen Neubewertung auch, dass nicht-lineare Zusammenhänge zwischen den Risikofaktoren und den Marktpreisen durch die Verwendung einer entsprechenden Bewertungsfunktion korrekt abgebildet werden können[1].

Nachteilig wirkt sich aus, dass die Berechnung eine große Datenmenge erfordert und damit hohe Anforderungen an die Datenqualität stellt[2]. Ein weiterer Kritikpunkt, der indes ebenso der analytischen Methode zuzurechnen ist, besteht in der Fortschreibung vergangener Entwicklungen in die Zukunft. Gerade bei der Verwendung langer Historien muss in Frage gestellt werden, ob vergangene Strukturen und Abhängigkeiten in die Zukunft zu übertragen sind[3]. Problematisch und fehlerbehaftet ist die VaR-Berechnung, wenn durch relativ viele Ausreißer mit hohen Verlusten das Risiko überschätzt[4] oder durch die starke Abhängigkeit von Trends vor allem für lange Haltedauern der VaR verzerrt wird[5].

Insgesamt werden der historischen Simulation vor allem für kurzfristige Haltedauern von einem Tag zuverlässige Risikoprognosen bescheinigt[6]. Wegen ihres geringen statistischen und mathematischen Anspruchs ist sie darüber hinaus einfach im Unternehmen zu implementieren.

4.2.4.4 Monte-Carlo-Simulation

Numerische Simulationen bzw. die Monte-Carlo-Simulation wurden erstmalig 1942 von Wissenschaftlern in Los Alamos bei der Entwicklung der Atombombe zur Lösung von Problemen angewendet, die nicht mit den herkömmlichen Methoden zu erklären waren. Der Name Monte-Carlo des auf Zufallszahlen aufbauenden Simulationsverfahrens geht auf ein berühmtes, im Jahre 1862 eröffnetes Casino im heutigen Monaco zurück[7]. Unter dem Begriff der Monte-Carlo-Simulation, auch stochastische Methode genannt, werden Verfahren zusammengefasst, mit denen mathematische Probleme auf statistischem Wege mit Hilfe von Zufallszahlen numerisch gelöst werden können[8].

---

[1]   Vgl. KREMERS (2002), S. 155. HAGER weist jedoch darauf hin, dass die historische Simulation konzeptionell kein geeignetes Verfahren für die Bewertung von Derivaten ist, da zum einen nur eine geringe Menge repräsentativer historischer Daten zur Verfügung stehe und zum anderen die Verwendung der historischen Simulation der Random-Walk-Annahme widerspreche, die oftmals in der Literatur für Optionsbewertungen herangezogen wird. Vgl. HAGER (2004), S. 142.

[2]   Im Allgemeinen werden auch die Anforderungen an die Rechnerleistung problematisiert. Dies stellt heute jedoch kein wesentliches Argument mehr dar. Vgl. VOSE (2003), S. 16f.

[3]   Vgl. HOLTON (1998), S. 61; ROLFES (1999), S. 124; KREMERS (2002), S. 156.

[4]   Vgl. BEINKER/DEUTSCH (1999), S. 166.

[5]   Vgl. BRANDT/KLEIN (1998), S. 313; BÜHLER/KORN/SCHMIDT (1998), S. 79 - 83.

[6]   Vgl. BÜHLER/KORN/SCHMIDT (1998), S. 83.

[7]   Vgl. JORION (2001), S. 291.

[8]   Vgl. SCHNEEWEISS (1969), S. 129; KREMERS (2002), S. 157.

Monte-Carlo-Simulationen werden auf Basis der Verteilungen und entsprechenden Parametern der Risikofaktoren einer Zielgröße durchgeführt. Aus den Verteilungen der Inputgrößen bzw. Einflussfaktoren wird zufällig ein Wert ausgewählt und in die Funktion des Zielwerts eingesetzt[1]. Für die in der Vergangenheit beobachtbaren Risikofaktoren müssen dazu zunächst Verteilungen angenommen werden; zumeist wird eine Normalverteilungsannahme getroffen[2]. Durch Festlegung auf eine Wahrscheinlichkeitsverteilung wird ein zukünftiges Risikoverhalten geschaffen, welches zwar auf den vergangenheitsbezogenen Variablen μ und σ basiert, allerdings durch die Verwendung von Zufallszahlen nicht den Veränderungsraten der Vergangenheit entspricht. Durch diese Vorgehensweise wird ein Risikobild erzeugt, welches weniger stark durch Zahlen der Vergangenheit beeinflusst ist als bei den vorgenannten Verfahren[3]. Mit der Annahme der Normalverteilung geht die Prämisse einher, dass die Risikofaktoren einer geometrischen BROWN'schen Bewegung und damit einem Random Walk folgen[4]. Für die nötigen Marktbeobachtungen wird eine große Anzahl von Marktszenarien simuliert, indem wiederholt Zufallszahlen in die Zielfunktion eingesetzt werden. Es entsteht im Ergebnis eine Verteilung der Outputwerte.

Die Vorgehensweise der Monte-Carlo-Simulation wird im Folgenden insbesondere im Hinblick auf die spätere Verwendung im Rahmen der Cash-Flow-at-Risk-Modelle näher beleuchtet: In einem ersten Schritt sind zunächst die Risikofaktoren auszuwählen. Daneben gilt es korrelierte Zufallszahlen zu bestimmen. Dazu werden in einem zweiten Schritt standardnormalverteilte Zufallszahlen erzeugt[5]. Um aus den standardnormalverteilten unkorrelierten Zufallszahlen X_i jedes einzelnen Risikofaktors korrelierte Zufallszahlen Y_i zu erzeugen, ist eine Cholesky-Zerlegung der Kovarianzmatrix durchzuführen. Bei diesem Verfahren wird die Wurzel der Kovarianzmatrix C gebildet, welche die Bedingung $AA^T = C$ erfüllt[6]. Mittels dieser Matrix A kann dann die Abbildung erstellt werden[7]:

[1] Vgl. PERRIDON/STEINER (2004), S. 124.
[2] Vgl. JORION (2001), S. 292; SCHIERENBECK (2003), S. 89 und 94.
[3] Vgl. SCHIERENBECK (2003), S. 89.
[4] Vgl. DIGGELMANN (1999), S. 156.
[5] Diese Aufgabe wird i. d. R. von einem Computer erfüllt. Im Rahmen dieser Arbeit wird das Programm CRYSTAL BALL[TM] verwendet. HAGER weist darauf hin, dass echte Zufallszahlen von Programmen nicht erzeugt werden können, sondern sich diese nach einer bestimmten Sequenz wiederholen und sich die Qualität nur durch aufwendige statistische Verfahren verbessern lasse. Vgl. HAGER (2004), S. 146. Bei der verwendeten Software wiederholen sich die Zufallszahlen nach 2^{31}-2 bzw. mehr als 2 Mrd. Simulationsdurchläufen. Für die hier durchgeführten Risikoberechnungen mit bis zu 10.000 durchgeführten Szenarien kann daher praktisch kein Mangel abgeleitet werden.
[6] Für eine formale Darstellung des Verfahrens werden aus Gründen der Übersichtlichkeit lediglich drei Risikofaktoren verwendet. Für beliebig große Matrizen vgl. DEUTSCH (2001), S. 379.
[7] Vgl. DEUTSCH (2001), S. 377.

$$Y = AX \tag{4.12}$$

wobei gilt:

X = Vektor aus standardnormalverteilten unkorrelierten Zufallszahlen

Y = Vektor aus normalverteilten korrelierten Zufallszahlen mit Kovarianzmatrix C

Im Folgenden wird schrittweise dargestellt, wie die Umwandlung der Kovarianzmatrix in korrelierte Zufallszahlen erfolgt.

$$C = A \cdot A^T = \begin{bmatrix} c_{11} & c_{12} & c_{13} \\ c_{21} & c_{22} & c_{23} \\ c_{31} & c_{32} & c_{33} \end{bmatrix} = \begin{bmatrix} a_{11} & 0 & 0 \\ a_{21} & a_{22} & 0 \\ a_{31} & a_{32} & a_{33} \end{bmatrix} \cdot \begin{bmatrix} a_{11} & a_{12} & a_{13} \\ 0 & a_{22} & a_{23} \\ 0 & 0 & a_{33} \end{bmatrix} \tag{4.13}$$

Durch Multiplikation der beiden Matrizen aus Gleichung 4.13 ergibt sich Gleichung 4.14:

$$\begin{bmatrix} c_{11} & c_{12} & c_{13} \\ c_{21} & c_{22} & c_{23} \\ c_{31} & c_{32} & c_{33} \end{bmatrix} = \begin{bmatrix} a_{11}^2 & a_{11}a_{21} & a_{11}a_{31} \\ a_{11}a_{21} & a_{21}^2a_{22}^2 & a_{21}a_{31} + a_{22}a_{32} \\ a_{11}a_{31} & a_{21}a_{31} + a_{32}a_{22} & a_{31}^2 + a_{32}^2 + a_{33}^2 \end{bmatrix} \tag{4.14}$$

Mit den Elementen der Kovarianzmatrix lassen sich rekursiv die sechs Elemente a_{ij} bestimmen, mit denen in einem nächsten Schritt die korrelierten Zufallszahlen ermittelt werden können.

$$c_{11} = a_{11}^2 \qquad\qquad \Rightarrow a_{11} = \sqrt{c_{11}} = \sigma_1$$

$$c_{21} = a_{11}a_{21} \qquad\qquad \Rightarrow a_{21} = \frac{c_{21}}{\sigma_1}$$

$$c_{31} = a_{11}a_{31} \qquad\qquad \Rightarrow a_{31} = \frac{c_{31}}{\sigma_1}$$

$$c_{22} = a_{21}^2 a_{22}^2 \qquad\qquad \Rightarrow a_{22} = \sqrt{\frac{c_{22} - c_{21}^2}{c_{11}}} \tag{4.15}$$

$$c_{32} = a_{21}a_{31} + a_{22}a_{32} \quad \Rightarrow a_{32} = \frac{c_{32} - c_{21}c_{31}/c_{11}}{\sqrt{c_{22} - c_{21}^2/c_{11}}}$$

$$c_{33} = a_{31}^2 + a_{32}^2 + a_{33}^2 \quad \Rightarrow a_{33} = \sqrt{c_{33} - a_{31}^2 - a_{32}^2}$$

Mit Hilfe der ermittelten Komponenten a_{ij} und der Ausgangsgleichung $Y=AX$ werden nun die korrelierten Zufallszahlen erzeugt:

$$
\begin{bmatrix} Y_1 \\ Y_2 \\ Y_3 \end{bmatrix} = \begin{bmatrix} a_{11} & 0 & 0 \\ a_{21} & a_{22} & 0 \\ a_{31} & a_{32} & a_{33} \end{bmatrix} \cdot \begin{bmatrix} X_1 \\ X_2 \\ X_3 \end{bmatrix}
$$
(4.16)

Die ermittelten normalverteilten korrelierten Zufallszahlen Y_i entsprechen den Veränderungsraten der entsprechenden Risikofaktoren.

Die korrelierten Zufallszahlen dienen nun zur Simulation der Wertveränderung des betrachteten Portfolios. Im Rahmen eines Portfolioansatzes werden die logarithmierten Veränderungen der Vermögenspositionen simuliert. Auf Basis des Bewertungsmodells, d. h. dem funktionalen Zusammenhang des Portfolios, wird bei jedem Simulationsdurchlauf ein Portfoliowert simuliert, indem jeweils eine vollständige Neubewertung vorgenommen wird. Vorausgesetzt es werden 10.000 Simulationsdurchläufe durchgeführt, resultiert daraus im Ergebnis eine Wahrscheinlichkeitsverteilung von 10.000 Portfoliowerten. Die Differenz eines simulierten Portfolios zum gegenwärtigen Portfoliowert stellt das Gewinn- oder Verlustpotenzial des entsprechenden Durchlaufs dar. Bei einem Konfidenzniveau von bspw. 95 % entspricht der 500-größte Verlust der simulierten Verteilung dem VaR.

Auch die Vorgehensweise im Rahmen der Monte-Carlo-Simulation soll an dem bereits bekannten Beispiel des deutschen Automobilherstellers und seinem Aluminiumportfolio im Wert zum 31. Dezember 2003 von 100 Mio. USD erläutert werden. Vereinfachend wird angenommen, dass die Veränderungen des Aluminiumpreises sowie des EUR/USD-Wechselkurses normalverteilt sind. Der VaR soll erneut zum 31. Dezember 2003 mit einer Haltedauer von einem Tag und mit einem Konfidenzniveau von 95 % ermittelt werden. Die Monte-Carlo-Simulation erfolgt rechnergestützt. Auf Basis der in der Vergangenheit erzielten logarithmierten Renditen wird die Verteilung der Einflussfaktoren[1] sowie deren Korrelation festgelegt. Für den Wert des Rohstoff-Portfolios MW_P gilt mit einer Menge m und den Preisen der Einflussfaktoren die Funktionsgleichung:

$$MW_P = m \bullet P(Alu) \bullet P(Wk)$$

bzw.

$$79,36 \; Mio. \; EUR = 62.942,6 \; t \bullet 1.588,75 \; USD/t \bullet 0,79360 \; EUR/USD$$
(4.17)

Im Rahmen der Monte-Carlo-Simulation werden nun zufällige Renditen ,gezogen', auf deren Basis, ähnlich wie bei der historischen Simulation, ein Portfoliowert errechnet wird. Von diesem neuen simulierten Wert wird der aktuelle Wert des Vorratsvermögens subtrahiert, so dass ein simulierter Gewinn oder

---

[1] Bei Annahme einer Normalverteilung kann die Verteilung mit Hilfe der Momente μ und σ ausreichend determiniert werden. Vgl. Kapitel 4.2.3.1.

Verlust entsteht. Dieser Vorgang wird insgesamt 10.000 mal durchgeführt. Die Simulationsdurchläufe werden in einem Histogramm abgetragen, so dass eine Verteilung des Zielwertes entsteht. Da für beide Einflussfaktoren eine Normalverteilungsannahme getroffen wurde, ergibt sich auch für den Portfoliowert eine Normalverteilung. Das Histogramm ist als Abbildung 15 dargestellt:

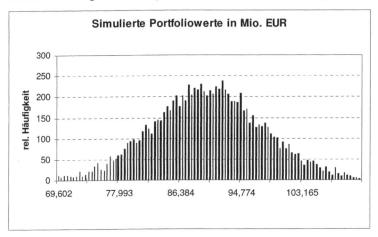

Abb. 15:   Histogramm: Simulierte Portfoliowerte in Mio. EUR[1]

In der oben abgebildeten Grafik ist das 5 %-Quantil hellgrau abgesetzt. Der entsprechende Portfoliowert wird mit 77,58 Mio. EUR berechnet. Damit ergibt sich bei einem Konfidenzniveau von 95 % und einer Haltedauer von einem Tag ein VaR von –1,78 Mio. EUR.

Die Genauigkeit der Schätzung nimmt mit der Anzahl der Simulationsdurchläufe zu. Wenn n die Vervielfachung der Simulationsdurchläufe darstellt, gilt, dass der numerische Fehler um $\sqrt{n}$ abnimmt. Eine Verhundertfachung der Anzahl der Simulationsdurchläufe führt mithin zu einer Verzehnfachung der Genauigkeit der Berechnung[2].

Die Monte-Carlo-Simulation eignet sich besonders im Fall multidimensionaler Risikoverhältnisse, d. h. wenn zumindest einige Instrumente von Risikofaktoren in einer nichtlinearen Weise beeinflusst werden. Darüber hinaus kann die im Beispiel getroffene Annahme der Normalverteilung der Risikofaktoren ohne Schwierigkeiten geändert werden; sie ist damit aufgrund ihrer Flexibilität den

---

[1]   Die Berechnungen wurden mit Hilfe des Softwareprogramms CRYSTAL BALL durchgeführt. Für die Berechnung wurden 10.000 Durchläufe simuliert.
[2]   Vgl. REITZ (1999), S. 151; BROTHERTON-RATCLIFFE (1994), S. 53.

anderen Verfahren überlegen[1]. Sie berücksichtigt nichtlineare Exposures, fat tails und Extremszenarios. Vor allem für Portfolios mit einem erhöhten Anteil an nichtlinearen Finanzinstrumenten, bspw. Optionen, gilt die Monte-Carlo-Simulation damit als die einzige praktikable Methode[2].

4.2.4.5 Kritische Analyse der Verfahren zur Ermittlung des Value at Risk

Das Rohstoff-Exposure des deutschen Automobilherstellers wurde nunmehr anhand der drei vorgestellten Ansätze ermittelt. Die Ergebnisse der Methoden werden in der nachstehenden Abbildung 16 nach Größe geordnet einander gegenübergestellt.

Geordnete Gegenüberstellung	Monte-Carlo-Simulation	Varianz-Kovarianz-Ansatz	Historische Simulation
VaR (95 %)	-1,777 Mio. EUR	-1,462 Mio. EUR	-1,394 Mio. EUR
Differenz	-0,315 Mio. EUR		-0,068 Mio. EUR
Differenz	-0,383 Mio. EUR		

Abb. 16: Ergebnisvergleich der verschiedenen Berechnungsmethoden des VaR[3]

Wenngleich die vorgestellten Methoden auf einer einheitlichen Datenbasis aufsetzen, führen sie dennoch zu unterschiedlichen Ergebnissen[4]. Die Abweichungen zwischen den Simulationsmodellen kommen dadurch zustande, dass einerseits im Rahmen der Monte-Carlo-Simulation Verteilungsannahmen zu treffen sind, die möglicherweise mit den tatsächlichen Verteilungen der Risikofaktoren nicht übereinstimmen, und anderseits im Rahmen der historischen Simulation die beobachteten Verteilungen der Risikofaktoren unverändert in die Zukunft fortgeschrieben werden, obwohl sie aufgrund von strukturellen Veränderungen gegebenenfalls nicht mehr zutreffend sind.

Zu einem Vergleich der vorgestellten Modelle müssen in besonderem Maße die ihnen zugrunde liegenden Prämissen betrachtet werden: Die Verteilungsannahme der Risikoparameter, die Konstanz von Erwartungswert, Varianz und Kovarianz, die sog. Stationarität der Risikoparameter sowie die (lineare) Beziehung zwischen den Risikoparametern und der Risikoposition.

Die anhand des *Varianz-Kovarianz-Ansatzes* vorgestellten analytischen Modelle basieren auf dem Prinzip der Abschätzung des Quantils der Renditeverteilung

---

[1] Vgl. JORION (2001), S. 291; DEUTSCH (2001), S. 165.
[2] Vgl. HAGER (2004), S. 157.
[3] Die Ergebnisse gelten bei einer Konfidenz von 95 % und einer Haltedauer von einem Tag.
[4] So auch KREMERS (2002), S. 163; SCHIERENBECK (2003), S. 91f.

anhand der Verteilungsparameter. Die Hypothese über die Normalverteilung steht im Mittelpunkt des Modells, da sie sowohl für die Berechnung der jeweiligen Risikoposition einzelner Einflussfaktoren als auch für die Aggregation mit Hilfe der Korrelationskoeffizientenmatrix notwendig ist. Die Güte der Schätzung hängt somit entscheidend von der Gültigkeit der Normalverteilungsannahme ab. Aus empirischer Sicht muss der Annahme der Normalverteilung und Unabhängigkeit stetiger Aktienkursrenditen, Wechselkursänderungen usw. jedoch kritisch begegnet werden[1]. Insbesondere eine mögliche Schiefe und Fat Tails der beobachteten realen Verteilung finden keine Berücksichtigung im Modell; speziell bei einer Kurtosis am negativen Ende der Verteilung führt die Berechnung dann zu einer Unterschätzung des Risikos[2]. Darüber hinaus ist eine Normalverteilung für Positionen mit asymmetrischem Risikoprofil, bspw. Instrumente mit Optionscharakter, nicht gegeben[3]. Neben der Verteilungsannahme muss die Annahme der Stationarität erfüllt sein, damit die aus der Vergangenheit berechneten statistischen Maßzahlen auch für die Zukunft Gültigkeit besitzen[4]. Darüber hinaus wird die Linearität zwischen den Risikofaktoren und der Zielgröße unterstellt. Da keine vollständige Neubewertung des Portfolios vorgenommen wird, können vor allem bei Optionspositionen Approximationsfehler auftreten, da eine Linearität nicht gegeben sein wird.

Die *historische Simulation* kommt hingegen ohne eine Verteilungsannahme der Risikofaktoren aus. Probleme, die sich aus der Nichtlinearität oder den Abweichungen von der Normalverteilung ergeben, lassen sich mit ihrer Hilfe überwinden. Stattdessen dient die auf Basis historischer Daten ermittelte empirische Verteilung als Basis für die Ermittlung des VaR. Die Aggregation der Gewinne und Verluste zu dem jeweiligen Zeitpunkt führt dazu, dass sämtliche Verbundeffekte (der Vergangenheit) implizit im Modell enthalten sind. Eine Berechnung statistischer Messzahlen bzw. Korrelationen sowie die dazu notwendigen Prämissen werden nicht benötigt. Die Übertragung vergangener Daten für die Berechnung eines zukünftigen VaR bedingt hingegen die Stationarität der Verteilung der Risikoparameter. Kann davon nicht ausgegangen werden, liefert die historische Simulation trotz der geringen Anzahl der zu treffenden Prämissen falsche Ergebnisse[5]. Wesentliches Problem der historischen Simulation ist der Bedarf einer großen Menge an Daten, vor allem um Aussagen auf einem hohen Konfidenzniveau mit einer akzeptablen Güte zu erreichen. Jedoch unterliegt sie

---

[1] Vgl. SCHIERENBECK (2003), S. 94 m. w. N.
[2] Vgl. KREMERS (2002), S. 163f.
[3] Vgl. JANSEN/WITTROCK (1996), S. 24.
[4] Vgl. SCHIERENBECK (2003), S. 93. Unter Stationarität ist die Kontinuität einer Zeitreihe zu verstehen, d. h. es dürfen sich keine systematischen Veränderungen im Zeitablauf abzeichnen. Vgl. ausf. PODDIG/DICHTL/PETERSMEIER (2003), S. 368 - 373.
[5] Vgl. DEUTSCH (2001), S. 411.

vor allem bei längeren Haltedauern einer ausgeprägten Abhängigkeit von Trends sowie einer starken Beeinträchtigung durch Ausreißer, so dass lediglich für kurze Haltedauern zuverlässige Risikoprognosen zu erwarten sind; von einer Ausdehnung auf langfristige Prognosen wird abgeraten[1].

Die *Monte-Carlo-Simulation* ist den anderen Verfahren aufgrund ihrer Flexibilität überlegen, insbesondere kann sie bei der Risikomessung von komplexen Exposures eingesetzt werden, da Volatilitätsclustering, fat tails, nichtlineare Exposures und Extremszenarien berücksichtigt werden[2]. Vor allem bei Portfolios mit einem hohen Anteil an Optionen erscheint daher die Monte-Carlo-Simulation die einzige praktikable Methode zu sein[3]. Die Vorteile der Methode werden jedoch durch den Umstand erkauft, dass erneut eine Verteilungsannahme der Risikofaktoren zu treffen ist. Die Güte des Modells hängt damit – wie bei der Varianz-Kovarianz-Methode – davon ab, wie gut die Risikofaktoren durch die angenommene Verteilung erklärt werden. Allerdings kann im Gegensatz zur Varianz-Kovarianz-Methode eine Verteilung gewählt werden, welche die Realität exakter abbildet. Auf dieser Grundlage wird für jedes der (zig-)tausend Szenarien mit Hilfe einer nicht-approximierten Bewertungsfunktion eine komplette Neubewertung des Portfolios vorgenommen. Die Schätzung ist damit zukunftsgerichtet und eine Darstellung von Verbundeffekten wird explizit möglich[4]. Darüber hinaus können im Gegensatz zur historischen Simulation Risiken auch separat simuliert werden. Nachteilig wirkt sich hingegen die Komplexität des Modells aus. Zum einen sinkt bei steigendem Komplexitätsgrad die Verständlichkeit und damit die Implementierbarkeit der Methode, zum anderen steigt der Rechenaufwand des Modells enorm an. Teilweise wird daher vorgeschlagen, aufgrund der hohen systemtechnischen Anforderungen bei der Bewertung großer nichtlinearer Portfolios diese nur für gewisse Teilportfolios zu berechnen, während lineare Portfolioteile mit anderen Methoden untersucht werden[5]. Die Qualität und Güte der Ergebnisse hängt vor allem auch von der Anzahl der Durchläufe ab, so dass eine Monte-Carlo-Simulation aufgrund der großen Menge an Zufallszahlen zeit- und rechenintensiv sein kann[6].

Eine eindeutige Aussage, welches Modell zur Risikoquantifizierung verwendet werden soll, kann nicht abschließend getroffen werden. Ausschlaggebend sind vielmehr die Implementierungskosten, das vorhandene Know-how, die zur Verfügung stehenden Rechnerkapazitäten sowie das zugrunde liegende Portfolio.

---

[1] Vgl. BÜHLER/KORN/SCHMIDT (1998), S. 83. Eine Basis für strategische Entscheidungen wird durch das Konzept nicht gelegt. Vgl. JANSEN/WITTROCK (1996), S. 24.
[2] Vgl. DEUTSCH (2001) S. 165 und 407 - 413; JORION (2001), S. 225 und 291.
[3] Vgl. HAGER (2004), S. 157.
[4] Vgl. SCHIERENBECK (2003), S. 97.
[5] Vgl. REITZ (1999), S. 152.
[6] Vgl. DIGGELMANN (1999), S. 212.

Bei nichtlinearen Risiken allerdings sind Simulationen klar zu bevorzugen, da mittels analytischer Vorgehensweise keine ausreichenden Resultate erzielt werden können[1]. Die Betrachtung eines längerfristigen Zeitraums sollte aufgrund der Anfälligkeit der historischen Simulation gegenüber Trends indes zu einer Anwendung der Monte-Carlo-Simulation führen. Letztlich wird kein Modell in der Lage sein, die Realität exakt nachzubilden. Daher kann die Berechnung eines VaR auch nicht den Anspruch an eine exakte mathematische Quantifizierung des Risikos erheben[2]. Grundsätzlich gilt die Monte-Carlo-Simulation, eine korrekte Anwendung vorausgesetzt, als geeignetste Variante zur Ermittlung des VaR[3].

Die vorgestellten Berechnungen des VaR liefern jeweils einen potenziellen Verlust, der während einer bestimmten Periode mit einer bestimmten Wahrscheinlichkeit nicht überschritten wird. Auf einem Konfidenzniveau von 95 % bzw. 99 % ist daher zu erwarten, dass tatsächlich zwei bzw. zwölf Mal im Jahr Verluste in dieser Größenordnung auftreten[4]. Ein VaR ist daher nicht als eine Art worst-case-Betrachtung anzusehen. Im Umkehrschluss bedeutet dies, dass zur Ermittlung des Risikos eines Portfolios bei einer Katastrophe ergänzend (worst case-) Szenarioanalysen und Stresstests durchzuführen sind[5].

---

[1] Vgl. SCHIERENBECK (2003), S. 97.
[2] Vgl. ebenso KREMERS (2002), S. 166.
[3] Vgl. JORION (2001), S. 200.
[4] Vgl. DEUTSCH (2001), S. 411f.
[5] Vgl. DIGGELMANN (1999), S. 212.

In der folgenden Abbildung 17 werden die Eigenschaften der drei vorgestellten Methoden zur Berechnung des Value at Risk gegenübergestellt:

	Varianz-Kovarianz-Ansatz	Historische Simulation	Monte-Carlo-Simulation
Verfahren	analytisch/parametrisch	simulativ/numerisch	
Verteilungs-annahme(n)	Normalverteilung	Verteilungsannahme nicht erforderlich	erforderlich, Verteilung frei wählbar (häufig Normalverteilung)
linearer Zusammenhang	ja	nein	
Stationarität	ja	ja, implizit	nein
Bewertung	unvollständig (local valuation)	vollständig (full valuation)	vollständig (full valuation)
Anspruch an die Datenbasis	hoch: Verteilungsparameter und Korrelationskoeffizientenmatrix aller Risikopositionen	hoch: historische Zeitreihen der Renditen	mittel bis hoch: historische Daten zur Schätzung der Parameter des stochastischen Prozesses
Prognosegüte	mittel bis schlecht: abhängig von Portfoliozusammensetzung und Realitätsgehalt der Prämissen; ungeeignet für nichtlineare Bewertungszusammenhänge	stark abhängig von der Konstanz der Portfoliozusammensetzung; abhängig von der Repräsentativität des Betrachtungszeitraums	potenziell sehr gut: hohe Modellflexibilität
Vorteile	• theoretische Fundierung • einfache Kalkulation • keine Notwendigkeit eines umfangreichen historischen Datenmaterials	• einfach und verständlich • keine Verteilungsannahme oder Annahme über Linearität • keine Annahme über Volatilität oder Korrelationen	• hohe Flexibilität • verschiedene Verteilungsannahmen verwendbar • Simulation einer großen Anzahl von Pfadabhängigkeiten • keine Annahmen über Linearität • Eignung auch für lange Perioden

	Varianz-Kovarianz-Ansatz	Historische Simulation	Monte-Carlo-Simulation
Nachteile	• Gefahr des Versagens historischer Korrelationen und Volatilitäten durch bestimmte Marktkonstellationen • ungenaue Ergebnisse bei nichtlinearen Bewertungszusammenhängen • Normalverteilungsannahme: Schiefe und Wölbung bleiben unberücksichtigt	• umfangreiche und werthaltige Marktdaten der Faktoren erforderlich • Repräsentativität historischer Zusammenhänge zwischen den Einflussfaktoren wird vorausgesetzt (Stationarität) • Anfällig für Trends	• hoher Rechenaufwand und hoher Implementierungsaufwand vor allem bei komplexen Portfolios • erhebliches Modellrisiko
Geeignetes Anwendungsgebiet	konstante Portfolios mit linearen Bewertungszusammenhängen (Portfolios ohne Optionen)	konstante Portfolios mit einem bedeutenden Anteil an Optionen	Komplexe Portfolios mit Anteil an Optionen; mit Instabilitäten der Sensitivitäten der Risikofaktoren; Zusammenwirken vieler verschiedener Einflussfaktoren

Abb. 17: Zusammenfassende Gegenüberstellung der VaR-Verfahren

Quelle: In Anlehnung an DEUTSCH (2001), S. 413; KREMERS (2002), S. 167f.; STOCKS (1997), S. 83.

Die Anwendung mathematischer Modelle zur Messung und Steuerung von Risiken ist nicht erst mit der VaR-Methodik eingeführt worden. Bereits vorher haben sich mit Duration, Konvexität, Delta usw. Instrumente zur Risikoquantifizierung in der betrieblichen Praxis etabliert[1]. Der große Vorteil des VaR indes besteht darin, simultan mehrere relevante und unsichere Risikofaktoren zu berücksichtigen und das daraus resultierende Gesamtrisiko in einer Zahl auszudrücken[2]. Vor allem bei einer übergeordneten und aggregierten Betrachtungsweise ist diese Vorgehensweise hilfreich. Dabei bewegen sich Risikomanagementsysteme und -instrumente in einem Zieldreieck zwischen Geschwindigkeit, Genauigkeit und Kosten. Das Erreichen eines Ziels geht unmittelbar zu Lasten der beiden anderen. Es ist folglich, vor allem bei großen und komplexen Portfolios, eine Kompromisslösung zu finden[3], welche die in den letzten Abschnitten aufgezeigten Problemfelder berücksichtigt. Es darf dabei nicht außer Acht gelas-

---

[1] Vgl. SÜCHTING/PAUL (1998), S. 531 - 548.
[2] Vgl. DIGGELMANN (1999), S. 216; RAU-BREDOW (2001), S. 315; WINTER (2004), S. 290.
[3] Vgl. ROBINSON (1996), S. 117.

sen werden, dass der VaR ein äußerst wertvolles, hochentwickeltes und fundiertes (Zusatz-)Instrument zur Kontrolle und Steuerung von Finanzrisiken, jedoch kein Risikomanagementsystem ist[1].

4.3 Übertragung des Value at Risk auf den Nichtfinanzbereich

Die in Kapitel 1.3.4 beschriebenen Ziele machen die Vorteile einer Risikoquantifizierung im Rahmen des Risikomanagements deutlich und die empirischen Befunde zur Risikoberichterstattung in Kapitel 3 haben die Bedeutung von Risikokennzahlen für die externe Berichterstattung hervorgehoben. Der oben beschriebene erfolgreiche Einsatz von Value at Risk-Kennzahlen im Bankbereich legt die Möglichkeiten einer Übertragung des VaR auch für Industrie- und Handelsunternehmen nahe[2]. Allerdings ist eine unmodifizierte Verwendung des VaR auf Nichtfinanzunternehmen nicht unproblematisch. Im Folgenden werden die Probleme einer solchen Berechnung und die Unterschiede zur Vorgehensweise bei Finanzintermediären kurz aufgezeigt.

Die Quantifizierung von Risiken erfolgt im Bankensektor über die Messung finanzieller Risiken mit Hilfe des Value at Risk. Da die Marktwerte von Finanzpositionen täglich ohne größeren Aufwand zu bestimmen sind, haben sich derartige Risikomodelle vergleichsweise gut etabliert. Zudem lassen sich die Risiken von Marktpreisen oft unproblematisch und kurzfristig durch Derivate absichern. Verallgemeinernd lässt sich behaupten, dass das Risiko bei Banken eher in den Bestandsgrößen (Guthaben und Verbindlichkeiten gegenüber Kunden) als bei Industrieunternehmen liegen wird, so dass Banken hinsichtlich der Zielgröße, des Planungshorizonts und der Einflussfaktoren homogener sind als dies bei Industrie- und Handelsunternehmen der Fall sein kann. Als Beispiel sei hier der deutlich unterschiedliche Planungshorizont eines Lebensmittelhändlers und eines Flugzeugherstellers genannt. Selbst innerhalb einer Branche, bspw. der Lebensmittelindustrie, können die Einflussfaktoren und Planungszeiträume stark differieren: Ein lokal operierender Milchbetrieb und eine international operierende Whiskeybrennerei werden in Bezug auf ihre Einflussfaktoren nur wenige Übereinstimmungen haben. Während bei Banken und Versicherungen die Finanzpositionen die Hauptrisikoquelle darstellen, wird dies bei Nichtfinanzunternehmen das operative Geschäft sein. Der benötigte Prognosezeitraum ist zudem deutlich länger, da Risiken von Industrieunternehmen zumindest teilweise nicht durch derivative Instrumente, sondern nur durch operative Maßnahmen abgebaut bzw. eingegrenzt werden können[3].

---

[1] Vgl. ebenso DIGGELMANN (1999), S. 216.
[2] Vgl. SHIMKO (1996), S. 28f.; ULMKE/SCHMALE (1999), S. 209 - 229.
[3] Vgl. HAGER (2004), S. 205f.

Bei der Entwicklung von Konzepten für Unternehmen des Industrie- und Handelsbereichs lassen sich die folgenden wesentlichen Aspekte identifizieren, die deutliche Unterschiede zum Finanzsektor markieren[1]:

- Der VaR beziffert den potenziellen Verlust beim Halten einer riskanten Vermögensposition, d. h. die Minderung von Bestandsgrößen. Auch bei Nichtfinanzunternehmen spielt der mögliche Wertverlust von Vermögensgegenständen für die Existenzsicherung eine Rolle; allerdings stehen Vermögensgegenstände nicht zwingend im Mittelpunkt der Betrachtung, da diese zumeist zur Leistungserstellung benötigt werden bzw. dessen Ergebnis darstellen. Sie werden i. d. R. unternehmensspezifisch sein und aufgrund ihrer Spezifität für Dritte nur einen geringen Wert besitzen[2]. Ein dem Kapitalmarkt vergleichbarer organisierter Markt wird nicht existieren[3]. Als *Zielgröße* eines Nichtfinanzunternehmens sind daher vielmehr die Gefahr der Minderung des Cash-Flows, also einer Stromgröße, von Bedeutung, d. h. mögliche Abweichungen vom erwarteten Cash-Flow einer Periode[4]. Mit zunehmender Cash-Flow-Volatilität sind Nichtfinanzunternehmen dem besonderen Risiko ausgesetzt, ihren Verbindlichkeiten nicht termingerecht nachkommen zu können. Eine solche Situation wird auch „Financial Distress" genannt[5]. Die große Bedeutung der Cash-Flow-Volatilität für das Risikomanagement von Nichtfinanzunternehmen ergibt sich auch aus einer Studie von MCVAY/TURNER, die ermitteln, dass 67 % der Unternehmen beim Einsatz von Hedging-Instrumenten den Zweck einer Minimierung der Cash-Flow-Schwankungen verfolgen[6].

- Der *Betrachtungszeitraum* bei der Risikomessung von Finanzinstituten umfasst lediglich einen sehr kurzen Zeitraum, i. d. R. zwischen einem und zehn Tagen[7]. Hingegen sind bei Nichtfinanzunternehmen eine Vielzahl von qualitativ verschiedenartigen Risikoarten mit wechselndem Zusammenspiel zu berücksichtigen, die nicht oder nur schlecht auf einem organisierten Markt gehandelt werden können. Der Planungsrahmen der Nichtfinanzunternehmen

---

[1] Vgl. TURNER (1996), S. 38.

[2] Vgl. WINTER (2004), S. 291. Allerdings ist die Berechnung von VaR und CFaR kein *Branchen-*, sondern vielmehr ein *Geschäftsspezifikum*, da auch im Bankenbereich die Berechnung des operativen Risikos über eine Cash-Flow-orientierte Betrachtung mit Hilfe des Cash-Flow at Risk bzw. die Risiken von großen Zins- und Währungspositionen von Nichtbanken über den VaR sinnvoll sein werden. Vgl. dazu ausf. HAGER (2004).

[3] Daraus ergäben sich Bewertungsschwierigkeiten, da Marktpreise für die unterschiedlichen Vermögensgegenstände fehlen. Vgl. DOWD (1998), S. 237f.; PFENNIG (2000), S. 1299.

[4] Alternativ kommen auch andere Stromgrößen wie das EBIT oder der Jahresüberschuss in Betracht.

[5] HIELSCHER/BEYER (2002), S. 468.

[6] MCVAY/TURNER befragten 2000 Nichtfinanzunternehmen. Vgl. MCVAY/TURNER (1995), S. 84.

[7] Vgl. PETRACHI (1997), S. 216f.

ist daher deutlich länger zu wählen, da ausreichend Zeit für einen Wechsel in der Risiko- bzw. Geschäftspolitik gegeben sein muss[1]. Ein vergleichbares Risikomaß für Industrie- und Handelsunternehmen muss sich somit an längeren Messzyklen orientieren, i. d. R. sind Zahlen auf Monats-, Quartals- bzw. Jahresbasis zu verwenden[2].

• Das von den Banken verwendete *Konfidenzniveau* beträgt grundsätzlich zwischen 95 - 99 %, im Rahmen der Bankenaufsicht sind 99 % vorgeschrieben. Die Banken bestimmen damit den durchschnittlichen Verlust an einem Tag. Die Berechnung eines VaR kann täglich erfolgen und die nötigen Interventionen können rasch und effizient durchgeführt werden. Für das Risikomanagement im Nichtfinanzsektor bestehen mit den teilweise relativ illiquiden Positionen hingegen deutlich weniger Chancen für eine regelmäßige und schnelle Intervention. Es ist daher fraglich, ob gleichartige Konfidenzniveaus festgelegt werden können[3].

Die Anwendung nicht modifizierter Value at Risk-Modelle ist damit – abgesehen von der Anwendung auf Finanzanlageportfolios großer Konzerne – unzureichend für die Ziele und spezifischen Besonderheiten von Unternehmen im Nichtfinanzbereich[4]. Dennoch soll die „überwältigende Idee der aggregierten Darstellung des Risikoexposures in einer einzigen Zahl, welche zudem leicht verständlich und gut kommunizierbar ist"[5] auch auf andere Unternehmensbereiche übertragen werden.

In den folgenden Ausführungen soll gezeigt werden, dass das Konzept und die Ansätze des Value at Risk durch verschiedene Modifikationen auf den Realinvestitionsbereich übertragen werden können. Dazu werden die Schwankungen des Cash-Flows einer Unternehmung in Analogie zur Volatilität eines Wertpapierportfolios als Risiko verstanden[6]. Der Cash-Flow at Risk wird damit als Ziel- und Risikogröße auf einer aggregierten Unternehmensebene verstanden. Er drückt damit das – je nach Definition unternehmensweite oder finanzielle – Risiko der Gesellschaft in einer Zahl, in Geldeinheiten, aus. Die Ansätze für die Übertragung der VaR-Konzeption auf den Nichtfinanzbereich sowie die damit

---

[1] Vgl. SHIMKO (1997), S. 94.

[2] Vgl. TURNER (1996); DOWD (1998), S. 239.

[3] SHIMKO berichtet von einem üblichen Konfidenzniveau von 99,7 %, zum Zwecke der Kontrolle des Risikomanagements wird aus praktischen Erwägungen ein Konfidenzniveau von 95 % gewählt. Vgl. SHIMKO (1997), S. 94.

[4] Vgl. TURNER (1996), S. 38; HIELSCHER/BEYER (2002), S. 468; HOMBURG/UHRIG-HOMBURG (2004), S. 312. Mit einer Auseinandersetzung über die verschiedenen Anwendungsmöglichkeiten des VaR auch in Industrie- und Handelsunternehmen vgl. HAGER (2004), S. 205 - 217.

[5] DIGGELMANN (1999), S. 217.

[6] So auch DIGGELMANN (1999), TURNER (1996), S. 38.

verbundenen Schwierigkeiten werden in Kapitel 5.1 ausführlich beleuchtet. Die nachfolgende Abbildung 18 stellt die Unterschiede noch einmal zusammenfassend dar.

Kriterium	Value at Risk	Cash-Flow at Risk
Exposure	Portfolioorientierte Exposuredefinition	Cash-Flow- (oder Earnings-) orientierte Exposuredefinition
Risikoträger	Berücksichtigung (ausschließlich) von Finanzpositionen	Berücksichtigung finanzieller, operativer und strategischer Risiken möglich
Zielgröße	Marktwert des Portfolios (➔ Bestandsgrößen)	Cash-Flow, EBIT, Jahresüberschuss (➔ Stromgrößen)
Betrachtungszeitraum/ Haltedauer	Wahl eines kurzen Betrachtungszeitraums für die Risikomessung (1-10 Tage)	Berechnung des CFaR auch für längerfristige Zeiträume (3-12, auch 24 Monate)

Abb. 18: **Gegenüberstellung VaR und CFaR**
Quelle: In Anlehnung an HAGER (2004), S. 214.

5   CASH-FLOW AT RISK – KONZEPT ZUR RISIKOQUANTIFIZIERUNG IN NICHTFINANZUNTERNEHMEN

5.1   Konzeptionelle Idee und Begriffsbestimmungen

5.1.1   Definition des Cash-Flow at Risk

Der Cash-Flow at Risk, CFaR, ist das auf Stromgrößen basierende Äquivalent des Value at Risk. Der CFaR sei definiert als die betragsmäßige Abweichung von einer festgelegten Zielgröße, dem Erwartungswert oder einer vorgegebenen Benchmark, die in einem Betrachtungszeitraum (ein Jahr) mit einer bestimmten Wahrscheinlichkeit (z. B. 95 %) nicht übertroffen wird[1].

Zur Einführung der formalen Definition des Begriffes Cash-Flow at Risk wird zunächst vereinfachend unterstellt, der Cash-Flow (CF) einer Unternehmung sei normalverteilt, d. h. die Cash-Flow-Verteilung ließe sich allein durch den Erwartungswert $E(CF)$ und die Volatilität σ beschreiben. Basierend auf dem Cash-Flow-Erwartungswert, der Volatilität und den Überlegungen zum VaR kann der von dem z-Wert abhängige Quantilswert der erwarteten Cash-Flow-Verteilung ermittelt werden:

$$\Delta_{max} CF_{(z)} = z \cdot \sigma \cdot E(CF) \tag{5.1}$$

Formel 5.1 stellt hingegen nicht direkt den CfaR, sondern vielmehr das entsprechende z-Quantil des Cash-Flows dar, welches bei einer durch $(1-z)$ bestimmten Konfidenz erreicht wird. Im Gegensatz zu einem kurzfristig angelegten VaR ist der Erwartungswert nunmehr nicht länger null, sondern besteht aus dem (i. d. R. positiven) Erwartungswert (bzw. der Benchmark) der Unternehmensleitung über die im Zeitraum erreichte Zielgröße.

Der CFaR resultiert dann aus der Subtraktion des CF des z-Quantils vom Erwartungswert. Es ergibt sich der *absolute CFaR* in Geldeinheiten mit:

$$CFaR_{(z)} = E(CF) - \Delta_{max} CF_{(z)} = E(CF) - z \cdot \sigma \cdot E(CF) \tag{5.2}$$

Gemäß der hier verwendeten Definition handelt es sich bei dem CFaR um die betragsmäßige Abweichung von einer Benchmark $E(CF)$, die in einem Zeitraum mit einem Konfidenzniveau $(1-z)$ nicht überschritten wird[2].

---

[1]   Vgl. BEYER (2000), S: 314f.; ALESII (2003), S. 2; HOITSCH/WINTER (2004), S. 240. Mit einer Anwendung für Energieversorger vgl. LAGATTUTA ET AL. (2000), S. 15 - 20.

[2]   Ebenso LEE ET AL. (1999), S. 66; BARTRAM (2000), S. 1267 - 1294; HAGER (2004), S. 205 - 225. HOITSCH/WINTER bezeichnen die so definierte Abweichung als relativen CFaR. Vgl. HOITSCH/WINTER (2004), S. 240f.

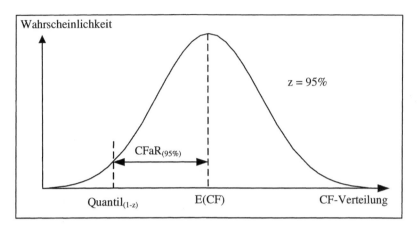

Abb. 19: CFaR bei normalverteilter CF-Verteilung
Quelle: In Anlehnung an HAGER (2004)

Durch die Berechnung des Verhältnisses von CFaR zur Benchmark kann daneben ein *relativer CFaR,* rCFaR, angegeben werden:

$$rCFaR_z = \frac{CFaR_z}{E(CF)} \qquad (5.3)$$

Wenngleich der CFaR klar definiert ist, können auf Grundlage der ermittelten Wahrscheinlichkeitsverteilung der Zielgröße weitere statistische Kennzahlen ermittelt werden, die das Risiko der Gesellschaft charakterisieren. Durch die Angabe des *Quantilswerts* kann auch der Wert der Zielgröße dargelegt werden, der mit einer bestimmten Wahrscheinlichkeit nicht unterschritten werden wird. In der Literatur wird zum Teil der CFaR abweichend definiert, indem direkt das z-Quantil als CFaR betrachtet wird. Der CFaR bestimmt dann den Cash-Flow, der mit einer Wahrscheinlichkeit von *(1-z)* in einem bestimmten Zeitraum min-destens erzielt wird[1]. Unter normalen Umständen kann der so ermittelte CFaR$_z$ als hinreichend sicher angesehen werden[2].

Darüber hinaus kann das *Konfidenzniveau* angegeben werden, bei dem sämtliche anfallenden Ausgaben gerade noch gedeckt werden.

---

[1] Vgl. BEYER (2000), S. 314; HIELSCHER/BEYER (2002), S. 471; KREMERS (2002), S. 258f.; WINTER (2004), S. 291f. Wenngleich eine derartige Definition eine verständliche Kennzahl darstellt, ist der Erwartungswert der Verteilung im Unterschied zum Value at Risk nicht gleich null, sondern entspricht einem geplanten oder budgetierten Wert, so dass der CFaR einen anderen Vergleichsmaßstab besitzt.

[2] Vgl. HIELSCHER/BEYER (2002), S. 471.

Das Konzept zur Messung des CFaR kann bei Festlegung auf eine Gewinngröße wie EBIT und EBITDA als Earnings at Risk, EaR, berechnet werden. Mit EaR wird die maximale Minderung der Gewinne in Bezug auf eine festgelegte Benchmark definiert, die bei einem bestimmten Konfidenzniveau und den festgelegten Einflussfaktoren in einem bestimmten Zeitraum durch Marktrisiken eintreten kann[1].

5.1.2 Framework der Berechnung

Zu jeder Berechnung eines CFaR wird ein Grundrahmen, ein sog. Framework, benötigt, um eine einheitliche Berechnung der Messzahl im gesamten Unternehmen bzw. einer Branche auch über einen längeren Zeitraum hinweg sicherstellen zu können. Das Framework ist im vorhinein von der Unternehmensleitung festzulegen. Es lassen sich die nachstehenden Mindestbestandteile identifizieren[2]:

• Das Management hat die *Zielgröße*, deren Risikopotenzial ermittelt werden soll, festzulegen (bspw. operativer Cash-Flow, EBIT, usw.). Die betrachteten CFaR-Modelle können für eine Vielzahl von Bezugs- bzw. Zielgrößen definiert werden. In Betracht kommen dabei nahezu alle Formen von Gewinn- und Cash-Flow-Größen. Die hier betrachteten Modelle werden anhand des operativen Cash-Flows dargestellt, der vereinfacht auch als Ergebnis vor Steuern, Zinsen und Abschreibungen (EBITDA) im Sinne eines retrograd ermittelten Cash-Flows definiert werden kann[3].

• Es hat eine Festlegung auf ein *Konfidenzniveau* zu erfolgen, welches einheitlich bei der Berechung anzuwenden ist. Für die Modelle, die im Rahmen von Nichtfinanzunternehmen getestet werden sollen, wird hier einheitlich ein Vertrauensniveau von 95 % vorgegeben.

• Es ist der spezifische *Zeithorizont* der Risikomessung einheitlich vorzugeben. Dieser entspricht der Haltedauer des VaR und ist in Anlehnung an die Dauer zur Umsetzung geeigneter Maßnahmen des Risikomanagements zu koppeln. Er soll in den betrachteten Modellen einen Monat bzw. ein Jahr betragen.

• Schließlich ist die *Benchmark* anzugeben. Die Zielgröße, d. h. die Benchmark des Managements, kann ein statistisch ermittelter Erwartungswert oder ein geplanter (interner) Zielwert der Unternehmensleitung sein. Der Zielwert

---

[1] Vgl. LEE ET AL. (1999), S. 32.
[2] Angelehnt an HAUBENSTOCK/MORISANO (2000), S. 661. Vgl. auch VENKAT (2000), S. 518 - 613.
[3] An dieser Stelle sei auf VOLKART verwiesen, der auf die verschiedenen, teilweise kontroversen und nicht immer unproblematischen Cash-Flow-Definitionen, vor allem im deutschsprachigen Raum, hinweist. Im Einzelnen definiert er vier Arten von Cash-Flow-Definitionen. Vgl. VOLKART (1998), S. 179 - 195 m. w. N.

ist im vorhinein anzugeben, um die entsprechende Abweichung (den CFaR) und daraus resultierende Handlungen ableiten zu können.

5.1.3 Exposure-Mapping

Das (Risiko-)Exposure, d. h. die Sensitivität betrieblicher Erfolgsvariablen in Bezug auf verschiedene Risikofaktoren, ist ein Maßstab für die Reagibilität der betrachteten Zielgröße (bspw. des Cash-Flows) auf die Veränderung einer bzw. mehrerer ökonomischer Variablen[1]. Es sind grundsätzlich das Accounting Exposure und das Ökonomische Exposure zu unterscheiden[2]: Das *Accounting Exposure* bezieht sich auf den Bereich des Rechnungswesens und setzt sich aus den Bereichen Transaktions-, Umrechnungs- und Bewertungsexposure zusammen. Durch Wechselkursänderungen können z. B. Änderungen des Reinvermögens bei der Konsolidierung ausländischer Tochtergesellschaften entstehen oder die notwendige Abwertung von Vorräten aufgrund von sinkenden Rohstoffpreisen führt zu einer Abwertung der Bilanzposition. Das *ökonomische Exposure* hingegen entsteht durch finanzwirtschaftliche Effekte auf die zukünftigen Cash-Flows unabhängig von der Rechnungslegung. Das Augenmerk liegt hier auf dem Einfluss von Mengen- und Preiseffekten auf Umsatzerlöse und Kosten eines Unternehmens.

In der Literatur wird das ökonomische Exposure häufig hinsichtlich des rechtlichen Bindungscharakters der Zahlungsströme in ein Transaktionsexposure und ein operatives Exposure unterteilt[3]. Das Transaktionsexposure bezieht sich auf alle individuellen, in der Vergangenheit vertraglich fixierten, aber (noch) nicht realisierten Zahlungsansprüche bzw. -verpflichtungen. Das operative Exposure richtet sich dagegen auf alle anderen zukünftigen unsicheren CF, für die zum Betrachtungszeitpunkt noch keine rechtliche Bindung besteht. Diese Unterscheidung ist jedoch problematisch, da auch vertraglich fixierte Zahlungsströme mit Unsicherheit behaftet sein werden[4]. Eine genaue Unterteilung ist in dem hier verwendeten Zusammenhang indes unerheblich.

Für die vorgenommene Betrachtung ist vielmehr die Festlegung von Bedeutung, ob das Accounting Exposure oder das ökonomische Exposure für das Risikomanagement herangezogen werden soll. Der Nachteil des Accounting Exposures besteht vor allem in der Abhängigkeit von den verwendeten Bewertungsmethoden und dem Kalkül der Bilanzpolitik, da Umrechnungsgewinne und -verluste

---

[1] Vgl. HOMMEL/PRITSCH (1998), S. 12.
[2] Zu einem ausf. Überblick verschiedener Exposurearten sei auf die weiterführende Literatur verwiesen. Vgl. SHAPIRO (1996), S. 276f.; STULZ/WILLIAMSON (1997), S. 33 - 51; OXELHEIM/WIHLBORG (1997), S. 49 - 55; BARTRAM (2000a), S. 243.
[3] Vgl. SHAPIRO (1996), S. 277.
[4] Vgl. BARTRAM (2000a), S. 245; ähnlich HIELSCHER/BEYER (2002), S. 473.

keine realen Größen darstellen. Es ist daher unstrittig, dass aus theoretischer Sicht primär das Gewicht auf dem ökonomischen Exposure liegen sollte[1]. Aufgrund von bilanziellen Bewertungsprinzipien kann es bei der Verwendung des ökonomischen Exposures allerdings zu einer verzerrten Darstellung des Risikos kommen, wenn bspw. nicht realisierte Gewinne des Grundgeschäfts nicht mit realisierten Verlusten des Sicherungsgeschäfts verrechnet werden dürfen. Dies würde zu einem bilanziellen Ausweis von Verlusten führen, die aus ökonomischer Sicht nicht zutreffend sind[2]. Das Accounting Exposure muss daher als eine Nebenbedingung des ökonomischen Exposures gesehen werden[3].

Die Behandlung und vor allem die Quantifizierung des ökonomischen Exposures ist aufgrund der zahlreichen direkten und indirekten interdependenten Zusammenhänge verschiedenartiger Faktoren äußerst komplex. Die Analyse hat daher umfassend und unter Berücksichtigung der verschiedenen Wirkungszusammenhänge zu erfolgen, indem das Risikopotenzial der Einflussfaktoren auf die Zielgröße ermittelt wird. Dieser Vorgang wird als *Exposure Mapping* bezeichnet[4]; und lässt sich mit der Erstellung einer *Straßenkarte für den Weg des Risikos zur Zielgröße* beschreiben. Hierbei werden die Zusammenhänge zwischen den Werten der Zielgröße (u. a. aus der betrieblichen Planung) und den Risikofaktoren hergestellt. Dabei sind auch die Korrelationen unter den jeweiligen Risikofaktoren zu berücksichtigen. Die Beziehungen zwischen den finanziellen Ergebnissen und den Einflussfaktoren sind von den individuellen Gegebenheiten sowie der aktuellen Marktsituation abhängig[5]. Der Wirkungszusammenhang zwischen Exposure und Risikofaktoren kann, je nach Situation und Datenverfügbarkeit, durch die in Kapitel 4.1.1.1 vorgestellten Instrumente des Risikomanagements, insbesondere durch Sensitivitäts- und Regressionsanalysen sowie Monte-Carlo-Simulationen, bestimmt werden[6]. Die Komplexität und insbesondere der Umfang der einbezogenen Risikofaktoren ist dabei von dem jeweiligen Modell abhängig.

---

[1] Gleichwohl richten viele Unternehmen ihr Risikomanagement noch immer auf dem Accounting Exposure oder dem Transaktionsexposure aus. Vgl. BARTRAM (1999a), S. 15.
[2] Dies würde zumindest im Rahmen einer retrograden Berechnung des Cash-Flows auch zu einer Beeinträchtigung der Ergebnisse des CFaR führen.
[3] Vgl. BARTRAM (2000a), S. 245.
[4] Vgl. AUSSENEGG/UHLIR (1997), S. 273 - 277.
[5] Vgl. HAGER (2004), S. 189.
[6] Vgl. DEUTSCH (2001), S. 429 - 432, 435.

5.2   Anwendungsgebiete und Ziele des Cash-Flow at Risk

5.2.1   CFaR als Instrument des Risikomanagements

In Kapitel 5.1 wurde das CFaR-Konzept definiert und verschiedene Berechnungsmethoden skizziert. Für die jeweilige Herangehensweise und den Lösungsansatz zur Ermittlung des CFaR ist das Anwendungsgebiet bzw. das Ziel der Berechnung ausschlaggebend. Im Folgenden sei daher zunächst ein Überblick über die in der Literatur vorgeschlagenen Einsatzmöglichkeiten und die damit verbundenen Ziele wiedergegeben.

Wie das VaR-Konzept wurde auch das CFaR-Konzept als Teil des internen Risikomanagements entwickelt. Es wird vorgeschlagen, CFaR-Modelle als Instrument des Risikomanagements zu verwenden, um die nachstehenden Ziele zu realisieren[1].

- Auf der Grundlage des errechneten CFaR soll das finanzielle Exposure der Gesellschaft im festgelegten Risiko- und Planungszeitraum ermittelt werden. Durch die *Einrichtung und Überwachung von Marktrisikolimits* können ab festgelegten Grenzwerten von der Unternehmensleitung automatisch Absicherungsmaßnahmen erzwungen werden[2]. Unter Berücksichtigung der Risikotragfähigkeit und -bereitschaft des Unternehmens sind Limite für die im Rahmen des Modells berücksichtigten Risikofaktoren zu benennen und deren Einhaltung zu überprüfen.

- Interne Modelle sollen die Messung der Absicherungswirkung der unternommenen Hedgingmaßnahmen ermöglichen und sich daher zur *Auswahl der effizienten Absicherungsstrategie* (Hedging) eignen[3]. Dazu ist das Modell so zu konzipieren, dass Veränderungen des betrachteten CF nur auf den Einsatz bzw. Nichteinsatz von Absicherungsmaßnahmen und nicht auf Absatzschwankungen oder Tätigkeiten der Konkurrenz zurückzuführen sind[4]. Durch die Absicherung wird die Volatilität der CF-Verteilung kleiner, allerdings sind die Kosten der durchgeführten Maßnahmen zu berücksichtigen, so dass die Vorteilhaftigkeit von Risikostrategien zu berechnen ist.

- Daneben kann mit Hilfe des CFaR eine *Erfolgsmessung des Finanzmanagements* erfolgen, indem den operativen Bereichen die Kosten für die (umfassende) Absicherung ihrer finanziellen Risiken in Rechnung gestellt werden, während es dem Finanzmanagement freigestellt wird, eine vollständige CF-

[1] Vgl. LEE ET AL. (1999), S. 19 - 23; STEIN ET AL. (2000), S. 8. Ebenso HAGER (2004), S. 239 - 256.
[2] Vgl. LEE ET AL. (1999), S. 21 - 23; HAGER (2004), S. 239 - 244.
[3] Vgl. LEE ET AL. (1999), S. 19 - 21; HAGER (2004), S. 245 - 251.
[4] Vgl. HAGER (2004), S. 245.

Absicherung tatsächlich so durchzuführen[1] oder, im Rahmen gesetzter Limits, ein Eingehen der Risiken zur Erzielung von Gewinnen aus der erwarteten zukünftigen Marktentwicklung zu gestatten. Das Finanzmanagement stellt dann ein eigenständiges Profitcenter dar. Die Wertsteigerung durch Risikomanagement ist größer, je höher die Wahrscheinlichkeit ist, dass operative Cash-Flows unter einen Punkt fallen, an dem strategisch wichtige Investitionen unterbleiben oder limitiert werden müssen[2].

SHAPIRO/TITMAN argumentieren, dass je höher die Cash-Flow-Volatilität sei, desto schneller würde ein Unternehmen in einen Financial Distress geraten, wenn der tatsächlich eingetretene deutlich unter dem erwarteten CF liege. Sie empfehlen daher die Überwachung und Steuerung des Risikos von Cash-Flow-Abweichungen nach unten mittels eines geeigneten Downside-Risikomaßes[3]. Vor allem für die Risiken, die aus Sicht des Unternehmens einen komparativen Wettbewerbsvorteil beinhalten und nicht ohne weiteres mittels derivativer Instrumente abgesichert werden können, ist diese Art von Risikomanagement relevant. Im Unterschied zu alternativen Ansätzen eines unternehmensweiten Risikomanagements bietet das CFaR-Konzept den Vorzug einer quantitativen Messung des Risikopotenzials und liefert damit einen Wertbeitrag zum Risikomanagement[4].

5.2.2 CFaR zur Ermittlung eines Financial Distress

Neben dem Einsatz innerhalb des internen Risikomanagements kann auch die Wahrscheinlichkeit einer Illiquidität, sog. *Financial Distress,* eines Unternehmens berechnet werden[5]: Der zunehmende Einsatz von Fremdkapital ist grundsätzlich durch einen Trade-off zwischen steigenden Steuervorteilen (tax shield) und möglicherweise einer steigender Managementdisziplin einerseits sowie dem steigenden Risiko einer Illiquidität andererseits gekennzeichnet[6]. Die Wahrscheinlichkeit einer Zahlungsunfähigkeit steigt mit zunehmender Schwankungsbreite der Cash-Flows an. Basierend auf der Bildung einer Verhältniszahl zwischen der Zielgröße, bspw. EBIT, und Zinsaufwand kann eine EaR- bzw. CFaR-

---

[1] Der Wertbeitrag des Finanzmanagements würde sich dann auf Null belaufen.

[2] Vgl. FROOT/SCHARFSTEIN/STEIN (1993), S. 1629 - 1658; STULZ (1999), S. 85 - 103; FROOT/STEIN (1998), S. 55 - 82. Dabei ist der Wertbeitrag umso größer, desto höher die nicht abzusichernden Risiken sind. Vgl. STEIN ET AL. (2000), S. 9.

[3] Vgl. SHAPIRO/TITMAN (1998), S. 251 - 265, insb. 264. Ebenso STULZ, der vor allem dann eine Überwachung der CF-Volatilität anrät, wenn „tatsächliche Kosten" zu berücksichtigen sind. Vgl. STULZ (1996), S. 12.

[4] Vgl. HIELSCHER/BEYER (2002), S. 479.

[5] Vgl. STEIN ET AL. (2000), S. 6 - 8.

[6] Mit einem ähnlichen Ansatz versuchen HIELSCHER/BEYER darüber hinaus, die Frage nach der geeigneten bzw. optimalen Kapitalstruktur eines Unternehmens zu beantworten. Vgl. BEYER (2000), S. 301 - 321; HIELSCHER/BEYER (2002), S. 461 - 481.

Kennzahl ermittelt werden, die die Deckung von Ausgaben zum Zwecke der Kapitalaufnahme durch operative Einzahlungen ermittelt. Durch Vergleich dieses Ergebnisses im Zeitablauf oder mit vergleichbaren Unternehmen lassen sich Aussagen über die finanzielle Potenz eines Unternehmens ableiten[1].

Darüber hinaus schlägt KREMERS vor, den Cash-Flow at Risk mit verschiedenen Risikodeckungsmaßen in ein Verhältnis zu bringen, um, ähnlich dem Vorgehen bei Kreditinstituten, die Risikotragfähigkeit eines Unternehmen ausdrücken zu können. Dabei steht in erster Linie die Liquiditätsmessung im Mittelpunkt der Betrachtung, da mit dem Instrument des CFaR schon frühzeitig Steuerungsimpulse gegeben werden, die signalisieren, ob und mit welcher Wahrscheinlichkeit eine Unterdeckung an Liquidität entstehen kann, wenn aufgrund von ungünstigen Marktentwicklungen die Ausgaben die Einnahmen übersteigen. Ziel ist es, dem Unternehmen durch die vorausschauende Berechnung noch die Möglichkeit zu Steuerungsmaßnahmen zu geben um eine Schadensbegrenzung zu gewährleisten. Durch Absicherungsmaßnahmen der identifizierten Risikopositionen soll schließlich eine Minderung der Marktpreisrisiken erzielt werden, welche die Senkung der Volatilität der Cash-Flow-Schwankungen im Zeitablauf zur Folge haben[2].

5.2.3 Freiwilliges und gesetzliches Risikoreporting

Die vorgestellten internen Verwendungszwecke als Instrument des Risikomanagements sowie zur Ermittlung der drohenden Illiquidität legen darüber hinaus auch eine externe Verwendung des Cash-Flow at Risk-Konzepts nahe. Es wird eine Veröffentlichung des CFaR im Rahmen der Quartals- und Jahresberichterstattung vorgeschlagen. Zum einen soll der CFaR ein Instrument des Managements im Umgang mit den Renditeerwartungen von Kapitalgebern sein, indem Cash-Flow-Schocks in eine vergleichende Perspektive gesetzt werden[3]. Zum anderen sei der CFaR geeignet, die geforderte Risikoquantifizierung sowie das Risikoreporting auszufüllen und zu ergänzen, indem über Marktrisiken, aber auch über allgemeine Geschäftsrisiken im Rahmen einer vorgeschriebenen oder freiwilligen Publizität berichtet wird[4]. Je nach Konzept können unterschiedliche

---

[1] STEIN ET AL. vergleichen das Verhältnis von EBIT zu Zinsaufwand von US-amerikanischen Energieversorgern im Zeitablauf. Sie ermitteln für Anfang der 90er Jahre eine Senkung der Kennzahl von 2,81 auf 2,23 bei einem Konfidenzniveau von 95 % durch Cash-Flow-Volatilität. Durch die anhaltende Deregulierung dieses Sektors ermitteln sie für 1999 eine Kennzahl von nur 1,65. Vgl. STEIN ET AL. (2000), S. 7.

[2] Vgl. HAGER (2004), S. 248f. Dies hat eine den Unternehmenswert steigernde Wirkung, zumal in Staaten mit einem progressiv ansteigenden Steuersatz eine Verminderung der Ergebnisvolatilität zu Steuerersparnissen führen kann.

[3] Vgl. STEIN ET AL. (2000), S. 9f.

[4] Vgl. LEE ET AL. (1999), S. 23f.

Aussagen anhand der ermittelten Kennzahlen getroffen werden. STEIN ET AL. führen aus, dass Investoren und Analysten die Volatilität von veröffentlichten Quartalszahlen streng verfolgen und diese Zwischenzahlen dazu nutzen, Druck auf die Unternehmensleitung auszuüben, damit diese die gesteckten Ertragsziele erreicht[1]. Durch Veröffentlichung der Ergebnisse eines auf Vergleichsunternehmen aufbauenden (externen) CFaR können im Vorfeld starke negative Cash-Flow-Schocks in eine objektivierte, vergleichende Perspektive gebracht und so ungerechtfertigte Abwertungen vermieden werden. STEIN ET AL. schlagen folgende Aussage vor: „for other companies in our peer group, an X % deviation of quarterly earnings from expectations is not at all atypical – indeed, it occurs roughly Y % of the time"[2].

LEE ET AL. verweisen auf die Anforderungen der amerikanischen Börsenaufsicht SEC an die quantitative Risikoberichterstattung[3]. Die Bestimmung des CFaR gehe über die Erfordernisse der SEC hinaus, da nicht nur Risiken aus Finanzinstrumenten, sondern über sämtliche Marktrisiken hinaus auch Geschäftsrisiken einbezogen werden können. Da weder die Parameter noch eine exakte Berechnungsmethodik für Nichtfinanzunternehmen vorgeschrieben ist, entstehen bei einer Veröffentlichung eines CFaR allerdings noch einige Freiheiten[4].

Eine Veröffentlichung des CFaR im Reporting wird von theoretischer und praktischer Seite vorgeschlagen. Zudem wird vermutet, dass eine solche Kennzahl im (deutschen) Risikobericht zu einer Vereinheitlichung der Berichte und damit zu einer Erhöhung ihres Informationsgehaltes führen könnte. Im Rahmen dieser Arbeit wird daher auf dieses Anwendungsgebiet besonders eingegangen, indem eine Anwendung von CFaR-Modellen auf die Veröffentlichung im Rahmen des Risikoberichts diskutiert wird.

5.3 Methoden der Cash-Flow at Risk Bestimmung

5.3.1 Überblick über die Verfahren

In der Literatur haben sich zwei wesentliche Konzepte zur Ermittlung eines CFaR herausgebildet: Zunächst lässt sich eine Differenzierung nach bottom-up-

---

[1] Vgl. STEIN ET AL. (2000), S. 10.
[2] STEIN ET AL. (2000), S. 10. Es handelt sich dabei um einen top-down-Ansatz, der lediglich auf extern verfügbaren Daten basiert. Vgl. ausf. Kapitel 5.3.3.4.
[3] Vgl. LEE ET AL. (1999), S. 23f.
[4] Vgl. LEE ET AL. (1999), S. 24.

und top-down-Ansätzen vornehmen.[1] Abbildung 20 gibt einen grafischen Überblick der verschiedenen Ansätze.

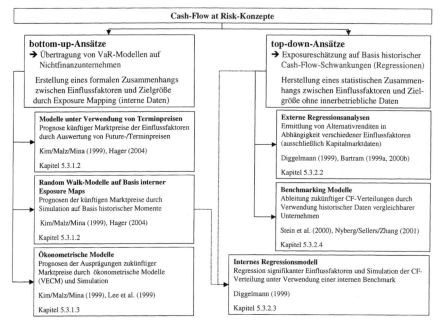

Abb. 20: Kategorisierung der verschiedenen CFaR-Ansätze

Die *bottom-up-Ansätze* basieren eng auf den oben beschriebenen VaR-Modellen und ermitteln die Beziehung zwischen den Änderungen verschiedener finanzieller Einflussfaktoren und einer stromgrößenbasierten Zielgröße[2]. Über ein Exposure Mapping werden finanzielle Risiken erkannt und mittels verschiedener statistischer Verfahren analysiert. Die jeweiligen Risiken werden in einem Modell zusammengefügt. Zur Prognose zukünftiger Marktpreise und damit zur Abschätzung potenzieller Cash-Flow-Schwankungen sind, wie in Abbildung 20 verdeutlicht, verschiedene Verfahren bekannt: Die Prognose kann erstens in Anlehnung an die Methode impliziter Volatilitäten für kurze Zeiträume unter Verwendung deterministischer Terminpreise erfolgen. Zweitens kann auf Basis historischer Momente der Verteilungen der Einflussfaktoren eine auf dem Random-Walk basierende Simulation durchgeführt werden und drittens stehen ökono-

---

[1] Vgl. GIBSON (1999), S. 2f.; HIELSCHER/BEYER (2002), S. 472; ALESII (2003), S. 2 - 4; ähnlich HAGER (2004), S. 3 - 7. Teilweise werden nur die bottom-up-Methoden als CFaR-Modelle im engeren Sinne verstanden. Vgl. BARTRAM (1999a), S. 20.

[2] Vgl. HAYT/SONG (1995), S. 94 - 99; TURNER (1996); SHIMKO (1999), S. 255 - 274; LEE ET AL. (1999).

metrische Verfahren zur Abschätzung der zukünftigen Entwicklung zur Verfügung[1]. Ziel ist es, eine Aussage darüber treffen zu können, mit welcher Wahrscheinlichkeit ein künftiger Cash-Flow bestimmte Werte aufgrund des Einflusses der identifizierten Risiken nicht unterschreiten wird[2]. Aufgrund der benötigten Kenntnisse um die unternehmensbezogenen Wirkungszusammenhänge zwischen den Einflussfaktoren und der Zielgröße lassen sich diese Modelle nur durch Unternehmensangehörige (bzw. deren Berater) durchführen. Sie können daher als *interne Modelle* bezeichnet werden.

Daneben haben sich *top-down-Ansätze* etabliert. Sie sollen die Nachteile der vorgenannten Verfahren ausgleichen, denn zum einen ist die separate Betrachtung einzelner Risikofaktoren aufgrund der zahlreichen Interdependenzen hinsichtlich ihrer Komplexität nicht unumstritten[3]. Stattdessen wird hier die Zielgröße der Gesellschaft, der Gewinn oder der Cash-Flow, direkt betrachtet[4]. Zum anderen wird eine Untersuchung einzelner oder auch gesamter Risikoexposures auch für Unternehmensexterne möglich bzw. objektiv überprüfbar, indem ausschließlich öffentlich zugängliche Kapitalmarktdaten verwendet werden[5]. Sie werden daher im Folgenden auch als *externe Modelle* bezeichnet und sind vergleichbar mit den Multiplikatorverfahren in der Unternehmensbewertung. Die Schätzung der Volatilitätsschwankung der Cash-Flow-Größe erfolgt auf Grundlage historischer Abweichungen und Veränderungen[6]. Durch diese Vorgehensweise werden alle Risiken, d. h. nicht nur finanzielle, sondern auch operative Einflüsse, die sich auf den Cash-Flow auswirken, simultan berücksichtigt. Der Problematik, die Schwankungen der Zielgröße zu schätzen, wird dabei auf unterschiedlichste Weise begegnet. Da interne Cash-Flow-Daten nicht oder nicht in ausreichender Datenmenge vorhanden sind, wird im Rahmen von Regressionsanalysen u. a. die Aktienrendite herangezogen und über verschiedene Kapitalmarktdaten zu erklären versucht[7] oder die Cash-Flow-Schwankung über Fi-

---

[1] Vgl. LEE ET AL. (1999), S. 56f., sowie KIM/MALZ/MINA (1999), S. 81 - 117. Im Rahmen des Produkts CORPORATEMETRICS[TM] wird alternativ ein Vector Error Correction Modell, VECM, verwendet. Es sei an dieser Stelle auf Kapitel 5.3.2.4 verwiesen.

[2] Vgl. MEVAY/TURNER (1995), S. 85; HIELSCHER/BEYER (2002), S. 472.

[3] Vgl. STEIN ET AL. (2000), S. 2. Zu groß sei die Gefahr, einige wesentliche, einfach messbare Risiken zu beachten und dabei die Missachtung anderer nichtfinanzieller Risiken zu akzeptieren.

[4] Vgl. DIGGELMANN (1999); BARTRAM (2000); STEIN ET AL. (2000). Vgl. grundlegend HERTZ (1964).

[5] Vgl. OXELHEIM/WIHLBORG (1987). Zu weiteren Nachweisen vgl. BARTRAM (1999a), S. 123 - 327 und insb. Appendix A.

[6] Vgl. BARTRAM (1999); DIGGELMANN (1999), S. 234 - 248; STEIN ET AL. (2000).

[7] Dabei ist eine getrennte Betrachtung einzelner Risikoexposures ebenso möglich wie die Betrachtung des gesamten Unternehmensexposures. Vgl. BARTRAM (1999a), S. 123 - 327; BARTRAM (2000), S. 1279.

nanzmarktinstrumente nachgebildet[1]. Die Ansätze ermitteln eine Exposureab-schätzung von Unternehmen ohne auf nicht öffentliche Daten oder interne Pla-nungssysteme zurückzugreifen. Neben den Regressionsanalysen finden sich sog. Benchmarking-Modelle, die zur Sicherstellung einer statistisch zufrieden stel-lenden großen Datenbasis die künftigen Cash-Flow-Verteilungen über histori-sche Prognosefehler verschiedener vergleichbarer Unternehmen schätzen[2].

Neben den oben beschriebenen grundsätzlichen Ausprägungen der beiden we-sentlichen Ansätze, wird in der Literatur ein Verfahren vorgeschlagen, das die beiden Methoden miteinander verbinden könnte[3]. Es handelt sich um ein auf den top-down-Ansätzen basierendes Regressionsmodell, das unter Verwendung öffentlich zugänglicher Cash-Flow-Daten und einzelner interner Prognosedaten, bspw. des von der Unternehmensleitung prognostizierten Cash-Flows, eine Risi-koabschätzung vornimmt.

Bei allen vorgestellten Modellen handelt es sich um Downside-risk-Ansätze[4], d. h. im Ergebnis werden nur die mit den Einflussfaktoren verbundenen Gefah-ren ausgedrückt. Durch die Berücksichtigung der Wahrscheinlichkeitsverteilung können indes grundsätzlich auch Aussagen über die mit den Risiken verbunde-nen Chancen getroffen werden.

Im Folgenden werden die verschiedenen Methoden genauer vorgestellt und die ihnen zugrunde liegenden Annahmen und Voraussetzungen erläutert. Zunächst werden in Kapitel 5.3.2 die bottom-up-Ansätze und in Kapitel 5.3.3 die top-down-Ansätze diskutiert. Die Modelle werden in Kapitel 5.3.4 einem Zwischen-fazit unterzogen. Die Anwendung einzelner Verfahren erfolgt im Rahmen einer Verwendung für den Risikobericht in Kapitel 7.

5.3.2   Bottom-Up-Ansätze

5.3.2.1 Allgemeine Vorgehensweise

Die *bottom-up-Ansätze* sind eng an das Value-at-Risk-Konzept angelehnt. Sie ermitteln die Beziehung zwischen den Änderungen verschiedener finanzieller Einflussfaktoren und einer stromgrößenbasierten Zielgröße[5]. Dazu gilt es zu-

---

[1] Sog. Replikationsmethode. Vgl. DIGGELMANN (1999), S. 234 - 239.
[2] Modelle der Beratungsunternehmen NERA und KMV. Vgl. STEIN ET AL. (2000) und NY-BERG/SELLERS/ZHANG (2001).
[3] Vgl. DIGGELMANN (1999), S. 240 - 249; BARTRAM (2000), S. 1283 - 1291.
[4] In der Literatur wird die Auffassung vertreten, dass im industriellen Bereich vor allem die Fokussierung auf die Risiken in Form der Abweichung vom Erwartungswert nach unten er-folgen sollte, da diese Abweichungen oftmals mit existenzbedrohenden Verlusten verbun-den sein können. Vgl. HIELSCHER/BEYER (2002), S. 463f.
[5] Vgl. u. a. HAYT/SONG (1995), S. 94 - 99; TURNER (1996); SHIMKO (1999), S. 255 - 274.

nächst marktpreisbasierte Risikofaktoren zu identifizieren, die einen signifikanten Einfluss auf die Zielgröße ausüben. Im Rahmen des Exposure Mapping werden die ausgewählten finanziellen Risiken hinsichtlich ihrer Bedeutung für die Änderung der Zielgröße analysiert. Die verschiedenen Risiken werden dann in einem Modell in einen funktionalen Zusammenhang gebracht, so dass auf Basis verschiedener nachfolgend skizzierter Methoden zukünftige Cash-Flow-Schwankungen prognostiziert werden können.

Das CFaR-Modell ist dabei ebenso einfach wie komplex[1]. Die Interpretation der Ergebnisse ist einfach, weil die betragsmäßige Abweichung der Zielgröße aus dem Businessplan in einer Zahl angegeben wird, die in einem bestimmten Zeitraum auf einem festgelegten Konfidenzniveau nicht überschritten wird[2]. Das CFaR-Modell wird jedoch häufig sehr komplex, da die Berechnung stark von dem Zusammenspiel der verschiedenen Risiken eines Unternehmens abhängt, so dass Korrelationen zwischen den Einflussfaktoren zu berücksichtigen sind. Dazu kommt, dass die Güte des Modells davon abhängig ist, wie gut die finanziellen Risikofaktoren in der Lage sind, die betrachteten Cash-Flow- bzw. Gewinnschwankungen erklären zu können[3], so dass eine gewisse Komplexität unerlässlich erscheint. Daher ist es für die Güte der Risikomessung notwendig, möglichst flexible Risikomodelle zu verwenden, damit neben den Marktpreisänderungen auch die damit verbundenen Auswirkungen auf das operative Geschäft berücksichtigt werden, indem einerseits die Korrelationen zwischen den Risikofaktoren und andererseits die Wechselwirkungen zwischen den Risikofaktoren und den betrieblichen Kosten bzw. Erlösen abgebildet werden, da aus Marktpreisrisiken auch Geschäftsrisiken erwachsen können[4]. Den Interdependenzen zwischen den Marktpreisschwankungen der Einflussfaktoren und der Absatzmenge ist durch deren Schätzung und Integration in den formalen Zusammenhang des Modells Rechnung zu tragen. Die Risikomessung erfolgt indes fokussiert auf finanzielle Risiken, d. h. die Schwankungen des Cash-Flows der Unternehmung werden zunächst isoliert durch Marktpreisrisiken erklärt[5].

Im Industrie- und Handelsbereich sind unsichere Cash-Flows durch zufällige Absatz- und Marktpreisschwankungen anzunehmen[6]. Es reicht dann aber nicht aus, die Verteilung des Risikofaktors zum Ende des Prognosezeitpunktes zu be-

---

[1] Vgl. TURNER (1996), S. 38.
[2] Vgl. TURNER (1996), S. 38. Daneben kann ebenso das Risiko als Wahrscheinlichkeit der Abweichung von einem Erwartungswert oder der quasi-sichere CF angegeben werden.
[3] Vgl. TURNER (1996), S. 38; GILMOUR (1997), S. 27.
[4] Eine ungünstige Wechselkursveränderung stellt nicht nur an sich ein Risiko dar, sie kann auch einen Umsatzeinbruch auf den Exportmärkten zur Folge haben. Vgl. LEE ET AL. (1999), S. 39 - 49; HAGER (2004), S. 190f.
[5] Vgl. TURNER (1996), S. 38. Auch bottom-up-Ansätze sind um operative und strategische Risikofaktoren zu erweitern. Vgl. LEE ET AL. (1999), S. 39f.; HAGER (2004), S. 192 - 204.
[6] Vgl. HAGER (2004), S. 17f.

rechnen; vielmehr muss ein kompletter Pfad für den Verlauf des Risikofaktors über den gesamten Prognosezeitraum ermittelt werden. In der Literatur lassen sich im Wesentlichen drei verschiedene Vorgehensweisen identifizieren[1]: Erstens kann die Prognose langfristiger zukünftiger Marktentwicklungen der einbezogenen Einflussfaktoren auf Basis aktueller Marktpreise in Form von Futures- bzw. Terminpreisen abgeschätzt werden. Zweitens können aufbauend auf den statistischen Momenten aus der Vergangenheit die zukünftigen Verteilungen der Einflussfaktoren im Rahmen einer Monte-Carlo-Simulation[2] unter der Annahme eines Random-Walks simuliert werden[3]. Letztere kann mit einem Trend kombiniert werden. Schließlich wird die Verwendung ökonometrischer Verfahren, bspw. ein sog. *Vector Error Correction Modell* zur Ermittlung der möglichen künftigen Ausprägungen der Risikofaktoren vorgeschlagen[4]. Die unterschiedlichen Vorgehensweisen werden nachfolgend diskutiert.

5.3.2.2 Modelle deterministischer Terminpreise

Aus den in Kapitel 4.2.3.2 beschriebenen Möglichkeiten der VaR-Berechnung über implizite Volatilitäten sind auch Vorschläge zur Messung von finanziellen Risiken im Bereich der Nichtfinanzunternehmen entstanden[5]. Als Ansatz zur längerfristigen Prognose zukünftiger Marktpreise im Rahmen der CFaR-Berechnung könnten Zins-Forwards, Devisenterminkurse und Futurespreise von Rohstoffen herangezogen werden. Aus den aktuellen, zukunftsgerichteten Preisen lassen sich deterministische Preise bzw. Kurse errechnen, die einen Eindruck über die zu erwartenden Entwicklungen geben sollen[6]. Die Prognosegüte von *Forward-Zinssätzen* ist jedoch insbesondere für längere Zeiträume sehr eingeschränkt. Eine für die Ableitung zukünftiger Erwartungen zu bildende eigene Zinsmeinung des Marktes ist ihnen nicht zu eigen. Die Forwardsätze ergeben sich vielmehr mathematisch aus der aktuellen Zinsstrukturkurve[7]. Die wechselnden Phasen hoher und niedriger Volatilitäten, die sich ändernde Risikoneigung der Marktteilnehmer und andere Unvollkommenheiten des Kapitalmarktes

---

[1] Vgl. u. a. die Vorgehensweisen bei LEE ET AL. (1999), S. 54 - 58; HAGER (2004), S. 162 - 188.

[2] Unter der Voraussetzung, dass ausreichendes Datenmaterial zur Verfügung steht, sind daneben auch die Varianz-Kovarianz-Methode sowie die Historische Simulation anwendbar. Vgl. DIGGELMANN (1999), S. 233.

[3] Vgl. HAGER (2004), S. 172.

[4] Für mittelfristige Prognosen von Risikofaktoren wird ein Vector Autoregressive Modell mit einem Error Correction Modell verknüpft, so dass ein Vector Error Correction Modell entsteht. Vgl. KIM/MALZ/MINA (1999), S. 9, 81 - 117; LEE ET AL. (1999), S. 56f.

[5] Vgl. KIM/MALZ/MINA (1999), S. 30f.

[6] Vgl. ausf. KIM/MALZ/MINA (1999), S. 15 - 80.

[7] Vgl. SCHIERENBECK/WIEDEMANN (1996), S. 37.

werden bei diesem Ansatz nicht berücksichtigt[1]. Darüber hinaus kann die Zinspolitik der Zentralbanken nur schlecht eingeschätzt werden, so dass gerade für längere Prognosezeiträume die Forwardzinssätze keinen geeigneten Indikator für die zukünftige Zinsentwicklung darstellen[2]. Gleichwohl können sie als Vergleichsmaßstab für die eigene Zinserwartung dienen. Daneben können zukünftige, *deterministische Wechselkurse* berechnet werden, indem die Devisenterminkurse zu einer Prognose herangezogen werden. Im Gegensatz zu den Zinssätzen werden Wechselkurse nur begrenzt von den Zentralbanken gestützt. Die Devisenterminkurse ergeben sich im Wesentlichen aus kalkulatorischen Arbitragemöglichkeiten, so dass die kurzfristige Prognosegüte als nur unzureichend angesehen wird. Auch mittelfristig kann eine Annäherung zwischen Termin- und Wechselkursen nicht eindeutig nachgewiesen werden[3]. Wenngleich Devisenterminkurse eine Möglichkeit zur Marktbeobachtung sein mögen, erscheinen auch sie für eine Risikoprognose ungeeignet. Schließlich können zur Prognose der künftigen Marktentwicklung von Rohstoffen deren *Futurespreise* zugrunde gelegt werden. Im Gegensatz zu Zinssätzen sowie Aktien- und Wechselkursen besitzen die Preise von Rohstoffen grundsätzlich differierende Eigenschaften. Rohstoffe werden nur von sehr wenigen Marktteilnehmern zu Spekulationszwecken gehalten. Der Futurespreis ergibt sich als Summe des Spotpreises und den Haltekosten, den sog. Cost of Carry. Anders als bei Finanzinstrumenten bestehen die Haltekosten von Rohstoffen auch aus Transport-, Lager- und Versicherungskosten. Da sie in aller Regel nicht der Spekulation, sondern der Weiterverarbeitung dienen, besitzen sie auch einen Konsumwert, sog. Convenience Yield[4]. Insgesamt wird auch den Futurespreisen keine hohe Prognosegüte bezüglich zukünftiger Rohstoffpreisentwicklungen zugestanden[5], so dass die Richtigkeit von Terminpreisen als „vom Zufall abhängig"[6] bezeichnet wird. Insgesamt ist daher die Verwendung von Forward-Zinssätzen, Devisenterminkursen und Futurespreisen für Rohstoffe für eine Risikoprognose von Industrie- und Handelsunternehmen abzulehnen, da diesen Modellen bei der Abschätzung von Risikoexposures keine hohe Prognosegüte zugestanden wird[7]. In der folgenden Betrachtung bleiben CFaR-Modelle unter Verwendung deterministischer Terminpreise daher außen vor.

---

[1] Vgl. MALZ (2001), S. 4 - 9.
[2] Vgl. HAGER (2004), S. 165.
[3] Vgl. HAGER (2004), S. 166f.
[4] Vgl. ausf. HULL (2001), S. 714f.
[5] Zu irreführenden Kursverläufen bei Zinsforwards, aber vor allem bei Rohstoff-Futurepreisen vgl. HUMPHREYS/SHIMKO (1997), S. 116, 119.
[6] HAGER (2004), S. 171.
[7] Vgl. mit entsprechenden Beispielen und Berechnungen HAGER (2004), S. 171. Es wird verwiesen auf die weitergehende Literatur. Vgl. ausf. KIM/MALZ/MINA (1999), S. 30. Vgl. kritisch HAGER (2004), S. 162 - 171.

5.3.2.3 Random Walk-Modelle auf Basis interner Exposure Maps

Zentrale Aufgabe eines CFaR-Konzepts ist es, die zukünftige Entwicklung von Einflussfaktoren, i. d. R. Rohstoffpreise, Zinssätze, Wechselkurse usw., abzuschätzen und über die Beziehung zur Zielgröße die Auswirkung auf den Cash-Flow festzustellen. Bei den hier betrachteten Random Walk-Modellen wird die Entwicklung der Risikofaktoren als ein Zufallsprozess, dem sog. Random Walk, aufgefasst. In der Literatur werden diese Modelle u. a. von KIM/MALZ/MINA, DIGGELMANN und HAGER diskutiert[1]. Ziel ist es, eine Verteilung der Zielgröße der Gesellschaft, bspw. des Cash-Flows, zu erhalten, die auf aggregierter Ebene über das Risiko des Cash-Flows Auskunft gibt. Die Vorgehensweise sei nachfolgend näher konkretisiert.

Zunächst werden im Rahmen einer Risikoinventur die Einflussfaktoren auf den Unternehmenserfolg ermittelt, d. h. es sind Faktoren zu bestimmen, die Einfluss auf die Schwankung des Cash-Flows haben. Zum Teil werden dazu (Multi-) Faktorenanalysen vorgeschlagen[2]. Neben dem Zusammenhang zwischen den Einflussfaktoren und den Ausgaben des Unternehmens sowie den Korrelationen der Risikofaktoren untereinander sind insbesondere auch die Interdependenzen zwischen den Faktoren und den Absatzmengen bzw. den Einnahmen von großer Bedeutung. Zur Lösung dieser Aufgabe können Preiselastizitäten oder Szenario- und vor allem Regressionsanalysen herangezogen werden. Dabei wird tendenziell das Resultat mit steigender Anzahl von Einflussfaktoren genauer werden, gleichzeitig aber auch der Berechnungsaufwand steigen. Die verschiedenen Einflussfaktoren werden als stetige Verteilungen ermittelt. Nachdem die entsprechenden Faktoren festgelegt wurden, sind Annahmen über die jeweilige Verteilung der Einflussfaktoren und deren Schwankungsbreite im Prognosehorizont festzulegen.

Unter Berücksichtigung der Art und des Umfangs des Marktes und der Konkurrenzsituation wird damit eine Exposure Map erstellt, in der alle relevanten und bekannten Abhängigkeiten zwischen der Absatzmenge und den Marktpreisen in einem funktionalen Zusammenhang erfasst werden. In dieser Exposure Map werden die Veränderungen der Einnahmen und Ausgaben festgestellt, die sich durch die Veränderungen der Marktpreise der Einflussfaktoren ergeben. Als Grundlage für die Exposure Map und vor allem für die Zielgröße, den Cash-Flow des Unternehmens, dient die operative Planung der Unternehmensleitung für den Planungszeitraum, bspw. das nächste Geschäftsjahr. Die in der Vergangenheit beobachteten Risikofaktoren werden meist als normalverteilt angenommen. Gleichwohl sind jedoch auch andere Verteilungen denkbar.

---

[1] Vgl. hier und im Folgenden DIGGELMANN (1999), S. 222 - 234; KIM/MALZ/MINA (1999); HAGER (2004), S. 172 - 188, insb. S. 188.

[2] Vgl. DIGGELMANN (1999), S. 240 - 248.

Nachdem Einflussfaktoren und Zielgröße derart funktional in Verbindung gebracht sind, werden im Rahmen einer Monte-Carlo-Simulation simultan die Zahlungs- bzw. Ergebniswirkungen der Veränderungen aller Risikofaktoren durchgespielt. Pro Simulation findet damit eine vollständige Berechnung der Zielgröße statt, so dass im Ergebnis eine Verteilung des erwarteten Cash-Flows entsteht. Unter Zugrundelegung des festgelegten Konfidenzniveaus kann schließlich der CFaR beziffert werden, indem der entsprechende Quantilswert der so ermittelten Häufigkeitsverteilung von dem erwarteten Cash-Flow abgezogen wird. Der erwartete Wert ist entweder der Mittelwert der Häufigkeitsverteilung oder ein vom Unternehmen angestrebter (und veröffentlichter) Ziel-Cash-Flow, die Benchmark. Die Differenz, der CFaR, stellt das Verlustpotenzial in dem festgelegten Zeitraum dar, die mit einer vorzugebenden Wahrscheinlichkeit nicht überschritten wird.

Die ermittelte Differenz zwischen erwartetem Cash-Flow und seiner auf dem jeweiligen Konfidenzniveau zu erwartenden Schwankung erlaubt die Prüfung, ob das Risiko vom Unternehmen getragen werden soll bzw. kann. Zu diesem Zweck sind die sonstigen (fixen) Ausgaben, die bislang nicht in das Modell integriert wurden, mit dem ermittelten Mindest-Cash-Flow, d. h. dem Quantilswert, zu verrechnen. Durch Aufstellung einer Verteilungsfunktion aus der ermittelten Häufigkeitsverteilung des Cash-Flows lassen sich direkt die Wahrscheinlichkeiten ablesen, mit denen die Ausgaben gedeckt werden können[1].

Die so definierte Vorgehensweise bewirkt, dass ein zukünftiges Risikoverhalten geschaffen wird, welches auf den vergangenheitsorientierten Erklärungsvariablen μ und σ basiert, ohne jedoch den Veränderungsraten der Vergangenheit zu entsprechen. Die Risikofaktoren folgen, so die Annahme, einer BROWN'schen Bewegung und damit einem Random Walk. Dabei handelt es sich um ein sehr gebräuchliches mathematisches Modell, auf das sich die vom Zufall abhängenden Eigenschaften vieler Prozesse zurückführen lassen. Das Konzept des Random Walk hat in der Finanzwelt nicht zuletzt durch die Arbeit von FAMA enorme Bedeutung erlangt[2]. Die Monte-Carlo-Simulation eignet sich besonders für multidimensionale Risikoverhältnisse, bei denen das Ergebnis von verschiedenen Risikofaktoren in nichtlinearer Art beeinflusst wird[3].

Neben dem beschriebenen rein stochastischen Prozess kann auch eine deterministische Komponente im Sinne eines Trends integriert werden. Die Trendkomponente kann auf Basis historischer Beobachtung geschätzt oder aus Forward-

---

[1] Zu einer exemplarischen Anwendung sei an dieser Stelle auf Kapitel 7.2 verwiesen.
[2] Vgl. FAMA (1965), S. 34 - 105; vgl. dazu auch DEUTSCH (2002), S. 381.
[3] Unter der Annahme, dass eine ausreichend große Datenmenge zur Verfügung stehen würde, könnten ebenso die Historische Simulation oder das Varianz-Kovarianz-Verfahren verwendet werden. Vgl. DIGGELMANN (1999), S. 233.

und Futurespreisen abgeleitet werden. Eine Trendbestimmung auf Basis historischer Daten ist jedoch problembehaftet, da die Auswahl des zugrunde liegenden
Zeitraums einen bedeutenden Einfluss auf den Trend haben kann[1]. Alternativ
wird eine zukunftsgerichtete Vorgehensweise vorgeschlagen, indem der Trend
anhand von Forward-Prämien berechnet wird, wobei sich diese als Differenz
zwischen Termin- und Kassakurs ergeben könnten[2]. Die Verwendung von
Trends setzt allerdings voraus, dass historische Entwicklungen bzw. Forward-
und Futurespreise einen zuverlässigen Indikator für die zukünftige Entwicklung
darstellen. Wenngleich die Auswahl des Zeitfensters zur Trendbestimmung
durch ein rollierendes Zeitfenster gemittelt werden könnte, um die Unabhängigkeit von einzelnen Betrachtungszeiträumen sicherzustellen, ist die Verwendung
von Trends insgesamt umstritten. Vielmehr nimmt das Modell an Komplexität
zu, ohne dass zwingend von dessen steigender Prognosegüte ausgegangen werden kann[3]. Eine Trendkomponente wird daher im Weiteren vernachlässigt.

Zusammenfassend bleibt festzuhalten, dass unter Kenntnis der internen Zusammenhänge mit Hilfe der Random-Walk-Modelle eine gute Exposureabschätzung
ermöglicht wird. Allerdings werden nur die betrachteten finanziellen Risikoexposures berücksichtigt, strategische und operative Risiken bleiben i. d. R. außen
vor. Darüber hinaus ist die Annahme eines Random Walk mit der Existenz eines
effizienten Kapitalmarkts sowie risikoneutraler Wahrscheinlichkeiten verbunden[4].

5.3.2.4 Ökonometrische Modelle

Die Beratungsgesellschaft J. P. MORGAN hat auf Basis der Erkenntnisse der Value-at-Risk-Berechnung[5] im Bereich der Finanzunternehmen einen Ansatz zur
Messung finanzieller Risiken, sog. Marktrisiken, für Nichtfinanzunternehmen
entwickelt[6]. Das Instrument wird unter dem Namen CORPORATEMETRICS[TM] vertrieben. In Verbindung mit dem Konzept zur Ableitung mittel- und langfristiger
Prognosen, LONGRUN[TM 7], lassen sich verschiedene Möglichkeiten zur Prognose
der künftig zu erwartenden Entwicklung der Risikofaktoren identifizieren. Neben den beiden oben beschriebenen Ansätzen wird dazu vor allem die Verwendung ökonometrischer Modelle vorgeschlagen. Vorgehensweise und Aufbau

---

[1] Vgl. HAGER (2004), S. 174.
[2] Vgl. KIM/MALZ/MINA (1999), S. 15 - 76, insb. S. 27f.
[3] HAGER rät zur Prognose ohne Trendkomponente. Vgl. HAGER (2004), S. 176.
[4] Vgl. LEE ET AL. (1999), S. 55f.
[5] Wie bereits in Kapitel 4 beschrieben, geht die weite Verbreitung des Value-at-Risk-Kon-
    zeptes u. a. auf J. P. MORGAN zurück. Diese vertreiben seit 1994 ein Instrument, RISK-
    METRICS[TM], zur Messung finanzieller Risiken im Bereich der Finanzunternehmen. Vgl.
    J. P. MORGAN/REUTERS (1996).
[6] Vgl. LEE ET AL. (1999), S. 11.
[7] Vgl. KIM/MALZ/MINA (1999).

ähneln der Herangehensweise der bereits beschriebenen Random Walk-Modelle, allerdings wird anstatt einer Random-Walk-Annahme ein ökonometrisches Modell zu Prognose der künftigen Entwicklung der Risikofaktoren verwendet. Im Folgenden wird daher die allgemeine, in fünf Schritten erfolgende Vorgehensweise von CORPORATEMETRICS[TM] unter Berücksichtigung des alternativen Prognoseverfahren beschrieben[1].

Schritt 1, Metric specification: Analog zu der in Kapitel 5.1.2 beschriebenen Vorgehensweise ist zunächst der Grundrahmen bzw. das Framework der Berechnung anzugeben. Dazu ist zunächst die Zielgröße der Berechnung festzulegen. Denkbar sind Ergebnisgrößen wie Earnings at Risk (EaR) sowie deren Wert pro Aktie Earnings per Share at Risk (EPSaR)[2] und Cash-Flow-Größen. Unter Cash-Flow-at-Risk (CFaR) wird „the maximum shortfall of net cash generated, relative to a specified target, that could be experienced due to the impact of market risk on a specified set of exposures, for a specified reporting period and confidence level" verstanden. Der Cash-Flow wird dabei definiert als „net change in cash balances"[3]. Daneben sind die Parameter der Untersuchung festzulegen. Als Zeithorizont kann ein Betrachtungszeitraum von 12 bzw. 24 Monaten herangezogen werden, das Konfidenzniveau liegt, je nach Risikoneigung und Verwendungszweck der Untersuchung, i. d. R. zwischen 95 und 99 %.

Schritt 2, Exposure Mapping: Es sind die Gewinn- bzw. Cash-Flow-Komponenten zu identifizieren, deren Wert durch Marktpreisänderungen beeinflusst werden können. Die Beziehung zwischen den Änderungen der Marktpreise und dem dadurch bedingten finanziellen Effekt ist zu quantifizieren. Um mehrere verschiedene Marktrisiken zu analysieren, sind diese gleichzeitig im Rahmen einer Regressionsanalyse zu untersuchen, um Korrelationen auch zwischen den Einflussfaktoren auszumachen.

Schritt 3, Forecasting und Scenario Generation: In einem dritten Schritt sind die zukünftigen Marktpreise und Zinssätze über Szenarien zu simulieren. Durch Generierung möglicher Wertausprägungen der verschiedenen Marktrisikofaktoren für jeden Zeithorizont sowie Zuordnung einer entsprechenden Verteilungsannahme werden dann die Auswirkungen auf die finanzielle Zielgröße unter den

---

[1] Vgl. LEE ET AL. (1999) m. w. N.
[2] Die Aussage der EPSaR sei an einem Beispiel kurz erläutert: Ein Unternehmen plant Earnigs per share von 2,50 EUR im nächsten Quartal. Bei einem Konfidenzniveau von 95 % und einem Zeithorizont von drei Monaten wurde für alle betrachteten Marktrisiken für das gesamte Unternehmen ein EPSaR von 0,35 EUR berechnet, d. h. dass die Gewinne der Gesellschaft im nächsten Quartal mit einer Wahrscheinlichkeit von 95 % nicht mehr als 0,35 EUR aufgrund von Marktpreisrisiken von der Benchmark 2,50 EUR nach unten abweichen werden.
[3] LEE ET AL. (1999), S. 34, beide Zitate.

gegebenen Parametern vorhergesagt[1]. Dieser Schritt soll mit Hilfe ökonometrischer Modelle vollzogen werden.

Die ökonometrischen Modelle sind das Ergebnis einer Zeitreihenanalyse, in deren Rahmen nicht nur einzelne Messgrößen wie Varianz und Korrelation der Einflussfaktoren beziffert werden. Vielmehr ist es Ziel, Modelle zu entwickeln, die eine bestimmte Zeitreihe beschreiben sollen. Eine vorgegebene Datenreihe X_t aus Messwerten, z. B. historischer Kurs- und Volatilitätsentwicklungen, ist zu interpretieren, damit anschließend diese Informationen zur Modellierung des dieser historischen Entwicklung zugrunde liegenden Prozesses verwendet werden können. Die Datenreihe wird mithin als Realisierung dieses Zeitreihenprozesses aufgefasst. Die aus der Datenreihe ermittelten Parameter werden dann zur Prognose verwendet[2].

LEE ET AL. schlagen vor, ein *Vector Autoregressives Modell*, sog. VARM, anzuwenden, bei dem jede Variable zum einen auf seinen eigenen historischen Werten und zum anderen auf der Zeitreihe der anderen Variablen beruht. Mit diesem Modell wird eine gemeinsame Vorhersage der zukünftigen Werte ermöglicht[3]. Bei einer verknüpften Prognose tritt im besonderen Maße die Schwierigkeit auf, dass sich einige Eigenschaften wie Durchschnitt und Varianz der Einflussfaktoren im Zeitablauf ändern. Eine solche Analyse baut i. d. R. auf stationären Zeitreihen auf. Diese zeichnet sich durch die Invarianz von Mittelwert, Varianz und Kovarianz gegen Zeitverschiebungen aus, d. h., Mittelwert und Varianz müssen konstant sein[4]. Nichtstabile Zeitreihen sind daher in stabile zu transformieren. Über *Error Correction Modells,* ECM, kann eine solche Transformation insbesondere für Stationarität über einen langen Zeitraum erfolgen. Durch Verknüpfung des VARM-Modells mit dem ECM entsteht ein so genanntes *Vector Error Correction Modell,* VECM[5]. Gleichwohl sei darauf hingewiesen, dass historische Zeitreihen, die zur Schätzung des Modells herangezogen werden, in der Realität zu kurz oder zu lang sein können, um zukünftige Verhältnisse abzuschätzen.

Mittels der vorgenannten Methode werden die Verteilungen der Einflussfaktoren geschätzt. Im Rahmen einer Monte-Carlo-Simulation werden anschließend Preis- und Zins-Szenarien für den Vorhersagezeitraum erzeugt[6].

---

[1] Vgl. LEE ET AL. (1999), S. 51. Es sei darauf hingewiesen, dass die Annahme einer Wahrscheinlichkeitsverteilung für die verschiedenen Marktrisiken für Planungszeiträume von bis zu zwei Jahren ein komplexes Planungsinstrument für jede einzelne Marktvariable erfordert. Vgl. LEE ET AL. (1999), S. 14.

[2] Vgl. DEUTSCH (2001), S. 503.

[3] Vgl. LEE ET AL. (1999), S. 57.

[4] Vgl. DEUTSCH (2001), S. 503.

[5] Vgl. LEE ET AL. (1999), S. 57; KIM/MALZ/MINA (1999), S. 81 - 121.

[6] Vgl. KIM/MALZ/MINA (1999), Chapter 5.

Schritt 4, Valuation: Aufgrund der angenommenen Szenarien und dem erfolgten Exposure Mapping wird im Rahmen einer Simulation eine Verteilung der Zielgröße berechnet. Im Rahmen des Bewertungsprozesses wird die Exposure Map auf Basis der Szenarien der Einflussfaktoren neu kalkuliert. Das Ergebnis einer jeden Iteration wird festgehalten, um eine Wahrscheinlichkeitsverteilung der finanziellen Ergebnisgröße zu produzieren. Das Ergebnis wird in Form eines Histogramms wiedergegeben, wobei für jedes Szenario ein unterschiedliches Ergebnis der Zielgröße abgetragen wird[1].

Schritt 5, Risk Computation: Im letzten Schritt wird schließlich der Wert des Marktrisikos berechnet. Auf Grundlage der ermittelten Wahrscheinlichkeitsverteilung kann schließlich der CFaR errechnet werden. Dieser gibt den maximalen Betrag an, den die Zielgröße bei einem festgelegten Konfidenzniveau und in einem bestimmten Zeithorizont aufgrund von Marktrisiken hinter ein erwartetes Ziel, z. B. einem budgetierten Cash-Flow, zurückfallen kann[2]. Zur Berechnung der Größe ist zunächst eine Analyse auf Basis des Konfidenzniveaus nötig. Der zutreffende Wert der Wahrscheinlichkeitsverteilung der Zahlungs- bzw. Ergebnisgröße wird dann mit dem Zielwert verglichen, indem der maximale Verlust zu einem festgelegten Konfidenzniveau, d. h. der jeweilige Quantilswert, von dem Zielwert abgezogen wird. Die Wahrscheinlichkeit eines Outputs wird deutlich und das Risiko kann im Vergleich zu einem Zielwert[3] gemessen werden[4]. Wenngleich die so definierte Risikomesszahl das eigentliche Ergebnis darstellt, können auf Grundlage der ermittelten Wahrscheinlichkeitsverteilung weitere einfache, statistische Größen errechnet werden, die das charakteristische Risiko der Gesellschaft ausmachen[5].

---

[1] Vgl. LEE ET AL. (1999), S. 61f.
[2] Vgl. LEE ET AL. (1999), S. 63.
[3] Neben ProForma-Daten können auch Analystenschätzungen als Benchmark bzw. Target herangezogen werden.
[4] Daneben kann auch das Risiko als durchschnittlicher Verlust („average shortfall") berechnet werden, mit dem die Ergebnisse gewöhnlich hinter einem bestimmten Level zurückbleiben. Beträgt der durchschnittliche Verlust bspw. 10 Mio. EUR für eine Verteilung von Cash Flows mit einem Target von 25 Mio. EUR, dann ist der erwartete Verlust, um den das Target der betrachteten Risiken zurückbleiben kann, 10 Mio. EUR. Die erwartete Zielgröße beträgt dann 15 Mio. EUR. Wenngleich diese Messzahl einen Eindruck des Unternehmensrisikos wiedergibt, bleibt jedoch offen, mit welcher Wahrscheinlichkeit die Zielgröße 15 Mio. EUR oder weniger erreicht wird. Vgl. LEE ET AL. (1999), S. 63.
[5] Vgl. Kapitel 5.1.1.

5.3.3 Top-Down-Ansätze

5.3.3.1 Allgemeine Vorgehensweise

In der Literatur wird die oben beschriebene Vorgehensweise der bottom-up-Ansätze teilweise kritisiert und eine Quantifizierung des Einflusses einzelner Risikofaktoren auf die Zielgröße abgelehnt[1]. Begründet wird die Kritik dadurch, dass das ökonomische Risikoexposure von Nichtbanken durch die „vielfältigen, interdependenten, direkten und indirekten Wirkungseinflüsse von finanzwirtschaftlichen Risiken auf den Unternehmenswert"[2] lediglich zu schätzen und eine genaue Berechnung daher unmöglich sei. Die unter dem Begriff der top-down-Ansätze zusammengefassten Verfahren unterscheiden sich recht deutlich in ihrer Vorgehensweise. Gemein ist ihnen, dass sie versuchen, auf einer Meta-Ebene startend und auf historische Daten basierend, eine Volatilitätsschätzung der Cash-Flow-Verteilung vorzunehmen. Dabei greifen sie ausschließlich auf öffentlich zugängliche Daten zurück. Lediglich bei dem erweiterten Regressionsmodell (Kapitel 5.3.3.3) werden auch Daten des internen Planungssystems in die Berechnung mit einbezogen. Im Folgenden werden nun zunächst das externe Regressionsmodell in Kapitel 5.3.3.2 sowie das interne Regressionsmodell vorgestellt. Anschließend werden in Kapitel 5.3.3.4. die Benchmarking-Ansätze erläutert.

5.3.3.2 Externe Regressionsmodelle

Im Rahmen externer Regressionsmodelle soll mit Hilfe von Regressionsanalysen und Kapitalmarktdaten auf das finanzielle Risiko von Unternehmen geschlossen werden, indem die Rendite eines Unternehmens in Abhängigkeit von der Entwicklung verschiedener finanzwirtschaftlicher Faktoren analysiert wird. Der Begriff eines ‚externen' Regressionsmodell wurde hier gewählt, da ausschließlich öffentliche, d. h. extern verfügbare Daten verwendet werden.

Grundsätzlich lassen sich in der Literatur derartige Regressionsmodelle in zwei verschiedenen Variationen finden. Zu unterscheiden sind die weit verbreiteten Studien, die einzelne finanzwirtschaftliche Risikoexposures nachzuweisen und zu quantifizieren suchen[3]. Daneben finden sich Studien, die über die gleichzeitige Regression mit verschiedenen Risikofaktoren das Risikoexposure eines gesamten Unternehmens quantifizieren[4].

---

[1] Vgl. STEIN ET AL. (2000), S. 2; BARTRAM (2000), S. 1271. So auch HAGER (2004), S. 3.
[2] BARTRAM (2000), S. 1271.
[3] In der Literatur sind zahlreiche nationale und internationale Studien bekannt. Vgl. BARTRAM (1999a), Appendix A, mit einer ausführlichen, nach Risikoarten sortierten Übersicht.
[4] Vgl. BARTRAM (2000), S. 1279.

Im Rahmen einer Regressionsanalyse wird bspw. die Aktienrendite eines Unternehmens in Abhängigkeit von der Entwicklung von Wechselkursen, Zinssätzen, Rohstoffpreisen und einem Residuenterm ε für unternehmensspezifische Einflüsse ermittelt. Eine ausführliche Darstellung findet sich bei BARTRAM[1], der das Exposure eines Unternehmens durch die Regression der um Dividenden bereinigten Aktienrendite R_{jt} des Unternehmen j zum Zeitpunkt t auf finanzielle Einflussfaktoren wie Wechselkurse R_{wt}, Zinsen R_{It} und Rohstoffpreise R_{Ct} vornimmt[2]. Zur Berücksichtigung weiterer Risikofaktoren, die neben den Finanzrisiken einen Einfluss auf den Unternehmenswert haben, wird ein Kapitalmarktindex R_{Mt} (z. B. der HDAX oder der S&P 500) als Kontrollvariable für allgemeine Marktbewegungen eingeführt. Firmenspezifische Einflüsse werden über einen Residuenterm ε_{jt} abgebildet. Es ergibt sich formal die Regressionsgleichung:

$$R_{jt} = \varpi_{jo} + \varpi_{j1} R_{Mt} + \beta_{jw} R_{Wt} + \beta_{jI} R_{It} + \beta_{jC} R_{Ct} + \varepsilon_{jt}. \tag{5.4}$$

Aufgrund der Stationarität der Zeitreihen werden üblicherweise die Änderungsraten der Einflüsse, nicht deren Niveaus verwendet[3]. Die simultane Schätzung trägt den Interdependenzen der Einflussfaktoren Rechnung. Die Regressionskoeffizienten β_j stellen die gesuchten Schätzwerte für das Risiko der Gesellschaft dar.

Die Exposureschätzung auf Basis der Regressionsgleichung 5.4 berücksichtigt indes nur einen linearen Zusammenhang zwischen der Zielgröße und den Einflussfaktoren. Die Unsicherheit vieler betrieblicher Zahlungsströme mit unterschiedlichen Mengen- und Preisanpassungen sowie die Existenz von Finanz- und Realoptionen[4] lassen indes eher auf eine Nichtlinearität im Risikoexposure eines Unternehmen schließen[5]. Zur Bestimmung der nichtlinearen Exposurekomponente sind zusätzlich zu oder anstelle von linearen Regressoren auch nichtlineare exogene Variablen in der Regressionsgleichung zu berücksichtigen[6].

Die Anwendung von Regressionsmodellen setzt grundsätzlich einen effizienten Kapitalmarkt ohne Informationsasymmetrien voraus, auf dem alle verfügbaren Informationen über ein Unternehmen sofort und richtig in den Preisen wiedergegeben werden. Da Vergangenheitsdaten analysiert werden, aus den nur historisch begründbare Exposures bestimmt werden können, sind die Modelle für

---

[1] Vgl. BARTRAM (1999a), S. 123 - 327; BARTRAM (2000a), S. 242 - 249.
[2] Vgl. BARTRAM (2000), S. 1271f.
[3] Vgl. KENNEDY (2001), S. 263 - 266.
[4] Vgl. ausf. CRASSELT/TOMASZEWSKI (1998); CRASSELT/TOMASZEWSKI (2002), S. 131 - 137.
[5] Vgl. BARTRAM (2000), S. 1273.
[6] Nichtlineare Regressionen finden sich bspw. bei WILLIAMSON (1996), S. 33 - 39; BARTRAM (1999a).

Unternehmen, die zwischenzeitlich ihre Struktur angepasst oder deren externe Rahmenbedingungen sich verändert haben, wenig aussagekräftig[1].

Die Verwendung der Zielgröße Aktienrendite bezieht sich auf den Wert des Unternehmens aus Sicht der Anteilseigner. Dieser Ansatz hat den Vorteil, dass unter der Voraussetzung eines liquiden Marktes eine Vielzahl von Daten mit relativ hoher Qualität vorhanden sind. Indes bleiben die Modelle wegen der Orientierung am Aktienkurs börsennotierten Unternehmen vorbehalten. Durch die ausschließliche Verwendung kapitalmarktbasierter Daten bleiben interne, d. h. öffentlich nicht zugängliche Daten, unberücksichtigt. Dies impliziert für die Interpretation der Ergebnisse, dass sämtliche Hedgingmaßnahmen des Unternehmens bereits im Börsenkurs enthalten sind. Es wird folglich nur ein Restexposure ermittelt[2].

Nachdem der funktionale Zusammenhang zwischen den Risikofaktoren und der Zielgröße im Rahmen einer Regressionsanalyse bestimmt wurde, folgt eine Monte-Carlo-Simulation, mit der einige tausend Realisationen der Risikofaktoren simuliert und deren Auswirkung auf die Zielgröße betrachtet werden. Die ermittelten Daten werden in das Simulationsmodell eingespeist, welches dann aus den Wahrscheinlichkeitsverteilungen der Inputgrößen einen Wert zufällig auswählt und in die Funktion des Zielwerts einsetzt[3]. Auf deren Basis werden im Bewertungsmodell Werte der einzelnen Faktoren in der Zukunft simuliert. Im Ergebnis entsteht, nach einer vorzugebenden Anzahl von Simulationsdurchläufen, eine Verteilung der Outputwerte, d. h. hier eine Cash-Flow-Verteilung. Im Ergebnis kann damit einerseits gezeigt werden, ob ein signifikantes Risikoexposure besteht und andererseits welche Cash-Flow-Verteilung zu erwarten ist. Ein CFaR, wie er im Rahmen dieser Arbeit definiert wurde, könnte durch Annahme des statistischen Erwartungswerts der Wahrscheinlichkeitsverteilung als Ziel-Cash-Flow erfolgen. Dass dieser ermittelte Cash-Flow den tatsächlichen Erwartungen des Managements entspricht, erscheint dagegen fraglich. Zu einer ausführlicheren Beschreibung wird auf die Vorgehensweise im Rahmen des erweiterten Regressionsmodells verwiesen.

Daneben wird von DIGGELMANN ein *Replikationsmodell* entworfen, welches das Datenproblem bei Nichtfinanzunternehmen dadurch löst, dass die Cash-Flow-Schwankungen durch Finanzmarktinstrumente nachgebildet werden[4]. Da die Suche der entsprechenden Finanzmarktinstrumente im Rahmen einer Regressi-

---

[1] Vgl. BARTRAM (1999a), S. 19; HAGER (2004), S. 3.
[2] Vgl. BARTRAM (2000), S. 1272.
[3] Vgl. PERRIDON/STEINER (2004), S. 124.
[4] Vgl. DIGGELMANN (1999), S. 234.

onsanalyse erfolgt, wird an dieser Stelle die zugrunde liegende Idee kurz skizziert[1].

Nur wenige Vermögensgegenstände bzw. Einflussfaktoren von Nichtfinanzunternehmen sind am Kapitalmarkt notiert, so dass nur eingeschränkt belastbare Daten zu Verfügung stehen. Die Replikationsmethode löst das Problem der Datenbeschaffung durch Nachbildung des Cash-Flows der Unternehmen über beliebige Finanzmarktinstrumente. Allen zahlungs- oder ergebniswirksamen Positionen, also auch und gerade den illiquiden Positionen, werden ein oder mehrere Finanzmarktinstrumente zugeordnet, die die Cash-Flow-Schwankung dieser Position replizieren. Zunächst werden die Veränderungen der Einflussfaktoren in den letzten Jahren ermittelt. Anhand der erhobenen Daten müssen Instrumente gesucht werden, welche sich in gleicher Größenordnung und in gleichen Verhaltensmustern wie die jeweilige Gegenposition verändern. Sind die Finanzmarktinstrumente zugeordnet, können die Zeitreihen bestimmt werden. Der Cash-Flow kann dann als Portfoliowert dieser Vielfachen und Differenzen von Finanzmarkttiteln betrachtet werden. Die Bestandteile der Zielgröße wie Umsatz, Herstellungskosten, Abschreibungen usw. werden schließlich über liquide und in genügendem Umfang gehandelte Finanzmarktinstrumente repliziert. Dies bedeutet, dass je nach Detaillierungsgrad des Cash-Flow-Statements ein bestimmtes Finanzmarktinstrument gefunden werden muss, das die Eigenschaften, insbesondere die absolute Höhe des Börsenkurses, sowie die Schwankungsbreite und Häufigkeitsverteilungen der entsprechenden Position widerspiegelt. Damit wird die in die Berechnung einfließende Volatilität nicht mehr durch eine Zeitreihe der einfließenden Position bestimmt, sondern durch den replizierenden Titel. Die Auswahl des replizierenden Finanzinstruments gerät somit zur Hauptschwierigkeit dieser Methode. Auf Basis der so gewonnenen Daten der Zeitreihen wird, wie oben bereits beschrieben, mit Hilfe der Monte-Carlo-Simulation die Verteilung der Zielgröße errechnet.

Die Methode löst das Problem der Datenbeschaffung auf eine synthetisch erscheinende Weise, indem liquide Finanzmarktinstrumente in einen rein statistischen, zumeist unplausiblen Zusammenhang gebracht werden. Die Hauptproblematik dieser Vorgehensweise liegt offensichtlich darin, plausible Replikationsinstrumente zu finden. Obwohl die Methodik dem VaR-Ansatz konzeptionell ähnlich ist, muss die Folgerung, dass sich ein Cash-Flow-Bestandteil aufgrund der Höhe und einiger weiterer Angaben ähnlich wie ein ausgewähltes Finanzinstrument verhalten wird, „zu Recht als sehr fraglich beurteilt werden"[2]. Nur im Falle einer klaren Zuordnung der Cash-Flow-Positionen zu einem liquiden Instrument könnte diese Methode – allerdings mit geringem rechnerischen Auf-

---

[1] Vgl. zu folgenden Ausführungen DIGGELMANN (1999), S. 234 - 239.
[2] DIGGELMANN (1999), S. 239.

wand – die gewünschte CFaR-Kennzahl ermitteln[1]. Im Folgenden wird die Replikationsmethode aufgrund ihrer fehlenden theoretischen Grundlage nicht weiter betrachtet.

5.3.3.3 Internes Regressionsmodell

Der als internes Regressionsmodell bezeichnete Ansatz stellt zunächst ein einfaches, externes Cash-Flow-basiertes Regressionsmodell dar, bei dem eine *Regressionsanalyse* zur Ermittlung der Relation zwischen den Einflussfaktoren und der Zielgröße eingesetzt wird. Im Gegensatz zu den externen Regressionsmodellen wird darüber hinaus der CFaR durch Einbeziehung einer internen, vom Management erwarteten Benchmark der Zielgröße ermittelt[2]. Im Gegensatz zum Exposure-Mapping der internen Ansätze, für das eine Menge verschiedener interner Kenntnisse und Informationen über die ökonomischen Zusammenhänge nötig ist, sollen die Beziehungen, also die Koeffizienten, der Einflussfaktoren auf das Cash-Flow-Exposure auf Basis einer Regression mit den verschiedenen finanziellen Risikoeinflüssen ermittelt und somit ein formaler Zusammenhang zwischen der Zielgröße und den Variablen erzeugt werden. Die Wahrscheinlichkeitsverteilungen für finanzielle Risiken lassen sich gut auf Basis historischer Daten und theoretischer Modelle ermitteln. Im Rahmen einer Monte-Carlo-Simulation werden dann mehrere tausend zufällige Realisationen der Risikofaktoren und deren Auswirkungen auf den betrachteten Cash-Flow simuliert[3]. Jede Outputvariable wird als Realisation in einem Histogramm abgebildet. Die Simulationsergebnisse werden schließlich mit der erwarteten Zielgröße verglichen. Die Vorgehensweise wird im Folgenden nur kurz dargestellt, da in Kapitel 7.3 im Rahmen einer exemplarischen Umsetzung erneut darauf zurückzukommen sein wird[4].

Zu Beginn werden wesentliche relevante Einflussfaktoren des Cash-Flows im Rahmen einer Risikoidentifizierung ermittelt und anschließend die Korrelation der Cash-Flow-Zeitreihe mit den identifizierten Einfluss- bzw. Risikofaktoren erhoben. Es handelt sich um finanzwirtschaftliche Einflussfaktoren, für die regelmäßige, öffentlich zugängliche Marktpreise existieren. Neben Einflussfakto-

---

[1] Die Durchsicht der Geschäftsberichte aller Schweizer Blue-Chip-Unternehmen hat indes keine sinnvolle und plausible Möglichkeit aufgezeigt. Vgl. DIGGELMANN (1999), S. 239.

[2] Die Methode bzw. ähnliche Ansätze finden sich bei BARTRAM (2000), S. 1248, und bei DIGGELMANN (1999), S. 240 - 249, der zur Abschätzung der Variablen, die den Zielwert am besten erklären können, eine Multifaktoranalyse voraussschickt.

[3] Viele reale Probleme enthalten Zufallskomponenten. Die Monte-Carlo-Simulation gilt daher als „das mit Abstand mächtigste Werkzeug" zur Lösung naturwissenschaftlicher sowie ökonomischer Fragestellungen. DEUTSCH (2002), S. 418. Die dabei zugrunde liegende Annahme des Random Walk geht mit den empirischen Erhebungen am Kapitalmarkt konform und stellt damit eine nachvollziehbare Grundlage dar. Vgl. FAMA (1965).

[4] Vgl. zu den folgenden Ausführungen u. a. BARTRAM (2000).

ren wie Wechselkursen, Zinsen und Rohstoffen sind aber auch Börsen- und Lohnkostenindizes usw. denkbar. Die Faktoren sind in starkem Maße davon abhängig, in welcher Branche und auf welchen regionalen bzw. internationalen Märkten das Unternehmen tätig ist[1]. Ziel ist es, möglichst viele Risikofaktoren zu identifizieren, die einen signifikanten Einfluss auf den Cash-Flow ausüben, um eine möglichst aussagekräftige Regression zwischen Einflussfaktoren und der Cash-Flow-Zeitreihe zu erhalten. Der betrachtete Cash-Flow darf hier nur die Ein- und Auszahlungen aus der gewöhnlichen Geschäftstätigkeit enthalten und nicht durch Investitions- und Finanzierungstätigkeiten verfälscht sein. Dazu gehört auch, dass der einzubeziehende Cash-Flow auf der gleichen Basis aufsetzt, da Unternehmenstransaktionen sowie Umstellungen der Rechnungslegung zu Inkonsistenzen führen könnten und damit eine Minderung der Aussagefähigkeit der Regressionsgleichung entstehen würde. Die betrachtete Zeitreihe sollte dabei so lang wie möglich sein, um der Berechnung Plausibilität und Aussagekraft zu verleihen.

Auch in diesem Modell werden üblicherweise keine Niveauvariablen, sondern (logarithmierte) prozentuale Änderungen zur Schätzung der Regressionskoeffizienten verwendet[2]. Die nachfolgende Gleichung gibt das Resultat einer solchen linearen Regressionsanalyse wieder:

$$R_{CFjt} = \varpi_{jo} + \varpi_{jt} R_{Mt} + \beta_{ja} R_{at} + \varepsilon_{jt}. \tag{5.5}$$

Dabei gilt R_{CFjt} als logarithmierte Rendite des operativen Cash-Flows und mit R_{at} werden die finanziellen Einflussfaktoren wie Wechselkurse, Zinsen, Rohstoffpreise usw. bezeichnet. Zur Berücksichtigung weiterer Risikofaktoren, die neben den Finanzrisiken einen Einfluss auf den Unternehmenswert haben, wird ein Kapitalmarktindex R_{Mt} (z. B. der HDAX) als Kontrollvariable für allgemeine Marktbewegungen eingeführt[3]. Unternehmensspezifische Marktbewegungen werden durch den Residualterm ε_t abgebildet.

Wesentlich für die Berechung des CFaR ist die Bestimmung der Höhe des Einflusses der einzelnen Faktoren auf den Cash-Flow. Da es sich bei den Risikofaktoren um börsennotierte Marktwerte handelt, ergibt sich ein Portfolio aus verschiedenen Finanzmarktinstrumenten, die in die Regressionsanalyse zur Ermittlung ihres funktionalen Zusammenhangs einfließen. Die Exposureschätzung sollte indes nicht auf lineare Komponenten beschränkt bleiben. Aufgrund der komplexen Art und Weise, mit der die Unternehmenstätigkeit von (finanzwirt-

---

[1]   So werden Fluggesellschaften in hohem Maße vom Kerosinpreis abhängig sein, eine Düngemittelfabrik von den Energie- und den Marktpreisen für Ammoniak und ein Autohersteller von den Preisen für Stahlbleche, Erdöl und dem USD/EUR-Wechselkurs. Alle dürften hingegen von der allgemeinen Marktentwicklung beeinflusst werden.

[2]   Vgl. BARTRAM (2000), S. 1278; OXELHEIM/WIHLBORG (1997), S. 116f.

[3]   Vgl. BARTRAM (2000), S. 1271.

schaftlichen) Risiken beeinflusst wird, ist vielmehr von der Nichtlinearität der Risiken auszugehen[1]. Zu deren Ermittlung sind zusätzlich zu oder anstelle einer linearen Regression auch nichtlineare exogene Variablen zu verwenden. Eine solche Schätzung kann bspw. durch eine Regression mit Polynomen dritten Grades gezeigt werden[2]. Die gewählte Form des Zusammenhangs zwischen den Einflussfaktoren und der Zielgröße hat eine grundlegende Bedeutung auch für die Wahl der Absicherungsinstrumente, da diese eine dem Exposure entgegengesetzte Zahlungsstruktur aufweisen sollten, d. h. lineare Risiken werden am besten mit linearen Instrumenten abgesichert[3].

Nachdem der funktionale Zusammenhang zwischen den Risikofaktoren und der Zielgröße im Rahmen einer Regressionsanalyse bestimmt wurde, folgt eine Monte-Carlo-Simulation, mit der einige tausend Realisationen der Risikofaktoren simuliert und deren Auswirkungen auf die Zielgröße betrachtet werden. Für die Einflussfaktoren lassen sich aus historischen Preisen die Volatilitäten und die den Einflussfaktoren zugrunde liegenden Wahrscheinlichkeitsverteilungen abschätzen. Die ermittelten Daten werden in das Modell eingespeist, welches dann aus den Wahrscheinlichkeitsverteilungen der Inputgrößen ein Datum zufällig auswählt und in die Funktion des Zielwerts einsetzt[4]. Auf deren Basis werden im Bewertungsmodell Werte der einzelnen Faktoren in der Zukunft simuliert. Im Ergebnis entsteht, nach einer vorzugebenden Anzahl von Simulationsdurchläufen, eine Verteilung der Outputwerte, d. h. hier eine Cash-Flow-Verteilung. Die Verwendung der Monte-Carlo-Simulation basiert auf der Annahme, dass die Werte einem Random Walk folgen, so dass die logarithmierten relativen Änderungen der Risikofaktoren anhand des gewählten stochastischen Prozesses das Verhalten der Preise beschreiben.

Das (fiktive) Risikoportfolio wird simuliert und die Ergebnisse, d. h. die Cash-Flow-Werte, in einem Histogramm abgetragen. Die Auswertung der Wahrscheinlichkeitsverteilung der Zielgröße erfolgt nun analog zu der Vorgehensweise der internen bottom-up-Ansätze, indem die Differenz zwischen der intern budgetierten Zielgröße und dem ermittelten Quantilswert gezogen und damit der Cash-Flow at Risk ermittelt wird.

Durch die Mischung externer und interner Daten basiert die Berechnung des Cash-Flow at Risk zunächst auf öffentlich verfügbaren und teilweise verifizierten Daten, die damit intersubjektiv überprüfbar sind. Die Ermittlung ist dadurch

---

[1] Vgl. BARTRAM (2000), S. 1273.

[2] BARTRAM berechnet bspw. nichtlineare Finanzexposures deutscher Automobilproduzenten im Rahmen einer Regression mit Kapitalmarktdaten. Vgl. BARTRAM (2000), S. 1276.

[3] Vgl. BARTRAM (2000), S. 1274. Zu den linearen Absicherungsinstrumenten sind Forwards, Futures und Swaps zu zählen, nichtlineare Instrumente sind Finanz- und Realoptionen. Vgl. BARTRAM (2000), S. 1274.

[4] Vgl. PERRIDON/STEINER (2004), S. 124.

weniger willkürlich, wie das bei den oben vorgestellten anderen Methoden der Fall ist. Im Rahmen der Simulation erfolgt die simultane Betrachtung interdependenter Einflussfaktoren. Im Gegensatz zur historischen Simulation handelt es sich um ein zukunftsorientiertes Verfahren, bei dem darüber hinaus für die nur eingeschränkt öffentliche Größe Cash-Flow keine Annahme über die historische Wahrscheinlichkeitsverteilung nötig ist[1]. Durch die Einbeziehung der aus dem Planungssystem der Gesellschaft entnommenen Zielgröße wird auch die fundierte Berechnung eines CFaR ermöglicht. Gleichwohl ist auch die vorgestellte Methode nicht unproblematisch. Zum einen ist unsicher, ob auch alle auf den relevanten Finanzmärkten vertretenen Einflussfaktoren in die Analyse eingeflossen sind; zum anderen wird die Aussagekraft dieser Methode dadurch beschränkt, dass nicht alle entscheidenden Einflussfaktoren mit einem Marktpreis gehandelt werden. Es wird daher entscheidend sein, eine genügend große Anzahl börsennotierter Faktoren ausfindig zu machen, die in der Regression ein signifikantes Resultat ergeben. Die Güte einer Regression wird u. a. durch den Regressionsparameter R^2 angegeben. Es lassen sich daher verschiedene Faktorkombinationen hinsichtlich ihrer Aussagekraft untersuchen und einander gegenüberstellen. Es bleibt indes offen, welche Güte, d. h. welches R^2 als ausreichend angesehen werden kann. Daneben können auch saisonale oder zyklische Schwankungen der Zielgröße, z. B. durch Modellwechsel in der Automobilindustrie, dazu führen, dass das Ergebnis der Regressionsanalyse und damit auch der CFaR an Genauigkeit verliert.

5.3.3.4   Benchmarking-Modelle

Neben den Regressionsmodellen haben sich aus der US-amerikanischen Unternehmenspraxis so genannte Benchmarking-Modelle herausgebildet. Ziel dieser Ansätze ist die Abbildung eines unternehmensweiten Gesamtrisikos ohne dabei einzelne Risiken bzw. Einflussfaktoren bestimmen und quantifizieren zu müssen[2], so dass auch ohne detaillierte Kenntnisse der internen Wirkungszusammenhänge eine Aussage zum Risikoexposure eines Unternehmens getroffen werden kann. Zudem begegnen die hier vorgestellten Ansätze dem Problem für eine Quantifizierung von Risiken keine oder (zu) wenige historische Datensätze zur Verfügung zu haben. Im Folgenden wird vor allem das Modell des Beratungsunternehmen NERA diskutiert. Daneben hat die Firma KMV ein Modell zur Insolvenzprognose entwickelt, welches im Anschluss kurz skizziert wird.

---

[1] So auch BARTRAM (2000), S. 1288.
[2] Vgl. STEIN ET AL. (2000), S. 3.

5.3.3.4.1   Comparables Approach C-FaR

Die National Economic Research Associates, NERA, ein in New York ansässiges Beratungsunternehmen, entwickelte im Jahr 2000 ein Instrument mit dem Namen *Cashflow-at-risk*, dort C-FaR, welches dazu bestimmt sein soll, Cash-Flow-Risiken von Nichtbanken zu messen und zu managen[1]. STEIN ET AL. definieren den C-FaR der NERA als „probability distribution of a company's operating cashflows over some horizon in the future, conditional on information available today"[2]. C-FaR ist eine Methode zur Analyse der im Rahmen einer historischen Simulation erhobenen Wahrscheinlichkeitsfunktion von Cash-Flows eines Unternehmens über einen bestimmten Zeithorizont, normalerweise einem Quartal bzw. Geschäftsjahr. Die NERA verfolgt einen Top-down-Ansatz, bei dem der Vorteil in der direkten Betrachtung des operativen Cash-Flows, i. d. R. des EBITDA, des betrachteten Unternehmens liegt. Die Methode produziere die im Durchschnitt richtige Antwort, d. h. die C-FaR-Schätzungen werden systematisch entweder zu hoch oder zu niedrig sein. Dagegen falle die Schätzung des Risikos auf Basis von bottom-up-Ansätzen systembedingt grundsätzlich zu niedrig aus, wenn einzelne Risiken unbeachtet bleiben[3].

Für die Bestimmung der historisch ermittelten Verteilung der Zielgröße ist eine große Anzahl von täglichen oder monatlichen Cash-Flow-Beobachtungen notwendig, die in der Praxis regelmäßig nicht verfügbar sein werden. Es besteht daher ein Datenproblem, denn zum einen sind veröffentlichte Cash-Flow-Daten bestenfalls auf Quartalsbasis verfügbar. Zum anderen sind sie (noch) nicht für einen derart langen Zeitraum vorhanden[4]. Werden hingegen Quartalsdaten verwendet, müsste für eine ausreichende Datenmenge das Unternehmen bereits einige Jahre alt sein und über entsprechende belastbare Quartalsdaten verfügen. Darüber hinaus werden lange zurückliegende Quartalszahlen aufgrund einer veränderten Unternehmensstruktur und -größe im Zweifel auch deutlich an Aussagekraft verlieren. Aus diesem Grund wird innerhalb des NERA-Modells eine Gruppe von Unternehmen identifiziert, die mit dem betrachteten Unternehmen vergleichbar sein sollen, so dass die Anzahl der verfügbaren historischen Daten erhöht wird[5]. Bei einem Zeithorizont von fünf Jahren und einer Vergleichsgruppe von 25 Gesellschaften lassen sich auf Quartalsbasis bis zu 500 historische Cash-Flow-Ausprägungen ermitteln. Ein einzelnes Unternehmen müsste dafür

---

[1]   Das Konzept wird dargestellt in dem Beitrag: A Comparables Approach to Measuring Cashflow-at-Risk for Non-Financial Firms. Vgl. STEIN ET AL. (2000); BLAKE (2001), S. 107.
[2]   STEIN ET AL. (2000), S. 1.
[3]   Vgl. STEIN ET AL. (2000), S. 5.
[4]   Es werden ca. 100 Datensätze benötigt. Bei der Verwendung von Quartalszahlen müssten dazu Quartalzahlen eines Unternehmens der letzten 25 Jahre vorhanden sein.
[5]   Vgl. STEIN ET AL. (2000), S. 3

die operativen Cash-Flows auf Quartalsbasis der letzten 125 Jahre ermitteln. Bei einer Vergleichsgruppe von 50 Gesellschaften und den daraus folgenden 1.000 Merkmalsausprägungen lassen sich Schätzungen mit einer Konfidenz von 95 % und sogar 99 % durchführen[1].

Zur Auswahl der Vergleichsunternehmen ist eine Benchmark-Technik entwickelt worden, die in der Lage sein soll, derart vergleichbare Unternehmen herauszufiltern. Für die Vergleichsunternehmen sei es dabei irrelevant, welcher Branche sie zuzurechnen sind. Die NERA sortiert die Unternehmen in die vier Kategorien Marktkapitalisierung, Rentabilität, Volatilität des Aktienkurses und Branchen-/Industrierisiko ein, um die Peer Group zu ermitteln[2]. Die Schätzung des CFaR auf Basis von Vergleichsunternehmen entspricht damit in etwa der Vergleichsbewertung von Unternehmen auf Basis von Multiples in der Unternehmensbewertung[3].

Im Einzelnen vollzieht sich die Vorgehensweise in drei Schritten[4]: Zunächst wird die Datenbasis generiert, indem Unternehmensdaten gesammelt und nach bestimmten Kriterien aufbereitet werden. Anschließend wird ein autoregressiver Prozess zur Ermittlung von Abweichungen von der zu erwartenden Zielgröße (gemessen als Forecast Error) durchgeführt, um schließlich die Forecast-Errors nach Unternehmenstypen sortieren zu können, so dass eine größere Gruppe historischer Daten gleichartig strukturierter Unternehmen entsteht.

In einem ersten Schritt wird die Datenbasis generiert und aufbereitet.

- Zunächst sind Quartalsdaten aller verfügbaren Unternehmen zu generieren, die nicht dem Financial Sektor zugeordnet werden. Messzahl für den operativen Cash-Flow sind die Earnings Before Interest, Taxes, Depreciation and Amortisation (EBITDA). Um die Vergleichbarkeit verschiedener Unternehmen zu erlauben, wird die Zielgröße normiert auf die Total Assets zum Beginn der jeweiligen Periode (*EBITDA$_t$/Assets$_{t-1}$*). Die Kennzahl stellt damit eine Art Vermögensrendite dar.

- Sodann sind Unternehmen mit einer äußerst kleinen Bilanzsumme zu eliminieren, um Situationen zu vermeiden, in denen das Verhältnis *EBITDA$_t$/Assets$_{t-1}$* nach oben ausreißt.

- Des Weiteren sind Unternehmen von der Untersuchung auszuschließen, bei denen sich das Anlagevermögen in einem Quartal um mehr als 50 % geändert hat. Dadurch sollen große Unternehmenszusammenschlüsse oder andere großen Einschnitte in die Vermögenslage herausgefiltert werden, da diese

---

[1] Vgl. STEIN ET AL. (2000), S. 3f.
[2] Vgl. STEIN ET AL. (2000), S. 4.
[3] Vgl. STEIN ET AL. (2000), S. 5.
[4] Vgl. im Folgenden STEIN ET AL. (2000).

deutlichen Änderungen in der Regel für das Unternehmen nicht überraschend sind, wohl aber eine große Schwankung des Cash-Flows zur Folge haben und eine Verzerrung der Ergebnisse verursachen können.

In einem zweiten Schritt werden die erwarteten Werte der Zielgröße durch einen autoregressiven Prozess ermittelt:

- Um die Abweichung des Cash-Flows von dem Erwartungswert der Zielgröße messen zu können, muss zunächst eine Vorhersage der erwarteten Cash-Flows jedes einzelnen Unternehmens erfolgen. Dies erfolgt für den Zeitraum eines Quartals sowie eines Jahres. Der erwartete CF bzw. der Forecast, ist als AR(4)-Modell definiert, d. h. er erfolgt über eine autoregressive Regression[1]. Die Regression erfolgt für $EBITDA_t/Assets_{t-1}$ im Quartal t gegen seine vier Vorgänger. Daneben können Dummy Variablen eingesetzt werden um mögliche saisonale Einflüsse zu berücksichtigen. In jedem Quartal t kann das Modell damit auf die vier vergangenen Jahre zurückgreifen. Die Güte der Regression wird durch das R^2 ermittelt. Ziel dieses autoregressiven Prozesses zur Ermittlung der erwarteten Cash-Flows ist allerdings nicht, bessere Cash-Flow-Prognosen zu erzielen. Vielmehr soll eine Aussage getroffen werden über „the entire prohability distibution of shocks to cashflow"[2].

- Durch den Vergleich des berechneten Forecast mit dem tatsächlich erzielten Cash-Flow lässt sich der Prognosefehler, der sog. Forecast Error, ermitteln, der definitionsgemäß den nicht antizipierten Schock darstellt. Die Vorgehensweise wird für alle einbezogenen Unternehmen wiederholt.

In einem dritten Schritt werden schließlich die Prognosefehler sortiert, um nur die Fehler der gleichen Unternehmensklasse zu erhalten.

- Das Konzept sieht vier Charakteristika vor, die am besten geeignet sein sollen, die Volatilität der Forecast Error zu erklären: Zunächst werden die Unternehmen nach ihrer Marktkapitalisierung sortiert. Dabei wird die Gesamtheit der Unternehmen jeweils gedrittelt, so dass zu jedem Kriterium ein oberes, mittleres und unteres Drittel von Unternehmen existieren. Anschließend werden die Unternehmen nach ihrer Rentabilität, gemessen als $EBITDA_t/Assets_{t-1}$ des Geschäftsjahres, sortiert, so dass bereits neun Gruppen entstanden sind. Anschließend werden die Unternehmen nach ihrem Branchenrisiko[3] und der Aktienkursvolatilität, d. h. nach ihren täglichen Aktienkurs-

---

[1] Vgl. STEIN ET AL. (2000), S. 10f.; ALESII (2003), S. 4f.
[2] STEIN ET AL. (2000), S. 12.
[3] Das Branchenrisiko wird über eine Regression der Cash-Flow-Abweichungen u. a. auf Dummy-Variablen für jeden (dreistelligen Branchen-) SIC-Code generiert. Vgl. ausf. STEIN ET AL. (2000), S. 15.

schwankungen des letzten Quartals, sortiert. Die Unternehmen sind damit in 81 Gruppen eingeteilt.

• Nun wird die Gruppe der Gesellschaften herangezogen, in der sich auch das zu betrachtende Unternehmen befindet. Durch die vorgenommenen Sortierungen sollen Unternehmen gefunden worden sein, die eine ähnliche Risikoposition aufweisen. Neben den historischen Daten des betrachteten Unternehmens werden zur Erstellung der Wahrscheinlichkeitsverteilung des Cash-Flows alle Unternehmen der ermittelten Gruppe herangezogen. Eine Verteilungsannahme muss nicht getroffen werden. Es wird das 1 % bzw. 5 %-Percentile der ermittelten Verteilung ermittelt.

• Das festgelegte Quantil der ermittelten Gruppe stellt den Betrag dar, um den das EBITDA pro 100 USD Asset in einem schlechten Jahr hinter dem Erwartungswert zurückbleiben kann. Durch Multiplikation des Werts mit dem Wert der Assets/100 lässt sich der absolute mögliche Verlust bestimmen, der nun mit dem realisierten bzw. erwarteten EBITDA verglichen werden kann[1].

Neben dem beschriebenen Ansatz werden einige Variationen erläutert, welche die Messung weiter verbessern sollen. Zum einen lässt sich eine zentrierte Peer Group um das zu betrachtende Unternehmen ermitteln, um so Ausreißer zu eliminieren. Daneben wird auch eine Branchenanalyse vorgeschlagen, indem Gesellschaften einer speziellen Branche gemeinsam untersucht werden; das Kriterium des Branchenrisikos entfällt dann. Dazu ist allerdings eine ausreichende Zahl von Unternehmen in der Branche nötig[2].

Das C-FaR-Modell macht die Messung von Cash-Flow-Schwankungen für das Gesamtrisikoexposure eines Unternehmens möglich und erlaubt so eine quantitative Analyse. Neben vergleichenden Aussagen zur Abweichung von der durch das Management vorgegebenen Zielgröße können auch Aussagen über die Volatilität der Zielgröße des Unternehmens oder der Branche im Zeitablauf getroffen werden[3]. Die Verwendung der historischen Simulation impliziert dabei keine Verteilungsannahme. Durch die Fokussierung direkt auf die Zielgröße werden

---

[1] Die Vorgehensweise kann ohne Probleme auch für die Zielgröße EBIT durchgeführt werden, wenn davon auszugehen ist, dass das Unternehmen die Höhe der Abschreibungen genau vorherbestimmen kann. Der nicht antizipierte Verlust entspricht dann exakt dem des EBITDA. Vgl. STEIN ET AL. (2000), S. 17.

[2] Durch die Einteilung in die drei verbleibenden Kriterien werden immerhin 27 Gruppen gebildet.

[3] Die NERA hat die Auswirkungen der Deregulierung des Energiesektors in den USA auf die Volatilität der Cash-Flow-Schwankungen von Energieunternehmen untersucht. Sie stellten fest, dass es im Vergleich zu den Cash-Flow-Schwankungen zwischen Anfang und Ende der 1990er Jahre und den Schwankungen in 2000 und 2001 zu einer Verdoppelung der Volatilität und damit zu einer steigernden Gefahr eines Financial Distress gekommen ist. Vgl. COY/WHALEN (2001), S. 28.

Schätzungen prognostiziert, die im Durchschnitt richtig seien[1]. Mit der Verwendung von Vergleichsunternehmen auf einer aggregierten Ebene sind der Methode jedoch auch Nachteile zu eigen. Das Konzept geht von einem typischen Zusammenhang zwischen dem betrachteten Unternehmen und der Peer Group aus. Verhält sich jedoch das betrachtete Unternehmen atypisch, da es z. B. einen höheren Anteil von Umsätzen im außereuropäischen Ausland und damit mehr Währungsrisiken aufweist, so wird diesem Umstand nicht Rechnung getragen. Ebenso kann nicht ermittelt werden, welche Auswirkung die Änderung einer Unternehmensstrategie, z. B. die Ausweitung der Geschäftstätigkeit auf internationalen Märkten, auf den C-FaR hat. Diese Aussage bleibt den bottom-up-Ansätzen vorbehalten[2].

Die Berechnung basiert im Wesentlichen auf Marktdaten, so dass die Effizienz des Kapitalmarktes vorausgesetzt wird[3]. Die Auswahl der Kriterien, nach denen die Unternehmensdaten zu sortieren sind, um eine Peer Group zu erzeugen, erscheinen willkürlich. Neben Wettbewerbern der gleichen Branche finden sich in der entsprechenden Peer Group auch völlig branchenfremde Unternehmen in gleicher Größe, Rentabilität und Aktienkursvolatilität wie das betrachtete Unternehmen. Die Durchführung der Berechnung für deutsche Unternehmen ist jedoch kaum umsetzbar. Zu gering ist (noch) die Anzahl vergleichbarer Unternehmen, die eine entsprechende Menge von Cash-Flow-Daten veröffentlicht haben. Durch die veränderten Bilanzierungs- und Publikationsvorschriften wird indes die Zahl der historischen Daten immer weiter steigen und eine solche Untersuchung ermöglichen. Seit Mitte 2000 veröffentlichen nahezu alle Unternehmen des HDAX Pro-Forma-Zahlen wie EBIT und EBITDA auf Quartalsbasis[4]. In Kapitel 7.4 wird die Berechung für den deutschen HDAX – allerdings in einer vereinfachten Form – nachvollzogen.

5.3.3.4.2 Private Firm Modell

Das Beratungsunternehmen KMV LLC hat im Jahr 2001 ein Produkt zur Risikomessung von privaten, nicht börsengehandelten Unternehmen entwickelt. Zielgröße ist hierbei das anhand von vergleichbaren gehandelten Publikumsgesellschaften abgeleitete Verhältnis von Assetwerten zu Marktpreisen und den

---

[1] Vgl. STEIN ET AL. (2000), S. 21.
[2] Vgl. STEIN ET AL. (2000), S. 5.
[3] In einem früheren Artikel hat STEIN die Effizienz des Kapitalmarktes abgelehnt und gefordert, ein rationaler Manager sollte sich bei seinem Verhalten nicht vom Kapitalmarkt leiten lassen. Vgl. STEIN (1996), S. 429 - 455.
[4] Die von den Unternehmen dabei verwendeten Definitionen unterscheiden sich jedoch erheblich. Vgl. HILLEBRANDT/SELLHORN (2002), S. 153f.

Verbindlichkeiten zu Buchwerten[1]. Das Modell soll insbesondere zur Entscheidung und Kontrolle von Kreditvergaben dienen[2].

Die Berater vertreten die Auffassung, dass der wahre Wert zukünftiger Chancen und Risiken eines Unternehmens nur durch tatsächliche (Markt-)Transaktionen gemessen werden kann. Solche Marktpreise werden von privaten Gesellschaften hingegen i. d. R. nicht veröffentlicht, so dass zur Berechnung des Werts der Vermögensgegenstände bzw. Assets und ihrer Volatilität neben den Jahresabschlussdaten der betrachteten Private Company auch auf verfügbare Kapitalmarktdaten vergleichbarer Public Companies zurückgegriffen werden soll[3].

Die Vorgehensweise erfolgt in drei Schritten, die nachfolgend kurz erläutert werden[4]. In einem ersten Schritt werden die Vermögensgegenstände und deren Volatilität der privaten Zielgesellschaft geschätzt, indem die Kapitalmarktdaten vergleichbarer Unternehmen mit den von dem privaten Unternehmen erzielten Jahresabschlussdaten, bspw. operativer Cash-Flow, Umsatz, Buchwerten der Verbindlichkeiten und dem Diversifikationsgrad, verbunden werden. Die Höhe der Assets der nicht notierten Gesellschaft wird durch den Medianwert veröffentlichender Gesellschaften der gleichen Branche und Region mit einem ähnlichen Cash-Flow (EBITDA) geschätzt. Die Asset Volatilität ist die Maßzahl für das Risiko im PRIVATE FIRM MODELL und wird als Variabilität der Marktwerte der Vermögensgegenstände in einem zweiten Schritt ermittelt. Da eine direkte Berechnung aufgrund der Nichtöffentlichkeit der Daten unmöglich ist, wird die Volatilität der Vergleichsunternehmen verwendet. Anschließend wird ein ‚default point' kalkuliert. Die genaue Berechnung wird durch das Beratungsunternehmen nicht veröffentlicht. Aus empirischen Untersuchungen will KMV ermittelt haben, dass viele Unternehmen insolvent werden, wenn die Vermögensgegenstände zu Marktwerten unter die gesamten Verbindlichkeiten zu Buchwerten fallen. Bei der Festlegung des default point wird darüber hinaus auf die unternehmens- und branchentypischen Gegebenheiten Rücksicht genommen[5]. Es wird die „distance to default" ermittelt, eine einzelne Kennzahl, die die Marktwerte mit der Standardabweichung der Assets gewichtet:

$$\text{Distance to Default} = \frac{\text{Assets}_{MW} - \text{Default Point}}{\text{Assets}_{MW} - \text{Asset Volatilität}} \qquad (5.6)$$

In einem dritten Schritt wird schließlich die Wahrscheinlichkeit einer Insolvenz kalkuliert, indem historische Daten der Public Companies herangezogen werden.

---

[1] Vgl. NYBERG/SELLERS/ZHANG (2001), S. 2.
[2] Vgl. NYBERG/SELLERS/ZHANG (2001), S. 21.
[3] Vgl. NYBERG/SELLERS/ZHANG (2001), S. 4.
[4] Vgl. im Folgenden NYBERG/SELLERS/ZHANG (2001).
[5] Vgl. NYBERG/SELLERS/ZHANG (2001), S. 20f.

KMV steht dafür eine Insolvenzdatenbasis von Unternehmen über die letzten 30 Jahre zur Verfügung. Es wird ein Mapping der distance to default mit der historischen Insolvenzrate durchgeführt, so dass eine Verteilung der Insolvenzwahrscheinlichkeit entsteht[1].

Das erläuterte Model kann ebenfalls analog zum Multiplikatorenverfahren in der Unternehmensbewertung angesehen werden. Durch die Verwendung vergleichbarer Unternehmen wird eine kapitalmarktorientierte Bewertung auch für Private Companies möglich. Allerdings lassen sich die Erkenntnisse nur unter der Annahme eines effizienten Kapitalmarktes gewinnen. Darüber hinaus ist die Berechung lediglich mit Hilfe der (ebenfalls nicht öffentlichen) Datenbasis historischer Insolvenzen möglich. Daneben sind weitere Berechnungsschritte für Außenstehende als eine Black Box zu verstehen, so dass im Weiteren nicht weiter auf das Modell eingegangen werden soll.

5.3.4 Zusammenfassende Gegenüberstellung der Methoden

Cash-Flow at Risk-Modelle wurden entwickelt, um die im Bankenbereich erfolgreiche Kennzahl des VaR auch für Industrie- und Handelsunternehmen nutzbar zu machen. Dazu sind Risikoprognosen über einen längeren Zeitraum aufgrund des längeren Planungshorizonts zu erstellen. Im Gegensatz zum Value at Risk liegen der Risikoberechnung nicht Marktwerte von Portfolios, sondern Zahlungs- bzw. Ergebnisstromgrößen zugrunde. Die nachstehende Abbildung 21 gibt eine zusammenfassende Übersicht über die Eigenschaften und Unterschiede sowie über die mit den Modellen explizit oder implizit verbundenen Annahmen. Die Methode deterministischer Terminpreise sowie das Private Firm Modell bleiben im Folgenden unberücksichtigt.

Die *bottom-up-Ansätze* basieren auf dem unternehmensinternen Businessplan mit den darin enthaltenen Markteinschätzungen und anderen unsicheren Variablen, aus denen dann die Plan-GuV bzw. die budgetierte Cash-Flow-Rechnung mit der Ableitung der Zielgröße entsteht. Sie berücksichtigen die internen Kenntnisse über die Wirkungszusammenhänge zwischen den Risikofaktoren und die Ein- und Ausgaben der Unternehmung sowie die vorgenommenen oder noch vorzunehmenden Absicherungsmaßnahmen. Durch die Verwendung als Instrument des internen Risikomanagements kann so einerseits eine exakte und logisch begründete Risikomessung durchgeführt werden, die ein maßgeschneidertes Businessmodell für jedes Unternehmen erlaubt. Im Idealfall wird das Businessmodel zu einem „simulation engine"[2], indem die geschätzten Marktpreise durch die bspw. im Rahmen einer Monte-Carlo-Simulation simulierten Preise ersetzt werden. Andererseits sind subjektive Einschätzungen des Managements

---

[1] Vgl. NYBERG/SELLERS/ZHANG (2001), S. 6 und 21.
[2] TURNER (1996), S. 38.

bei der Erstellung des Modells vorzunehmen, die sich einer intersubjektiven Überprüfung i. d. R. entziehen werden.

Methoden zur CFaR-Ermittlung	bottom-up-Ansätze		top-down-Ansätze	
	Random Walk Modelle	Ökonometrische Modelle	Regressions-analysen	Benchmarking (Comparables)
Anbieter/ Literatur	Corporate-Metrics™, (LEE ET AL. (1999), HAGER (2004)	Corporate-Metrics™, (LEE ET AL. (1999), Altern. 2	BARTRAM (1999a, 2000b), DIGGELMANN (1999)	NERA (STEIN ET AL. (2000))
Kennzahl	Gewinn- (EaR), bzw. Cash-Flow (CFaR) basiert; absoluter oder relativer Wert	Gewinn- (EaR), bzw. Cash-Flow (CFaR) basiert; absoluter oder relativer Wert	flexible Definiti-on: grundsätzlich alle Zielgrößen möglich; hier OCF	Normierte Rendi-te-Kennzahl (EBITDA/Assets)
Planungs-horizont	2 – 24 Monate	2 – 24 Monate	3 – 12 Monate	3 – 12 Monate
Statistisches Modell zur Ermittlung der CF-Verteilung	Simulation auf Basis eines inter-nen Exposure Mappings	VAR, VECM nicht parametri-sche Szenario-konstruktion	Simulation auf Basis parametri-scher linearer oder nichtlinearer Regression	AR(4)-Prozess, nicht parametri-sche Häufigkeits-verteilung
Benchmark der Zielgröße	bugetierter Ziel-wert gemäß Un-ternehmens-planung	bugetierter Ziel-wert gemäß Un-ternehmens-planung	bugetierter Ziel-wert gemäß Un-ternehmensplan-ung (alternativ: Erwartungs-/ Prognosewert)	Prognosewerte der Zielgröße gemäß AR(4)-Prozess
Verteilungs-annahme CF	Verteilungsan-nahme nötig; oft (nicht zwingend) Normalvertei-lung; nicht zwin-gend stationär	Verteilungsan-nahme nötig; oft (nicht zwingend) Normalvertei-lung; nicht zwin-gend stationär	Verteilungsan-nahme (zumeist Normalvertei-lung) für Monte-Carlo-Simulation nötig	keine Vertei-lungsannahme nötig; Annahme: Stationarität der Zeitreihe im Prognosezeitraum
Risikoarten	finanzwirtschaft-liche Risiken (ggf. auch strate-gische und opera-tive Risiken)	finanzwirtschaft-liche Risiken	finanzwirtschaft-liche Risiken	Gesamtrisiko einer Unterneh-mung, inkl. ope-rativen und stra-tegischen Risiken
Annahme über das Risiko-management der Gesell-schaft	passives Risiko-management; unveränderte Vorgehensweise; Risiken durch Exposure Map in Verbindung zum Businessplan aufgebaut	passives Risiko-management; unveränderte Vorgehensweise; Risiken durch Exposure Map in Verbindung zum Businessplan aufgebaut	passives Risiko-management; Einflussfaktoren sowie Wirkungs-zusammenhänge bleiben unver-ändert	passives Risiko-management; Unternehmen verhält sich wie Vergleichsunter-nehmen (Black Box)

Fortsetzung:	bottom-up-Ansätze		top-down-Ansätze	
Methoden zur CFaR-Ermittlung	Random Walk Modelle	Ökonometrische Modelle	Regressions-analysen	Benchmarking (Comparables)
Hauptzweck	hauptsächlich: interne Risiko-steuerung	hauptsächlich: interne Risiko-steuerung	hauptsächlich: Wertpapier-analyse; Kredit und Risiko-management ein-geschränkt	hauptsächlich: Wertpapier-analyse; Kredit und Risiko-management ein-geschränkt
Nutzer	hauptsächlich Unternehmens-interne	hauptsächlich Unternehmens-interne	Unternehmens-externe und -interne	Unternehmens-externe und -interne

Abb. 21: Gegenüberstellung der CFaR-Methoden[1]

Mit der Verwendung der Monte-Carlo-Simulation zur Prognose der künftigen Ausprägung der einbezogenen Risikofaktoren im Rahmen der *Random Walk-Modelle* ist jeweils eine Annahme über die Wahrscheinlichkeitsverteilung sowie deren statistischer Momente verbunden, die i. d. R. aus historischen Begebenheiten oder zukünftigen Markteinschätzungen des Managements abgeleitet werden. Gleichwohl ist damit die Random-Walk-Hypothese der Einflussfaktoren verbunden, so dass eine zufällige zukunftsgerichtete Prognose ermittelt wird. Auch die Berechnung des CFaR auf Basis *ökonometrischer Verfahren* gelingt nicht ohne eine Verteilungsannahme, denn für die logarithmierten Veränderungen der Risikofaktoren ist im Rahmen des VECM eine Normalverteilung vorauszusetzen. Insgesamt ist die Durchführung einer Risikoanalyse mit Hilfe der ökonometrischen Modelle als sehr kosten- und zeitintensiv zu kennzeichnen. Aufgrund der benötigten Kenntnisse über die komplexen Modelle ist es zudem mit einem hohen Implementierungsaufwand verbunden[2].

Zusammenfassend ist erneut darauf hinzuweisen, dass es sich bei der Berechnung des CFaR auf Basis der bottom-up-Ansätze um Teilrisiken handelt, da im Wesentlichen nur finanzwirtschaftliche Risiken Eingang in die Betrachtung finden, so dass operative und strategische Risiken außen vor bleiben. Kritiker wenden dagegen ein, dass gerade bei Nichtfinanzunternehmen die Gefahr bestehe, recht einfach bestimmte wesentliche Risiken zu messen und dabei eine schlechte (oder gar keine) Messung anderer, nichtfinanzieller Risiken zu akzeptieren „[...] and thus lead to a highly inaccurate estimate of overall CFaR"[3].

Der Value at Risk zeigt das finanzielle Risiko in einer einzigen quantifizierten und aggregierten Risikogröße auf. Im Bankenbereich wird der Einfluss derarti-

---

[1] Vgl. ähnlich ALESII (2003), S. 4.
[2] Vgl. HAGER (2004), S. 185f.
[3] STEIN ET AL. (2000), S. 2f.

ger Risiken als sehr hoch eingeschätzt, so dass die nicht berücksichtigten Ausfallrisiken sowie eventuelle strategische und operationale Risken als relativ unbedeutend klassifiziert werden. Die bottom-up-Ansätze bauen bei der Übertragung auf den Nichtfinanzbereich eng auf dem VaR-Konzept auf und bieten im Wesentlichen die Quantifizierung von Marktrisiken. Die Ausführungen zu den *top-down-Ansätzen* verdeutlichen, dass der Versuch, den CFaR über die reinen Marktrisiken hinaus für die gesamte Risikoposition des Unternehmens zu ermitteln nur durch einige „Kunstgriffe"[1] gelingt. Die unterschiedlichen Vorgehensweisen bedienen sich dabei zum Teil restriktiver Annahmen.

Den Einfluss von Finanzrisiken auf die betriebliche Zielgröße unter Verwendung von Kapitalmarktdaten lässt sich mittels einer *einfachen Regressionsanalyse* schätzen, bei der unterschiedliche Risikofaktoren neben einem Kapitalmarktindex als Kontrollvariable auf die Aktienrendite regressiert werden. Der Vorteil dieses Ansatzes besteht vor allem in der hohen Datenverfügbarkeit, sogar auf täglicher Basis. Diese Daten stehen dabei auch Unternehmensexternen zur Verfügung. Bei der Suche nach signifikanten börsennotierten Einflussfaktoren kann es zu Schwierigkeiten kommen, wenn die ermittelte Regression keine aussagekräftigen Ergebnisse hervorbringt. Das Verfahren basiert darüber hinaus auf der Annahme effizienter Kapitalmärkte und kann nur für Unternehmen mit Börsennotierung verwendet werden. Werden darüber hinaus einfache Regressionsanalysen nicht mit einer Monte-Carlo-Simulation verbunden, sondern wird eine Auswertung über eine historische Simulation durchgeführt, können nur historische Exposures bestimmt werden. Da eine unternehmensinterne Benchmark fehlt, kann ein CFaR nur durch Zugrundelegung eines statistisch ermittelten Erwartungswerts der Zielgröße errechnet werden.

Die Implementierung einer Monte-Carlo-Simulation und die Verwendung einzelner interner Daten, bspw. der veröffentlichten Ergebnis- bzw. Cash-Flow-Erwartung in einem *erweiterten Regressionsmodell,* relativiert diesen Nachteil. Zum einen werden die Interdependenzen der verschiedenen Risiken berücksichtigt, andererseits handelt es sich durch die Einbeziehung von Zahlen der Unternehmensplanung und die zufallszahlenbasierte Simulation um ein zukunftsorientiertes Modell. Durch die Verwendung des Cash-Flows bzw. die problemlose Übertragung auf Gewinngrößen ist die Kennzahl darüber hinaus leicht kommunizierbar. „Mit Regressionsanalysen und CFaR-Simulationsmodellen existieren somit aussagekräftige, aber zugleich auch praktikable und vielseitige Instrumente zur Schätzung ökonomischer Exposures im Rahmen des unternehmerischen Risikomanagements, die vermehrt in der Unternehmenspraxis genutzt werden sollten"[2].

---

[1] DIGGELMANN (1999), S. 249.
[2] BARTRAM (2000), S. 1291.

Die Herangehensweise zur Ermittlung des CFaR über die so definierten *Benchmarking-Modelle* ermöglicht eine quantitative Analyse ohne von vornherein eine Verteilungsannahme treffen zu müssen. Durch die Fokussierung direkt auf die Zielgröße werden Schätzungen prognostiziert, die im Durchschnitt richtig seien[1]. Da die Berechnung im Wesentlichen auf Marktdaten aufsetzt, wird die Effizienz des Kapitalmarktes vorausgesetzt. Dann kann allerdings die Berechnung einer Kennzahl, die ausschließlich auf bereits am Markt bekannten Daten aufbaut, keinen Nutzen für die Adressaten mehr besitzen, da alle Informationen bereits in den Marktpreis eingeflossen sein müssten. Wie bereits ausgeführt, erscheint daneben die Auswahl der Kriterien zur Auswahl der Peer Group recht willkürlich: neben Wettbewerbern derselben Branche finden sich in der entsprechenden Peer Group auch völlig branchenfremde Unternehmen mit ähnlichen Kriterien wie das Betrachtete. Wenngleich die Berechnung des NERA-Konzepts für deutsche Unternehmen mangels einer ausreichenden Menge veröffentlichter Unternehmensdaten noch kaum möglich ist, wird sich durch die veränderten Bilanzierungs- und Publikationsvorschriften indes die Zahl der historischen Daten im Zeitablauf weiter erhöhen und eine solche Untersuchung ermöglichen.

Insgesamt weisen die top-down-Verfahren gegenüber den herkömmlichen und immer noch angewandten Analysen auf Basis einzelner, meist subjektiver Marktszenarien den Vorteil auf, dass CFaR-Modelle eine Vielzahl möglicher, objektivierter Szenarien ermitteln, wobei sie sich an den statistischen Eigenschaften der betrachteten Risikofaktoren anlehnen. Die verwendeten Parameter können am Markt beobachtet und objektiv nachvollzogen werden. Darüber hinaus lässt sich die Effizienz von Limiten und Derivaten zur Begrenzung von Risiken überprüfen[2].

Alle Modelle haben indes die gleiche Schwäche: Sie unterstellen ein passives Management für das Business Modell. Einerseits gehen die Modelle, wie sie u. a. von NERA vorgestellt werden, davon aus, dass sich die Unternehmen wie eine gegebene Gruppe von Vergleichsunternehmen verhalten. Auf diese Weise gleicht das Unternehmen einer *black box*. Andererseits unterstellen Modelle, wie sie u. a. von CORPORATEMETRICS vertrieben werden, dass die ermittelten Zusammenhänge und Korrelationen bei der Nachstellung der Cash-Flows über bestimmte Stützstellen, sog. Exposure Mapping, über einen langen Zeitraum konstant bleiben, während das Management zuschaut, wie das Unternehmen aufgrund veränderter Umweltzustände insolvent wird[3]. Die Annahme eines während der Untersuchungsperiode konstanten Risikoexposures wird durch die kon-

---

[1] Vgl. STEIN ET AL. (2000), S. 21.

[2] Zur Notwendigkeit der Kontrolle bzw. Reduzierung des Unternehmensrisikos zur Minimierung der Kosten, die durch einen (drohenden) Financial Distress entstehen vgl. ausf. SHAPIRO/TITMANN (1998), S. 251 - 265, insb. S. 257.

[3] Vgl. u. a. die Kritik bei ALESII (2003), S. 4.

tinuierlichen Anpassungsprozesse sowohl des Unternehmens als auch seines Marktumfeldes zu einer Veränderung des Exposures und seiner Zusammensetzung im Zeitablauf führen[1].

Abwägend bleibt festzuhalten, dass kein Ansatz den Anderen eindeutig dominiert. Die top-down-Ansätze unter zur Hilfenahme von Kapitalmarktdaten bzw. einer Peer Group gleichartiger Unternehmen werden besonders dann vorteilhaft sein, wenn nur wenig detaillierte Unternehmensdaten über historische Cash-Flows und die sie bestimmenden Einflussfaktoren vorhanden sind, hingegen aber eine Anzahl gut abzuschätzender Vergleichsunternehmen auszumachen ist.

Dabei kommt es insbesondere auf die Zielsetzung an, mit der eine Risikoberechnung vorgenommen werden soll. Im Rahmen dieser Arbeit soll eine Anwendung im Rahmen der externen Risikoberichterstattung untersucht werden. Wird die Ermittlung der Risikoberechnung durch das Unternehmen selbst vorgenommen, so können zunächst alle Verfahren angewendet werden, da grundsätzlich alle Unternehmensdaten verfügbar sind. Interne Daten erlauben, vor allem bei Einbeziehung des internen Planungssystems, eine feinere Berechnung des CFaR. Diese Berechnung ist hingegen nicht intersubjektiv überprüfbar, da die Daten nicht öffentlich verfügbar sind. Eine Veröffentlichung aller zur Berechnung notwendigen Daten wird indes nicht im Interesse des Unternehmens liegen. Im Rahmen der Berichterstattung könnte es daher vorteilhaft sein, sich auf öffentlich zugängliche und bereits – vom Abschlussprüfer – verifizierte Daten, evtl. ergänzt durch einzelne unternehmensspezifische und kommunizierte Planungsziele (Benchmarks), zu beschränken. Die Berechnung des CFaR durch Externe, bspw. durch Finanzanalysten, Aktionärsvereinigungen oder durch die neu zu gründende Instanz zur Prüfung von Jahres- und Konzernabschlüssen[2], mit Hilfe von bottom-up-Verfahren wird kaum möglich sein, da die Ermittlung nicht nur durch mangelnde Datenverfügbarkeit erschwert wird, sondern darüber hinaus Unternehmensexternen auch die Kenntnisse für ein sachgerechtes Exposure Mapping fehlen dürften.

5.4   Gesamtbeurteilung des CFaR-Konzepts

„The complexity of the CFaR model is a function of the type of business in which the firm operates"[3], d. h. die Komplexität des CFaR-Modells hängt überwiegend davon ab, wie gut die finanziellen, marktpreisbasierten Risikofaktoren die Cash-Flow-Volatilitäten erklären können. Orientieren sich die Risiken bzw. Einflussfaktoren eng an Marktpreisen, so sind die Zusammenhänge des Modells

---

[1] Vgl. BARTRAM (1999a), S. 334.
[2] Durch das BilKoG ist die Bildung einer Prüfstelle zur Rechnungslegung vorgesehen. Vgl. ERNST (2004), S. 936.
[3] GILMOUR (1997), S. 27.

klar und eindeutig. GILMOUR verdeutlicht dies am Beispiel einer Goldmine, deren Umsätze stark durch die Goldpreisentwicklung bedingt sind. Viele andere Geschäftsfelder sind hingegen nicht derart eindeutig mit verschiedenen marktpreisorientierten Risikofaktoren verknüpft, so dass eine komplexere Untersuchung der Zusammenhänge vonnöten ist, bei der die Güte der Messung zunächst nicht eingeschätzt werden kann[1].

Mit den internen Random-Walk-Modellen und den internen Regressionsanalysen existieren aussagefähige, zugleich aber auch praktikable und vielseitige Instrumente zur Abschätzung ökonomischer Exposures im Rahmen des unternehmerischen Risikomanagements, die vermehrt in der Unternehmenspraxis genutzt werden sollten[2]. Die bisweilen nachteilig beurteilte Rechnerkapazität im Rahmen einer Monte-Carlo-Simulation ist durch die fortschreitende Technik kaum mehr problematisch, so dass die alte Erkenntnis, dass zufällige Ereignisse, wenn sie nur oft genug stattfinden, ebenso wie Theorien oder Experimente zur Beantwortung von Fragen der Wissenschaft dienen können, eine neue Dimension erreicht hat[3].

Statistischen Modellen wird häufig vorgeworfen, dass ihre Komplexität die Anwender dazu verleitet, in eine kritiklose Modellgläubigkeit zu verfallen. Es sei an dieser Stelle erneut darauf hingewiesen, dass der CFaR ebenso wie der VaR den maximalen Verlust bei normalen, üblichen Handelsbedingungen auf einem bestimmten Konfidenzniveau misst. Die Auswirkungen und Risiken, die sich aus Katastrophen, Anschlägen, Börseneinbrüchen und anderen Marktstörungen ergeben, sind separat in Worst-case-Szenarien zu analysieren.

Darüber hinaus wird eine fehlerhafte Prognose mithin tatsächlich zu falschen Steuerungsmaßnahmen führen, wenn das Ergebnis des Modells nicht hinterfragt wird[4]. HAGER setzt dem entgegen, dass derartige statistische Modelle eine Entscheidungshilfe insbesondere bei schlecht überschaubaren Situationen sein sollen, die dem Anwender indes keine Entscheidung abnehmen können[5]. Besonders wichtig erscheint vor diesem Hintergrund, die Prämissen und Annahmen des Modells zu beachten, die eingesetzt werden, um von der Komplexität der Realität zu abstrahieren. Nur wenn der Anwender die Voraussetzungen und Schwächen des verwendeten Modells kennt, kann er dieses auch sinnvoll einsetzten.

---

[1] Vgl. GILMOUR (1997), S. 25 - 27.
[2] Vgl. BARTRAM (2000), S. 1291.
[3] Vgl. DEUTSCH (2002), S. 375.
[4] Vgl. JORION (2001), S. 499. JORION zitiert einen Kritiker mit dem Vergleich, dass ein Pilot, der sich ausschließlich auf seinen Höhenmesser verlässt und nicht mehr aus dem Fenster blickt, bei einer Fehlfunktion des Gerätes abstürzen wird.
[5] Vgl. HAGER (2004), S. 257.

Die Prognosegüte der Berechnungen ist regelmäßig anhand von Backtestings zu bestätigen, indem die Cash-Flow at Risk-Kennzahlen mit den tatsächlich eingetretenen Zahlungsstrom- bzw. Wertänderungen verglichen werden und so die Güte des Modells abschätzbar wird. Gegebenenfalls sind die Modelle an neue Risiken bzw. Unternehmensstrukturen anzupassen.

Nachdem die verschiedenen Cash-Flow at Risk-Konzepte kurz theoretisch vorgestellt wurden, sollen sie nachfolgend auf ihre Verwendbarkeit im Rahmen des gesetzlich vorgeschriebenen Risikoberichts untersucht werden. In Kapitel 6 werden die an eine solche Cash-Flow at Risk-Kennzahl zu stellenden Anforderungen mit Hilfe der ökonomischen Analyse untersucht und konkretisiert. Dazu werden die CFaR-Modelle zunächst als Informationsinstrument des externen Rechnungswesens klassifiziert um anschließend anhand der Untersuchung der Beziehung zwischen Management und Adressat die erforderlichen Anforderungen an eine geeignete Risikoberichterstattung zu erheben.

TEIL III: ANWENDUNG UND ANALYSE

6 ÖKONOMISCHE ANALYSE DER RISIKOQUANTIFIZIERUNG MIT CFAR-KONZEPTEN IM RISIKOBERICHT

6.1 CFaR-Modelle als Informationsinstrument des externen Rechnungswesens

Eine ökonomische Betrachtung der Regelungen zur Risikoberichterstattung wird auf die Informationsprobleme zwischen der Unternehmensleitung und den externen Adressaten der Rechnungslegung abstellen. Daher sei zunächst der Begriff der Information präzisiert. Daneben wird in diesem Abschnitt der Grundstein für die im Folgenden vorgenommene ökonomische Betrachtung der CFaR-Modelle als Instrument des Rechnungswesens gelegt.

Wirtschaftssubjekte handeln zielorientiert; das ihnen dafür zur Verfügung stehende Wissen wird als Information bezeichnet. WITTMANN definiert Information daher als „zweckorientiertes Wissen"[1], welches mit dem Ziel gesammelt wird, eine Entscheidung vorzubereiten oder zu verbessern. „Zukünftiges wird nie gewiß, sondern höchstens sehr wahrscheinlich oder, wie man sagt, praktisch gewiß sein können"[2]. Offen bleibt aber zunächst, wann eine Information eine Entscheidungsrelevanz besitzt. Informationen unterstützen die Wirtschaftssubjekte bei der „Erwartungsbildung über die Eintrittswahrscheinlichkeit der künftigen Ereignisse der jeweiligen Handlungsalternativen und zur Einschätzung der hiermit verbundenen Konsequenzen"[3].

Die Rechnungslegung ist grundsätzlich ein Bestandteil des betrieblichen Rechnungswesen, der überwiegend zur standardisierten Berichterstattung an Unternehmensexterne dient[4]. Der grundlegende Zweck der Rechnungslegung, der sog. Metazweck, besteht im Wesentlichen in der Bereitstellung von Informationen für die Unterstützung von Entscheidungen der verschiedenen Interessengruppen[5] bzw. in der Verminderung von Reibungsverlusten zwischen Unternehmensleitung und Kapitalgebern durch Generierung und Verbreitung vornehmlich monetär quantitativer Informationen. Sie trägt damit zur Verbesserung der externen und internen Steuerung und Kontrolle des Unternehmens bei[6]. Typische Entscheidungen, die von Unternehmensexternen getroffen werden, sind neben dem

---

[1] WITTMANN (1959), S. 14.
[2] WITTMANN (1959), S. 15.
[3] PELLENS (1989), S. 33.
[4] Zu den Adressaten der Rechnungslegung vgl. die Ausführung in Kapital 2.1.3.
[5] Vgl. WAGENHOFER (2001), S. 439; PELLENS/FÜLBIER/GASSEN (2004), S. 3.
[6] Vgl. ausf. GASSEN (2001), S. 395. Zu einer einschlägigen Definition des Rechungswesens vgl. u. a. BUSSE VON COLBE (1998), S. 599 - 602.

Kauf und Verkauf von Unternehmensanteilen und der Gewährung eines Unternehmenskredits vor allem die Anspruchsbemessung und die Vertragsgestaltung zwischen Unternehmen und Unternehmensexternen[1].

Als Kriterium für die Güte der Rechnungslegung fungiert der Nutzen der Informationen für die Entscheidungsträger, die sog. decision usefulness[2], d. h. der Informationswert der Rechnungslegungsdaten muss daran gemessen werden, ob diese die subjektive Wahrscheinlichkeitsverteilung über entscheidungsrelevante Umweltzustände ändern. Die Adressaten der Rechnungslegung benötigen zukunftsgerichtete Informationen zur Bildung von Prognosen über die künftige Entwicklung der Gesellschaft. Daneben werden für die Anspruchsbemessung und ggf. Vertragsgestaltungen auch Informationen über vergangene Ereignisse benötigt.

Bei der Rechnungslegung handelt es sich indes um einen stark institutionalisierten Bereich, bei dem Form und Inhalt durch nationale und internationale Regeln seitens der Gesetzgeber und Standardsetter relativ eng vorgegeben werden. Der HGB-Abschluss erfüllt, wie in Kapitel 2.1.3 bereits beschrieben, eine Informations-, eine Zahlungsbemessungs- und Dokumentationsfunktion[3]. Aufgrund der verschiedenen Interessenlagen der unterschiedlichen Adressaten handelt es sich bei den bestehenden Normen regelmäßig um einen Kompromiss[4], da mit dieser Zweckvielfalt Spannungen bei der konkreten Ausgestaltung der Rechnungslegung einhergehen[5].

Ein wesentliches Merkmal der Rechnungslegungsdaten ist – zumindest für Unternehmen ab einer bestimmten Größenordnung – die Prüfung der Daten durch einen Abschlussprüfer. Die Prüfung der Daten erfolgt mit dem Ziel, die Jahresabschlussdaten frei von Fehlern und Manipulationen zu wissen, um so die Qualität der übermittelten Daten sicherzustellen[6].

Im Rahmen des ersten Teils der Arbeit sind insbesondere die rechtlichen Aspekte der Risikoberichterstattung beleuchtet worden. Die Betrachtung der Risikoberichterstattung soll nun über die rechtlichen Anforderungen hinaus ausgedehnt

[1] Vgl. BUSSE VON COLBE (1993), S. 13.

[2] Vgl. Rahmenkonzept des IASC, Abs. 12; sowie BUSSE VON COLBE (1993), S. 13.

[3] Vgl. PELLENS/FÜLBIER/GASSEN (2004), S. 11 - 13. Lediglich dem Konzernabschluss wird eine reine Informationsfunktion zugebilligt. Vgl. PELLENS (1989), S. 51.

[4] Vgl. WAGENHOFER (2001), S. 440. Sie haben jedoch eine „finale Grundlage: Informationen über die wirtschaftliche Lage des Unternehmens und Rechenschaftslegung, darunter die Ermittlung des ausschüttbaren Vermögenszuwachses, sollen die Interessen der Gesellschafter gegenüber denen des Managements aber auch untereinander schützen". BUSSE VON COLBE (1993), S. 14f.; vgl. auch STREIM (1988), S. 20 - 25.

[5] Vgl. PELLENS/FÜLBIER/GASSEN (2004), S. 11.

[6] Zu den Problemen einer Informationsasymmetrie zwischen Management und Abschlussprüfer vgl. u. a. EWERT/STEFANI (2001), S. 147 - 182.

und die Handlungsanreize des Managements und der Kapitalgeber aus einer ökonomischen Perspektive beleuchtet werden.

Als Bestandteil des gesetzlichen Lageberichts kennzeichnet der Risikobericht einen Nachrichtenzugang. Dieser ist dann als Information für die Adressaten der Berichterstattung zu werten, wenn diesen daraus ein Nutzen erwächst. Im Idealfall ist der Risikobericht für Anlageentscheidungen am Kapitalmarkt relevant. Anleger, aber auch Kreditgeber und Arbeitgeber haben ein Interesse, über die wirtschaftliche Entwicklung der Gesellschaft informiert zu werden. Grundlegend für ihre Entscheidung sind dabei regelmäßig zum einen die Rendite ihrer Anlage und zum anderen das damit verbundene Risiko. Vor allem über die Risikoposition der Gesellschaft sind die veröffentlichten Informationen – wie in Kapitel 3 verdeutlicht – jedoch unzureichend. Die nachstehenden Ausführungen verfolgen das Ziel, das Verhältnis zwischen dem Management der Unternehmen und den Adressaten der Risikoberichterstattung ökonomisch zu analysieren, um Anforderungen an die Ermittlung und den Ausweis von Modellen zur Risikoquantifizierung ableiten zu können, die für eine effiziente Informationsübermittlung über das Risikoexposure der Unternehmen von Bedeutung sind.

In den folgenden Abschnitten soll zunächst untersucht werden, inwiefern bzw. unter welchen Voraussetzungen eine Risikoquantifizierung auf Basis von CFaR-Modellen eine Information darstellt. Die Ansätze der Neuen Institutionenökonomik bieten die erforderlichen Argumente, mit denen derartige Erklärungsversuche erfolgen können.

6.2 Entwicklung der Neuen Institutionenökonomik

Die maßgeblich auf der Arbeit von COASE[1] aufbauende Neue Institutionenökonomik, NIÖ, ist eine Theorie, die sich mit der Erklärung von Institutionen und deren Auswirkungen auf das menschliche Handeln befasst. Unter Institutionen[2] werden Regeln verstanden, innerhalb derer sich die Akteure des Wirtschaftsgeschehens bewegen. Ziel der Neuen Institutionenökonomik ist die Erklärung von Institutionen in einer Modellwelt, in der jeder Tausch mit Reibungsverlusten, den sog. Transaktionskosten verbunden ist[3]. Es werden Regeln analysiert bzw. abgeleitet, die eine zielgerichtete Verhaltensbeeinflussung von Individuen mit den verschiedensten Vertragsarten herbeiführen, um hierdurch Ordnung zu

---

[1] Vgl. COASE (1937).
[2] Unter diesen Begriff können Märkte, Unternehmen, geschäftliche Dauerverbindungen, aber auch öffentliche Rechtsnormen, Geld oder der Staat als solcher subsumiert werden. Vgl. RICHTER/BINDSEIL (1995), S. 132.
[3] Vgl. TERBERGER (1994), S. 21 - 26, mit einer ausführlichen Begriffsableitung.

schaffen und die Unsicherheit aufgrund unvollständiger Informationen zu vermindern[1].

Im Rahmen der NIÖ wird unter dem Begriff des *methodologischen Individualismus* explizit die Motivation des einzelnen Individuums in das Zentrum der Betrachtungen gerückt, d. h. die Handlungen sozialer Gruppen von Wirtschaftssubjekten werden durch die Einstellungen und Verhaltensweisen ihrer individuellen Mitglieder erklärt[2]. Darüber hinaus wird das Ideal eines vollkommenen Marktes abgelehnt. Stattdessen wird eine *begrenzte* bzw. *eingeschränkte Rationalität*[3] und die *individuelle Nutzenmaximierung* der Akteure vorausgesetzt[4]. Die Konformität der unterstellten Verhaltensannahmen der handelnden Akteure mit dem realiter erfahrbaren Verhalten von Individuen begegnet damit dem Vorwurf eines „Nirvana-Trugschlusses"[5] wie er der neoklassischen Theorie aufgrund der ihr innewohnenden Annahme eines allgemeinen Gleichgewichtszustands gemacht wird. Im Gegensatz zur NIÖ lasse die neoklassische Theorie jegliche Reibungsverluste, die Transaktionskosten, unberücksichtigt und gelange damit zu eigentümlichen Schlussfolgerungen[6]. Ausgangspunkt des Erklärungsversuchs der Neuen Institutionenökonomik ist die von COASE gemachte Feststellung, dass Transaktionskosten im Sinne einer Marktbenutzung wesentlich zur Erklärung von Unternehmen, aber auch zur Erklärung der Bildung von Institutionen generell geeignet erscheinen[7].

In einer gedachten Welt ohne Transaktionskosten, mit symmetrischer Information und vollständiger Voraussicht besteht ein allgemeines Gleichgewicht[8]. Bei dem erreichten Allokationsgleichgewicht handelt es sich um die *first-best-Lösung*. Realiter werden aber verschiedene Wirtschaftssubjekte auch unterschiedliche Informationsstände haben. Aus der damit einhergehenden Informati-

---

[1] Vgl. NORTH (1990), S. 3.

[2] Vgl. ERLEI/LESCHKE/SAUERLAND (1999), S. 6; RICHTER/BINDSEIL (1995), S. 132.

[3] Eingeschränkte Rationalität bedeutet, dass der Einzelne aufgrund von Transaktionskosten nicht kostenlos und ohne Zeitaufwand Informationen erlangen und verarbeiten kann. Vgl. ausf. u. a. RICHTER/FURUBOTN (2003), S. 193, 207f.

[4] Die speziellen Annahmen sind von der jeweiligen Forschungsrichtung der NIÖ abhängig. So schwankt der Grad der Rationalität je nach Ansatz. Die Theorie der Verfügungsrechte unterstellt keine begrenzte, sondern lediglich eine individuelle Rationalität. Vgl. RICHTER/BINDSEIL (1995), S. 132.

[5] DEMSETZ (1969), S. 1. Dieser prägte den Ausdruck der „Nirvana-Fallacy", nachdem er einen Vergleich der sich aus der neoklassischen Gleichgewichtstheorie abgeleiteten Ergebnisse mit tatsächlichen Befunden vornahm. Vgl. DEMSETZ (1969), S. 1 - 22.

[6] Zu den Nachteilen einer Modellwelt ohne Transaktionskosten vgl. RICHTER/FURUBOTN (2003), S. 13 - 16. Ausführlich zur historischen Entwicklung der neoklassischen Theorie zur Neuen Institutionenökonomik vgl. ERLEI/LESCHKE/SAUERLAND (1999), S. 44 - 51.

[7] Vgl. COASE (1937), S. 386 - 405.

[8] Es handelt sich um die Idealvorstellung der Neoklassik. Vgl. u. a. RICHTER/BINDSEIL (1995), S. 133; ERLEI/LESCHKE/SAUERLAND (1999), S. 27 - 33 m. w. N.

onsasymmetrie können Kosten zu deren Überwindung resultieren. Werden diese Transaktionskosten berücksichtigt, so lassen sich keine first-best-, sondern allenfalls *second-best-Lösungen* verwirklichen. Im Rahmen der NIÖ wird analysiert, welches institutionelle Arrangement eine second-best-Lösung liefert, die dem gedachten first-best-Ergebnis am nächsten ist[1]. Eine Institution ist erst dann zu rechtfertigen, wenn durch sie eine Transaktionsatmosphäre entsteht, bei der Nutzen der Individuen, auch nach Abzug der Kosten ihrer Errichtung, größer ist als ohne sie[2].

Die NIÖ erscheint daher für die Analyse ökonomischer Beziehungen besonders geeignet[3]. Sie lässt sich in drei Forschungsgebiete gliedern: die Theorie der Verfügungs- bzw. Eigentumsrechte[4], die Transaktionskostentheorie[5] und die Prinzipal-Agenten-Theorie[6]. Die Gebiete sind untereinander jedoch nicht überschneidungs- und widerspruchsfrei. Ihnen allen ist gemein, dass sie das Problem unvollständiger Information aus verschiedenen Blickwinkeln beleuchten[7].

Der Erklärungsansatz der NIÖ wird in den nachstehenden Abschnitten zu einer theoretische Analyse einer erweiterten Risikoquantifizierung mit Hilfe des Cash-Flow at Risk verwendet. Daneben werden Bedingungen für eine effiziente Übermittlung der im Risikobericht enthaltenen Information diskutiert. Die dazu heranzuziehenden Analyseinstrumente stellen der transaktionskostentheoretische Ansatz und die deskriptive Prinzipal-Agenten-Theorie dar. Daran anschließend wird in Kapitel 6.5 die ökonomische Rechtfertigung einer gesetzlichen Vorgabe zur Ermittlung des CFaR diskutiert.

---

[1] Vgl. SPREMANN (1990), S. 573.

[2] Vgl. RICHTER/BINDSEIL (1995), S. 133; SPREMANN (1990), S. 576.

[3] Vgl. NEMEC (1999), S. 9; GELDMACHER (2000), S. 12f.; RUHWEDEL (2003), S. 67. Mit einer abweichenden Meinung MEINHÖVEL, der damit die Argumentation auf Vorurteilen aufgebaut sieht. Vgl. MEINHÖVEL (1999), S. 213.

[4] Vgl. grundlegend COASE (1937); DEMSETZ (1967); ALCHIAN/DEMSETZ (1972); FURUBOTN/PEJOVICH (1972). Die Theorie beschäftigt sich mit der Frage, wie die Eigentumsordnung beschaffen sein muss, damit sowohl externe Effekte als auch Transaktionskosten minimiert werden. Vgl. VON WEIZSÄCKER (1984), S. 90.

[5] Vgl. WILLIAMSON (1985); COASE (1937); sowie ARROW, der erstmals den Begriff der Transaktionskosten definierte als „cost of running the economic system". ARROW (1969), S. 48. Die Theoriebezeichnung „Transaction-Cost Economics" geht auf WILLIAMSON (1979) zurück.

[6] Vgl. JENSEN/MECKLING (1976); FAMA/JENSEN (1983); FAMA/JENSEN (1983a); PRATT/ZECKHAUSER (1985).

[7] Zu einer Einordnung verschiedener Arten von Informationsasymmetrien und Zuordnung verschiedener Instrumente zu deren Abbau vgl. SPREMANN (1990).

6.3   Transaktionskostentheoretische Aussagen

Aus Sicht der Neuen Institutionenökonomik stellt die Risikoquantifizierung mit einer CFaR-Maßzahl im Risikobericht eine Institution der Rechnungslegung zur Information der Adressaten dar. Im Folgenden soll diese Institution aus transaktionskostentheoretischer Sicht analysiert und beurteilt werden. Die Analyse der Beziehung zwischen Unternehmensleitung und Kapitalgebern soll Ergebnisse in Bezug auf die Eignung von CFaR-Konzepten im Rahmen der Risikoberichterstattung liefern.

Die Transaktionskostentheorie findet ihre Wurzeln in den Beiträgen von COMMONS und COASE[1]. Später griffen ARROW und insbesondere WILLIAMSON das Problem der Transaktionskosten wieder auf[2]. WILLIAMSON definiert: „Eine Transaktion findet statt, wenn ein Gut oder eine Leistung über eine technisch separierbare Schnittstelle transferiert wird"[3]. Der Ausdruck wird so auf Situationen beschränkt, in denen Ressourcen im physischen Sinn einer ‚Übergabe' übertragen werden[4]. Transaktionskosten resultieren zu einem großen Teil aus unvollständiger und ungleich verteilter Information[5]. In Erkenntnis ihres unvollständigen Wissensstandes haben die Wirtschaftssubjekte die Möglichkeit, ökonomische Ressourcen für die Informationsgewinnung, -überprüfung und -verarbeitung einzusetzen. Sie können so Transaktionskosten senken und ihre Transaktionsmöglichkeiten verbessern.

Die Transaktionskostenökonomik verbindet damit die begrenzte Rationalität der handelnden Akteure mit der Annahme der Verfolgung von Eigeninteressen unter Verwendung von Arglist, insbesondere durch die unvollständige und verzerrte Weitergabe von Informationen[6], zumal eine gerichtliche Durchsetzbarkeit von Verträgen nicht immer gegeben bzw. sinnvoll ist. Im Ergebnis lässt sich daraus folgern, dass Verträge grundsätzlich mit Transaktionskosten verbunden sind. Darunter werden im Wesentlichen Informations- und Kommunikationskosten verstanden, die bei der Anbahnung, Vereinbarung, Kontrolle und Anpassung wechselseitiger Verträge oder Leistungsbeziehungen auftreten[7].

In diesem Zusammenhang wird das Konzept des relationalen Vertrags eingeführt[8]. Relationale Verträge sind auf einen auf Dauer angelegten, im Detail we-

[1] Vgl. COMMONS (1934); COASE (1937), S. 386 - 405.
[2] Vgl. ARROW (1969); WILLIAMSON (1975); WILLIAMSON (1985).
[3] WILLIAMSON (1996), S. 12.
[4] Vgl. ausf. RICHTER/FURUBOTN (1999), S. 47 - 49.
[5] Vgl. RICHTER/BINDSEIL (1995), S. 136.
[6] Vgl. WILLIAMSON (1996), S. 6.
[7] Vgl. PICOT (1982), S. 270.
[8] Bei dem Konzept handelt es sich um ein ökonomisches, nicht um ein juristisches Arbeitskonzept. Vgl. RICHTER/BINDSEIL (1995), S. 137. Das Vertragsrecht gilt als geeignetes

nig spezifizierten Leistungsaustausch ausgelegt. Sie sind bewusst unvollständig und in ein Beziehungsgeflecht eingebettet, welches über eine einzelne Transaktion hinausreicht[1]. Begründet wird dies dadurch, dass die Vollständigkeit eines Vertrages beinhalten würde, dass verbindliche Regelungen für alle denkbaren Eventualitäten getroffen werden müssten. Ein solcher Vertrag würde enorm hohe Anforderungen an die Vertragsparteien stellen, da sie nicht nur alle möglichen zukünftigen Umweltzustände analysieren, sondern diese darüber hinaus auch in einem entsprechenden Vertragswerk regeln müssten. Diese Vorgehensweise kann als unmöglich bzw. als mit prohibitiv hohen Kosten verbunden, angesehen werden[2]. Das Problem gewinnt durch eine lange Vertragslaufzeit weiter an Bedeutung.

Der in der Transaktionskostenökonomik verwendete Effizienzmaßstab sind die Transaktionskosten, die auch die durch die Informationsasymmetrie entstehenden Informationskosten umfassen[3]. Insgesamt gibt der Transaktionskostenansatz Hinweise darauf, welche Form der Organisation bei einer Art von Transaktion besonders angemessen ist[4].

Die Veröffentlichung des CFaR im Risikobericht kann u. U. zu einer Reduzierung von Transaktionskosten beitragen, wenngleich die Erweiterung bzw. Einführung der Risikoquantifizierung mit Hilfe von CFaR-Modellen zunächst mit Kosten verbunden wäre. Dazu zählen insbesondere die Kosten für die Implementierung des Quantifizierungssystems und die entsprechende Ausgestaltung des internen und externen Rechnungswesens sowie alle Kosten, die mit der Prüfung und Veröffentlichung der Kennzahl im Lagebericht zusammenhängen. Aus

---

Transaktionsmedium, das die Unsicherheit von Transaktionen berücksichtigt. Vgl. WIL-LIAMSON (1985), S. 20.

[1] Vgl. PICOT (1982), S. 273. Grundsätzlich können vollständige Verträge und neoklassische Verträge, d. h. solche Verträge, die teilweise unvollständig sein mögen, aber nur eine kurze, begrenzte Laufzeit haben, sowie relationale Verträge unterschieden werden. WILLIAMSON hat das Konzept der dreiteiligen Vertragsrechtsformen angelehnt an MACNEIL (1978), S. 854 - 905. Vgl. ausf. MACNEIL (1980); ebenso PICOT/DIETL (1993), S. 314 - 316.

[2] Vgl. ausf. ERLEI/LESCHKE/SAUERLAND (1999), S. 252 - 258.

[3] Es verbleiben indes unzweifelhaft Präzisierungs- und Operationalisierungsprobleme. Vgl. SCHNEIDER (1985), S. 1241 - 1243; SCHNEIDER (1995), S. 268 - 276. Der Vergleich alternativer institutioneller Arrangements erfordert indes lediglich eine Aussage, „ob die zu erwartenden Transaktionskosten [...] einer Koordinationsform größer oder kleiner als bei einer anderen sind". PICOT/DIETL (1990), S. 183. Eine Quantifizierung von Transaktionskosten ist von WILLIAMSON auch nicht vorgesehen. Vielmehr erscheint die Abschätzung der Unterschiede zwischen den Transaktionskosten ex ante und ex post wichtiger als die der absoluten Höhe. Vgl. WILLIAMSON (1985), S. 22. Eine Quantifizierung von Transaktionskosten ist von WILLIAMSON auch nicht vorgesehen. Vielmehr erscheint die Abschätzung der Unterschiede zwischen den Transaktionskosten ex ante und ex post wichtiger als die der absoluten Höhe. Vgl. WILLIAMSON (1985), S. 22.

[4] Vgl. GÖBEL (2002), S. 139.

Sicht der Transaktionskostentheorie ist die Einführung einer neuen Institution nur dann erklärbar, wenn daraus insgesamt ein positiver Gesamteffekt resultiert. Insofern muss eine derartige Risikoquantifizierung auch zu Transaktionskostenersparnissen führen, welche die Einführungskosten überkompensieren. Ein Ansatzpunkt dafür ist die Verringerung der Informationsasymmetrie zwischen dem besser informierten Management und den schlechter informierten Kapitalgebern. Mit der Reduzierung der Informationsasymmetrie geht eine Einsparung der Kontrollkosten einher. Verglichen mit der Ausgangssituation stehen den Anteilseignern, aber auch allen anderen Adressaten der Rechnungslegung, mehr Informationen über die Risikosituation der Unternehmung zur Verfügung, so dass es ihnen besser möglich ist, das Management des Unternehmens zu kontrollieren, da ihnen mit dem CFaR eine Kennzahl zur Risikoabschätzung zur Verfügung gestellt wird.

Allerdings kann nicht zwingend davon ausgegangen werden, dass die Kosten einer asymmetrischen Informationsverteilung allein dadurch reduziert werden können, indem das Management den schlechter informierten Unternehmensexternen Informationen zukommen lässt. Dies kann vor allem durch die Existenz von hohen Informationsverarbeitungskosten auf Seiten der Anteilseigner verhindert oder beeinträchtigt werden. Liegen solche Transaktionskosten vor, ist es für den einzelnen Aktionär u. U. nicht lohnend, die von der Geschäftsleitung zusätzlich zur Verfügung gestellten Informationen auszuwerten. Im Bereich der Erweiterung der Daten des Lageberichts erscheint die Annahme von relativ hohen Informationsverarbeitungskosten grundsätzlich nicht unplausibel, da es sich bei den hier betrachteten CFaR-Modellen um ein recht neues, nichtstandardisiertes Produkt handelt. Wenngleich die CFaR-Kennzahl die Risikoposition der Unternehmen recht einfach in einer Kennzahl verdeutlicht, ist daneben eine Vielzahl von anderen Parametern und Annahmen zu analysieren, um die Qualität des Modells und die Art der berücksichtigten Risiken zu ermitteln. Auch bei einer guten und adressatenfreundlichen Aufbereitung der CFaR-Kennzahl ist, verglichen mit den herkömmlichen Angaben, zunächst mit einem erhöhten Lern- und Analyseaufwand zu rechnen[1], so dass die Verarbeitung der Zusatzinformation für die Adressaten der Rechnungslegung mit Informationsverarbeitungskosten verbunden sein wird.

Darüber hinaus bleibt fraglich, welche Erkenntnisse aus der Veröffentlichung einer einzelnen Risikokennziffer gezogen werden können. Die Veröffentlichung eines individuell durch das Unternehmen ermittelten CFaR erlaubt – eine unver-

---

[1] Es ist allerdings zu berücksichtigen, dass die (Minderheits-)Aktionäre ohne erweiterte Risikoquantifizierung nicht an derartige Information kommen, da sie, abgesehen vom Rede- und Auskunftsrecht in der Hauptversammlung einmal im Jahr, kein zeitnahes und ausführliches Auskunftsrecht gegenüber dem Management besitzen.

änderte Berechnung vorausgesetzt – allenfalls einen Zeitvergleich der Kennzahlen des betreffenden Unternehmens. Dazu sind bereits die Annahmen und Parameter sowie die erzielte Prognosegüte einer Analyse zu unterziehen. Für eine branchen- bzw. unternehmensübergreifende Vergleichbarkeit der Risikokennziffer wäre indes eine einheitliche Berechnung zu gewährleisten, indem bspw. ein Modell sowie die dazu grundlegend zu verwendenden Prämissen (gesetzlich) vorgeschrieben würden. Die nachstehende Abbildung 22 zeigt den Effizienzvergleich zwischen den entstehenden Informationsverarbeitungskosten bei einer Abstimmung des Berechnungsmodells zwischen den einzelnen Unternehmen und den Kapitalgebern (Markt) einerseits bzw. durch gesetzliche oder privatwirtschaftliche Vorgabe (Hierarchie) andererseits. Diese müssen von den positiven Effekten des Informationsabbaus durch die Risikoquantifizierung überwunden werden.

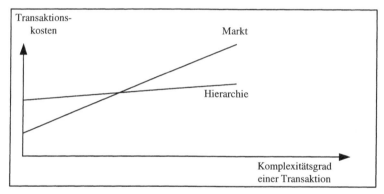

Abb. 22: Effizienzvergleich von Markt und Hierarchie unter Berücksichtigung des Komplexitätsgrads einer Transaktion
Quelle: In Anlehnung an PICOT/DIETL (1990), S. 181.

Aufgrund der hohen Komplexität der CFaR-Modelle kann die Veröffentlichung im Risikobericht durch den Markt möglicherweise nicht zu adäquaten Kosten erfolgen, so dass eine einheitliche Vorgabe des Berechnungsmodells und der grundlegenden Prämissen durch den Gesetzgeber bzw. einen Standardsetter notwendig erscheinen kann. Im Bereich der Kreditwirtschaft hat die Kodifizierung von Haftungsregeln zu einer starken Verbreitung und Weiterentwicklung von internen Risikomodellen geführt. Für eine Risikoquantifizierung im Nichtfinanzbereich könnte es daher gleichermaßen ratsam sein, dass ein Standardsetter Regeln eines Mindeststandards zu einer Risikoquantifizierung vorgibt, um die Hürden einer Veröffentlichung zu überwinden. Jedoch steht der Vielfältigkeit der Nichtfinanzunternehmen einer allumfassenden gesetzlichen Regelung entgegen. Gleichwohl sind die Informations- und Kontrollkosten für die an einer

Gesellschaft beteiligten Anteilseigner ohnehin sehr hoch und eine aktive Unternehmensanalyse erscheint bereits jetzt für den einzelnen (Klein-) Aktionär wenig lukrativ. Ob eine erweiterte Risikoquantifizierung im Rahmen von CFaR-Modellen grundlegend eine Änderung des Aktionärsverhaltens bewirken könnte, erscheint zweifelhaft.

Aus theoretischer Sicht lohnt sich jedoch die mit Kosten verbundene Analyse von Informationen, wenn sie durch Institutionen, wie z. B. Ratingagenturen oder Finanzanalysten erfolgt, die dabei Spezialisierungsvorteile und damit auch Transaktionskostenersparnisse realisieren können[1]. Das Ergebnis des Analyseprozesses der Ratingagenturen ist ein Ratingurteil, das der Finanzanalysten ein prognostizierter Aktienkurs für das Unternehmen. An diesem hoch verdichteten Qualitätskriterium können sich die Aktionäre orientieren und ihre Anlageentscheidung treffen. Die Bereitstellung zusätzlicher Informationen zum Risikoexposure der Gesellschaft ermöglicht den Ratingagenturen und Finanzanalysten die Abgabe eines qualitativ hochwertigen Urteils, das sie bisher nicht oder nur unter Aufbringung zusätzlicher Informationskosten fällen konnten. Derzeit kann die Risikoposition des betrachteten Unternehmens durch die Analysten nicht direkt eingesehen werden und muss daher von ihnen entweder im Rahmen eigener (Szenario-)Analysen oder auf Basis eines Gesprächs mit der Unternehmensleitung, welches einen Eindruck vom Risikomanagement eines Unternehmens und seiner Risikoposition vermittelt, eingeschätzt werden[2]. Dabei fallen weitere Informationskosten an. Darüber hinaus stellen die so erhaltenen Informationen keine Information im Rahmen des Geschäftsberichts dar, sind nicht durch den Wirtschaftsprüfer testiert und unterliegen keinem Haftungsregularium. Eine Risikoquantifizierung mit Hilfe von CFaR-Modellen und deren Veröffentlichung im Rahmen des geprüften Lageberichts könnte demnach eine korrekte Ermittlung des Risikoexposures ohne zusätzliche Informationskosten ermöglichen.

Unklar bleibt jedoch, ob neben den CFaR-Modellen nicht auch andere Quantifizierungsinstrumente den gleichen Mehrwert stiften könnten. Teilrisiken können beispielsweise durch Szenarioanalysen, kurzfristige Risiken auf Basis des VaR quantifiziert werden. Eine umfassende Berücksichtigung des unternehmensweiten (Finanz-) Risikos, welches auf die Belange von Industrie- und Handelsunternehmen abgestimmt ist, wird indes nur mit den CFaR-Kennzahlen abgedeckt.

Insgesamt bleibt festzuhalten, dass die Transaktionskostentheorie unter bestimmten Bedingungen eine effizientere Faktorallokation aufgrund einer erwei-

---

[1] Vgl. STEINER (1992), S. 509 - 515; HEINKE/STEINER (2000), S. 138 - 150.

[2] In nicht repräsentativen Recherchegesprächen mit Finanzanalysten für den deutschen Aktienmarkt im Rahmen dieser Arbeit wurde deutlich, dass die Einschätzung der Risikoposition derzeit nicht auf Basis des Risikoberichts, sondern vielmehr auf Grundlage eines Gesprächs mit der Unternehmensleitung und auf Basis eigener (Szenario-)Analysen erfolgt.

terten Risikoquantifizierung mit CFaR-Kennzahlen plausibel erscheinen lässt. Voraussetzung ist, dass die Informationsverarbeitungskosten – bestenfalls durch Verwendung gleichartiger Modelle und Prämissen – so gering wie möglich gehalten werden. Über die Institutionen der Finanzanalysten und Ratingagenturen können die mit der Verarbeitung der Kennzahl verbundenen Transaktionskosten noch weiter reduziert werden. Es ist jedoch einschränkend anzumerken, dass die notwendige abschließende Beurteilung des Gesamteffekts an der nicht zu beziffernden Verbesserung des Allokationseffekts scheitert.

6.4 Aussagen der Prinzipal-Agenten-Theorie

6.4.1 Grundlagen der Prinzipal-Agenten-Theorie

Die Prinzipal-Agenten-Theorie, PAT oder auch Agency-Theory, stellt als Teilgebiet der Neuen Institutionenökonomik erneut Vertragsbeziehungen in den Mittelpunkt: Spezielle Vertragsbeziehungen, die durch eine bestimmte Rollenverteilung zwischen zwei Parteien, einem Prinzipal und einem Agenten, gekennzeichnet sind[1]. Die Prinzipal-Agenten-Beziehung wird definiert als vertragliche Bindung zwischen zwei Personen, bei der der Agent gegen einen vorher festgelegten Entlohnungsanspruch die Verpflichtung zur Erfüllung einer Dienstpflicht für den Prinzipal eingeht, indem er den Nutzen des Prinzipals maximiert. Die Handlungen des Agenten beeinflussen dabei sowohl das Nutzenniveau des Prinzipals als auch das des Agenten[2]. Das Agency-Problem basiert darauf, dass die für die Beteiligten verfügbaren Informationen unvollständig und asymmetrisch zugunsten des Agenten verteilt sind. Der Nachteil des Prinzipals besteht in der Unsicherheit über den Arbeitseinsatz und -willen des Agenten. Neben der Unsicherheit ist der Prinzipal mit opportunistischem Verhalten des Agenten konfrontiert, so dass er befürchten muss, dass der Agent seinen diskretionären Handlungsspielraum zu seinem eigenen Nutzen und zum Schaden des Prinzipals ausnutzen wird[3]. Je nach Zeitpunkt des Eintritts des Informationsvorsprungs werden verschiedene Arten der Informationsasymmetrie unterschieden[4]. Die unterschiedlichen Arten können in drei Problembereichen münden, die als *adverse selektion*[5], *moral hazard*[1] und *holdup*[2] bezeichnet werden und die letztlich zu einer Nutzeneinbuße seitens des Prinzipals führen.

---

[1] Die Erkenntnis, dass es in der „Modern Corporation" bei einer Übertragung der Unternehmensführung von den Eigentümern, den Principals, auf angestellte Manager, Agents, zu Kontrollproblemen kommt, geht auf BERLE/MEANS (1932) zurück. Mit einer ähnlich Feststellung bereits SMITH (1776).

[2] Vgl. JENSEN/MECKLING (1976), S. 308.

[3] Vgl. grundlegend JENSEN/MECKLING (1976), S. 305 - 360.

[4] Vgl. ausf. SPREMANN (1990); PICOT/DIETL (1993), S. 320 - 323; sowie Kapitel 6.4.2.

[5] Vgl. AKERLOF (1970); PICOT/DIETL (1993), S. 320 - 323.

Die Prinzipale werden auf diese Gefahren der Wohlfahrtsverschiebung zu ihren Lasten reagieren und versuchen, die Informationsasymmetrien zu reduzieren, indem sie das opportunistische Verhalten seitens des Agenten verhindern bzw. Kosten, die beim Auftraggeber oder -nehmer entstehen können[3]. Kosten entstehen insbesondere durch die Aufwendung von *Kontroll- bzw. Überwachungskosten* bzw. für eine *Garantie bzw. Kaution*[4]: Zumeist werden sowohl der Prinzipal als auch der Agent pekuniäre und nicht-pekuniäre Überwachungskosten und Kautionen aufwenden. Gleichwohl werden die Entscheidungen des Agenten in allen Fällen in gewissem Maße von den Entscheidungen abweichen, die den Nutzen des Prinzipals maximieren würden, sog. *Residualverlust*[5]. Die Summe von Überwachungskosten des Auftraggebers, den Ausgaben des Beauftragten[6] und dem Residualverlust ergeben die Ageny-Kosten. Der Residualverlust wird definiert als Differenz zwischen dem hypothetischen Gewinn bei Realisierung der ‚erstbesten Lösung' in einer Situation ohne Informationsasymmetrien und dem tatsächlich bestenfalls erreichbaren Gewinn bei Beauftragung des Agenten[7].

Anhand der Höhe dieser Kosten für das Anreiz- und Kontrollsystem werden die Existenz von Institutionen erklärt und alternative institutionelle Regeln abgeleitet. Die Verwendung von Agency- bzw. Vertretungskosten als quantitativer Entscheidungsmaßstab ist jedoch problematisch. Ebenso wie im Rahmen der Transaktionskostentheorie setzt auch die Quantifizierung von Agency-Kosten die Kenntnis der ‚first-best-Situation' voraus. Gerade dann erübrigt sich indes die Ermittlung der Vertretungskosten, da der Idealzustand als Maßstab verwendet werden könnte[8]. Dennoch kann das Konzept zur Erforschung institutioneller Regeln verwendet werden, die die Anreiz- und Kontrollprobleme entschärfen[9]. Insgesamt bietet die Prinzipal-Agenten-Theorie die Möglichkeit, aus einer Vielzahl von Lösungsmöglichkeiten die beste bzw. bessere Alternative herauszufiltern[10].

---

[1] Vgl. HOLMSTRÖM (1979), S. 74 - 91; RICHTER/FURUBOTN (2003), S. 584.
[2] Vgl. SPREMANN (1990), S. 568 - 570; ausf. ALCHIAN/WOODWARD (1987), S. 110 - 136, insb. S. 113 - 115.
[3] Vgl. ERLEI/LESCHKE/SAUERLAND (1999), S. 75.
[4] Vgl. JENSEN/MECKLING (1976), S. 308f.; PERRIDON/STEINER (2004), S. 543f.
[5] Vgl. JENSEN/MECKLING (1976), S. 308; ausf. RICHTER/FURUBOTN (2003), S. 422f.
[6] Sog. bonding costs bzw. Signalingkosten des Beauftragten. Vgl. JENSEN/MECKLING (1976), S. 325.
[7] Vgl. JENSEN/MECKLING (1976), S. 308f.
[8] Vgl. SCHNEIDER (1995), S. 278.
[9] Vgl. SCHMIDT/TERBERGER (1999), S.394.
[10] Vgl. GÖBEL (2002), S. 125. Auf die nach JENSEN mögliche Aufteilung der Agency-Theorie in einen deskriptiven bzw. positiven und einen normativen Ansatz soll an dieser Stelle nicht eingegangen werden. Vgl. JENSEN (1983), S. 334 - 336.

6.4.2 Agency-Beziehungen zwischen Management und Adressaten der Unternehmenspublizität

Die in der Prinzipal-Agenten-Theorie beschriebene Beziehung zwischen Prinzipal und Agent soll im Rahmen dieser Arbeit auf die Analyse der Beziehung zwischen der Unternehmensleitung und den Kapitalgebern als Adressaten des Risikoberichts angewendet werden. Sowohl Eigen- als auch Fremdkapitalgeber überlassen als Prinzipal der Unternehmensleitung als Agenten[1] die Verfügungsgewalt über ihr Vermögen und beauftragen sie mit dessen Verwaltung. Aufgrund der oben beschriebenen Marktbedingungen müssen die Kapitalgeber mit dem eigennützigen Verhalten des Managements rechnen. Der Grad des Opportunismus' der Unternehmensleitung ist von der Entgeltvereinbarung für die Kapitalüberlassung abhängig. Wird angenommen, dass ihr Entgelt im Rahmen der Beteiligungsfinanzierung vom Unternehmensergebnis abhängt und bei der Kreditfinanzierung ein Fixum vereinbart wird, folgt daraus, dass die Ausgestaltung von Finanzierungstiteln nicht nur eine Risikoaufteilung beinhaltet, sondern auch eine Auswirkung auf das Kooperationsergebnis der beiden Parteien hat[2]. Die Agency-Theorie stellt daher die Vertragsgestaltung zur Ermittlung der individuellen Nutzenmaximierung der Vertragspartner in den Mittelpunkt.

Im Rahmen dieser Arbeit wird ein besonderes Augenmerk auf die Eigenkapitalgeber der Unternehmen gelegt. Die Aktionäre, in ihrer Gesamtheit der Prinzipal, vergeben die Leitung der Gesellschaft an den Vorstand, die Agenten, die für diese Aufgabe entlohnt werden[3]. Der Eigenkapitalfinanzierung ist zu eigen, dass der Kapitalgeber mit einem Anteil am Gewinn beteiligt ist, der je nach Anteil des Managers am Unternehmensgewinn mehr oder weniger groß sein kann[4]. Aus der so definierten Beziehung ergeben sich verschiedene Interessenkonflikte, denn die Aktionäre erfahren das Ergebnis der Tätigkeiten des bzw. der Agenten aus dem Geschäftsbericht; gleichwohl können sie aufgrund ihres Informationsnachteils nicht feststellen, inwieweit das Ergebnis durch exogene Einflüsse beeinträchtigt wurde. Ein sicheres Urteil über Fleiß, Einsatz und Sorgfalt ist den Aktionären dementsprechend nicht möglich. Vielmehr ergibt sich eine Informationsasymmetrie zum einen aus dem verdeckten Handeln des Managements, so dass die Anteilseigner die Tätigkeiten des Agenten nicht unmittelbar beobachten

---

[1] Dabei ist es zunächst unerheblich, ob der Agent Eigentümer, geschäftsführender Teilhaber oder angestellter Geschäftsführer des Unternehmens ist.

[2] Die Agency-Theorie steht damit im Widerspruch zum Irrelevanztheorem der neoklassischen Finanzierungstheorie, bei der auf vollkommenen Märkten keinerlei Informationsasymmetrien vorherrschen. Die Finanzierung wird dort als Parteienteilung betrachtet. Vgl. Kapitel 1.3.3.

[3] Auf die Tendenz zur Trennung von Eigentum und Verfügungsgewalt von Unternehmen sowie die daraus resultierenden Probleme wiesen bereits BERLE/MEANS (1932) hin.

[4] Vgl. FRANKE/HAX (2004), S. 429.

können (*hidden action*) und zum anderen aus der versteckten Information, indem der Agent Beobachtungen macht und Erkenntnisse gewinnt, die der Prinzipal nicht teilt (*hidden information*)[1]. Interessenkonflikte in der Beziehung zwischen Management und Aktionären treten dort auf, wo die Eigeninteressen des Managements in Handlungen münden, die den Interessen der Unternehmenseigentümer zuwider laufen, so dass der Prinzipal nicht in der Lage ist, den mit seinen Eigentumsrechten verbundenen Nutzen voll auszuschöpfen.

Die Entlohnungsfunktion des Managers hat einen erheblichen Einfluss auf seine Leistungsbereitschaft. Je geringer die Beteiligung des Managers am Erfolg des Unternehmens ist, desto größer wird sein Anreiz sein, seinen Arbeitseinsatz zu verringern. Darüber hinaus wird er seinen persönlichen Nutzen erhöhen, indem er über das für seinen Arbeitssatz erforderliche Maß hinaus Ressourcen des Unternehmens verbraucht (sog. consumption on the job), da er von den daraus resultierenden Gewinnschmälerungen nur in Höhe seines prozentualen Anteils am Eigenkapital betroffen ist[2].

Daneben bestehen weitere Möglichkeiten für das Management, zu Lasten der Eigenkapitalgeber zu agieren. Im Rahmen der Investitions- und Finanzierungspolitik besteht etwa ein Anreiz zum Aufbau von geldnahen Aktiva durch Gewinnthesaurierung, bspw. von Termingeldern und Wertpapieren. Einerseits entzieht es dadurch Finanzierungsmittel der Kontrolle der Kapitalgeber und andererseits können die Ergebnisse aus den geldnahen Aktiva mögliche schlechte Ergebnisse aus dem operativen Geschäft kompensieren, um so ein ineffizientes Management zu verschleiern. Es ist daher möglich, dass der Agent gar in Projekte mit negativem Kapitalwert investiert und es so zu einer Überinvestition kommt[3]. Andererseits besteht die Gefahr einer Unterinvestition: Der Agent hat möglicherweise ein Interesse, risikoreiche Investitionen in Projekte mit positivem Kapitalwert zu unterlassen, da er durch den Verlust seines Arbeitsplatzes deutlich stärker vom Risiko getroffen würde als der Prinzipal, der an diesem nur insofern beteiligt ist, wie es mit dem Risiko seines Portfolios korreliert[4].

Schließlich kommt es im Fall einer Insolvenzgefährdung des Unternehmens zu Interessenkonflikten. Die Eigenkapitalgeber haben ein Interesse daran, möglichst frühzeitig über die drohende Insolvenz des Unternehmens informiert zu werden, um zu entscheiden, ob eine Unternehmensfortführung oder eine Liquidierung ökonomisch sinnvoll ist. Die Unternehmensleitung hat hingegen keinen Anreiz, Informationen über den wahren Wert der Gesellschaft zu veröffentli-

[1] Vgl. ARROW (1985), S. 38.
[2] Vgl. JENSEN/MECKLING (1976), S. 312 - 319.
[3] Vgl. SCHMIDT/TERBERGER (1999), S. 439f.; MYERS (1977), S. 147 - 172.
[4] Vgl. FRANKE/HAX (2004), S. 430f., sowie ein Beispiel auf S. 559f.

chen, insbesondere wenn der oder die Manager sich am Ende ihrer beruflichen Laufbahn befinden oder sie den resultierenden Reputationsverlust fürchten[1].

In diesem Zusammenhang sei die vor allem bei Publikumsgesellschaften auftretende *Free-Rider-Problematik* der Aktionäre erwähnt. Grundsätzlich steht es jedem Aktionär frei, sein Kontrollrecht auf der Hauptversammlung auszuüben. Wenngleich die Ausübung dieses Rechts mit dem Ziel des Abbaus der Agency-Kosten prinzipiell im Interesse eines jeden Aktionärs liegt, ist es in Folge der hohen Informations- und Koordinationskosten[2] für die Anteilseigner rational, nicht oder schlecht informiert abzustimmen[3]. Daneben erscheint es ungewiss, ob die (Klein-)Aktionäre die erforderliche Sachkompetenz zur Ausübung der Kontrolle besitzen[4]. Obwohl ein wohl informiertes Abstimmungsverhalten im Sinne aller Aktionäre wäre, wird daher jeder Einzelne darauf vertrauen, dass zumindest die anderen Anteilseigner gut informiert abstimmen, so dass er von dem daraus resultierenden Nutzen profitieren kann. Dieses Verhalten wird als sog. Trittbrettfahrer-Verhalten bezeichnet[5].

6.4.3 Kontroll- und Marktmechanismen zur Verringerung der Agency-Probleme im Finanzbereich

6.4.3.1 Verminderung des Problems der negativen Auslese

Zur Reduzierung delegationsbedingter Agency-Konflikte stehen verschiedene Instrumente zur Verfügung. Kontroll- und Anreizmechanismen zielen auf eine Interessenkonvergenz von Kapitalgebern und Management ab[6]. Eine andere Möglichkeit zur Reduzierung von Agency-Kosten stellen die Instrumente zum Abbau der Informationsasymmetrie dar, bspw. Garantien, Zertifikate und – hier im Mittelpunkt stehend – Unternehmensveröffentlichungen. Im Folgenden werden die verschiedenen Mechanismen getrennt nach dem Zeitpunkt der Informationsasymmetrie betrachtet, wobei auch hier Überschneidungen nicht ausbleiben.

Bereits *vor Vertragsabschluss* besteht eine Informationsasymmetrie zwischen dem Management des Unternehmens und potenziellen Investoren. Probleme einer asymmetrischen Informationsverteilung vor Vertragsabschluss werden im

---

[1] Vgl. STULZ (1990), S. 3 - 24.
[2] Koordinationskosten entstehen dadurch, dass für ein erfolgreiches Abstimmungsergebnis auf der Hauptversammlung weitere Aktionäre zur Unterstützung des Antrags gewonnen werden müssen. Vor allem für Kleinaktionäre werden diese Kosten in ungünstigem Verhältnis zu dem damit verbundenen Nutzen stehen. Vgl. RUHWEDEL (2003), S. 73 m. w. N.
[3] Vgl. GROßFELD (1968), S. 14; SHLEIFER/VISHNY (1997), S. 737 - 783, insb. S. 741.
[4] Vgl. FAMA/JENSEN (1983), S. 309; JANSCH (1999), S. 67.
[5] Zur „Free-Rider"-Problematik bei Aktionären vgl. GROSSMANN/HART (1988), S. 175 - 202.
[6] Vgl. SCHMIDT/TERBERGER (1999), S. 410f.

Rahmen des Modells der *adverse selection* behandelt[1]. Vor dem Wertpapier-bzw. Anteilskauf besteht aufgrund der verdeckten Qualitätseigenschaften der Gesellschaft eine Situation, die eine negative Auslese der Produkte zur Folge haben könnte. AKERLOF hat am Beispiel des Gebrauchtwagenmarktes beschrieben, wie sich eine Informationsasymmetrie bezüglich der Produktqualität auf das Markenangebot auswirken kann[2].

Das Beispiel der negativen Auslese kann auf den Kapitalmarkt übertragen werden[3]. Ähnlich wie im beschriebenen Beispiel sind die Anleger auf dem Kapitalmarkt auf Informationen über den Wert der Aktien oder die Bonität des Emittenten angewiesen, um sich eine Beurteilung der Anlage zu erlauben.

Um dem Erliegen des Marktes entgegenzuwirken sind Mechanismen erforderlich, die eine Vertragsverhandlung ermöglichen, indem sie Informationsasymmetrien abbauen. Die potenziellen Anleger müssen fürchten, überbewertete Aktien oder Anleihen zu erwerben, so dass sie Preisabschläge vornehmen werden. Im Gegensatz dazu werden aktuelle Anleger beim Verkauf ihrer Wertpapiere in ihrer Unsicherheit über die Qualität der Wertpapiere indes einen Preisaufschlag verlangen. Die Preisvorstellungen klaffen damit weiter auseinander. Die Folgen sind sinkende Umsätze auf dem Kapitalmarkt und Fehlallokationen[4]. Obwohl aus der Perspektive eines vollkommen informierten Beobachters für beide Parteien potenzielle Vorteile bestünden, finden keine Wertpapiertransaktionen mehr statt[5]. MANOVE hat am Beispiel von Finanzanalysten gezeigt, dass unter Berücksichtigung heterogener Erwartungen der Anleger jede Art von In-

---

[1] Ursprünglich stammt der Begriff aus dem Versicherungswesen. Wenn der Versicherungsnehmer als Agent über seinen eigenen Gesundheitszustand besser informiert ist als das Versicherungsunternehmen als Prinzipal, kann es zu einer ineffizienten Aufteilung des Risikos kommen. Vgl. ROTHSCHILD/STIGLITZ (1976).

[2] Vgl. AKERLOF (1970), S. 488 - 500.

[3] Das Beispiel lässt sich ohne weiteres auch auf die Situation der Kreditvergabe übertragen. Die Kreditinstitute (Prinzipale) sind tendenziell unvollständig über die Bonität der Kreditnehmer (Agenten) informiert, so dass eine Informationsasymmetrie entsteht, die ohne (freiwillige oder erzwungene) Weitergabe von Unternehmensdaten zu einer adversen Selektion bei der Kreditvergabe führen könnte.

[4] Bei einer Investitionskonkurrenz zwischen Aktien und festverzinslichen Wertpapieren werden insb. Kleinanleger tendenziell eher in festverzinsliche Wertpapiere investieren, da dort die Informationsunterschiede über die Anlagebewertung – zumindest bei prinzipiell solventen Unternehmen – eine geringere Auswirkung auf die erzielbare Rendite haben dürften. Dies begünstigt eine Verminderung der Eigenkapitalausstattung der Unternehmen und einen Umsatzrückgang auf Aktienmärkten. Vgl. SCHÖRNER (1991), S. 160.

[5] Es wird dabei vernachlässigt, dass die Renditen der Wertpapiere trotz der Informationsasymmetrie über der von Alternativanlagen liegen könnte und damit von einem Marktversagen nicht auszugehen ist. Vgl. SCHÖRNER (1991), S. 164.

formationsvorteil einzelner Kapitalmarktteilnehmer zu Preisspreizungen und den damit verbundenen negativen Auswirkungen führen kann[1].

Öffentliche Informationen, Jahresabschluss und Lagebericht im Allgemeinen und die Risikoberichterstattung im Besonderen stellen Instrumente der Rechnungslegung dar. Sie können dem drohenden Marktversagen entgegen wirken, indem sie die Kapitalmarktteilnehmer hinsichtlich der Qualitätsmerkmale des Tauschobjekts ‚Wertpapier' informieren, so dass die durch die Informationsasymmetrie entstandene Unsicherheit reduziert würde. Aus der Informationsbereitstellung würden damit auch positive Auswirkungen auf die Allokationseffizienz des Kapitalmarktes zu erwarten sein. Die in der Prinzipal-Agenten-Theorie verwendeten Instrumente zum Abbau der Informationsasymmetrie vor Vertragsabschluss sowie die damit zusammenhängenden Problembereiche sollen im Folgenden diskutiert werden.

Zum einen kann die Initiative zum Abbau der Informationsasymmetrie vom Prinzipal ausgehen, indem er oder ein von ihm beauftragter Dritter die Qualitätsmerkmale des Agenten bzw. des Wertpapiers beobachtet und prüft. Diese Vorgehensweise wird als *screening*[2] bezeichnet und stellt u. a. eine Rechtfertigung für Finanzanalysten und Ratingagenturen dar. Screening ist hingegen zum Abbau der Informationsasymmetrie ungeeignet, wenn die besser informierte Marktseite in der Lage ist, der Gegenseite wichtige Informationen vorzuenthalten. Daneben wird screening durch einen einzelnen Marktakteur erschwert, wenn für die Qualitätsbeurteilung Spezialkenntnisse erforderlich sind[3].

Daneben besteht grundsätzlich das Prinzip der Selbstauswahl, sog. *selfselection*[4]. Die Anleger (Prinzipale) können dem Management des Wertpapieremittenten verschiedene Verträge oder Finanzierungsalternativen zur Auswahl stellen. Gemäß seinen Qualitätseigenschaften wird jeder Agent den für ihn günstigsten bzw. effizientesten Vertrag auswählen, so dass der Prinzipal durch die Auswahl des Agenten die Qualität des Vertragsgegenstandes beurteilen kann[5]. Eine Übertragung einer Selbstauswahl auf den Kapitalmarkt setzt indes eine bestimmte Marktstellung des Anlegers voraus und erscheint eher außerhalb des organisierten Kapitalmarktes realistisch[6].

---

[1] Vgl. MANOVE (1989), S. 823 - 845.
[2] Vgl. STIGLITZ (1975), S. 284 - 292.
[3] Vgl. FRITSCH/WEIN/EWERS (2003), S. 297f.
[4] Vgl. ARROW (1985), S. 42. ROTHSCHILD/STIGLITZ haben das Konzept der „self-selection" zum Abbau von Informationsasymmetrien auf dem Versicherungsmarkt angewendet. Vgl. ROTHSCHILD/STIGLITZ (1976), S. 629 - 649.
[5] Vgl. PICOT/DIETL (1993), S. 321f.; PERRIDON/STEINER (2004), S. 541.
[6] Vgl. FÜLBIER (1998), S. 185.

Zum anderen bietet sich eine Verringerung des Informationsgefälles an, indem der Agent seinerseits sich oder seine von ihm angebotenen Güter (das Wertpapier) vor Vertragsabschluss einer freiwilligen Qualitätsprüfung unterzieht. Der Agent wird die Prüfung aus Eigeninteresse durchführen lassen, da er an einem Vertragsabschluss interessiert ist. Die Prüfungsergebnisse, sei es in Form eines Ratingurteils, Gutachtens oder eines Prüfungsberichts mit Testat, erfüllen die Funktion eines Signals, anhand dessen der Prinzipal in der Lage ist, unerwünschte und bevorzugte Vertragspartner voneinander zu unterscheiden. Diese Vorgehensweise wird als *signaling* bezeichnet[1]. Das Management kann aus individuellen Erwägungen an der Informationsweitergabe interessiert sein: Die Unsicherheit der Agenten führt zu einem Risikoabschlag bei dem Erwerb von Wertpapieren. Zur Rechtfertigung eines bestimmten (Emissions-)Kurses kann daher die Informationsweitergabe nutzbringend sein. Daneben können aber auch private Interessen befriedigt werden, indem im Rahmen eigener (Entlohnungs-) Vertragsverhandlungen die Anleger von dem überdurchschnittlichen Erfolg des Unternehmens und damit des Managers in Kenntnis gesetzt werden sollen.

Dem Management steht insbesondere die Unternehmenspublizität als Signalisierungsinstrument zur Verfügung. Daneben können aber auch die Dividendenpolitik und Kapitalstrukturveränderungen als Signale gedeutet werden[2]. Signaling-Instrumenten ist zu eigen, dass auch eine Nichtabgabe eines Signals als ein solches verstanden werden kann: Falls Emittenten mit guten Qualitätseigenschaften einen Anreiz zu einem Signal haben, werden nur durchschnittliche und unterdurchschnittliche Unternehmen von der Möglichkeit eines Signals keinen Gebrauch machen[3]. Die Wertpapiere der nicht veröffentlichenden Emittenten werden von den Anlegern nur zu einem Preis unter dem alten Durchschnittspreis nachgefragt, so dass Märkte mit Preisdifferenzierungen entstehen. Bei Fortsetzung des Prozesses wird für weitere verbleibende 'Nichtveröffentlicher' ein Anreiz zum Signalisieren gegeben sein. Der Durchschnittspreis für die verbleibenden Unternehmen, die das entsprechende Signal (noch immer) nicht geben, wird weiter sinken. Signalisierungskosten zunächst außen vor lassend, wird sich der Prozess weiter fortsetzen, bis schließlich nur mehr ein Emittent übrig bleibt, der indifferent zwischen Veröffentlichen und nicht Veröffentlichen ist. Werden Signalisierungskosten in die Betrachtung einbezogen, so werden mehr Emittenten auf das Signal verzichten, solange die Kosten des Signals den Nutzen durch die Veröffentlichung überwiegen.

---

[1] Vgl. SPENCE (1976), S. 591 - 597; HIRSHLEIFER/RILEY (1979), S. 1406 - 1409.
[2] Vgl. ROSS (1977), S. 23 - 40; MILLER/ROCK (1985), S. 1031 - 1051.
[3] Vgl. hier und im Folgenden WAGENHOFER (1990), S. 18 - 35; NEWMANN/SANSING (1993), S. 92 - 112.

Neben dem Problem der Signalingkosten besteht auch das Problem der Verifizierbarkeit des Signals. Voraussetzung für ein erfolgreiches signaling ist, dass fehlerhafte Informationen höhere Kosten verursachen als die erhofften Vorteile der unwahren Information[1]. Darüber hinaus müsste diese Tatsache den Marktteilnehmern auch bekannt sein. Realiter wird von diesen Annahmen indes nicht auszugehen sein. Die Anleger sind sich bewusst, dass die Unternehmensleitung eigennutzorientiert handelt und daher an einer positiven Eigendarstellung interessiert ist. Die Anleger werden daher von einer opportunistischen Darstellung der ihnen offerierten Daten ausgehen. Eine reine Informationsbereitstellung unterliegt damit einem Glaubwürdigkeitsproblem[2].

Um die Effizienz des Signals zu erhalten bzw. zu erreichen, wird das Management gezwungen, für die Glaubwürdigkeit der publizierten Informationen Sorge zu tragen, i. d. R. indem es die Daten durch einen unabhängigen (Abschluss-) Prüfer durchsehen und testieren lässt. Es entstehen daher neben den Kosten der Informationsbereitstellung auch zusätzliche Kosten für die Verifizierung der Daten. Da der Risikobericht bereits Bestandteil des Lageberichts ist, müssten sich die Kosten für die Prüfung der hier betrachteten CFaR-Modelle bzw. deren publizierter Ergebnisse im Rahmen der Risikoberichterstattung in Grenzen halten. Gleichwohl handelt es sich um eine weitere Information, die bislang nicht bzw. kaum Eingang in Lagebericht und Prüfung gefunden hat, so dass eine neue, ggf. kostenpflichtige Prüfungshandlung erforderlich sein wird[3].

Neben einer Prüfung der Information durch Dritte kommt die Übernahme einer persönlichen Haftung durch die Geschäftsleitung in Frage. Die Haftungssumme müsste sich dann an der Differenz zwischen tatsächlicher und signalisierter Qualität orientieren. Allerdings ist der Nachweis, aber vor allem die Quantifizierung eines Schadens, der eine solche Schadensersatzpflicht auslöst, nicht unproblematisch. Zudem führen hohe Schadensersatzleistungen zu einer verzerrten Anreizstruktur, die Einfluss auf das Signalisierungsverhalten haben kann. Aufgrund der schwer zu beurteilenden exogenen Umwelteinflüsse ist zudem die Identifikation einer Falschmeldung schwierig.

Ist eine Reduzierung der Informationsasymmetrie nicht oder nur durch Inkaufnahme hoher Kosten mit signaling- oder screening-Maßnahmen möglich, kann das Problem der adversen Selektion durch eine Interessenangleichung zwischen Prinzipal und Agent eingegrenzt werden. Dies erfolgt regelmäßig durch Garantien, Probezeiten oder Rückgaberechte. Opportunistisches Verhalten seitens des Agenten ließe sich durch einen Vergütungsvertrag mindern, der einen Teil der Ergebnisverantwortung dem Agenten zuteilt, während der Prinzipal (mindes-

---

[1] Vgl. HARTMANN-WENDELS (1986), S. 84 - 86.
[2] Vgl. HARTMANN-WENDELS (1992), S. 418 - 420.
[3] Zu Anwendungsmöglichkeiten der Kennzahl für den Abschlussprüfer vgl. Kapitel 8.2.

tens) ein Fixum erhält. Eine solche Lösung wird aber aufgrund der verschiedenen individuellen Risikopräferenzen nur eine second-best-Lösung sein[1].

Es bleibt insgesamt festzuhalten, dass vorvertragliche Informationsasymmetrien zwischen Management und Kapitalgebern durch eine Risikoquantifizierung abgebaut werden können, wenn die mit der Veröffentlichung entstehenden Übermittlungs- und Prüfungskosten den Gesamtnutzen nicht übersteigen. Die Erweiterung und Konkretisierung der Daten des Risikoberichts führt unter dieser Bedingung zu einer Senkung der Agency-Kosten und zu einer verbesserten Faktorallokation. Zur Erreichung dieses Ziels sind neben dem Nutzen der Kennzahl die Kosten der Übermittlung, der Informationsverarbeitung und der Prüfung der verwendeten CFaR-Modelle zu betrachten.

6.4.3.2 Nachvertragliche Agency-Konflikte

Auch und gerade nach Vertragsabschluss besteht eine Informationsasymmetrie zwischen Unternehmensleitung und Kapitalgebern. Zur Reduzierung der nachvertraglichen Prinzipal-Agenten-Konflikte werden in der Literatur vor allem Anreizsysteme diskutiert, die eine Entlohnung des Agenten an die Interessen des Prinzipals koppeln. In Betracht kommt vor allem eine Erfolgsbeteiligung der Manager, bspw. in Form von Aktienoptionen, die eine steigende Vergütung des Agenten bei steigendem Unternehmenswert bewirkt. Der Agent wird somit verleitet, aus reinem Eigeninteresse im Sinne des Prinzipals zu handeln. Da der Unternehmenserfolg indes neben der Managementleistung auch von exogenen, zufällig eintretenden Umwelteinflüssen abhängt, ist mit der Erfolgsteilung auch eine Risikoteilung verbunden[2]. Die solchermaßen ausgestalteten Entlohnungsverträge führen zu einer Reduzierung des Problems der hidden action, ohne dass es zu einem Abbau der Informationsasymmetrie kommt[3]. Anreizoptimale Entlohnungsverträge sind daher geeignet, vor- und nachvertragliche Prinzipal-Agenten-Konflikte zu mildern, so dass Überwachungskosten auf Seiten des Prinzipals gesenkt werden[4].

---

[1] Vgl. SCHMIDT (1988), S. 256.

[2] Vgl. ARROW (1985), S. 37; SPREMANN (1990), S. 581 - 583. Aktienoptionen sind auch in Deutschland zu einem gebräuchlichen Instrument der anreizorientierten Vergütung geworden. Vgl. PELLENS/CRASSELT/ROCKHOLTZ (1998), S. 21 - 25; CRASSELT (2000), S. 135 - 137.

[3] Wenngleich Entlohnungsverträge als Substitut einer Unternehmenspublizität angesehen werden können, vermögen sie unter bestimmten Voraussetzungen die freiwillige Publizität zu fördern, da die an Aktienkurssteigerungen partizipierende Unternehmensleitung bestrebt sein wird, positive Unternehmensnachrichten umgehend zu veröffentlichen. Vgl. EWERT (1995), S. 234 - 241.

[4] Vgl. FÜLBIER (1998), S. 188f. m. w. N.

Neben anreizbezogenen Vergütungssystemen werden verschiedene Kontrollmärkte diskutiert, die ebenfalls die Eignung besitzen sollen, die Unternehmensleitung zu einem anlegerkonformen Handeln zu bewegen[1].

Der *Aktienmarkt* kann *als Kontrollmarkt* fungieren, da die an einer risikoadjus-
tierten Rendite interessierten Anleger auf unverhältnismäßig niedrige Dividen-
denzahlungen und ineffiziente Entscheidungen des Managements durch Verkauf
ihrer Aktien reagieren können. Der dadurch ausgelöste Kursdruck läuft den Interessen des Managements zuwider, da niedrige Kurse bspw. durch geringeres
Agio bei anstehenden Kapitalerhöhungen die Refinanzierungsrestriktionen erhöhen[2].

Daneben wird ein *Markt für Unternehmenskontrolle* angenommen. Sinkt durch
nicht anlegerkonformes Verhalten der Aktienkurs der Gesellschaft, so erhöht
sich die Gefahr einer vom Management nicht gewollten, feindlichen Unterneh-
mensübernahme (hostile take over). Daneben können die Aktionäre über die In-
teressenvertretung die Unternehmensleitung auch mittelbar oder unmittelbar auf
der Hauptversammlung sanktionieren[3].

Schließlich hat der einzelne Manager den *Markt für Manager* im Blick. Die
Aktionäre bzw. ihre Vertreter treten auf dem Arbeitsmarkt für Manager als
Nachfrager auf. Aus eigennutzorientierten Gründen wird kein Manager seine
Reputation durch offensichtlich aktionärsfeindliches Handeln gefährden, da er
durch ein derartiges Handeln seinen individuellen Marktwert, insbesondere bei
Gehaltsverhandlungen oder einem Arbeitsplatzwechsel, senken würde[4].

Unter der Voraussetzung, dass die Funktionsfähigkeit dieser Märkte gegeben
sei, können sie die Unternehmensleitung zu einem anlegerkonformen Handeln
anleiten. Die Wirksamkeit des Aktienmarkts als Kontrollmarkt hängt indes eng
damit zusammen, dass die Aktionäre Kenntnis über das Handeln des Agenten,
insbesondere des nicht vertragskonformen, erlangen. Aufgrund des Problems der
hidden action ist die Gültigkeit dieser Annahme indes fraglich. Durch die Informationsasymmetrien zwischen Management und Kapitalgebern, die hier als
Kontrolleure fungieren, ist eine effiziente, vertretungskostensenkende Managementkontrolle unwahrscheinlich[5]. Es erscheint jedoch problematisch, Kontrollmärkte als institutionelle Alternative zu einer erweiterten Risikoquantifizierung
im Lagebericht zu sehen. Eine Quantifizierung von Risiken mit Hilfe des CFaR
im Rahmen der Risikoberichterstattung führt mithin eher zu einer erhöhten

---

[1] Vgl. JENSEN/RUBACK (1983); S. 5 - 50; MATHIS (1992); PELLENS (1994), S. 179 - 184.
[2] Vgl. RICHTER/FURUBOTN (2003), S. 382.
[3] Vgl. FAMA (1980), S. 295.
[4] Vgl. SCHMIDT/TERBERGER (1999), S. 468.
[5] Vgl. WILLIAMSON (1975), S. 141 - 148; PELLENS (1994), S. 194, sowie FÜLBIER (1998),
S. 190f.; SCHÖRNER (1991), S. 200 - 211.

Wirksamkeit der Kontrollmärkte, so dass die Beziehung weniger substituierender, sondern vielmehr komplementärer Natur ist[1].

6.4.4 CFaR als Instrument zur Verringerung von Agency-Problemen

6.4.4.1 Erweiterte Risikoquantifizierung zur Vermeidung einer negativen Auslese

Die Beziehung zwischen Kapitalgebern und Unternehmensleitung wurde in Kapitel 6.4.2 als finanzierungstheoretische Beziehung klassifiziert und die möglichen Instrumente bzw. Institutionen in Kapitel 6.4.3 zum Abbau vor- und nachvertraglicher Prinzipal-Agenten-Probleme vorgestellt. Nachfolgend wird der Beitrag der Cash-Flow-at-Risk-Modelle zur Verringerung der Agency-Problematik im Geschäftsbericht analysiert. Dabei sollen anhand der Diskussion über die Wirkungsweise des Abbaus der asymmetrischen Informationsverteilung Anforderungen ermittelt werden, die für einen effizienten Einsatz derartiger Modelle und der Veröffentlichung ihrer Ergebnisse notwendig sind.

Nachdem bereits in Kapitel 6.4.3.1 auf die Probleme einer negativen Auslese auf dem Kapitalmarkt hingewiesen wurde, seien nun die Auswirkungen einer Risikoquantifizierung durch CFaR-Modelle im Risikobericht zum Abbau vorvertraglicher Agency-Konflikte sowie die dazu notwendigen Anforderungen erörtert.

Um die Gefahr einer adversen Auslese zu verhindern, scheint es sinnvoll, zusätzliche Rechnungslegungsdaten zu publizieren und damit die Informationsversorgung der Kapitalmarktteilnehmer zu verbessern. Eine Berichterstattung über das Risikoexposure einer Gesellschaft wird im Risikobericht vorgenommen. Wenngleich dem Risikobericht theoretisch eine gewisse Bedeutung bei der Anlage- und Kreditvergabeentscheidung beigemessen wird, sind die Adressaten mit seinem Niveau jedoch nicht zufrieden[2]. Die Aussagen des Risikoberichts sind nahezu ausschließlich verbal und allgemein gehalten, so dass eine zutreffende Einschätzung über die Risikoposition der Gesellschaft kaum möglich ist[3]. Somit

---

[1] Zu Argumenten für eine substituierende Beziehung vgl. FÜLBIER (1998), S. 191. Können die Aktionäre nicht die gesamten Handlungen des Managements, aber doch die Häufigkeit der Informationsbereitstellung und ex post auch die Güte und Zeitnähe der Informationen beobachten, so werden dadurch Kontrollmarktreaktionen ausgelöst, die sich auf das Publizitätsverhalten der Unternehmen auswirken können.

[2] Vgl. LÜCK (2004a), S. 1. Vgl. ausf. Kapitel 2 und 3 der Arbeit.

[3] Im Rahmen dieser Arbeit wurden im Jahr 2003 nicht repräsentative Recherchegespräche mit Finanzanalysten für den deutschen Kapitalmarkt durchgeführt. Übereinstimmend berichteten sie, dass zur Einschätzung der Risikoposition der jeweiligen Aktiengesellschaft eigene Risikomodelle verwendet werden. Die erforderlichen Daten werden in individuellen Managementgesprächen erhoben.

ist der Risikobericht für ökonomische Entscheidungen bislang als nur bedingt relevant anzusehen.

Die im Rahmen des Geschäftsberichts veröffentlichten Daten sind zumeist darauf ausgerichtet, die Adressaten über die Rendite der Gesellschaft im vergangenen Berichtszeitraum zu informieren. Die Risikoposition der Gesellschaft wird hingegen nur verbal erläutert, so dass der Veröffentlichung einer mit CFaR-Modellen ermittelten Risikokennzahl ein hoher Informationswert für die Anleger beizumessen ist.

Die Offenlegung des Risikoexposures in einer Maßzahl hat zudem den Vorteil, die Effizienz des Risikomanagements der Gesellschaft durch Vergleich der Risikomaßzahl in aufeinander folgenden Perioden (Zeitvergleich) überprüfen zu können. Aussagen des Managements zur Volatilität von Ergebnisschwankungen, insbesondere nach unten, können durch Vergleich mit gleichartigen Unternehmen oder mit Unternehmen der selben Branche (Branchenvergleich) hinsichtlich ihrer Plausibilität überprüft werden. Die bislang durch die Unternehmen publizierten verbalen Aussagen im Risikobericht scheinen dazu nur wenig geeignet. Diese zusätzliche quantitative Information verbessert damit die Transparenz des Aktienmarktes und trägt somit zu einer Homogenisierung der Erwartungen und schließlich zu einer Vervollkommnung der Märkte bei.

Die Aussagefähigkeit der CFaR-Kennzahlen wird allerdings zum Teil wesentlich durch die in die Berechnung eingehenden Parameter und Annahmen beeinflusst. Das Risikomaß ist daher nur mit Kennzahlen vergleichbar, die mit Hilfe der gleichen Bewertungsmethodik und unter den gleichen Prämissen ermittelt wurden. Vor allem für einen Branchenvergleich kann diese Feststellung eine erhebliche Einschränkung der Aussagefähigkeit bedeuten, da die in Industrie- und Handelsunternehmen differierenden Anforderungen an das Risikomanagement einer grundsätzlichen Verallgemeinerung der Berechnungsmethode entgegenstehen könnten. Gleichwohl erlauben die Methoden einen Zeitvergleich der Kennzahlen eines Unternehmens, wenn davon ausgegangen werden kann, dass die Berechnungsmethodik keinen oder nur begründeten Änderungen unterliegt. Um den Ermessensspielraum des Managements bei der Berechung des CFaR möglichst gering zu halten, ist es daher erforderlich, die Berechnungsmethode sowie die wesentlichen Parameter neben dem CFaR im Risikobericht anzugeben. Wird die Art der Ermittlung im Lagebericht beschrieben, so wird immerhin auch ein Branchenvergleich für die Unternehmen ermöglicht, die – zufällig oder absichtlich – die gleiche Methodik zur Ermittlung angewendet haben.

Es stellt sich auch hier die Frage, für welche Gruppen von Rechnungslegungsadressaten eine Auswertung der zusätzlich publizierten Daten lohnenswert erscheint. Die (Klein-)Aktionäre werden durch die Veröffentlichung des CFaR in die Lage versetzt, sich individuell über die Risikosituation und die Effizienz des unternehmensweiten Risikomanagements zu informieren. Gleichwohl ist die Auswertung der erweiterten Risikoquantifizierung, insbesondere unter Beachtung der zugrunde liegenden Berechnungsverfahren, mit Arbeitsaufwand verbunden, der darüber hinaus Spezialkenntnisse erfordert. Es muss daher davon ausgegangen werden, dass zumindest Kleinaktionäre oft von einer Auswertung der (zusätzlichen) Rechnungslegungsdaten absehen werden. Aus agency-theoretischer Sicht gewinnen daher die zwischen Management und Aktionären geschalteten Institutionen wie Ratingagenturen und Finanzanalysten an Bedeutung, die durch die Auswertung des quantifizierten Risikoexposures zur Verbesserung der Informationseffizienz auf dem Kapitalmarkt beitragen. Sie scheinen durch ihre Spezialisierungsvorteile eher geeignet zu sein, die komplexe Berechnungsmethodik zu analysieren, um die Entwicklung der Risikoposition des Unternehmens im Zeitablauf und im Vergleich zu anderen Unternehmen zu beurteilen. Indes kann eine offensive Risikoquantifizierung im Rahmen der Berichterstattung auch von dem nichtspezialisierten Aktionär als ein Qualitätssignal gedeutet werden und zu einer Verbesserung der Informationsfunktion des Lageberichts führen, so dass die Überwachung des Managements erhöht wird und ein Teil der geschilderten Prinzipal-Agenten-Probleme vermieden werden kann[1].

Die Offenlegung des CFaR ist auch für Fremdkapitalgeber von Bedeutung. Die Kreditinstitute lassen sich zwar im Rahmen der Kreditverträge relativ weitgehende Einsichts- und Kontrollrechte einräumen und haben i. d. R. die Möglichkeit, weitere Informationen im Rahmen von Managementgesprächen einzuholen, so dass der Informationszuwachs geringer sein mag. Andererseits spielt der Geschäftsbericht eine erhebliche Rolle bei der Kreditvergabe. Eine in diesem Zusammenhang veröffentlichte und durch den Abschlussprüfer testierte Risikokennzahl bietet für die Kreditgeber den Vorteil, neben verbalen Aussagen des Managements einen Eindruck über die Funktionsfähigkeit des Risikomanagements gewinnen zu können. Durch Bildung einer Verhältniszahl mit einer Risikodeckungsmasse kann darüber hinaus mit einfachen Mitteln die Insolvenzgefährdung des Unternehmens berechnet werden.

Zusammenfassend ist festzuhalten, dass eine Risikoquantifizierung mit Hilfe des CFaR einen Kontrollmechanismus darstellt, mit dem sowohl Eigen- als auch Fremdkapitalgeber eine bessere Managementkontrolle ausüben können. Darüber hinaus wird durch die erweiterte Unternehmenspublizität bei der Beachtung der aufgeführten Anforderungen an die Ermittlung und Veröffentlichung der Risikokennzahl die Funktionsfähigkeit der bestehenden Marktmechanismen verbessert.

---

[1] Vgl. HEINKE/STEINER (2000), S. 138 - 150.

6.4.4.2 Rendite-/Risiko-bezogene Management-Anreizsysteme

Zum Abbau nachvertraglicher Prinzipal-Agenten-Konflikte ist die Wahl eines geeigneten Vergütungssystems, mit dem die Entlohnung des Agenten an die Interessen des Prinzipals gebunden wird, ein oft genutztes Instrument. Der Beitrag des Managements zur Zielerfüllung seiner Aktionäre wird, soweit vorhanden, am ehesten durch den Aktienkurs zum Ausdruck gebracht, so dass es nahe liegt, die Entlohnung der Unternehmensleitung zumindest teilweise in Abhängigkeit von der erreichten Marktwertsteigerung als Kennzahl des Unternehmenserfolgs vorzunehmen[1].

Ohne auf spezifische Ausgestaltungsformen derartiger Entlohnungsverträge einzugehen, muss konstatiert werden, dass die Festlegung von Art und Anteil der erfolgsabhängigen Vergütung zu einer suboptimalen bzw. ineffizienten Risikopolitik führen kann: Sind die Manager an möglichen Verlusten beteiligt oder ist die Entlohnung zu einem zu großen Teil performanceabhängig, so werden risikoaverse Manager – entgegen dem Interesse der Aktionäre mit einem diversifizierten Aktienportfolio – bei ihren Investitionsentscheidungen ein zu geringes Risikoniveau anlegen[2]. Sind die Manager indes nicht an möglichen Verlusten beteiligt, sondern partizipieren lediglich an den Kurssteigerungen des Unternehmens, so gehen sie mitunter eine zu risikoreiche Unternehmenspolitik ein, so dass es insgesamt zu Konflikten zwischen Eigentümern und Managern um den Risikogehalt von Investitionsprojekten kommen kann[3].

Das oben beschriebene Problem der hidden action des Agenten nach Vertragsabschluss kann möglicherweise durch die Veröffentlichung des verifizierten Risikoexposures der Gesellschaft auf Basis des CFaR reduziert werden. Der CFaR gibt die Risikoposition der Gesellschaft in einer einzelnen Zahl an, so dass eine Kopplung des Entlohnungssystems neben dem Marktwert auch an die Risikoposition der Gesellschaft ermöglicht wird. Bei gleich bleibendem Aktienkurs, aber gestiegenem (gesunkenem) Unternehmensrisiko, gemessen an einem zur Relativierung heranzuziehenden Index bzw. Vergleichsunternehmen, müsste die Entlohnung der Unternehmensleitung niedriger (höher) ausfallen.

6.4.4.3 Fazit

Insgesamt offenbart die agency-theoretische Diskussion, dass die Veröffentlichung des CFaR im Rahmen der externen Berichterstattung zur Marktvervollständigung durch Reduzierung der Agency-Probleme bei Finanzierungsvorgängen beitragen kann. Die Risikoquantifizierung erlaubt unter Beachtung der dis-

---

[1] Vgl. u. a. GELDMACHER (2000), S. 56 m. w. N.
[2] Vgl. NATUSCH (2000), S. 185; GELDMACHER (2000), S. 57.
[3] Vgl. BALLWIESER/SCHMIDT (1981), S. 670.

kutierten Voraussetzungen eine Vergleichbarkeit der Risikoposition des Unternehmens im Zeit- und Branchenvergleich, so dass die Kapitalmarktteilnehmer besser in der Lage sind, die Unternehmensleitung zu kontrollieren. Aus volkswirtschaftlicher Sicht ist zu vermuten, dass eine Verbesserung der Aktienmarktkontrolle und die Effizienzsteigerung des Kapitalmarkts zu einer Verbesserung der Kapitalallokation und damit zu einer gesamtwirtschaftlichen Wohlfahrtssteigerung führt.

Allerdings wird die Effizienz der zusätzlichen Rechnungslegungsdaten durch eine einheitliche, aber zumindest übersichtliche und verständliche Berechungsmethodik determiniert, um die Informationsasymmetrie der Adressaten so weit wie möglich reduzieren zu können. Das vom Unternehmen zur Berechnung herangezogene Modell ist zu beschreiben und die getroffenen Annahmen und Prämissen sind anzugeben. Darüber hinaus spielt die Glaubwürdigkeit der Kennzahl und damit die Verifizierbarkeit des Modells eine entscheidende Rolle für den Informationsnutzen der Kennzahl für die Adressaten. Die nachweisliche Objektivität, u. a. durch das Testat eines unabhängigen Prüfers, ist damit von großer Bedeutung.

6.5 Ökonomische Rechtfertigung der Regulierung einer Risikoberichterstattung mit CFaR-Modellen

6.5.1 Regulierungstheoretischer Ansatz

In den vorangestellten Abschnitten wurde die theoretische Argumentation für eine Risikoquantifizierung mit CFaR-Modellen im Risikobericht geführt und Vorteile sowie Anforderungen an eine derartige Unternehmenspublizität aufgezeigt. Wenn jedoch eine Risikoquantifizierung individuell und volkswirtschaftlich vorteilhaft sein kann, stellt sich unwillkürlich die Frage, ob nicht der Gesetzgeber eine entsprechende Veröffentlichung vorschreiben sollte. In den nachfolgenden Abschnitten soll untersucht werden, welche Vor- und Nachteile durch eine staatliche Regulierung erzielt werden können.

Eine Regulierung bzw. ein Regulierungsvorhaben erfolgt nicht willkürlich, sondern soll eine bestimmte Intention haben. Im Rahmen der normativen Theorie der Regulierung wird eine gegebene Marktsituation analysiert und in Abhängigkeit von festgelegten Ergebnissen eine Regulierungsnotwendigkeit abgeleitet[1]. Regelmäßig, und das erscheint im Zusammenhang mit der hier untersuchten Risikoquantifizierung mit Hilfe des CFaR wesentlich, werden dabei auch Empfehlungen für geeignete Regulierungsmaßnahmen herausgearbeitet.

---

[1] Vgl. FÜLBIER (1998), S. 19.

Innerhalb der Neuen Institutionenökonomik wird eine sich über den Markt ergebende Situation mit möglichen institutionellen Alternativlösungen im Hinblick auf ihre Effizienz verglichen[1]. Im Gegensatz zur herkömmlichen politischen Herangehensweise, Rechtsnormen vorrangig nach vermeintlich übergeordneten Grundwerten, z. B. unter dem Gesichtspunkt der Gerechtigkeit zu bewerten, wird bei der hier anstehenden ökonomischen Betrachtung ausschließlich der Effizienzgedanke herangezogen[2]. Durch Gegenüberstellung verschiedener realer bzw. möglicher Institutionen erfolgt ein relativer Effizienzvergleich alternativer Regulierungsmöglichkeiten. Dabei werden je nach Theorierichtung unterschiedliche Effizienzmaßstäbe herangezogen[3]. Eine Regulierung stellt bei dieser regulierungstheoretischen Vorgehensweise nur eine institutionelle Alternative dar, die sich in einem effizienzorientierten Vergleich behaupten muss. Im Rahmen der Risikoberichterstattung ist von einer Regulierungsnotwendigkeit auszugehen, wenn sich zum einen durch die vorgeschriebene Veröffentlichung des CFaR im Risikobericht gegenüber dem unregulierten Zustand eine Effizienzverbesserung ergibt und zum anderen auch keine effizienteren privatwirtschaftlichen Vertragslösungen existieren[4].

In den folgenden Abschnitten zur Regulierungsnotwendigkeit bzw. zur Erarbeitung von geeigneten Regulierungsmaßnahmen der Risikoquantifizierung im Risikobericht werden mögliche alternative Institutionen gesucht. Eine eindeutige Rangaussage über eine tatsächliche Effizienzmessung im Rahmen einer formaltheoretischen Berechung rückt dagegen eher in den Hintergrund, da eine Quantifizierung von Transaktionskosten kaum möglich ist[5]. Allerdings erfordert ein komparativer Effizienzvergleich nicht zwingend eine exakte Quantifizierung der Kosten, wenn die Frage beantwortet werden kann, ob die Transaktionskosten einer Ausgestaltungsform höher sind als die einer anderen[6].

Auf Basis der Neuen Institutionenökonomik werden verschiedene institutionelle Arrangements untersucht und vor allem geeignete Regulierungsmaßnahmen herausgestellt, die eine CFaR-basierte Risikoquantifizierung unterstützen müssten.

---

[1] Vgl. DEMSETZ (1969), S. 1.

[2] Vgl. WALZ (1993), S. 99. Diese Vorgehensweise ist von juristischer Seite nicht unumstritten. Vgl. SCHÄFER/OTT (1993), S. 328-330 m. w. N. Allerdings muss diese methodische Trennung nicht grundsätzlich unüberwindbar sein, vielmehr kommt es zu einer Annäherung von Effizienz- und Gerechtigkeitskriterium. Vgl. WALZ (1993), S. 99; SCHÄFER/OTT (1993), S. 330.

[3] Vgl. FÜLBIER (1998), S. 183.

[4] Vgl. VON WEIZSÄCKER (1982); FELDHOFF (1994).

[5] Vgl. PELLENS (1994), S. 202; WAGENHOFER/EWERT (1997), S. 57.

[6] Vgl. PICOT/DIETL (1990), S. 183.

6.5.2 Transaktionskostensenkung durch regulatorische Standardisierung

Ein wesentliches Argument für die gesetzliche Regulierung von Rechnungs-legungsnormen ist die Standardisierung von „Informationsabbildungsregeln"[1]. Die Informationsbereitstellung für die Adressaten des Geschäftsberichts erfolgt anstatt auf Basis einzelvertraglicher Regelungen, die durch die verschiedenen Marktteilnehmer individuell auf die jeweiligen Bedürfnisse optimal ausgestaltet werden müssen, über kostengünstigere, standardisierte Regeln[2]. Die Standardi-sierung kann dabei nicht nur die materiellen Anforderungen, sondern darüber hinaus sogar Zeitpunkt und Technik der Veröffentlichung vorschreiben. Im Ex-tremfall kann gar eine genormte Form der Veröffentlichung festgelegt werden[3].

Es ist davon auszugehen, dass je höher der Standardisierungsgrad der Regelung ist, desto einfacher wird die Implementierung des Modells, aber auch die Inter-pretation und die Vergleichbarkeit der veröffentlichten Daten sein. Einerseits werden dadurch die Transaktionskosten wie Informationsbereitstellungs- und -verarbeitungskosten sowie Vertragsverhandlungs- und -überwachungskosten sinken. Andererseits hat die standardisierte Informationsbereitstellung den Nachteil, dass es sich aufgrund der verschiedenen Gruppen von Rechnungsle-gungsadressaten nur um eine Kompromisslösung handeln kann, die – im Gegen-satz zu den einzelvertraglichen Lösungen – unter Abwägung der verschiedenen Interessen der Adressaten entsteht und daher in Richtung eines Mindeststan-dards tendieren wird[4].

Das angeführte Argument der Standardisierung kann auch als Grund einer Regu-lierung der erweiterten Risikoquantifizierung im Risikobericht auf Basis von CFaR-Modellen dienen, insbesondere für die Art und den Umfang der Informa-tionsübermittlung. Gerade durch die bislang äußerst vereinzelte und nicht stan-dardisierte Veröffentlichung von Risikoexposure-Kennzahlen lässt eine Stan-dardisierung insbesondere der zu verwendenden und anzugebenden Parameter und Prämissen des Modells deutliche Potenziale zur Transaktionskostensenkung vermuten. Allerdings sind Argumente für eine Standardisierung nicht gleichbe-deutend mit Argumenten für eine Regulierung, da eine standardisierte Informa-tionsbereitstellung auch auf Basis von privaten und allgemein akzeptierten Be-dingungen der Börsen oder als Selbstverpflichtung eines Unternehmerverbandes vereinbart werden können.

---

[1] WALZ (1993), 94f. Vgl. auch BUSSE VON COLBE (1987), S. 193; FELDHOFF (1992); FELD-HOFF (1994), S. 530.
[2] Vgl. FÜLBIER (1998), S. 192f.
[3] Vgl. FÜLBIER (1998), S. 192.
[4] Vgl. WALZ (1993), S. 95.

Wie bereits ausgeführt, handelt es sich bei dem hier beobachteten Vertragsverhältnis zwischen den Adressaten der Rechnungslegung, hier besonders den Aktionären, und dem Management des Unternehmens um einen relationalen Vertrag. Das Konzept relationaler Verträge berücksichtigt die (realistische) Situation unvollständiger Verträge, die zwar auf eine langfristige Beziehung ausgerichtet sind, ohne aber alle zukünftigen möglichen Ereignisse zu berücksichtigen[1]. WILLIAMSON verdeutlicht, dass die Aktionäre, im Gegensatz zu allen anderen Interessengruppen, einen Vertrag auf Lebenszeit mit dem Unternehmen geschlossen haben. Andere Interessengruppen, bspw. Lieferanten, Arbeitnehmer und Gläubiger haben die Möglichkeit, bei Verlängerung ihrer Verträge über deren Bedingungen neu zu verhandeln. Aktionäre hingegen investieren auf Lebensdauer des Unternehmens und bei einer Liquidation werden sie darüber hinaus nachrangig befriedigt. Eine Vertragsverlängerung, bei der unvorhergesehene Ereignisse nachverhandelt werden könnten, ist nicht vorgesehen[2], so dass der vollständige Vertrag als ungeeignet angesehen werden muss[3].

Zwischen den Eigentümern und der Gesellschaft werden somit relationale Verträge geschlossen. Diese weisen Regelungslücken auf, die auch nach Vertragsabschluss u. a. durch Satzungsänderungen auf Hauptversammlungen oder durch Verhandlungen geschlossen werden. Solche Verträge sind indes in bestimmtem Ausmaß implizit, informell und nicht rechtsverbindlich, so dass die Selbstdurchsetzung von entscheidender Bedeutung ist[4]. Daneben bietet sich eine „vertragsergänzende Reserveordnung"[5] an, auf die die Vertragspartner im Bedarfsfall zurückgreifen können. Dieses (Reserve-)Recht kann der Staat mittels Regulierung anbieten[6]. Die Vertragspartner können dann ex ante auf bestimmte Inhalte bei der Verhandlung verzichten und dadurch Transaktionskosten sparen. Die so zu rechtfertigende Rechtsnorm bietet eine Grundregel, d. h. einen Mindeststandard für den langfristigen Vertrag zwischen Unternehmen und Eigentümer, der durch weitere einzelvertragliche Regelungen ergänzt wird.

Auch die Einhaltung bestimmter Mindeststandards könnte eine Rechtfertigung für die Risikoquantifizierung im Risikobericht begründen. Gleichwohl bleibt offen, wie tief greifend solche Mindeststandards formuliert werden müssten und ob eine Quantifizierung mit CFaR-Kennziffern ebenso darunter zu fassen wäre.

---

[1] Vgl. auch die Ausführungen in Kapitel 6.3.
[2] WILLIAMSON stellt dabei nicht auf den einzelnen Aktionär, sondern vielmehr auf die Aktionärsgruppe ab, da ein einzelner Aktionär seine Eigentümerposition über den Sekundärmarkt an einen anderen abgeben kann. Vgl. WILLIAMSON (1985), S. 305.
[3] Darüber hinaus erscheint eine vollständige Absicherung gegen alle möglichen zukünftigen Ereignisse als „prohibitiv teuer". FÜLBIER (1998), S. 193.
[4] Vgl. RICHTER/FURUBOTN (2003), S. 185.
[5] WALZ (1993), S. 94.
[6] Vgl. POSNER (2003), S. 93 - 101; WALZ (1993), S. 94.

Neben einer staatlichen Lösung bietet sich indes erneut ein privatwirtschaftlicher Standard an[1].

6.5.3 Kodifizierte Risikoquantifizierung im Lagebericht zum Abbau von Informationsasymmetrien

In Kapitel 6.4.4.1 wurde gezeigt, dass eine Risikoquantifizierung mit Hilfe des CFaR im Risikobericht geeignet sein kann, die *vorvertraglichen Informationsasymmetrien* zwischen potenziellen Anlegern und dem Management abzubauen. Es liegt daher die Frage auf der Hand, ob der Gesetzgeber eine Regulierung einer derartigen Risikoberichterstattung vornehmen sollte.

Ein privater Anreiz zum Ausgleich von Informationsasymmetrien wird entweder bei einem positiven Nettonutzen der initiativ werdenden Transaktionspartei gegeben sein oder, wenn entsprechende Kompensationsmöglichkeiten vorhanden sind, bei einem positiven Gesamtnutzen. Die Gefahr von Ineffizienzen durch steigende Vertretungskosten ist damit gering[2]. FELDHOFF zeigt, dass es im AKERLOF-Modell bei der Informationsproduktion zu positiven externen Effekten kommt, die eine suboptimale Versorgung des Marktes mit Informationen zur Folge haben[3]. Für das Verhalten der Marktteilnehmer spielen dabei die Höhe der Kosten und der erwartete Nutzen aus der Informationsweitergabe eine entscheidende Rolle. Legen nicht alle Anbieter ihre Informationen offen, so kann daher nicht sofort auf ein Marktversagen geschlossen werden, denn eine Offenlegung von Informationen ist bei denjenigen Unternehmen nicht begründbar, bei denen die Kosten der Informationsweitergabe den gesamtwirtschaftlichen Nutzen übersteigen.

Im Fall einer gesetzlichen Regelung müsste hingegen grundsätzlich eine Berechnung, Verifizierung und Veröffentlichung des CFaR auch bei einem negativen Gesamtnutzen erfolgen, so dass dezentrale, aus privaten Anreizen entstehende Mechanismen des anreizkompatiblen Informationsausgleichs gegenüber der staatlichen Regulierungsalternative Effizienzvorteile aufweisen können.

Die vorgetragene Diskussion setzt indes voraus, dass die beteiligten Parteien den Nutzen quantifizieren und dementsprechend handeln können. Allerdings werden sich vermutlich insbesondere Kleinanleger nicht ausreichend gegenüber der Unternehmensleitung durchsetzen können. Während Großaktionäre, Finanzanalysten und Ratingagenturen eher in der Lage sein dürften, individuelle Gespräche mit dem Management über die zukünftige Entwicklung und die Risikoposition des Unternehmens zu führen, werden Kleininvestoren diese Möglichkeiten im

---

[1] FÜLBIER weist indes darauf hin, dass dazu indirekt auf die staatliche Garantie des Privatrechts zurückgegriffen wird. Vgl. FÜLBIER (1998), S. 194.

[2] Vgl. FÜLBIER (1998), S. 187.

[3] Vgl. FELDHOFF (1992), S. 153.

Regelfall nicht nutzen können. Sie sind daher in höherem Maße auf die vom Unternehmen publizierten Geschäftsberichtsdaten angewiesen. In diesem Zusammenhang ist die Einbeziehung konkreter Daten zum Risikoexposure in den geprüften Lagebericht i. d. R. die einzige Möglichkeit für diese Investorengruppe, eine eigene Einschätzung zur Risikosituation gewinnen zu können, zumal „[...] eine gesetzliche [P]flicht immer dann effizienter als freiwillige Vereinbarungen [ist], wenn sich der Prinzipal den Agenten nicht aussuchen kann"[1].

Auch zum Abbau *nachvertraglicher Agency-Konflikte* könnte eine Regulierung zu rechtfertigen sein. Aktionäre und Gläubiger, die ihre Investition nicht ausreichend abgesichert sehen, werden eine Prämie verlangen. Die Verteuerung der Kapitalkosten stellt damit eine Sanktionierung der vom Management nicht geschaffenen Schutzvorkehrungen dar.

Das Bedürfnis der Anleger nach Kontrolle kann durch Schaffung eines Beherrschungs- und Überwachungssystem gestillt werden. Die sog. Corporate Governance Strukturen können bspw. durch einen funktionsfähigen Aufsichtsrat mit Vertretern der Aktionäre dargestellt werden. Jedoch unterliegen auch die Interessenvertreter der Anleger dem Opportunismus, so dass die Funktionsfähigkeit des Kontrollmechanismus regelmäßig in Frage zu stellen ist[2].

Wie bereits beschrieben, kann auch durch glaubhafte Zusicherungen des Managements der Prinzipal-Agenten-Konflikt vermindert werden. Die Zusicherung des Managements sich vertragskonform zu verhalten, kann durch einseitige bzw. beidseitige Unterpfande glaubhaft gemacht werden[3]. Hier sind insbesondere Entlohnungsverträge vorstellbar, die nicht nur Aktien des eigenen Unternehmens als Vergütungsbestandteil vorsehen, sondern auch simultan abgeschlossene Verkaufsoptionen, bei denen die Unternehmensleitung als Stillhalter in Geld fungiert[4]. Alternativ zu einem monetären Unterpfand ist auch die Reputation des Managers als Glaubhaftmachung der Zusicherungen möglich. Der Manager könnte sich mit einem Ehrenwort zu vertragskonformen Handeln verpflichten. Einen wirksamen Markt für Manager vorausgesetzt, könnte ein Bruch des gegebenen Ehrenwortes mit einem karriereschädlichen Reputationsverlust verbunden sein.

Aufgrund der vielfältigen privatrechtlichen Möglichkeiten zur Lösung bzw. Verminderung des Agency-Konfliktes wäre eine grundsätzliche Forderung nach einer gesetzlich kodifizierten Risikoquantifizierung auf Basis des CFaR nicht zu rechtfertigen. Allerdings könnte eine derartige Risikoquantifizierung auf Basis von CFaR-Modellen durchaus Bestandteils eines vertraglich vereinbarten Be-

---

[1] Picot/Dietl (1993), S. 321.
[2] Vgl. Williamson (1985), S. 305 - 307.
[3] Vgl. Williamson (1985), S. 163 - 205.
[4] Vgl. Bühner (1989), S. 2185f.

herrschungs- und Überwachungssystems sein. Auch eine privatwirtschaftliche Einigung über die einzuhaltenden Standardvorgaben und Parameter wäre denkbar und könnte durch Prüfungsmechanismen ergänzt werden. Vorsätzliche Nichtveröffentlichungen, Verzögerungen oder Manipulationen der Berechnung, die aus dem Opportunismus des Managements entstehen können, ließen sich durch Revisionsausschüsse und die Prüfung des Lageberichts durch bestellte Wirtschaftsprüfer entgegenwirken[1].

Es bleibt festzuhalten, dass die Regulierung der Risikoquantifizierung durch ein funktionierendes Beherrschungs- und Überwachungssystem ersetzt werden könnte. Gleichwohl hat die erweiterte Risikoquantifizierung mit CFaR-Modellen als freiwilliges Instrument eine mögliche Berechtigung. Grundsätzlich bedürfen auf Eigeninteresse beruhende Beherrschungs- und Überwachungssysteme indes keiner Regulierung.

6.5.4 Fazit

Bei dem Bereich der Rechnungslegung handelt es sich um ein bereits stark reglementiertes Feld. Der Risikobericht ist in Deutschland bereits durch § 289 HGB sowie den DRS 5 kodifiziert. Gleichwohl wird die Risikoquantifizierung bislang nur oberflächlich beschrieben, so dass in der Praxis nahezu ausschließlich lediglich eine verbale und uneinheitliche Beschreibung des Risikos erfolgt. Eine eindeutige Rechtfertigung für eine staatliche Regulierung kann indes nicht abgeleitet werden. Zum einen behindern die bestehenden Besonderheiten von Industrie- und Handelsunternehmen die einheitliche Festlegung von Modell- und Parametervorgaben. Zum anderen könnte eine einheitliche und übergreifende Veröffentlichung des CFaR im Risikobericht auch durch privatrechtlich motivierte Institutionen durchgesetzt werden.

Bei der Frage nach einer konkreten Regulierungsnotwendigkeit ist indes zu berücksichtigen, dass die alternativen Arrangements, die sich über den Markt ergeben sollen, realiter nicht immer möglich sein werden. Ineffiziente Kontrollmärkte oder machtlose Prinzipale stellen die Effizienz bzw. Anreizkompatibilität derartiger Instrumente in Zweifel. Daneben schränken Haftungsfreistellungen der Unternehmensleitung sowie nicht immer unabhängige Prüfer die potenziellen Lösungsmechanismen ein[2].

Wenngleich die theoretischen Überlegungen prinzipiell gegen eine Regulierungsnotwendigkeit sprechen, behindern praktische Markineffizienzen die marktliche Selbstorganisation. Jedoch kann auch daraus keine unmittelbare Regulierungsnotwendigkeit zur Veröffentlichung eines CFaR abgeleitet werden.

---

[1] Vgl. WILLIAMSON (1985), S. 306.
[2] Ebenso im Rahmen der Ad-hoc-Publizität vgl. FÜLBIER (1998), S. 209f.

Vielmehr besteht zunächst ein Deregulierungsbedarf; alle existierenden Normen sollten darauf getestet werden, ob sie die Selbstorganisation am Markt durch die Wirtschaftsubjekte verhindern. Durch einen Abbau staatlicher Normen könnten die alternativen Arrangements möglicherweise an Bedeutung zunehmen, da reine Effizienzüberlegungen überwiegen würden. Eine Regulierung der erweiterten Risikoquantifizierung im Risikobericht wäre dann nicht erforderlich, zumal auch der Gesetzgeber weder als altruistisch noch als fehlerfrei agierend einzustufen sein wird. Mithin könnte eine Regulierung nur dann sinnvoll sein, wenn der Staat nicht in der Lage ist, die vorhandenen Strukturen zu ändern und das Deregulierungspotenzial zu nutzen. Die Aufgabe des Gesetzgebers kann im Rahmen einer marktwirtschaftlichen Sichtweise indes so verstanden werden, dass er die Bedingungen zur Bildung einer privat motivierten Ordnung schafft, die sich zudem ständig erweitern und erneuern kann[1]. Die Erfahrungen zur Regulierung der Risikoquantifizierung im Finanzbereich zeigen, dass die grundsätzliche Pflicht zur Angabe einer Risikoquantifizierung zu einem enormen theoretischen und praktischen Fortschritt im Bereich des Value at Risk geführt hat. Darüber hinaus können sich Vorteile durch die Standardisierung der Parameter und Berechnungsmodelle ergeben.

6.6 Fazit: Anforderungen an den CFaR als Instrument der externen Berichterstattung aus ökonomischer Sicht

In Kapitel 3.3 der Arbeit wurde die These aufgestellt, dass quantitative Risikomaßzahlen, wie z. B. der CFaR, geeignet sind, den Informationsstand externer Rechnungslegungsadressaten zu verbessern. Nachdem in den obigen Abschnitten das CFaR-Konzept einer theoretischen Analyse unterzogen wurde, sollen die Erkenntnisse im Folgenden als Anforderungen an die Cash-Flow at Risk-Modelle postuliert werden. Im Mittelpunkt steht die Frage, wie ein Risikomaß beschaffen sein soll, um den Anforderungen externer Adressaten zu genügen. Die nachstehenden Eigenschaften leiten sich im Wesentlichen aus den in Kapitel 6 abgeleiteten Erkenntnissen ab und sollen die Erfüllung der an die Risikokennzahl gestellten Aufgaben gewährleisten[2]

- Das Risikomaß soll *leicht nachvollziehbar und interpretierbar* sein. Dies ist sowohl für die Akzeptanz der Risikokennzahl innerhalb des Unternehmens als auch für das Verständnis der externen Adressaten und damit zur Minimierung von Informationsverarbeitungskosten notwendig[3]. Der Anforderungskatalog an die Risikoberichterstattung darf daher nicht zu detailliert und kom-

---

[1] Vgl. VON HAYEK (1983), S. 194.
[2] Vgl. ähnlich KREMERS (2002), S. 117f.
[3] Sowohl interne als auch externe Adressaten sind in erster Linie an dem wirtschaftlichen Erfolg interessiert. Das Risiko sollte deshalb in Geldeinheiten ausgedrückt werden.

plex sein, indem er alle Informationsbedürfnisse verschiedener Adressaten-kreise zu befriedigen sucht. Dies würde im Zweifel die Filterungsmöglichkeiten der einzelnen Adressaten überschätzen und zu hohen Informationsverarbeitungskosten führen[1].

- Um einen Zusammenhang zwischen der Risikoübernahme und dem vorhandenen Haftungskapital herzustellen, sollte die Risikokennzahl als *drohender Vermögensverlust* (in Geldeinheiten) angegeben werden. Eine solche Kennzahl kann auch von Unternehmensexternen zur eigenen Risikolimitierung herangezogen werden.

- Ein Risiko besteht nicht nur in der potenziellen Zielabweichung, sondern insbesondere in der Wahrscheinlichkeit, mit der der Verlust bzw. das Risiko eintreten wird. Die Risikokennziffer sollte daher den *Wahrscheinlichkeitsaspekt* beinhalten.

- Die Risikokennzahl soll auf Unternehmens- bzw. Teilkonzernebene ermittelt werden. Auf einer derartigen Aggregationsebene sind die bestehenden Kompensationseffekte durch die Diversifikation zu erfassen. Eine reine Addition der Einzelrisiken innerhalb eines Unternehmens bzw. Konzerns würde das tatsächliche Risiko i. d. R. überschätzen. Die Risikokennziffer soll daher möglichst viele *Interdependenzen* zwischen den Einflussfaktoren berücksichtigen[2].

- Um die Aufgabe eines Instruments zum Abbau von Informationsasymmetrien zu erfüllen, muss die Risikomessung so *objektiv* wie möglich erfolgen. Dazu empfiehlt es sich, (auch) Marktpreise und externe Unternehmensdaten zu verwenden und die Daten vor der Weitergabe an die Öffentlichkeit von einem unabhängigen Prüfer *verifizieren* zu lassen, denn unternehmensinterne Prognosen bergen die Gefahr, eine zu optimistische Risikoeinschätzung zu liefern.

- Die Risikomessung muss zumindest im gesamten Unternehmen bzw. Konzern auf einem konsistenten und einheitlichen Risikomanagementsystem basieren. Um die Vergleichbarkeit der Risiken und damit deren Steuerung zu gewährleisten, sind Risiken der gleichen Art unternehmensweit mit *identischen Methoden bzw. Kennzahlen und einheitlichen Parametern* zu messen. Zu einer besseren Vergleichbarkeit verschiedener Unternehmen ist es darüber hinaus wünschenswert, dass zumindest branchenbezogen identische Metho-

---

[1] Der Versuch, die Anforderungen aller Adressatenkreise befriedigen zu wollen, birgt die Gefahr eines „*Information overkill*". Vgl. KRUMNOW/SPRIßLER ET AL. (2004), S. 1671.
[2] Es sei bereits an dieser Stelle auf die Erkenntnisse der Portfolio-Selektion-Theorie hingewiesen, die in Kapitel 4.1.2 skizziert werden.

den und Parameter eingesetzt werden, so dass eine Irreführung durch ähnlich erscheinende, aber unterschiedlich begründete Kennzahlen vermieden wird[1].

- Auf Basis der ermittelten Risikokennzahl soll eine Risikosteuerung bzw. -begrenzung durchführbar sein. Daher muss es möglich sein, *Toleranzgrenzen und Risikolimits* festzulegen, an denen sich ein internes Risikomanagement orientieren kann.

- Die Verwendung der Risikokennziffer im Rahmen des Frühwarnsystems wäre wünschenswert, um rechtzeitig auf unternehmensgefährdende Entwicklungen aufmerksam zu werden. Die Risikomaßzahl soll sich daher zur *frühzeitigen Erkennung von Unternehmensgefährdungen* eignen.

- Für die zur Ermittlung des Risikomaßes verwendeten Methoden ergeben sich aus dem *DRS 5* weitere Anforderungen. Die Quantifizierung von Risiken ist an die Voraussetzung gebunden, dass anerkannte und verlässliche Methoden verwendet werden, die eine solche Quantifizierung ermöglichen. Die Verfahren müssen dabei wirtschaftlich vertretbar und die Informationen für die Adressaten entscheidungsrelevant sein. Die zur Quantifizierung verwendeten Modelle und deren Annahmen sind zu erläutern.

- Die Veröffentlichung der Risikomaßzahl mit den dazugehörigen Prämissen und Annahmen darf nicht zu *Wettbewerbsverzerrungen* führen. Adverse Erfolgswirkungen sind durch Weitergabe vertraulicher und wettbewerbssensitiver Informationen, insbesondere in engen Regionalmärkten oder spezifischen Branchen zu befürchten, bei denen eine weitreichende Publizität zu starke Einblicke in die Geschäfts- und Risikopolitik gewähren und damit im Wettbewerb zu negativen Konsequenzen führen kann.

Insgesamt bleibt festzuhalten, dass die Risikoquantifizierung durch den CFaR im Risikobericht zum einen zur Reduktion von Ageny-Kosten führen kann, da eine strukturierte Übermittlung Überwachungs- und Kontrollkosten einsparen wird und zum anderen auch einen Beitrag zum Abbau der Informationsasymmetrie zwischen Kapitalgebern und Unternehmensleitung leisten kann, wenn es sich bei den Rechnungslegungsdaten um verständliche und glaubwürdige Signale handelt. Eine grundsätzliche Rechtfertigung für eine gesetzliche Regulierung der CFaR-Berechnung lässt sich indes nicht ableiten, obwohl praktische Hindernisse die Bildung marktwirtschaftlich initiierter Arrangements zum Abbau von Ineffizienzen behindern.

---

[1] Dazu gehören u. a. das Konfidenzniveau und die Prognosedauer, die einen erheblichen Einfluss auf die Höhe der Risikokennzahl haben.

7   FALLSTUDIEN: ERMITTLUNG DES CFAR DEUTSCHER AUTOMOBILHERSTELLER

7.1   Vorbemerkung

In Kapitel 6 wurde die Veröffentlichung des CFaR im Risikobericht im Rahmen einer institutionenökonomischen Argumentation analysiert und Anforderungen an die Kennzahl als Mechanismus zur Reduzierung von Transaktionskosten bzw. Informationsasymmetrien ermittelt.

Im Folgenden werden die in Kapitel 5.3 zunächst theoretisch vorgestellten CFaR-Konzepte exemplarisch am Beispiel der deutschen Automobilindustrie angewandt. Ziel ist es, anhand konkreter Unternehmensdaten die Vorgehensweise der Modelle aufzuzeigen, deren Anwendbarkeit zu testen und mögliche Verbesserungen der praktischen Risikoberichterstattung abzuleiten. Indes sollen nicht alle vorgestellten Ansätze weiterverfolgt werden. Aufgrund der theoretischen Fundierung und der Nähe zum VaR soll vor allem das Random Walk-Modell auf Basis einer internen Exposure Map im Mittelpunkt der Untersuchung stehen. Im Rahmen der ökonomischen Analyse wurde jedoch auch deutlich, welche besondere Bedeutung der Glaubwürdigkeit der Modelle bzw. deren Berechung für die Adressaten der Rechnungslegung zukommt. Neben dem internen Modell sollen daher zum einen das erweiterte Regressionsmodell und zum anderen das Benchmarking-Modell angewendet werden. Sie basieren im Wesentlichen bzw. ausschließlich auf extern einsehbaren und damit objektivierbaren Daten und besitzen daher, trotz ihrer theoretisch engen Prämissen, gegenüber dem internen Random Walk-Modell möglicherweise einen Verifizierungsvorteil. Die Anwendung soll hier eine Einsicht über die Umsetzbarkeit der Modelle für die Zwecke einer externen Risikoberichterstattung liefern. Am Ende des jeweiligen Abschnitts wird das Konzept einer kritischen Würdigung unterzogen, indem es an den in Kapitel 6.6 ermittelten Anforderungen gespiegelt wird.

Als Extrakt der durchzuführenden Berechnungen wird in Kapitel 7.5 schließlich ein Risikobericht unter Verwendung einer Risikoquantifizierung auf Basis des CFaR entworfen, der zudem eine Übersicht über alle Angaben enthält, die für eine Analyse durch die Adressaten erforderlich sind.

7.2   Random Walk-Modell auf Basis einer internen Exposure Map

7.2.1   Untersuchungsaufbau

Zur Messung finanzieller Risiken lassen sich die in Kapitel 5.3.2.3 dargestellten *Random Walk-Modelle* verwenden, deren Name sich durch die Annahme eines Random Walks für die Risikoeinflussfaktoren ableitet. Grundlage für die Risikoberechnung ist das Exposure Mapping, bei dem in Kenntnis interner Wirkungszusammenhänge und der angewendeten Hedging-Strategien die bestehenden Einflüsse in eine formale Beziehung zur Zielgröße gebracht werden. Daneben fließen auch allgemein zugängliche, öffentliche Daten in die Modelle ein. Die Random Walk-Modelle werden bei optimaler Vorgehensweise eng mit dem internen Risikomanagement verzahnt.

Die verwendeten internen Zusammenhänge und Planungsziele sowie das Risikomanagement werden im Folgenden im Rahmen einer exemplarischen Fallstudie untersucht; die zugrunde gelegten Annahmen sind fiktiv getroffen. Daneben werden öffentliche Marktdaten der Einflussfaktoren verwendet. Bereits in Kapitel 4.2.4 wurden im Rahmen der Vorstellung der VaR-Methoden Beispiele für die Risikomessung in Nichtfinanzunternehmen gegeben[1]. An dieser Stelle sollen die angesprochenen Modifikationen für eine Risikoquantifizierung bei Nichtfinanzunternehmen durchgeführt und gewürdigt werden.

Nachfolgend wird eine Quantifizierung finanzieller Risiken unter Zugrundelegung sicherer operativer Cash-Flows vorgenommen, d. h. dass zunächst operative Risiken bei der Betrachtung außen vor bleiben. Annahmegemäß wird daher von sicheren, konstanten Absatzmengen und Verkaufspreisen in USD ausgegangen. Die Ermittlung des Cash-Flow at Risk soll zum Jahresende 2002 erfolgen, d. h. es ist eine Risikoquantifizierung für das Jahr 2003 durchzuführen[2]. Betrachtet wird ein deutscher Automobilzulieferer, die IDUA AG, die im Wesentlichen zwei Produkte herstellt und in die USA exportiert: Es werden ein Karosserieteil, bestehend aus Aluminium und Nickel und Stahlfelgen, ein Satz zu je vier Felgen, hergestellt. Die mengenmäßige Zusammensetzung der Produkte sowie die für die Berechnung notwendigen Parameter ergeben sich aus Abbildung 23. Aufgrund der Erfahrungen in den letzten Jahren und den Einschätzungen der zukünftigen Marktentwicklungen erwartet das Management einen operativen Cash-Flow, OCF, nach Abzug der Materialkosten von 3,18 Mio. EUR für das Berichtsjahr 2003; das entspricht 795.000 EUR pro Quartal.

---

[1] Die angenommene Haltedauer der Beispiele in Kapitel 4.2.4 beträgt einen Tag. Für Zwecke einer Risikoquantifizierung eines Industrie- und Handelsunternehmens ist dieser Zeitraum jedoch nicht planungsadäquat. Vgl. Kapitel 4.3.

[2] Da die tatsächlichen Werte der Einflussfaktoren für 2003 bereits vorliegen, kann im Anschluss ein Backtesting erfolgen.

Idua AG	Karosserie	Felgensatz	Einheit
Produkte	(Prod. 1)	(Prod. 2)	(Notierung)
Faktoren			
Aluminium (= Alu.)	400 kg	0 kg	in USD/to.
Nickel	25 kg	0 kg	in USD/to.
Stahl	0 kg	40 kg	in USD/to.
Arbeit	0 Std.	4 Stunden a 20 Euro	in EUR/Std.
Menge	2.000	8.000	Stück / Satz
Preis	1.000,00	200,00	USD
Unternehmensplanung			
1) Benchmark: Das Management erwartet für 2003 einen operativen CF von insg. 3,18 Mio. EUR.			
2) Konfidenzniveau: 95%			
3) Betrachtungszeitraum: 1 Jahr			

Abb. 23: Annahmen und Parameter der CFaR-Berechnung der IDUA AG

Die Einsatzfaktoren werden, mit Ausnahme des Faktors Arbeit, auf dem Weltmarkt in USD/to. notiert[1]. Es sei angenommen, das Unternehmen decke sich zu Beginn des Monats mit den notwendigen Rohstoffen für den jeweiligen Monat ein. Es besteht daher ein Rohstoffrisiko. Da die Kosten für alle Rohstoffe in USD zu begleichen sind, besteht daneben ein Wechselkursrisiko. Daneben soll ein weiterer, quasi-finanzieller Risikofaktor existieren: Zur Herstellung der Stahlfelgen werden Arbeitskräfte benötigt, die jeweils kurzfristig eingestellt werden und auf Basis des jeweiligen Lohnniveaus zu vergüten sein sollen. Es wird daher ein Index für die Lohnpreisentwicklung in die Berechnung mit einbezogen. Für die Ermittlung des Risikos sind die Zusammenhänge zwischen den Einflussfaktoren von besonderer Bedeutung. Für die Durchführung der Monte-Carlo-Simulation ist daher die Berechnung der Korrelationen zwischen den einzelnen Risikofaktoren notwendig. Dazu werden 20 Datensätze, d. h. jeweils 20 Quartalswerte der Jahre 1999 – 2003 untersucht. Das Ergebnis wird in Abbildung 24 dargestellt.

---

[1] Für die Berechnung werden die Aluminium- und Nickelpreise der London Metal Exchange (LME) herangezogen. Die Notierung erfolgt jeweils in USD pro metrischer Tonne.

Korrelationsmatrix	Aluminium	Nickel	EUR/USD(t)	Stahl	Lohnkostenindex	EUR/USD(t+1)
Aluminium	1,000	0,272	0,848	0,045	-0,385	0,850
Nickel		1,000	-0,056	0,090	0,203	-0,060
EUR/USD(t)			1,000	0,146	-0,314	0,998
Stahl				1,000	-0,277	0,146
Lohnkostenindex					1,000	-0,314
EUR/USD(t+1)						1,000

Abb. 24: Korrelationsmatrix der Einflussfaktoren[1]

Bei der Berechnung der Korrelationen anhand realer Datensätze handelt es sich um eine Zeitpunktbetrachtung, für die im Folgenden die Annahme zu treffen ist, dass sie in die Zukunft übertragen werden kann. Allerdings kann die Ermittlung von Korrelationen stark von der Wahl des Beobachtungszeitraums abhängig sein. Darüber hinaus sind sog. correlation breakdowns bekannt, bei denen sich die gemessene Beziehung zwischen zwei Faktoren innerhalb kürzester Zeit deutlich verändert hat[2]. Vor allem in unruhigen Marktphasen und -krisen können Korrelationen schnellen Änderungen unterworfen sein[3]. Dieses Problem wird durch den vergleichsweise langen Betrachtungszeitraum weiter verschärft. Gleichwohl erscheint die Berücksichtigung von Korrelationen sinnvoll und wichtig, um die analytischen Wirkungszusammenhänge verschiedener Einzelrisiken in die Berechnung einzubeziehen. Die oben aufgeführten Korrelationskoeffizienten werden daher in das Risikomodell integriert.

Der Absatzpreis soll im gesamten Jahr 2003 konstant 1.000 USD für das Karosserieteil und 200 USD für einen Satz Stahlfelgen betragen. Preisanpassungen nach oben aufgrund steigender Rohstoffpreise oder Wechselkurse sollen nicht möglich sein[4]. Die Menge soll konstant 2.000 Stück bzw. 8.000 Sätze pro Quartal betragen. Der Umsatz je Quartal ergibt sich aus Multiplikation der Absatzmenge mit dem Verkaufspreis in USD für die beiden Produkte. Der Transfer des jeweiligen Umsatzes von USD in EUR erfolgt annahmegemäß zum Quartalsende, so dass der Rohstoffeinkauf (Umrechnung mit USD/EUR$_t$) und die Umsatzübertragung (USD/EUR$_{t+1}$) mit unterschiedlichen Wechselkursen umgerech-

---

[1] Die der Darstellung hier und im Folgenden zugrunde liegenden Berechnungen wurden mit Hilfe der Software CRYSTAL BALL™ bzw. EVIEWS™ erstellt.
[2] Vgl. HAGER (2004), S. 97.
[3] Vgl. MALZ (2001), S. 2f.
[4] Gründe dafür könnten ein starker Wettbewerb auf dem amerikanischen Markt bzw. langfristige Preisfestschreibungen mit den Abnehmern sein.

net werden. Dies erscheint durchaus realistisch, da zwischenzeitlich das Produkt hergestellt und vertrieben wird und zudem den Kunden i. d. R. ein Zahlungsziel eingeräumt wird. Für die Idua AG ergibt sich eine Exposure Map, in der die Abhängigkeit der Zielgröße, des operativen Cash-Flows, durch vier Gleichungen systematisch erfasst wird:

$$\text{Materialkosten Prod. 1} = \frac{0{,}4 \text{ to. Alu.} \cdot \text{Alu.-preis}_t \text{ (USD/to.)} + 0{,}025 \text{ to. Nickel} \cdot \text{Nickelpreis}_t \text{ (USD/to.)}}{\text{Wechselkurs USD/EUR}_t}$$

$$\text{Materialkosten Prod. 2} = \frac{0{,}04 \text{ to. Stahl} \cdot \text{Stahlpreis}_t \text{ (USD/to.)}}{\text{Wechselkurs USD/EUR}_t} + 4 \cdot 20 \text{ EUR} \cdot \text{Lohnkostenindex}_t /100$$

$$\text{Umsatz in USD} = 2.000 \text{ Prod. 1} \cdot 1.000 \text{ USD} + 8.000 \text{ Prod. 2} \cdot 175 \text{ USD}$$

$$\text{Umsatz in EUR} = \frac{\text{Umsatz in USD}_t}{\text{Wechselkurs USD/EUR}_{t+1}}$$

Abb. 25: Exposure Map der IDUA AG
Quelle: In Anlehnung an LEE ET AL. (1999), S. 92 –95.

Unter der Annahme, dass alle Produkte abgesetzt werden können, gibt Gleichung 7.1 die Berechnung der Zielgröße formal wieder:

$$OCF = \textit{Umsatz - (Materialkosten 1 + Materialkosten 2)} \tag{7.1}$$

Der dargestellte Zusammenhang kann anhand der tatsächlich beobachteten Zahlen angewendet werden. Die nachstehende Abbildung 26 stellt die Ergebnisse der Exposure Map für die Jahre 2001 und 2002 dar.

Datum	Aluminium USD/to	Nickel USD/to	USD/EUR	Stahl USD/to	Arbeit Index	Kosten Teil 1 in EUR	Kosten Teil 2 in EUR	Herstellkosten gesamt in EUR	Umsatz in EUR	Cash Flow EUR
01.01.2001	1.669,68	7.567,45	1,0608	1.810,00	104,10	909,17	160,08	3.098.992		
31.03.2001			1,1408						4.106.880	1.007.888
01.04.2001	1.672,92	6.655,30	1,1408	2.167,90	99,00	953,20	178,13	3.331.395		
30.06.2001			1,1764						4.235.040	903.645
01.07.2001	1.709,84	7.180,46	1,1764	1.769,10	104,30	1.015,76	166,69	3.365.016		
30.09.2001			1,0973						3.950.280	585.264
01.10.2001	1.443,99	5.295,99	1,0973	1.917,30	102,40	779,08	166,07	2.886.747		
31.12.2001			1,1242						4.047.120	1.160.373
01.01.2002	1.515,70	6.628,57	1,1242	1.605,50	107,60	867,88	158,28	3.001.961		
31.03.2002			1,1471						4.129.560	1.127.599
01.04.2002	1.590,24	7.688,95	1,1471	2.040,10	102,70	950,17	175,77	3.306.478		
30.06.2002			1,0085						3.630.600	324.122
01.07.2002	1.383,05	7.212,17	1,0085	1.988,90	107,80	739,77	166,47	2.811.309		
30.09.2002			1,0134						3.648.240	836.931
01.10.2002	1.296,25	6.529,33	1,0134	1.937,80	105,70	690,87	163,11	2.686.622		
31.12.2002			0,9532						3.431.520	744.898

Abb. 26: Cash-Flow-Berechnung für die Jahre 2001 und 2002

Das Management erstellt aufgrund seiner Erwartungen über die zukünftige Entwicklung der Gesellschaft eine Cash-Flow-Planung für die nächsten 12 Monate. Auf Basis der oben beschriebenen Preis- und Mengenrelationen erwartet die Geschäftsleitung einen Cash-Flow aus den Exporterlösen nach Abzug der (zahlungswirksamen) Materialkosten von 3,18 Mio. EUR im Jahr 2003[1] bzw. 795.000 EUR pro Quartal. Diese Größe soll gleichlaufend als interne Benchmark des Unternehmens herangezogen werden. Zahlungswirksame Fixkosten und weitere Auszahlungen, die von den genannten Einflussfaktoren unabhängig sind, bleiben hier zunächst unberücksichtigt[2].

7.2.2 Ergebnisse und Backtesting

Der operative Cash-Flow des Berichtsjahres 2003 wird nun über den funktionalen Zusammenhang der o. g. Einflussfaktoren, wie in der Exposure Map festgelegt, berechnet, indem der Cash-Flow nach Abzug der Material- und Lohnkosten gemäß Gleichung 7.1 ermittelt wird. Aufbauend auf diesem Geschäftsmodell wird nun eine Monte-Carlo-Simulation durchgeführt. Dazu sind den Einflussfaktoren jeweils Verteilungen zuzuordnen. Die Entscheidung über die zu setzenden Verteilungsannahmen kann über die (rechnergestützte) Auswertung historischer Daten geschehen; oft werden, wie auch im Rahmen dieser Arbeit, vereinfachend Normalverteilungsannahmen für alle Einflussfaktoren getroffen. Gleichwohl wären auch andere Verteilungsannahmen denkbar. Daneben werden die bestehenden Korrelationen berücksichtigt.

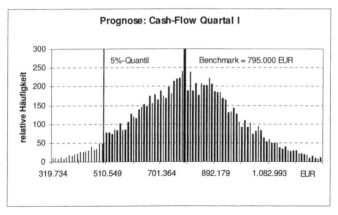

Abb. 27: Cash-Flow-Verteilung 1. Quartal 2003

Im Rahmen der Monte-Carlo-Simulation werden nun 10.000 verschiedene zufällige, korrelierte Preispfade für jeden Einflussfaktor in die Zielfunktion aus Ab-

---

[1] Unter der angenommenen Konstellation betrug der OCF 2001 3,7 Mio. EUR und 2002 3,0 Mio. EUR.

[2] Im weiteren Verlauf der Arbeit wird die Annahme getroffen, dass alle anfallenden Kosten und Erlöse auch zahlungswirksam und damit Cash-Flow-wirksam sind.

bildung 25 eingesetzt, so dass 10.000 Cash-Flows auf Quartalsbasis simuliert und in einem Histogramm, wie in Abbildung 27 dargestellt, abgetragen werden[1]. Es ergibt sich eine Cash-Flow-Verteilung für das erste Quartal 2003 mit einem Erwartungswert von 796.261 EUR und einem 5 %-Quantil von 491.172 EUR. Die Simulation wird für die Quartale II bis IV des Jahres 2003 fortgesetzt, indem auf Basis des jeweils vorhergehenden Quartals eine weitere Simulation durchgeführt wird. Dabei werden die für die Simulation verwendeten Verteilungen der Einflussfaktoren jeweils auf den aus der vorherigen Simulation ermittelten Medianwerten aufgebaut. Es entstehen vier Verteilungen auf Quartalsbasis, die zu einem Jahresergebnis des operativen Cash-Flows aggregiert werden können. Die nachstehende Abbildung 28 gibt das jeweilige 5 %-Quantil der OCF-Verteilung sowie die bei diesem Szenario ermittelten Werte der Einflussfaktoren wieder.

Simulierte CF-Prognosen (Konfidenz-niveau: 95%)	CF(95%) in EUR	Aluminium in USD/to	Nickel in USD/to	USD/EUR(t)	Stahl in USD/to	Lohnk. (Index)	USD/EUR(t+1)
Quartal I 2003	491.172	1.476,89	10.621,46	0,9534	2.044,28	102,33	0,9451
Quartal II 2003	505.501	1.518,41	9.728,74	1,0131	2.167,20	104,64	1,0003
Quartal III 2003	498.936	1.655,91	10.580,18	1,1381	2.033,35	105,87	1,1185
Quartal IV 2003	468.442	1.391,51	10.329,79	0,8982	1.926,79	109,76	0,8857
Summe	1.964.052						
Benchmark: CF-Minimum (95%)	3.180.000 1.964.052						
CFaR	**1.215.948**						

Abb. 28: Simulierte Cash-Flow-Planung sowie Berechnung des CFaR[2]

Die Addition der ermittelten ‚quasi-sicheren' Cash-Flows führt zu einem Ergebnis des OCF von 1,96 Mio. EUR in 2003, das mit einer Wahrscheinlichkeit von 95 % nicht durch Änderungen der finanziellen Einflussfaktoren unterschritten wird. Der Cash-Flow at Risk ergibt sich dann aus Subtraktion des ermittelten ‚quasi-sicheren' Cash-Flows von der Benchmark: Der CFaR beträgt für das Jahr 2003 1,22 Mio. EUR (= 3,18 - 1,96 Mio. EUR).

In die hier vorgenommene Cash-Flow-Betrachtung sind nur die variablen Kosten der Einflussfaktoren eingeflossen. Auf Grundlage der Risikoprognose ist das Unternehmen nun in der Lage zu prüfen, ob der auf dem entsprechenden Konfi-

---

[1] Pro Simulationsdurchgang werden sechs korrelierte Zufallszahlen gezogen. Insgesamt werden also 60.000 Zufallszahlen im ersten Berechnungsintervall in die Funktion eingesetzt.
[2] Die Abbildung enthält gerundete Zahlen.

denzniveau ermittelte OCF ausreicht, um die darüber hinaus entstehenden Kosten zu decken. Diese können u. a. aus weiteren (zahlungswirksamen) Lohn- und Gehaltskosten, Betriebs- und Verwaltungskosten sowie Zinsen resultieren. Es handelt sich dabei um Auszahlungen, die von den betrachteten Einflussfaktoren unabhängig sind[1].

Für die vorliegende Fallstudie sollen annahmegemäß Zahlungsausgänge von 1,0 Mio. EUR für fixe Lohnkosten sowie 0,5 Mio. EUR für weitere Betriebsausgaben zu berücksichtigen sein. Die Fremdkapitalzinsen sollen konstant 0,8 Mio. EUR betragen. Insgesamt sind damit weitere Auszahlungen von 2,3 Mio. EUR einzuplanen. Die Unternehmensleitung plant einen Gesamt-Cash-Flow von 0,88 Mio. EUR (3,18 - 2,30 Mio. EUR). Wenn der OCF mit einer Wahrscheinlichkeit von 95 % nicht unter 1,96 Mio. EUR fällt, dann wird der Gesamt-Cash-Flow des Unternehmens mit einer Wahrscheinlichkeit von 95 % nicht niedriger als -0,34 Mio. EUR (1,96 - 2,30 Mio. EUR) sein. Die Unternehmensleitung hat nun zu entscheiden, welche Konsequenzen aus der Berechnung zu ziehen sind. Kann das Unternehmen einen Verlust dieser Größenordnung nicht verkraften, sind zusätzliche Absicherungsmaßnahmen notwendig.

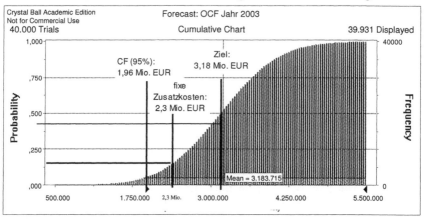

Abb. 29: Kumulativer Chart der empirischen Verteilungsfunktion[2]

Abbildung 29 verdeutlicht, dass mit einer Wahrscheinlichkeit von ca. 80 % der erzielte Cash-Flow zur Deckung der oben aufgeführten Kosten ausreichen wird. Die Wahrscheinlichkeit, dass der OCF mindestens den geplanten Wert von 3,0 Mio. EUR erreicht, liegt bei gut 50 %.

---

[1] Zu einer ähnlichen Vorgehensweise vgl. HAGER (2004), S. 223 - 225.
[2] Darstellung entnommen aus CRYSTAL BALL™ (modifiziert).

Zum Zweck der Überprüfung der Prognosegüte des verwendeten Modells ist ein *Backtesting* durchzuführen, indem die im Rahmen der Monte-Carlo-Simulation errechneten Werte mit den Cash-Flows verglichen werden, die das Unternehmen – auf Basis der oben getätigten Annahmen – unter Berücksichtigung der Ist-Preise der Einflussfaktoren tatsächlich 2003 erzielt hätte. In Abbildung 30 sind sowohl die tatsächlich erzielten operativen Cash-Flows (links) als auch die simulierten Cash-Flows (rechts) angegeben. Es wird deutlich, dass in den Quartalen I – III die Ist-Cash-Flows deutlich über den simulierten Werten, in Quartal IV jedoch darunter lagen.

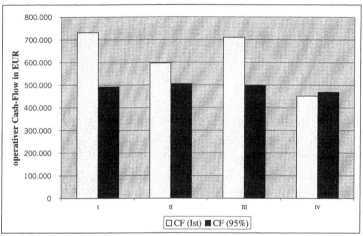

Abb. 30: Vergleich simulierter und tatsächlich erzielter Cash-Flows

Im Rahmen der Anwendung des Modells und bei Vorliegen aktueller Ist-Ergebnisse sind die Exposure Map sowie die aus dem Modell resultierenden Ergebnisse laufend einem wiederholten Backtesting zu unterziehen.

Plan-/Ist-Abweichung	2003 TEUR
Benchmark	3.180,0
- Ist-OCF	2.491,7
= Ist-Shortfall	688,3
CFaR	1.215,9
Differenz	527,7

Abb. 31: Plan-/Ist-Ergebnis des Random Walk-Modells im Jahr 2003

Rückblickend betrachtet hat das Unternehmen 2003 einen OCF von 2,49 Mio. EUR erwirtschaftet. Die Differenz zwischen dem tatsächlichen und dem simulierten OCF beträgt 0,69 Mio. EUR. Insgesamt ist die Cash-Flow-Abweichung zwischen Benchmark und Ist-Ergebnis jedoch kleiner als der CFaR (vgl. Abbildung 31).

7.2.3 Kritische Würdigung

Aus der theoretischen Fundierung der eng am VaR-Konzept angelehnten Random Walk-Modelle resultiert eine flexible Risikoquantifizierungsmethode, die eine integrierte Betrachtung finanzieller, aber – durch mathematische Nachbildung im Modell – auch strategischer und operativer Risiken erlaubt.

Der Vorteil der Risikoquantifizierung auf Basis einer Exposure Map liegt darin, alle identifizierten Einflüsse integriert zu berücksichtigen. Die isolierte Betrachtung der Rohstoff-Ausgaben hätte z. B. zu der Einschätzung geführt, dass das Risiko in einem sinkenden Wechselkurs USD/EUR besteht, da die Rohstoffe im Einkauf umso teurer werden, desto geringer der Kurs ist. Durch die Auseinandersetzung mit den Wirkungszusammenhängen, hier insbesondere von Rohstoffausgaben und Exporterlösen, wird deutlich, dass das Risiko vielmehr in steigenden Wechselkursen USD/EUR besteht, da bei steigendem Kurs die Umsatzerlöse in EUR sinken. Vor allem bei einer komplexeren Betrachtung lassen sich durch das hier an einem einfachen Beispiel dargestellte Exposure Mapping Aussagen über die Risikozusammenhänge ableiten.

Die ermittelte Kennzahl erfüllt dabei die Bedingung, nachvollziehbar und verständlich zu sein, da das finanzielle Risiko in einer Zahl ausgedrückt wird. Da das Modell eng an das interne Risikomanagementsystem anzulehnen ist, sollten die Kosten der Implementierung für das Unternehmen eher gering ausfallen. Darüber hinaus ermöglicht das Modell eine interne Risikolimitierung und -steuerung, da ein Risikomanagement zu einer Veränderung des CFaR führen müsste.

Aus der Prognose mit Hilfe der Monte-Carlo-Simulation resultiert eine Häufigkeitsverteilung der Zielgröße, so dass auch der geforderte Wahrscheinlichkeitsaspekt berücksichtigt wird. Die Interdependenzen zwischen den einzelnen Risikofaktoren werden berücksichtigt, wenngleich deren fehlerfreie Ermittlung besonders vor dem Hintergrund des mittelfristigen Zeithorizonts unwahrscheinlich erscheint.

Aufgrund der Komplexität der Realität wird eine exakte Formalisierung der ökonomischen Wirkungszusammenhänge unmöglich sein, so dass auf Schätzungen und Vereinfachungen zurückgegriffen werden muss[1]. Daneben sind mit der Modellierung der Unternehmenspraxis im Rahmen des Exposure Mapping zahlreiche Annahmen verbunden, die, wie die Wahl des Konfidenzniveaus bzw. der Verteilungsannahmen der einzelnen Risikofaktoren, auch für Unternehmensex-

---

[1] Vgl. ebenso BARTRAM (2000), S. 1284.

terne offenkundig und nachvollziehbar dargelegt werden könnten. Andere Prämissen, wie die Wahl des Betrachtungszeitraums zur Berechnung der Korrelationen oder zur Festlegung der Parameter der Wahrscheinlichkeitsverteilung der jeweiligen Einflussfaktoren, unterliegen, trotz ihres teilweise signifikanten Einflusses auf die Berechung, in hohem Maße der Willkür des Modellentwicklers und sind nur schwer zu vermitteln oder gar zu verifizieren. Die im Rahmen der institutionenökonomischen Analyse gestellten Ziele der geringen Informationsverarbeitungskosten und der guten Verifizierbarkeit werden dadurch enorm beeinträchtigt. Vor allem eine Vereinheitlichung der Vorgehensweise der Berechung würde einen entscheidenden Beitrag zu einer besseren Vergleichbarkeit der Ergebnisse unterschiedlicher Unternehmen leisten. Grundsätzlich ist der Ansatz jedoch im Stande, einleuchtende und bedingt vergleichbare Ergebnisse zu liefern, so dass er als verlässliche und wirtschaftliche Methode zur Risikoquantifizierung in Industrie- und Handelsunternehmen, auch im Sinne des DRS 5, herangezogen werden könnte.

7.3   Regressionsmodell

7.3.1   Untersuchungsaufbau

Zur Ermittlung des CFaR mit dem vorangestellten Random Walk-Modell werden interne Kenntnisse über die Zusammenhänge verschiedener Einflussfaktoren auf die Zielgröße benötigt. Dabei werden hauptsächlich finanzielle Einflussfaktoren berücksichtigt, die im Rahmen des Exposure Mapping in einen funktionalen Zusammenhang zwischen der Zielgröße und den verschiedenen Risikofaktoren gestellt werden. Allerdings sind die Risiken in der Unternehmenspraxis oft sehr komplex, so dass eine abschließende Formalisierung zum Teil kaum möglich erscheint. Die Exposures einzelner Cash-Flows können – unter der Voraussetzung, dass entsprechende aussagefähige historische Marktdaten zur Verfügung stehen – mittels des im Folgenden dargestellten Regressionsmodells geschätzt werden. Auch mit diesem wird schließlich auf Basis einer Monte-Carlo-Simulation eine Cash-Flow-Prognose abgeleitet und durch Subtraktion mit der internen Benchmark der CFaR ermittelt. Anstelle eines Exposure Mappings erfolgt indes die Bestimmung des Einflusses der Risikofaktoren über eine Regressionsanalyse, mit der das ökonomische Gesamtexposure des Unternehmens geschätzt werden soll. Die Vorgehensweise soll an praktisch beobachtbaren Unternehmensdaten verdeutlicht werden. Dabei ist eine Branche auszuwählen, bei der davon ausgegangen werden kann, dass die Entwicklung der Unternehmen möglichst durch finanziell messbare Faktoren bestimmt wird. Im Folgenden wird das Regressionsmodell am Beispiel der deutschen Automobilhersteller Bayerische Motorenwerke AG, DaimlerChrysler AG und Volkswagen AG, im Folgenden kurz BMW, DCX und VOW, erläutert[1].

Zunächst werden diejenigen Faktoren einer Branche bzw. eines Unternehmens ermittelt, die Einfluss auf die Ausprägung des Cash-Flows haben können. Als Einflussfaktoren kommen dabei alle volks- und betriebswirtschaftlichen Größen in Frage, die quantitativ messbar sind. Als Beispiele seien hier Wechselkurse, Zinsen, Rohstoffpreise sowie das Lohnkostenniveau und das Bruttoinlandsprodukt erwähnt. In einem ersten Schritt werden verschiedene Einflussfaktoren hinsichtlich ihres Erklärungsgehalts getestet. Abbildung 32 gibt eine Übersicht über die unterschiedlichen in die Untersuchung eingehenden Regressoren an. Die Auswahl der Einflussfaktoren ist angelehnt an die Untersuchung von BARTRAM, der zumindest teilweise die Signifikanz einzelner Risikofaktoren für die Automobilindustrie nachweist[2]. Es wird die Hypothese aufgestellt, dass die EBIT- bzw. EBITDA-Schwankungen deutschen Automobilhersteller durch die Einflussfaktoren erklärt werden können, d. h. dass signifikante Rohstoffpreis-, Wechselkurs- und Zinsexposures vorliegen.

Einflussfaktoren	Kürzel	Beschreibung
Rohstoffe	Alu_LMAHDY	Aluminium Spot Price LME, USD/to.
	LMCADY	Kupfer
	LMNIDY	Nickel
	Stahl_MBSTLASL	Stahlpreis Nordamerika, USD/to.
	Stahl_D_GRCS	Stahlpreis Deutschland, USD/to.
Wechselkurse	WK_EURUSD	Wechselkurs EUR/USD
	WK_EURCAD	Wechselkurs EUR/CAD
	WK_EURGBP	Wechselkurs EUR/GBP
	WK_EURJPY	Wechselkurs EUR/JPY
Zinsen	Zins_EUR_1T	Zins EURO täglich
	Zins_USA_1T	Zins USA täglich
	Zins_JPY_1T	Zins Japan täglich
Marktindices	Markt_HDAX	Aktienindex HDAX
	Markt_DJSTOXX	Aktienindex DJ Stoxx
Sonstige	Arbeit_LNTNEMU	Arbeitskostenindex Deutschland
	Energy_O11EC001	Energypreise inkl. Benzin OECD

Abb. 32: Einflussfaktoren

---

[1] Die erforderlichen Daten sind entnommen aus BLOOMBERG L. P., New York/USA. Die verwendeten Kürzel entsprechen denen des Datensystems.
[2] Vgl. BARTRAM (2000), S. 1274f.

Die Risikofaktoren stellen die Regressoren, d. h. unabhängige Variablen bzw. Einflussgrößen auf den Cash-Flow, R_{CF}, dar, der auch als Regressand oder abhängiges Merkmal bezeichnet wird[1].

Die Berechnung der Regression erfolgt aufgrund der Stationarität der Daten auf Basis der logarithmierten Veränderungen der Einflussfaktoren bzw. der Zielgröße, indem aus den Preisen P_t die Veränderungsraten auf Quartalsbasis R_t gemäß Formel 7.2 berechnet werden[2]:

$$R_t = \ln\left(\frac{P_t}{P_{t-1}}\right) \quad \text{bzw. } R_{CF} = \ln\left(\frac{CF_t}{CF_{t-1}}\right) \tag{7.2}$$

wobei

R_t = Veränderungsrate des Einflussfaktors zum Zeitpunkt t

R_{CF} = Veränderungsrate der Zielgröße

P_t = Preis des Einflussfaktors bzw. Cash-Flow zum Zeitpunkt t

Im Rahmen der Untersuchung wird ein linearer Zusammenhang zwischen den Einflussfaktoren und der jeweiligen Zielgröße unterstellt. Die Regression wird mit der Methode der kleinsten Quadrate, sog. OLS-Ansatz[3], durchgeführt und ist wie folgt formal definiert:

$$R_{CFjt} = \varpi_{jo} + \varpi_{j1}R_{Mt} + \beta_{jw}R_{Wt} + \beta_{jI}R_{It} + \beta_{jP}R_{Pt} + \varepsilon_{jt} \tag{7.3}$$

wobei

R_{CF} = Veränderungsrate des Cash-Flows des betrachteten Unternehmens

ω_o = Konstante

R_M = Veränderungsrate des Kapitalmarktindex

R_W = Veränderungsrate des Wechselkurses

R_I = Veränderungsrate der Zinsen

R_P = Veränderungsrate der Rohstoffpreise

ε_{jt} = Residuenterm

Da neben den konkreten finanziellen Faktoren weitere Einflüsse auf den Cash-Flow existieren werden, wird ein Kapitalmarktindex, hier der HDAX bzw. der DJSTOXX, als Kontrollvariable für allgemeine Marktbewegungen verwendet[4]. Die unternehmensspezifischen Einflüsse werden über den Residuenterm abgebildet.

---

[1] Vgl. u. a. BOHLEY (2000), S. 206.
[2] Vgl. dazu J.P. MORGAN/REUTERS (1996); BARTRAM (1999a), S. 147f. m. w. N.
[3] Die Abkürzung ergibt sich aus dem englischen Begriff ‚Ordinary least squares'. Vgl. ausf. RINNE (2004), S. 16 - 46.
[4] Vgl. ähnlich BARTRAM (2000), S. 1271.

Als Zielgröße sollen anstatt des operativen Cash-Flows vereinfachend EBIT und EBITDA herangezogen werden, da aus den veröffentlichten Daten der Quartalsabschlüsse keine sichere Ableitung des Cash-Flows mit einer ausreichenden Datenmenge durchgeführt werden konnte. Die Zielgrößen EBIT bzw. EBITDA der Fahrzeugbauer sowie die möglichen Kurse bzw. Preise der Einflussfaktoren wurden für den Zeitraum von Januar 2000 bis zum Ende Dezember 2003 auf Quartalsbasis erhoben[1] und im Rahmen einer Regression gegenüber dem EBIT sowie dem EBITDA auf ihre Eignung zur Erklärung der Cash-Flow-Schwankungen getestet.

Für die Regression wurden nach eigenen Signifikanztests schließlich die in Abbildung 33 angegebenen Einflussfaktoren identifiziert, die grundsätzlich den höchsten – wenngleich nicht zwingend signifikanten – Einfluss auf das EBIT der betrachteten Unternehmen haben. Die fünf definierten Einflussfaktoren werden jeweils zur Erklärung der Zielgröße EBIT der Unternehmen herangezogen.

Einflussfaktoren:	
WK_EUR/USD	EUR-USD-Wechselkurs
Alu_LMAHDY	Aluminium Spot Price LME, USD/to.
Stahl_D_GRCS	Stahlpreis Deutschland, USD /to.
Zins_EUR_1T	Zinssatz EURO 1 Tag
Markt_HDAX	Aktienindex (HDAX)

Abb. 33: Ausgewählte Einflussfaktoren der Regression

Zur Auswertung der Ergebnisse sind statistische Kennzahlen zur Abschätzung der Güte der Regression heranzuziehen. Mit dem Bestimmtheitsmaß R^2 kann die Anpassungsgüte des Regressanden durch den gewählten Regressionsansatz bestimmt werden[2]. Insgesamt kann eine recht zufrieden stellende Regression für BMW und Volkswagen durchgeführt werden. Es werden 71 bzw. 62 % der EBIT-Schwankungen durch die Regression erklärt. Daneben wird auch ein adjustiertes R^2 angegeben. Dieses soll das Problem ausgleichen, dass ein R^2 durch die weitere Aufnahme von Einflussfaktoren niemals sinken, sondern immer weiter steigen würde. Es wird daher ein Faktor eingeführt, der bei Hinzunahme weiterer Regressoren dämpfend bzw. strafend wirkt. Das adjustierte bzw. korrigierte R^2 wird nur dann steigen, wenn die Abnahme der Unbestimmtheit die Zunahme

---

[1] Die EBIT- bzw. EBITDA-Daten wurden entnommen aus BLOOMBERG L. P., New York/ USA. Den Kennzahlen liegen grundsätzlich einheitliche Definitionen zugrunde. Aufgrund mangelnder interner Informationen kann die Einheitlichkeit der Berechung von Pro-Forma-Zahlen durch Externe indes nicht gewährleistet werden.

[2] Vgl. ausf. PODDIG/DICHTL/PETERSMEIER (2003), S. 255 - 264.

des Straffaktors überkompensiert[1]. Darüber hinaus wird regelmäßig der F-Test zur Absicherung der Regression angewendet. Dieser stellt einen *joint test* dar, d. h. es wird die globale Nullhypothese aufgestellt, dass alle Koeffizienten der Regression gleich null sind, also keinen Erklärungsgehalt besitzen. Für die Regressionen BMW und VOW kann die Nullhypothese mit einer Wahrscheinlichkeit von 97 bzw. 93 % abgelehnt werden. Dem Regressionsergebnis für DCX kann hingegen nur auf dem äußerst niedrigen Konfidenzniveau von 55 % ein Erklärungsgehalt zugestanden werden, so dass für diese Berechnung andere Regressoren gefunden werden müssten. Um hier einerseits eine Einheitlichkeit der Berechnung und andererseits deren Genauigkeit zu gewährleisten, werden die Daten der DCX im Folgenden nicht weiter angegeben. Abbildung 34 gibt die Güte der Regressionen in einer Übersicht wieder:

Statistik der Regressionsanalyse					
	Zeitreihe	Güte der Regression			Signifikanz
	Beobachtungswerte	R^2	adjust. R^2	F-Test (p-Wert)	(Konfidenz-niveau)
BMW	15	0,7108	0,5501	0,0260	0,97
DaimlerChrysler	11	0,5276	0,0552	0,4532	0,55
Volkswagen	15	0,6239	0,4150	0,0733	0,93

Abb. 34: Statistik der durchgeführten Regressionsanalysen[2]

Die Ergebnisse der Regression werden in Abbildungen 35 zusammengestellt. Dabei wird neben dem ermittelten Koeffizienten auch das jeweilige Signifikanzniveau angegeben. Dieses ergibt sich aus dem Wert des t-Tests, der sich als Divisor von Koeffizient und Standardabweichung ergibt[3]. Im Anhang sind die ausführlichen Regressionsergebnisse mit der jeweiligen Standardabweichung und dem t-Test ausgewiesen.

---

[1] Das adjustierte R² wird hier berechnet mit $\overline{R^2} = 1 - (1 - R^2)\dfrac{T-1}{T-k}$, wobei $\dfrac{T-1}{T-k}$ den Straffaktor darstellt, mit T = Anzahl der Beobachtungen und k = Anzahl der Regressoren. Damit kann $\overline{R^2}$ niemals größer als R² sein. Vgl. RINNE (2004), S. 27.

[2] Die Zeitreihe für DCX wird durch nicht definierte Lösungen bei der Berechnung der logarithmierten Renditen verkürzt.

[3] Die hinter dem Einflussfaktor angegebene t-Statistik misst die Aussagekraft eines einzelnen Einflussfaktors. Der t-Test testet die Null-Hypothese, dass der Koeffizient des Einflussfaktors gleich null ist, also keinen Einfluss auf den Erklärungsgehalt besitzt. Bei einem Konfidenzniveau von 0,95 werden die Hypothesen abgelehnt, bei denen die Wahrscheinlichkeit unter 0,05 liegt. Der F-Test misst hingegen das gesamte Regressionsmodell und gibt Antwort auf die Frage, wie gut die Schätzung der Regressionsgleichung insgesamt ist.

Regressions-gleichung:	$R_{CFjt} = \varpi_{jo} + \varpi_{j1}R_{Mt} + \beta_{jw}R_{Wt} + \beta_{jl}R_{lt} + \beta_{jP}R_{Pt} + \varepsilon_{jt}.$					
	Konstante	**Marktindex**	**Wechselkurs**	**Zinssatz**	**Aluminium**	**Stahl**
	ω_0	MARKT_HDAX	WK_EURUSD	ZINS_EUR_1T	ALU_LMAHDY	STAHL_D_GRCS
BMW	0,2461**	-0,3338	1,8522	1,1429	1,0681	3,9298***
VOW	0,2169**	1,9099**	5,1402*	2,6862***	-7,4472**	2,3889***

Abb. 35: Regressionsergebnis[1]

Die Ergebnisse der linearen Regression sind nicht für alle Unternehmen gleichermaßen belastbar. Dennoch werden sie zur Verdeutlichung des Rechenablaufs weiter verwendet. Bereits hier wird deutlich, dass die Betrachtung nicht auf einen linearen Zusammenhang zwischen Einflussfaktor und Zielgröße beschränkt bleiben sollte. Die vielfältigen und interdependenten Einflüsse verschiedener Faktoren auf die Zielgröße lassen einen nichtlinearen Bezug nicht unwahrscheinlich erscheinen. Zunächst soll jedoch die Berechung des CFaR vereinfachend mit dem hier ermittelten Regressionsergebnis fortgesetzt werden.

Der ermittelte funktionale Zusammenhang zwischen den ausgewählten Risikofaktoren und dem EBIT wird gemäß Formel 7.3 verknüpft, indem die jeweils ermittelten Koeffizienten in die Funktion eingesetzt werden. Das Ergebnis der Funktion soll als Prognosewert im Rahmen einer Monte-Carlo-Simulation berechnet werden. Dazu sind für die Einflussfaktoren Verteilungen, sowie die Parameter der Verteilung und die Korrelationen untereinander festzulegen. Vereinfachend wurde jeweils eine Normalverteilung angenommen. Die Parameter der Verteilungen, d. h. Erwartungswert und Standardabweichung des jeweiligen Einflussfaktors, wurden auf Basis der Quartalsdaten im Zeitraum 2000 bis 2003 festgelegt. Es wird ein Konfidenzniveau von 95 % bestimmt; für die Prognose wurden jeweils 10.000 Simulationen durchgeführt.

7.3.2 Ergebnisse und Backtesting

Aus der Durchführung der Monte-Carlo-Simulation resultiert je eine Wahrscheinlichkeitsverteilung des jeweiligen EBIT der Automobilhersteller für das erste Quartal 2004. Die nachstehende Abbildung 36 gibt exemplarisch die Verteilung der simulierten logarithmierten Veränderungen des EBIT des Unternehmens BMW für das erste Quartal 2004 wieder[2].

---

[1] Dargestellt sind die Regressionskoeffizienten der jeweiligen Variablen. *, **, bzw. *** bezeichnen das 10 %, 5 % bzw. 1 % Signifikanzniveau.
[2] Die Verteilung der anderen beiden Gesellschaften sind im Anhang als Abbildung A5 und A6 dargestellt.

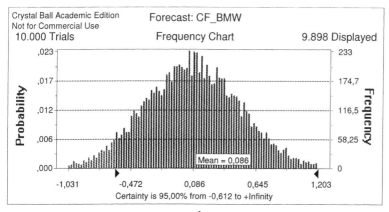

Abb. 36: Verteilung des EBIT BMW[1]

Für BMW ergibt sich für die logarithmierten Veränderungen des EBITs ein Median von 0,086 bzw. 8,6 ln %. Das 5 %-Quantil der simulierten Verteilung weist einen Wert von -0,612 auf und gibt damit an, dass in 95 % der Fälle die Veränderungen des EBIT von BMW nicht größer als 61,2 ln % ist. Die Berechnung des ‚quasi-sicheren‘ EBIT auf dem festgelegten Konfidenzniveau muss über die Potenzierung mit Hilfe der e-Funktion erfolgen. Das EBIT von BMW betrug im vierten Quartal 2003 861,0 Mio. EUR. Bislang sind in das Modell lediglich externe Zahlen eingeflossen; die Benchmark wird durch den vom Unternehmen vorgegebenen Zielwert des EBIT für das erste Quartal 2004 dargestellt. Im Rahmen dieser Arbeit wird nun eine Benchmark definiert, indem davon ausgegangen wird, dass die Unternehmensleitung jeweils eine Steigerung des EBIT von (gerundet) 10 % erreichen will. Die Prognose des EBIT ergibt sich dann wie folgt:

$$\widehat{EBIT}_{95\%} = e^{\ln(\frac{EBIT_t}{EBIT_{t-1}})} \cdot EBIT_t$$

$$513,5 \text{ Mio. EUR} = e^{-0,612} \cdot 947,0 \text{ Mio. EUR}$$

(7.4)

Die Prognose des EBIT kann auf dieser Basis für alle betrachteten Unternehmen erfolgen. Neben dem EBIT auf dem 95 %igen Konfidenzniveau ist auch der Median-EBIT in der nachstehenden Abbildung 37 angegeben.

---

[1] Die Abbildung wurde mit Hilfe von CRYSTALL BALL[TM] erstellt.

Berechnung des Cash-Flow at Risk Quartalsdaten								
				1. Quartal 2004				
	EBIT	**Simulationsergebnis**		**Prognose: EBIT**		**Benchmark**	**Ergebnis**	
	4. Quartal 2003	Median	5%-Quantil	Median	(95 %)	Annahme +10%	**CFaR**	**rCFaR**
	in Mio. EUR	in ln %	in ln %	in Mio. EUR	in Mio. EUR	in Mio. EUR	in Mio. EUR	in %
BMW	861,0	0,085	-0,612	1.031,4	513,5	**947,0**	**433,5**	45,77%
VOW	804,0	0,037	-0,398	917,0	593,7	**884,0**	**290,3**	32,83%

Abb. 37: Berechung des CFaR

Wie oben definiert, stellt der CFaR die betragsmäßige Abweichung von einem Zielwert dar, die in einem bestimmten Zeitraum mit einer festgelegten Vertrauenswahrscheinlichkeit nicht überschritten wird. Der CFaR ergibt sich dann als Differenz zwischen der Benchmark und dem prognostizierten EBIT, welches sich mit dem Wert des 5 %-Quantils ergibt. Daneben lässt sich auch ein relativer CFaR ausweisen, der sich als Verhältniszahl aus Abweichung zu Benchmark herleiten lässt. Es wird deutlich, dass der quasi-sichere EBIT des ersten Quartals um 33 - 46 % hinter den Erwartungen zurückbleiben kann. Bei allen Unternehmen wird der Cash-Flow auf diesem Konfidenzniveau positiv ausfallen, so dass auf dieser Grundlage keine Liquiditätsengpässe im nächsten Quartal vorhergesagt werden können.

Im Rahmen des Backtestings ist die Güte des Modells zu überprüfen. Abbildung 38 gibt die tatsächliche Abweichung von der angenommenen Benchmark sowie die Differenz zwischen tatsächlicher Abweichung und CFaR wieder. Es ist festzustellen, dass die Ergebnisse der Automobilhersteller tatsächlich alle hinter der (hier nur angenommenen) Benchmark zurückgeblieben sind. Im Falle von Volkswagen ist diese Abweichung größer als die mit dem CFaR errechnete. Dies könnte darauf hinweisen, dass das Modell nur eine unzureichende Schätzung des Risikos erlaubt.

Backtesting I.Quartal 2004	BMW TEUR	VOW TEUR
Benchmark	947,0	884,0
- Ist-EBIT	917,0	329,0
= Ist-Abweichung	30,0	555,0
CFaR	433,5	290,3
Differenz	403,5	-264,7

Abb. 38: Backtesting des Regressionsmodells

Andererseits ist die Benchmark hier willkürlich gesetzt. Dem Management der Volkswagen AG war unter Umständen bereits bekannt, dass ergebnisbeeinträchtigende Vorkommnisse zu erwarten waren, so dass der Zielwert bereits niedriger gesetzt worden wäre. Schließlich ist zu konstatieren, dass die CFaR-Berechnung keine Extremwertberechnung ist, so dass größere Abweichungen mit einer Wahrscheinlichkeit von (hier) 5 % auftreten werden. Bei fortlaufender Anwendung des Modells muss zwingend ein mehrperiodig angelegtes Backtesting durchgeführt werden. Darauf aufbauend kann eine Verbesserung des Modells erfolgen[1].

7.3.3 Kritische Würdigung

Das vorgestellte Regressionsmodell stellt eine Methodik dar, die eine simultane Betrachtung interdependenter Finanzrisiken auf die betriebliche Zielgröße ermöglicht. Diese kann dabei flexibel an die Unternehmenszielsetzung angepasst werden. Die Regressionsanalyse ermöglicht die Exposureschätzung auf Basis eines fundierten statistischen Verfahrens, die grundsätzlich auch von Unternehmensexternen durchgeführt werden kann. Der Methode wird im Allgemeinen eine gute Datenverfügbarkeit bescheinigt[2]. Indes sind Cash-Flow-Daten von Unternehmen am deutschen Kapitalmarkt als Quartalsdaten im Allgemeinen erst ab dem Jahr 2000 zu erhalten, so dass die für eine Regression benötigten Beobachtungswerte bislang kaum zu ermitteln sein werden. Daneben sind bei der hier angewendeten CFaR-Ermittlung neben öffentlichen Kapitalmarktdaten auch interne Unternehmensdaten über die relevante Zielgröße, die Benchmark, notwendig. Unternehmensexternen stehen ausschließlich die veröffentlichten Unternehmensdaten zur Verfügung und diese werden i. d. R. bestenfalls auf Quartalsbasis weitergegeben. Die ausreichende Verfügbarkeit aktueller und zugleich verifizierbarer Daten ist daher eingeschränkt. Am Beispiel der DaimlerChrysler AG wird deutlich, dass sich nicht zwingend aussagekräftige Regressionsanalysen durchführen lassen. Das Unternehmen selbst wird dagegen zumindest auf monatliche Auswertungen der Zielgröße zurückgreifen können, so dass eine höhere Güte der Regression erreicht werden kann. Allerdings sind diese Daten häufig nicht geeignet, die Anforderung einer externen Verifizierbarkeit zu erfüllen. Die Güte der Regression ließe sich möglicherweise auch durch Einbeziehung nichtlinearer Zusammenhänge zwischen Regressoren und Zielgröße verbessern. Allerdings geht damit eine Erhöhung der Komplexität des Modells einher, die die Verständlichkeit für die Adressaten beeinträchtigt.

Die Kombination mit der Monte-Carlo-Simulation stellt einen Vorteil des vorgestellten Modells dar. Durch die damit einhergehende Annahme eines Random Walks und der Simulation historisch begründeter, aber zufälliger Wertausprägungen wird die Bestimmung zukünftiger Exposures unter Berücksichtigung der Interdependenzen verschiedener Risiken möglich. Der Wahrscheinlichkeitsas-

---

[1] Ein Vergleich zwischen regrediertem und tatsächlichen EBIT von 2000 bis 2003 wird im Anhang als Darstellung A7 vorgenommen.

[2] Vgl. BARTRAM (2000), S. 1290.

pekt der existierenden Risiken wird mithin ebenso berücksichtigt. Indes besteht auch hier erneut das Problem der sachgerechten Ermittlung der historisch begründeten und in die Zukunft extrapolierten Korrelationskoeffizienten.

Das Modell erscheint – insbesondere durch die Verwendung vereinfachender Prämissen wie dem linearen Regressionszusammenhang und den Normalverteilungsannahmen der Einflussfaktoren – einfach und nachvollziehbar, so dass die Implementierungskosten des Modells sowie, durch eine entsprechende Aufbereitung der Daten, die Informationsverarbeitungskosten der Adressaten niedrig gehalten werden können. Andererseits erlauben bereits die Auswahl der Risikofaktoren, aber auch die Festlegung der Verteilungsart und deren Parameter eine kaum abzuschätzende Fülle von Möglichkeiten, die einen entscheidenden Einfluss auf das Resultat der CFaR-Ermittlung haben können, jedoch nicht verifizierbar sind bzw. deren Veröffentlichung die Angabe einer großen Datenmenge erfordert, deren Auswertung zu hohen Informationskosten für die Adressaten führen würde.

Die verwendete Benchmark der Zielgröße ist durch das Management festzulegen und zu veröffentlichen. Die Abweichung, die sich auf Basis eines einheitlichen Konfidenzniveaus ergibt, kann dann intersubjektiv überprüfbar ermittelt und ausgewertet werden.

Durch die Modifikation des Modells besteht darüber hinaus die Möglichkeit, den Einfluss der Risiken auf verschiedene Cash-Flow- oder Ergebnis-Komponenten[1] zu testen. Die Aussagefähigkeit des Modells wird aber vor allem durch die Wahl der berücksichtigten Einflussfaktoren, der Art des unterstellten Zusammenhangs und die Güte der Regressionsgleichung determiniert. Die unternehmensübergreifende Vergleichbarkeit wird dadurch behindert. Grundsätzlich liegt damit ein Konzept zur Risikoquantifizierung in Nichtfinanzunternehmen vor. Eine allgemeine Einschätzung, ob dies ein nach DRS 5 ausreichend verlässliches Modell darstellt, kann hingegen nicht getroffen werden; vielmehr muss die Aussage von der jeweils erreichten Regressionsgüte abhängig gemacht werden.

7.4 Benchmarking-Modell

7.4.1 Modellanwendung

Die institutionenökonomische Analyse der Risikoquantifizierung im Risikobericht hat die Bedeutung der intersubjektiven Überprüfbarkeit des verwendeten Modells für die Effizienz der Publizität offenbart. Hier verfügen die Benchmarking-Modelle möglicherweise über einen Vorteil, da sie ohne interne Kenntnisse

---

[1] Z. B. operativer oder gesamter Cash-Flow oder EBITDA, EBIT bzw. Jahresüberschuss.

über die Wirkungszusammenhänge der Risikofaktoren ausschließlich auf Basis externer Daten angewendet werden können. Die folgenden Ausführungen dienen dem Versuch, das Benchmarking-Modell der NERA zu einem Branchen- bzw. Sektorenvergleich im Rahmen einer Case-Study anzuwenden, wenngleich die theoretische Grundlage der externen Benchmarking-Modelle im Vergleich zu den internen Modellen eher dürftig erscheint und die Umsetzung nur vereinfachend erfolgen kann. Dabei wird die empfohlene Vorgehensweise zur Risikoquantifizierung mit dieser Methode auf ihre praktische Anwendbarkeit am deutschen Kapitalmarkt getestet und die Vereinbarkeit mit den gestellten Anforderungen überprüft.

Der CFaR soll für die bereits oben verwendeten deutschen Unternehmen der Automobilbranche berechnet werden[1]. Das Modell der NERA ist als Vergleichsmodell konzipiert, bei dem ein einzelnes Unternehmen mit einer Peer Group verglichen werden kann; dabei zielt NERA nicht auf eine Branche, sondern vielmehr auf ‚gleichartige' Unternehmen ab. Da lediglich externe Daten einbezogen werden, sind i. d. R. Quartalsdaten heranzuziehen. Eine befriedigend große Zahl von Cash-Flow-Daten auf Quartalsbasis eines einzelnen Unternehmens sei jedoch kaum zu beschaffen, und falls doch, so dürfte deren Aktualität deutlich eingeschränkt sein. Es wird daher angeregt, einen aktuellen Datenpool unterschiedlicher, aber vergleichbarer Unternehmen anzulegen.

In einem *ersten Schritt* wird zunächst eine ausreichend große Datenbasis generiert, wobei für alle Unternehmen eines Landes bzw. eines Index die Daten EBIT bzw. EBITDA und Bilanzsumme, sowie der Wert des Anlagevermögens der letzten vier Jahre jeweils auf Quartalsbasis ermittelt werden. Um eine Vergleichbarkeit verschiedener Unternehmen zu erlauben, wird die Zielgröße normiert auf die Bilanzsumme (Total Assets) zum Beginn der jeweiligen Periode ($EBITDA_t/Assets_{t-1}$).

Aufgrund der mangelnden Datenverfügbarkeit derartiger Pro-Forma-Ergebnisse, die hier stellvertretend für den Cash-Flow deutscher Unternehmen herangezogen werden sollen, konnten lediglich die entsprechenden Daten der Unternehmen des HDAX seit dem 01. Januar 2000 ermittelt werden. Die Daten wurden dem Dateninformationssystem BLOOMBERG entnommen und stichprobenartig plausibilisiert. Darüber hinaus wurden die Daten der Jahre 2000 und 2001 teilweise manuell erfasst.

Analog der von NERA vorgeschlagenen Vorgehensweise wurden nur Nichtfinanzunternehmen für die Berechnung zugelassen. Darüber hinaus lassen sich für sieben Unternehmen auch nach eingehender Recherche keine vollständigen

---

[1] Die Vorgehensweise ist angelehnt an STEIN ET AL. (2000), S. 1 - 27.

Datensätze ermitteln. Die Datenbasis reduziert sich, wie in Abbildung 39 dargestellt, somit auf 89 Unternehmen.

Datenbasis	Anzahl
Unternehmen des HDAX	110
- Finanzunternehmen	-14
- Unternehmen mit mangelndem Datensatz	-7
= Zwischensumme	89
- Veränderung AV > 50%	-20
= Summe Datenbasis der Untersuchung	69

Abb. 39: Datenbasis der Untersuchung

Zur Ermittlung gleichartiger Unternehmen werden sodann Unternehmen eliminiert, bei denen im Untersuchungszeitraum von Anfang 2000 bis Ende 2003 An-
zeichen für eine größere Unternehmenstransaktion zu finden sind. Ein Unter-
nehmenszusammenschluss bzw. ein Unternehmenskauf oder -verkauf stellt für
die jeweilige Gesellschaft i. d. R. kein überraschendes Ereignis dar, sondern
wird vielmehr langfristig geplant. Für die vorzunehmende Regression der Ergebnisse führt diese plötzliche Änderung in dem Marktumfeld jedoch zu einer
Verzerrung. Daher werden alle Unternehmen aus dem Sample eliminiert, bei
denen in einem Quartal eine Veränderung des Anlagevermögens von über 50 %
ermittelt wird. Insgesamt werden so 20 Unternehmen aus der Datenbasis entnommen, so dass nunmehr 69 Unternehmen verbleiben. Auch die im Fokus stehende Gesellschaft BMW muss aus der Datenbasis eliminiert werden, da die
Veränderung des Anlagevermögen vom dritten zum vierten Quartal 2001 mehr
als 50 % beträgt[1].

Für die verbleibenden 68 Unternehmen ist in einem *zweiten Schritt* ein autoregressiver Prozess zur Ermittlung von Prognosefehlern durchzuführen. Diese bezeichnen die Abweichungen der jeweils tatsächlich erzielten Cash-Flows, gemessen als *EBITDA_t/Assets_{t-1}*, von prognostizierten Zielwerten. Der Erwartungswert der Zielgröße der großen Anzahl von Unternehmen wird mit Hilfe
eines autoregressiven Prozesses ermittelt. Die jeweiligen Abweichungen der
Cash-Flows von diesen errechneten Erwartungswerten stellen die Prognosefehler dar. Die Ermittlung der Erwartungswerte der Zielgröße, sog. Forecasts, über
einen *AR(p)-Prozess* stellt ein Instrument der Zeitreihenanalyse dar. Ziel ist es,
ein Modell aufzustellen, welches eine vorgegebene Datenreihe bestmöglich beschreibt. Die Datenreihe wird dann als Realisierung des Zeitreihenprozesses
aufgefasst. Die benötigten Parameter werden aus der historisch beobachteten

---

[1] Zum 31.12.2001 hat die Gesellschaft ihre Bilanzierungsmethodik auf IAS umgestellt.
Durch die geänderte Bilanzierung insb. der immateriellen Vermögensgegenstände (Entwicklung von Motoren- und Fahrzeugprojekten) sowie der Umgliederung von Leasingver-
hältnissen erhöht sich das Anlagevermögens zum Geschäftsjahresende deutlich. Vgl. BMW
AG, Geschäftsbericht zum 31.12.2001, S. 58f.

Zeitreihe geschätzt und können anschließend zur Prognose verwendet werden[1]. Beschreibt $\{\hat{x}_t\}$ die aus dem Modell generierte Zeitreihe, so werden die aus dem Prozess nicht erklärbaren Residuen $\{x_t - \hat{x}_t\}$ nur noch zufällige und unvorhergesehene Ereignisse, das so genannte Rauschen enthalten. Im Gegensatz zu Random Walk Prozessen soll hier davon ausgegangen werden, dass die aktuellen Werte der Zeitreihe durch die eigenen, weiter zurückliegenden Werte beeinflusst werden. Es handelt sich dabei um einen autoregressiven Prozess p-ter Ordnung $AR(p)$, wobei p die Anzahl der vorherigen Werte angibt, die einen linearen Einfluss auf den aktuellen Wert haben[2]. Formal lässt sich ein autoregressiver Prozess zum Zeitpunkt t mit p verzögerten Werten von X_t wie folgt beschreiben:

$$X_t = \phi_1 X_{t-1} + \phi_2 X_{t-2} + \dots + \phi_p X_{t-p} + \varepsilon_t$$

$$= \sum_{i=1}^{p} \phi_p X_{t-i} + \varepsilon_t \qquad (7.5)$$

mit $\varepsilon_t \approx N(0, \sigma^2)$

Am Beispiel der Volkswagen AG wird das Ergebnis des autoregressiven Prozesses dargestellt. Mit einem R² von 0,76 bzw. einem adjustierten R² von 0,62 ist der Erklärungsgehalt des Modells vergleichsweise hoch. Die folgende Abbildung 40 gibt die Koeffizienten des Modells sowie die dazu gehörige t-Statistik wieder.

Dependent Variable: VOLKSWAGEN
Method: Least Squares
Sample(adjusted): 2001:2 2004:1

Variable	Coefficient	Std. Error	t-Statistic	Prob.
C	-0,0360	0,2009	-0,1790	0,8630
AR(1)	0,0345	0,2984	0,1155	0,9113
AR(2)	0,1399	0,3067	0,4559	0,6623
AR(3)	0,1945	0,2954	0,6585	0,5313
AR(4)	0,5635	0,3067	1,8373	0,1088

Statistische Maßzahlen zur Regressionsgüte				
R²	0,7592	F·statistic		5,5174
adjusted R²	0,6216	Prob(F·statistic)		0,0251
Inverted AR Roots	0,98	-,06+,83i	-,06 -,83i	-0,83

Abb. 40: *AR(p)*-Prozess der VOLKSWAGEN AG auf Quartalsbasis[3]

---

[1] Vgl. DEUTSCH (2001), S. 503.
[2] Vgl. HARTUNG (1999), S. 678.
[3] Darstellung modifiziert entnommen aus EVIEWS™.

Der F-Test gibt den Erklärungsgehalt des Gesamtmodells an: Auf einem Konfidenzniveau von bis zu 97,5 % kann dem Modell ein Erklärungsgehalt zugemessen werden. Die Schätzung des Modells erfolgt zunächst für den Zeitraum eines Quartals, anschließend soll eine Prognose für ein Jahr vorgenommen werden. Die Regression erfolgt für $EBITDA_t/Assets_{t-1}$ im Quartal t gegen seine vier Vorgänger. Daneben wird eine Konstante als Dummy Variable eingesetzt, um mögliche saisonale Einflüsse zu berücksichtigen.

Prognosefehler Volkswagen AG

Quartal	EBITDA(t)/Assets(t-1)		
	Forecast	Ist	Prognosefehler
2/2001	3,22%	3,13%	0,09%
3/2001	3,39%	3,89%	-0,50%
4/2001	3,11%	3,19%	-0,07%
1/2002	3,10%	2,74%	0,36%
2/2002	2,77%	2,88%	-0,11%
3/2002	2,80%	2,74%	0,06%
4/2002	2,60%	2,99%	-0,40%
1/2003	2,52%	2,25%	0,27%
2/2003	2,31%	2,24%	0,08%
3/2003	2,27%	2,06%	0,21%
4/2003	2,11%	2,37%	-0,26%
1/2004	2,02%	1,97%	0,05%

Abb. 41: Prognosefehler der VOLKSWAGEN AG

In jedem Quartal t kann das Modell damit auf die vier vergangenen Jahre zurückgreifen. Auf Basis des ermittelten Modells erfolgt eine Prognose der EBITDA. Die Differenz zwischen der prognostizierten Zielgröße (Forecast) und dem tatsächlichen Ergebnis (Ist) stellt den Prognosefehler des Unternehmens in dem jeweiligen Quartal und damit dessen Risikopotenzial dar. Abbildung 41 zeigt den Vergleich der berechneten Forecasts mit dem tatsächlich erzielten EBITDA und weist den Prognosefehler aus, der definitionsgemäß den nicht antizipierten Schock darstellt. Die Vorgehensweise wird für alle einbezogenen Unternehmen wiederholt.

In einem *dritten Schritt* werden die Prognosefehler sortiert, um die Prognosefehler gleichartiger Unternehmen herauszufiltern. Die Sortierung soll ursprünglich in der Reihenfolge Marktkapitalisierung, Rentabilität[1], Branchenrisiko und Aktienkursvolatilität erfolgen, wobei die Unternehmen jeweils in ein oberes, mittleres und unteres Drittel getrennt werden[2]. Die von NERA gewählte Vorgehensweise ist allerdings für die zugrunde liegende Datenbasis nicht praktikabel,

---

[1] Die Rendite soll weiterhin normiert werden durch $EBITDA_t/Assets_{t-1}$. Vgl. STEIN ET AL. (2000), S. 14.

[2] Vgl. Kapitel 5.3.3.4.1.

da vier Sortierungen in jeweils drei Gruppen insgesamt eine Aufteilung der 69 Unternehmen in 81 Gruppen zur Folge hätte. Daher wurde hier auf Sortierung des Branchenrisikos verzichtet[1].

Unter den verbliebenen 69 Unternehmen befinden sich noch die beiden Automobilhersteller DAIMLERCHRYSLER AG und VOLKSWAGEN AG. Dem Hinweis STEIN ET AL. folgend, wurde die Sortierung so modifiziert, dass immer das um die betrachteten Unternehmen befindliche Drittel der jeweiligen Gruppe herangezogen wurde; es handelt sich um eine sog. „customized, centered peer group"[2]. Bei Sortierung nach der *Marktkapitalisierung*[3] befinden sich beide betrachteten Unternehmen im oberen Drittel. Im zweiten Schritt werden die verbliebenen 23 Unternehmen nach ihrer *Rentabilität* zum 30. September 2003 sortiert. Beide Automobilhersteller befinden sich im unteren Drittel der Verteilung. In einem dritten Schritt können die Unternehmen bezüglich der Höhe der *Aktienvolatilität*[4] klassifiziert werden. Dieser letzte Sortierungsgang wird in nachstehender Abbildung 42 vollzogen, wobei aber zunächst keine Aussortierung von Unternehmen vorgenommen wird, da zum einen die Peer Group sonst erneut auf einer sehr kleinen Datenbasis aufbauen würde und zum anderen die Kursvolatilität in dieser Teilgruppe bereits sehr eng beieinander liegt[5]. Die Sortierung verdeutlicht, dass die beiden Automobilhersteller nicht nur in einer Branche tätig sind, sondern gemäß den vorgegebenen Kriterien auch gleichartige Unternehmen sind. Es ergibt sich die in Abbildung 42 dargestellte Peer Group.

Nr.	Gesellschaftsbezeichnung	Branche	Marktkap. in Mio. EUR	Volatilität (90 Tage)	Rendite (EBITDA/Asstes)
17	THYSSENKRUPP AG	Iron/Steel	5.732	40,44	2,37%
65	T-ONLINE INTERN. AG	Internet	10.513	34,46	1,39%
19	**VOLKSWAGEN AG**	**Auto Manufacturers**	**13.518**	**31,46**	**2,06%**
18	BAYER AG	Chemicals	13.548	31,06	1,81%
20	SIEMENS AG	Miscellaneous Manufactures	45.539	29,22	2,14%
21	**DAIMLERCHRYSLER**	**Auto Manufacturers**	**30.520**	**28,41**	**1,99%**
24	METRO AG	Food	10.194	28,08	2,21%
22	E.ON AG	Electric	27.335	23,78	1,38%
	Median		**13.533**	**30,14**	**2,03%**
	Mittelwert		**19.612**	**30,86**	**1,92%**

Abb. 42: Peer Group der Automobilhersteller nach Sortierung

---

[1] Diese Vorgehensweise erscheint zudem dadurch gerechtfertigt zu sein, dass die Berechnung der von der NERA vorgeschlagene Kennzahl für das Branchenrisiko dem externen Anwender unbekannt bleibt.

[2] STEIN ET AL. (2000), S.18. Die gewählte Vorgehensweise erhöht die Genauigkeit, da das entsprechende Drittel der jeweiligen Verteilung herangezogen wird, welches am ehesten den betrachteten Unternehmen entspricht.

[3] Marktkapitalisierung in Mio. EUR zum 30.09.2003.

[4] Aktienkursvolatilität über 90 Tage zum 30.09.2003.

[5] Insgesamt reicht die Aktienkursvolatilität aller Unternehmen der Datenbasis zum 30. September 2003 von 15,99 - 61,92.

Im *vierten Schritt* werden die Prognosefehler der ermittelten Peer Group in einem Histogramm abgetragen (Abbildung 43).

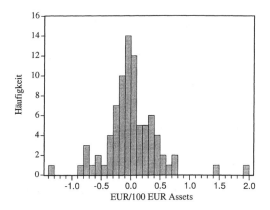

Abb. 43: Histogramm der Prognosefehler (Quartalsbasis) pro 100 EUR Assets

Das 5 %-Quantil der Zielgröße kann somit ohne Verteilungsannahme auf Grundlage der ermittelten historischen Verteilung berechnet werden: es beträgt -0,76 EUR pro 100 EUR Bilanzsumme.

Der *fünfte Schritt* besteht schließlich in der Quantifizierung des Unternehmensrisikos. Die Aussage der ermittelten Verteilung lautet, dass mit einer Wahrscheinlichkeit von 95 % das EBITDA der Volkswagen AG im nächsten Quartal um nicht mehr als -0,76 EUR pro 100 EUR Assets hinter den Erwartungen zurückbleiben wird.

Die beschriebene Untersuchung kann auch auf einer jährlichen Basis vorgenommen werden. Insbesondere für die Verwendung im Rahmen der jährlichen Berichterstattung wird diese Vorgehensweise anzuraten sein. Die Ermittlung erfolgt analog zur Berechnung des Prognosefehlers auf Quartalsbasis, jedoch wird das EBITDA des Geschäftsjahres verwendet und die Normierung erfolgt durch die Division mit der Bilanzsumme zu Beginn der Periode. Es ergibt sich das als Abbildung 44 dargestellte Histogramm.

Auf einer jährlichen Basis beträgt das 5 %-Quantil der ermittelten Verteilung 2,33 EUR pro 100 EUR Bilanzsumme. Allerdings sei angemerkt, dass die historisch ermittelte Verteilung für die hier vorgenommene Betrachtung nicht besonders aussagekräftig sein kann, da lediglich 24 Beobachtungen in die Ermittlung eingehen.

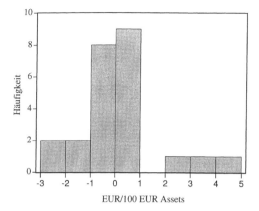

Abb. 44: Histogramm der Prognosefehler auf Jahresbasis pro 100 EUR Assets

7.4.2 Ergebnisse und Backtesting

Für das Geschäftsjahr 2003 weist die VOLKSWAGEN AG eine Bilanzsumme von 119.136 Mio. EUR aus[1]. Bei einem EBITDA von 10.210 Mio. EUR[2] beträgt bei der festgelegten Konfidenz die mögliche negative Abweichung im nächsten Jahr 2.776 Mio. EUR. Der mögliche unerwartete Verlust der DAIMLERCHRYSLER AG beträgt bei Assets von 178.136 Mio. EUR[3] im nächsten Jahr 4.151 Mio. EUR. Bei einem EBITDA der DAIMLERCHRYSLER AG von 15.229 Mio. EUR[4] lässt sich alternativ die Aussage treffen, dass das EBITDA mit einer Wahrscheinlichkeit von 95 % nicht mehr als ca. 30 % hinter den Erwartungen zurückbleiben wird (= 4.151/15.229). Für die VOLKSWAGEN AG ergibt sich eine ähnliche Aussage. Die Ergebnisse werden in Abbildung 45 tabellarisch dargestellt.

CFaR	Assets	EBITDA	CFaR	
95%, 1 Jahr	in Mio. EUR	in Mio. EUR	**in Mio. EUR**	in %
DaimlerChrysler AG	178.136	15.229	**4.151**	27,3%
Volkswagen AG	119.136	10.210	**2.776**	27,2%

Abb. 45: CFaR der deutschen Automobilhersteller zum 30.09.2004

Eine Veröffentlichung der Ergebnisse ist von der NERA ausdrücklich vorgesehen. Die errechnete CFaR-Analyse könnte mit folgender Aussage bspw. Einnahmerückgänge in einen vergleichenden Zusammenhang stellen: „For other

---

[1] Vgl. VOLKSWAGEN AG (2004), Geschäftsbericht 2003, S. 5.
[2] Vgl. VOLKSWAGEN AG (2004), Geschäftsbericht 2003, S. 4 und 7.
[3] Vgl. DAIMLERCHRYSLER AG (2004), Geschäftsbericht 2003, S. 112.
[4] Vgl. DAIMLERCHRYSLER AG (2004), Geschäftsbericht 2003, S. 110 und 114.

companies in our peer group, an X % deviation of quarterly earnings from expectations is not at all typical – indeed it occurs roughly Y % of the time"[1].

Das auf das EBITDA bezogene Ergebnis kann auch auf andere Zielgrößen des Unternehmens übertragen werden. Unter der Voraussetzung, dass Daimler-Chrysler und Volkswagen ihre Abschreibungen genau abschätzen können, diese also keinen unerwarteten Schwankungen unterworfen sind, so ist das EBIT-Risiko exakt genauso hoch wie die unerwartete EBITDA-Schwankung[2]. Daneben lässt sich das Ergebnis auch auf den Jahresüberschuss beziehen. Stellt s annahmegemäß die Steuerquote des Unternehmens dar, dann soll, vereinfachend und die Abschätzbarkeit des Zinsergebnisses ebenfalls vorausgesetzt, durch Multiplikation des Ergebnisses mit ($1-s$) das Risiko in Bezug auf den Jahresüberschuss ausgedrückt werden können.

Auch das Benchmarking-Modell ist einem Backtesting zu unterziehen. Mit dem ermittelten Prognosefaktor wurde der jeweilige CFaR der beiden Automobilhersteller für das Jahr 2004 bzw. für das erste Quartal 2004 ermittelt. Da letztere bereits vorliegen, können sie mit den ermittelten Werten verglichen werden. Es ergeben sich die in Abbildung 46 aufgeführten Differenzen. Für beide Unternehmen wurde in diesem Zeitraum eine maximale Abweichung von ca. 30 % bei einem Konfidenzniveau von 95 % prognostiziert. Im Rahmen des Backtesting wird deutlich, dass diese Abweichung nicht überschritten wurde.

CFaR	EBITDA	CFaR		Backtesting	
	IV / 2003	I / 2004		EBITDA I / 2004	Differenz
95%, IV. Quartal 2003	in Mio. EUR	in Mio. EUR	in %	in Mio EUR	in Mio. EUR	in %
DaimlerChrysler AG	4.384	1.345	30,7%	3.997	-387	-8,8%
Volkswagen AG	2.835	899	31,7%	2.344	-491	-17,3%

Abb. 46: Backtesting des Benchmarking-Modells

Das Benchmarking-Modell sollte jedoch anhand einer – hier noch nicht vorliegenden – großen Datengruppe einem weitergehenden und wiederholten Backtesting unterzogen werden, da die hier vorgenommene Betrachtung nur eine ungenaue Überprüfung darzustellen vermag.

7.4.3 Kritische Würdigung

Aus der Risikoquantifizierung auf Basis des Benchmarking-Modells der NERA resultiert ein Maß der Gesamtrisikoposition des Unternehmens, d. h. es werden implizit sowohl finanzielle als auch strategische und operative Risiken mit einbezogen, indem die unerwarteten Schwankungen des Cash-Flows von einer prognostizierten Benchmark insgesamt als Risiko definiert werden.

---

[1] NERA ECONOMIC CONSULTING (2002), S. 4.
[2] Vgl. STEIN ET AL. (2000), S. 17.

Die Benchmark zur Berechnung des CFaR wird durch einen AR(4)-Prozess berechnet und die Prognosefehler verschiedener, gleichartiger Unternehmen werden zu einem virtuellen Unternehmensgebilde zusammengefasst. Eine Bestimmung bzw. Berücksichtigung der Hedging Politik der Gesellschaft wird dadurch unmöglich. Es wird im Gegenteil ein passives Risikomanagement vorausgesetzt, da angenommen wird, das Unternehmen handele wie eine Gruppe vergleichbarer Unternehmen. Die internen Abläufe bleiben unberücksichtigt und werden als Black Box verstanden. Daneben kann es zu Ungenauigkeiten durch unterschiedliche Rechnungslegungssysteme der einbezogenen Unternehmen kommen.

Das Modell lässt sich auch durch Unternehmensexterne handhaben, da ausschließlich öffentliche, am Kapitalmarkt verfügbare Daten verwendet werden. Indes besteht das Problem, dass je nach Art der Informationseffizienz des Kapitalmarktes keine Nachfrage nach einer derartigen Kennzahl besteht[1]. Auf einem vollkommenen Kapitalmarkt sind die Informationen der externen Analyse bereits unmittelbar nach deren Bekannt werden am Kapitalmarkt in die Kurse eingepreist, sog. *common knowledge*. Die Ermittlung eines CFaR auf Basis extern verfügbarer Daten hat dann keinen Informationswert, da letztlich bereits bekannte Daten übermittelt werden. Allerdings lässt sich einwenden, dass ein vollkommener Kapitalmarkt in der Realität kaum anzunehmen ist[2]. Vor allem die Aufbereitung und Erklärung der Kennzahl kann dann für die Adressaten eine neue Information darstellen, da diese das Risikomaß i. d. R. nur unter deutlich größeren Informationsverarbeitungskosten berechnen könnten.

Vorteilig wirkt sich aus, dass sich das Modell direkt auf unternehmensrelevante Größen wie EBITDA bezieht. Durch vereinfachende Annahmen kann auch Bezug auf andere Zielgrößen genommen werden. Da es sich um ein nichtparametrisches Modell handelt, ist keine Verteilungsannahme nötig, mit der realiter immer eine Komplexitätsreduktion verbunden sein wird. Daneben wird durch die Erstellung des Häufigkeitsprofils der Cash-Flow-Schocks der Wahrscheinlichkeitsaspekt des Unternehmensrisikos berücksichtigt.

Die Erhebung und Pflege der Datenbasis für eine große Anzahl von Nichtfinanzunternehmen bedeutet zunächst einen hohen Implementierungsaufwand. Wie die Durchführung im Rahmen der Case-Study zeigt, ist es für den deutschen Kapitalmarkt nur schwer möglich, eine aussagekräftige Datenbasis zu ermitteln. Darüber hinaus lässt sich nicht für alle Unternehmen ein autoregressiver Prozess durchführen, dessen statistische Kennzahlen eine signifikante Regression vermuten lassen. Ist hingegen die Datenbasis einmal vorhanden und die Vorgehensweise trainiert, so ist das Modell einfach und kostengünstig für alle Unternehmen anwendbar. Es ist im Gegensatz zu den internen Random Walk-

---

[1] Vgl. FAMA (1965), S. 34 - 105.
[2] Vgl. SCHREMPER (2002), S. 687 - 692; SCHMIDT/TERBERGER (1999), S. 209 - 218.

Modellen wenig subjektiv[1] und auch für Unternehmensexterne verständlich und nachvollziehbar. Zur Einführung als internes Risikosteuerungsmodell ist es hingegen nicht geeignet, da das Modell nicht auf ein bestimmtes Unternehmen zugeschnitten ist und interne Risikosteuerungsmaßnahmen völlig unberücksichtigt gelassen werden.

Das Benchmarking-Modell ist vergleichbar mit den Multiplikatorverfahren im Rahmen von Unternehmensbewertungen. Wie dort, werden die Vergleichsansätze nicht die auf das Unternehmen direkt bezogenen Systeme und Berechungen ersetzen. Zur Verwendung als verlässliche Methodik zur Risikoquantifizierung nach DRS 5 ist das Benchmarking-Modell bislang jedoch nicht geeignet, zumal der verfügbare Datenpool zur Zeit als noch nicht ausreichend angesehen werden muss. Allerdings könnte der Vorteil in der gemeinsamen Anwendung interner und externer Modelle liegen, so dass die genaueren aber subjektiveren Modelle im Rahmen eines Benchmarking einem „reality check"[2] unterzogen werden könnten.

7.5   Entwurf eines Risikoberichts unter Verwendung von CFaR-Kennzahlen

7.5.1   CFaR-Kennzahlen als Teil des Risikoberichts

In den Ausführungen in Kapitel 4 und 5 wurden die theoretischen Grundlagen der verschiedenen CFaR-Konzepte erläutert und deren Vorgehensweise theoretisch dargelegt. Anhand einer institutionenökonomischen Betrachtung wurden aus Sicht externer Adressaten der Rechnungslegung argumentativ Anforderungen an die Verwendung von CFaR-Verfahren zur Risikoquantifizierung im Risikobericht erhoben. Darauf aufbauend sind die wesentlichen CFaR-Konzepte am Beispiel deutscher Automobilhersteller angewendet worden, um die zu setzenden Prämissen zu verdeutlichen und zu überprüfen, ob sie die gestellten Anforderungen erfüllen.

Die folgenden Abschnitte haben das Ziel, die beiden Teilbereiche der Arbeit, die Risikoberichterstattung und die Cash-Flow at Risk-Konzepte, nun auch ‚praktisch' miteinander zu verbinden, indem die ermittelten Kennzahlen auf Basis der bisher gewonnenen Erkenntnisse exemplarisch in den Risikobericht integriert werden. Dabei ist insbesondere deutlich zu machen, welche Aussagen getroffen und welche Angaben gegeben werden sollten, damit dem Adressaten der Risikoberichterstattung eine relevante Information übertragen wird.

---

[1] Dabei ist abzusehen von der Berechnung der NERA-Branchenrisikoziffer, die im Rahmen dieser Arbeit nicht berücksichtigt wurde.
[2] STEIN ET AL. (2000), S. 21.

Die Darstellung soll sich auf die in Kapitel 7.2 bis 7.4 angewandten Modelle beschränken. Es ist grundsätzlich zu unterscheiden, ob die vom Unternehmen berechnete Kennzahl – entsprechend dem jeweiligen Modell und der durchgeführten Vorgehensweise – eine Gesamtrisikokennzahl darstellt, oder ob es sich um die Quantifizierung (finanzieller) Teilrisiken handelt. Dem Adressaten ist dieses bedeutende Wesensmerkmal des verwendeten Modells im Vorhinein deutlich zu veranschaulichen. Darüber hinaus sind die Rahmendaten der Berechnung, die im Framework festgelegt werden und im Allgemeinen dauerhaft zu verwenden sind, offen zu legen. Dazu gehört vor allem die Art der Zielgröße, das Konfidenzniveau, der Prognosezeitraum der Berechnung sowie Art und Höhe der Benchmark.

Zur Risikoquantifizierung kommen insbesondere ein Zeitvergleich mit Hilfe der internen Random Walk-Modelle und dem erweiterten Regressionsmodell sowie ein Branchenvergleich auf Basis des Benchmarking-Modells in Betracht. Darüber hinaus können vor allem interne Random Walk-Modelle zur Abschätzung des Insolvenzrisikos genutzt werden.

7.5.2 Zeitvergleich

Interne Random Walk-Modelle und die internen Regressionsmodelle könnten sich für einen mehrperiodigen Vergleich der quantifizierten Risiken eines Unternehmens eignen. Durch die Angabe von Vorjahresvergleichszahlen sowie der jeweils von dem Unternehmen gesetzten Zielgröße kann die Prognosesicherheit bzw. die Planungsgenauigkeit des Managements überprüft werden. Die durch das Unternehmen veröffentlichten aktuellen Cash-Flow- und Gewinnerwartungen lassen sich einem Test unterziehen. Der CFaR dient dem Unternehmen dazu, die Effektivität des Risikomanagements zu überwachen und Unternehmensexternen dessen Qualität zu verdeutlichen. Darüber hinaus kann die Veränderung der Risikosituation des Unternehmens in der Vergangenheit offenkundig gemacht und für zukünftige Entwicklungen dargestellt werden.

Die internen Random Walk-Modelle mit ihrer starken theoretischen Fundierung und der möglichen engen Verzahnung mit dem internen Risikomanagement eignen sich wohl am ehesten für einen derartigen Zeitvergleich. Von der Veröffentlichung der Exposure Map wird wohl abzusehen sein, da einerseits eine Überladung des Risikoberichts zu befürchten wäre und andererseits die Veröffentlichung derartiger interner Zusammenhänge Wettbewerbsnachteile mit sich bringen könnte[1]. Da die Random Walk-Modelle hingegen nur die Exposures der einbezogenen finanziellen Risiken beziffern, ist den Adressaten zwingend anzugeben, welche Risikofaktoren in die Berechnung eingeflossen sind und vor

---

[1] Die Schutzklausel des § 286 HGB würde dann ohnehin von der Publizitätspflicht befreien.

allem welche wesentlichen Risiken aus Gründen der mangelnden Quantifizierbarkeit nicht berücksichtigt wurden. Abbildung 47 stellt eine mögliche Übersicht dar. Die im Rahmen dieser Arbeit berechneten Daten sind zum besseren Verständnis eingesetzt, ansonsten werden Variable verwendet.

Internes Simulationsmodell				
einbezogene Risikofaktoren: Aluminiumpreis, Nickelpreis, Wechselkurs EUR/USD, Stahlpreis, Lohnkosten				
	Ziel: OCF in EUR	**OCF (95 %)** in EUR	**CFaR** in EUR	**OCF$_{Ist}$** in EUR
Vorjahr 2001	Z_OCF$_{t-2}$	OCF$_{95\%,t-2}$	CFaR$_{t-2}$	OCF$_{Ist,t-2}$
Berichtsjahr 2002	Z_OCF$_{t-1}$	OCF$_{95\%,t-1}$	CFaR$_{t-1}$	OCF$_{Ist,t-1}$
Prognose 2003	**3.000.000**	**1.964.052**	**1.035.948**	**?**

Abb. 47: CFaR im Zeitvergleich (Random Walk-Modell)

Im Bericht des Unternehmens für das Geschäftsjahr 2002 könnten die Vorjahresvergleichszahlen der Jahre 2001 und 2002 angegeben werden. Die Ausführungen des Lageberichts werden dabei gerade von der Abweichung des operativen Cash-Flows, OCF von der erwünschten Zielgröße, Z_OCF, im Geschäftsjahr 2002 handeln. Im Rahmen des Risikoberichts wird darüber hinaus eine Berechnung des OCF vorgenommen, der mit einer Wahrscheinlichkeit von 95 % im nächsten Jahr nicht unterschritten wird, OCF$_{95\%,\ t+1}$. Die Abweichung von der Benchmark stellt den CFaR, hier 1,04 Mio. EUR, dar, d. h. die betragsmäßige Abweichung von der Zielgröße, die im nächsten Jahr mit einer Wahrscheinlichkeit von 95 % nicht überschritten wird. Durch den Vergleich mit den Vorjahren kann der Bilanzleser feststellen, ob das unternehmenseigene Risikomanagement einerseits in der Lage war, diese Abweichung zu vermindern und andererseits, ob die mögliche Abweichung durch Absicherungsmaßnahmen so weit eingeschränkt wurde, dass keine negativen Folgen für das Unternehmen zu befürchten sind.

Neben der eigentlichen Berechnung des CFaR ist für eine Beurteilung des Modells anzugeben, welche Daten verwendet wurden, ob und wie Korrelationen zwischen den Risikofaktoren Berücksichtigung gefunden haben und welche Verteilungen für die Risikofaktoren zur Durchführung der Monte-Carlo-Simulation festgelegt wurden. Da die Auswertung dieser Aussagen mit hohen Informationsverarbeitungskosten der Adressaten verbunden ist und zudem deren Wissensstand – zumindest teilweise – überfordert, ist eine Überprüfung des Modells entweder durch den Abschlussprüfer oder eine andere externe Stelle durchzuführen oder es ist durch einen Standardsetter eine einheitliche Vorgehensweise vorzugeben, damit eine Beeinflussung oder Manipulation des Ergebnisses vermieden wird.

Daneben steht das Regressionsmodell zur Berechnung des CFaR im Perioden-vergleich zur Verfügung. Dieses versucht die Ermittlung des Gesamtexposures des Unternehmens anhand verschiedener finanzieller Einflussfaktoren über eine Regressionsanalyse. Zur Einschätzung deren Güte ist die Regressionsgleichung mit den ermittelten Koeffizienten sowie deren statistische Signifikanz anzu-geben. In Abbildung 48 werden die aus der Regression der Volkswagen AG re-sultierenden Koeffizienten beispielhaft zu einer vergleichenden Darstellung verwendet. Der Vergleich mit den Zahlen des Vorjahres verdeutlicht die sich ändernden Einflüsse auf die Zielgröße sowie eine sich verändernde Güte der Koeffizienten.

Regressionsgleichung: $R_{CFjt} = \varpi_{jo} + \varpi_{j1}R_{Mt} + \beta_{jw}R_{Wt} + \beta_{jI}R_{It} + \beta_{jP}R_{Pt} + \varepsilon_{jt}$

Regressionskoeffizienten:

	Risikofaktoren					
	Konstante	Marktindex	Wechselkurs	Zinssatz	Rohstoff$_1$	Rohstoff$_2$
	C	HDAX	USD	EURO 1T	Aluminum	Stahl
GJ 2001	C_{t-2}	$\beta_{M,t-2}$	$\beta_{W,t-2}$	$\beta_{I,t-2}$	$\beta_{PAlu,t-2}$	$\beta_{PStahl,t-2}$
GJ 2002	C_{t-1}	$\beta_{M,t-1}$	$\beta_{W,t-1}$	$\beta_{I,t-1}$	$\beta_{PAlu,t-1}$	$\beta_{PStahl,t-1}$
GJ 2003	0,2169**	1,9099**	5,1402*	2,6862***	-7,4472**	2,3889***

Abb. 48   Regressionskoeffizienten im Vorjahresvergleich[1]

Das eigentliche Ergebnis kann in der aus Kapitel 7.3 bekannten Abbildung 49 wiedergegeben werden. Es wird insoweit eine Modifikation vorgenommen, in-dem die jeweilige Güte der Regression, auch für die Vorjahre, integriert wird, da diese für eine Beurteilung der Aussage über die Risikoposition des Unterneh-mens ausschlaggebend ist. Die Benchmark ist auch hier durch die Unterneh-mensleitung zum Geschäftsjahresbeginn festzulegen. An dieser Stelle wird die Annahme getroffen, dass im Geschäftsjahr 2003 ein EBIT von 850 Mio. EUR erzielt werden soll. Der CFaR beläuft sich dann auf 310 Mio. EUR. Alternativ lässt sich auch ein relativer CFaR ausdrücken, d. h. die Abweichung von der Zielgröße wird nicht mehr als 36,5 % sein. In der Abbildung 49 wird daneben die EBIT-Prognose ausgewiesen, die sich aus dem Median der Wahrscheinlich-keitsverteilung ergibt; daneben wären auch der Erwartungswert oder andere Quantile denkbar.

---

[1] *, ** bzw. *** bezeichnen das 10 %, 5 % bzw. 1 %-Signifikanzniveau.

Berechnung des Cash-Flow at Risk
Methode: erweitertes Regressionsmodell

Volkswagen AG	EBIT	Prognose: EBIT		Regressionsgüte	Benchmark	Ergebnis	
	31.12.2003	Median	(95 %)	R^2	F-Test		CFaR	rCFaR
	in Mio. EUR	in Mio. EUR	in Mio. EUR		(Signifikanz)	in Mio. EUR	in Mio. EUR	in %
Geschäftsjahr 2001	$EBIT_{t-2}$	$P\_EBIT_{M,t-1}$	$P\_EBIT_{95\%,t-1}$	R^2_{t-2}	$Konf._{t-2}$	Z_EBIT_{t-1}	$CFaRt-1$	$rCFaR_{t-1}$
Geschäftsjahr 2002	$EBIT_{t-1}$	$P\_EBIT_{M,t}$	$P\_EBIT_{95\%,t}$	R^2_{t-1}	$Konf._{t-1}$	Z_EBIT_t	$CFaRt$	$rCFaR_t$
Geschäftsjahr 2003	804,0	834,0	540,0	0,62	0,93	850,0	310,0	36,47%

Abb. 49: CFaR im Zeitvergleich (Regressionsmodell)

Für beide Konzepte ist neben den obigen Auflistungen auch der Abdruck der gesamten Wahrscheinlichkeitsverteilung denkbar. Je nach Risikoneigung wird dadurch jeder einzelne Lageberichtsadressat in die Lage versetzt, eine eigene Risikobeurteilung durchzuführen. Abbildung 50 stellt den CFaR der Volkswagen AG für das erste Quartal 2004 grafisch dar.

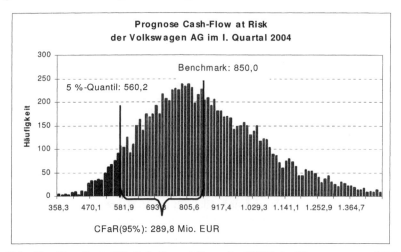

Abb. 50: Simulierte Häufigkeitsverteilung des EBIT der VOLKSWAGEN AG im ersten Quartal 2004

Wenngleich der externe Bilanzleser keine genaue Berechung durchführen kann, da ihm exakte Daten nicht vorliegen, so kann er möglicherweise umso schneller die Tragweite einer Verfehlung des gesetzten Ziels erfassen.

Indes reicht die Veröffentlichung der Häufigkeitsverteilung allein nicht aus, vielmehr sind Vorjahresvergleichszahlen sowie die Beschreibung der Vorgehensweise bei der Berechung und die Güte des Modells mit anzugeben, um eine sachgerechte Information zu gewährleisten. Auch hier könnte eine einheitlich festgelegte Vorgehensweise sowie die bescheinigte Prüfung des Modells durch einen externen Gutachter eine Minderung der Informationsverarbeitungskosten der Adressaten zur Folge haben und damit die Wirksamkeit der Unternehmenspublizität erhöhen.

7.5.3 Branchenvergleich

Grundsätzlich bietet sich zur Abschätzung des Risikos ein Vergleich mit anderen, vergleichbaren Unternehmen an. Die Ergebnisse der oben vorgeschlagenen Modelle, des Simulations- und des Regressionsmodells, hängen hingegen stark von der Ausgestaltung des Modells und der Festlegung der Prämissen ab, so dass ohne eine Vereinheitlichung der Berechnung ein Vergleich des CFaR bzw. des relativen CFaR verschiedener Unternehmen nur sehr ungenau sein kann.

Das Benchmarking-Modell steht hingegen gerade für einen Vergleich verschiedener, als gleichartig erkannter Unternehmen zur Verfügung. Dabei werden allerdings unternehmensindividuelle Stärken und Schwächen unberücksichtigt gelassen. Das Benchmarking-Konzept sieht die Berechung eines Risikofaktors für eine bestimmte Gruppe gleichartiger Unternehmen vor, die nicht zwingend einer Branche angehören müssen. Die Durchführung des Modells erfordert keine Detailkenntnisse über das Unternehmen und kann daher auch von Unternehmensexternen erfolgen. Dennoch kann das Management ein Interesse an der Berechnung und Veröffentlichung einer vergleichenden Risikoübersicht haben, wenn dadurch negative Entwicklungen des Unternehmens in eine vergleichsweise positive bzw. allgemein zu beobachtende Tendenz gebracht werden kann. Abbildung 51 stellt eine solche Übersicht für die betrachteten Automobilhersteller dar.

CFaR	Assets	EBITDA	CFaR	
95 %, 1 Jahr	in Mio. EUR	in Mio. EUR	in Mio. EUR	in %
DaimlerChrysler AG	178.136	15.229	4.151	27,3%
Volkswagen AG	119.136	10.210	2.776	27,2%

Abb. 51: CFaR der Automobilhersteller im Geschäftsjahr 2004

Die Aussage könnte dann lauten: Für andere Unternehmen in unserer Peer Group ist eine Abweichung von 27 % vom erwarteten Quartalsziel nicht unbedingt gewöhnlich, tritt jedoch x % mal auf[1]. Allerdings handelt es sich bei dieser Argumentation um eine historische Betrachtung. Anders als hier dargestellt, könnte auch die gesamte Peer Group wiedergegeben werden. Es erscheint indes fraglich, welchen Nutzen dies für den Adressaten haben kann.

Neben dieser rückwärts gewandten Betrachtungsweise kann auch eine zukünftige Risikoquantifizierung erfolgen, indem der prognostizierte Risikofaktor in die Zukunft extrapoliert wird. Es lässt sich sodann die Aussage treffen, dass im ers-

---

[1] Vgl. NERA ECONOMIC CONSULTING (2002), S. 4.

ten Quartal 2004 der EBITDA der DCX bzw. der VOW um 1,3 bzw. 0,9 Mio.
EUR hinter den Erwartungen zurückbleiben kann (Abbildung 52).

CFaR	Assets	EBITDA	CFaR	
95 %, I. Quartal 2004	in Mio. EUR	in Mio. EUR	in Mio. EUR	in %
DaimlerChrysler AG	178.136	4.384	1.345	30,7%
Volkswagen AG	119.136	2.835	899	31,7%

Abb. 52: CFaR Automobilhersteller im ersten Quartal 2004

Es wird indes darauf hinzuweisen sein, dass es sich bei dem derart errechneten
CFaR um eine stark vereinfachende Kennzahl handelt, die aus einer Gruppe von
Vergleichsunternehmen gewonnen wurde und deren Erklärungsgehalt nur einen
weiteren, aber nicht allein ausreichenden Einblick in das Unternehmensreporting
gewährt.

7.5.4 Liquiditätsprüfung

Neben einem Zeit- oder Branchenvergleich kann von den Unternehmen auf Basis eines internen Regressionsmodells auch eine Liquiditätsprüfung veröffentlicht werden. Wie in Kapitel 7.2 ausführlich beschrieben, kann die simulierte
Häufigkeitsverteilung wie in Abbildung 53 auch als kumulierter Chart wiedergegeben werden. Neben dem quasi-sicheren Cash-Flow auf Basis des festgelegten Konfidenzniveaus können dann auch die darüber hinaus noch zu berücksichtigenden Kosten in die Grafik integriert werden.

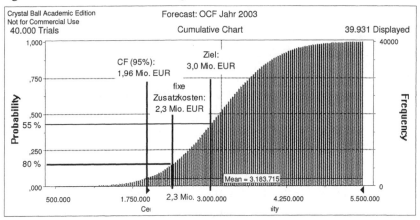

Abb. 53: Simulierte Verteilung des OCF in 2003 zur Liquiditätsprüfung
Quelle: In Anlehnung an HAGER (2004), S. 228.

Es wird deutlich, dass mit einer Wahrscheinlichkeit von 95 % ein Cash-Flow
von 1,96 Mio. EUR erreicht wird. Darüber hinaus sollen zahlungswirksame

Kosten in Höhe von 2,3 Mio. EUR zu berücksichtigen sein, die bislang nicht durch die Exposure Map in dem Modell enthalten waren. Der Chart gibt an, dass mit einer Wahrscheinlichkeit von ca. 80 % die zusätzlichen Kosten durch den Cash-Flow gedeckt werden können.

Je nach Vermögenslage des Unternehmens ist dieser Zustand mehr oder weniger beunruhigend. Durch Bildung einer Verhältniszahl mit dem zur Haftung vorgesehenen verfügbaren Eigenkapital, dem sog. Eigenkapital at Risk, EkaR oder den verfügbaren liquiden Mitteln, kann das Unternehmen ermitteln bzw. extern nachweisen, ob eine ausreichende Liquidität vorhanden ist. Sind keine ausreichenden Mittel verfügbar, um im Falle eines möglichen Cash-Flow-Einbruchs eine Insolvenz abzuweisen, werden weiterreichende Absicherungsmaßnahmen notwendig.

Zur Klärung der Frage, ob das bestehende Unternehmensrisiko tragfähig ist, ist neben dem Risikopotenzial auch festzustellen, welche Risikodeckungsmassen zur Verfügung stehen[1]. Da hier definitionsgemäß negative Abweichungen des Cash-Flows betrachtet werden, müssen Risikodeckungsmassen in Form von Zahlungsmitteln vorhanden sein. Dabei hat die Gleichgewichtsbedingung der Risikotragfähigkeit zu gelten: Das Risikoexposure eines Gesamtunternehmens darf die verfügbaren Risikodeckungsmassen nicht übersteigen[2].

Szenario	Wahrschein-lichkeit	Risiko-potenzial	Risikodeckungsmasse
Normal-szenario	hoch	Exposure im Normal-belastungsfall	Klasse 1: Mittel, die ohne Einschränkung der Unternehmensziele verwendet werden können
Stressszenario	mittel bis gering	Exposure im negativen Be-lastungsfall	Klasse 1 und 2: wie oben, sowie Mittel, die die Zielerreichung aber nicht das Unternehmen auf Dauer beeinträchtigen.
Crashszenario	äußerst gering	Exposure im Maximal-belastungsfall	Klasse 1, 2 und 3: sämtliche verfügbaren Mittel, auch solche, die nur mit einer äußerst geringen Wahrscheinlichkeit akzeptiert werden können.

Abb. 54: Szenarien verschiedener Risikobelastungsfälle
Quelle: In Anlehnung an SCHIERENBECK/LISTER (2000), S. 365; KREMERS (2002), S. 253.

---

[1] Zur Definition verschiedener Risikodeckungsmassen vgl. ausf. KREMERS (2002), S. 259 - 280.
[2] Vgl. SCHIERENBECK (2003), S. 16.

Abhängig von dem zugrunde gelegten Szenario sollten verschiedene Deckungsmassen herangezogen werden. Die vorstehende Abbildung 54 gibt einen Überblick über die Zuordnung unterschiedlicher Deckungsmassen zu dem jeweiligen
Risikoexposure.

Auf einer ersten Stufe stehen dazu die verfügbaren liquiden Mittel zur Verfügung, in einer weiteren sind darüber hinaus nicht ausgeschöpfte Kreditlinien,
leicht liquidierbare Finanzanlagen sowie veräußerbare Forderungen denkbar. In
einer dritten Klasse können schließlich Liquiditätszuflüsse aus Kapitalerhöhungen und sonstige liquidierbare Vermögensgegenstände berücksichtigt werden.
Die Risikodeckungsmasse der ersten Stufe dient der Finanzierung von Risiko-
eintritten, die mit einer höheren Wahrscheinlichkeit verbunden sind, während
weitergehende Stufen nicht nur mit einer deutlich geringeren Wahrscheinlichkeit
in Anspruch genommen werden, sondern auch zu einer stärkeren Beeinträchtigung des Geschäftsbetriebs des Unternehmens führen können[1]. Zur Beurteilung
der finanziellen Tragfähigkeit des Risikoexposures ist ein Abgleich zwischen
dem CFaR für die verschiedenen Planungsperioden und der jeweils zur Verfügung stehenden Risikodeckungsmasse vorzunehmen. Die Annahme verschiedener Konfidenzniveaus spiegelt dabei die möglichen Belastungsszenarien wider.
Abbildung 55 stellt das Normalszenario mit einem Konfidenzniveau vom 60 %,
das festgelegte Konfidenzniveau von 95 % sowie ein Crash-Szenario mit einem
Konfidenzniveau von 99,9 % dar. Die Risikotragfähigkeit ist gegeben, wenn die
entsprechende, hier angenommene, Risikodeckungsmasse, RD, größer ist als der
jeweilige CFaR.

Idua AG	prognostizierter Cash-Flow	Risikopotenzial	Risikodeckungs- massen	Risiko- tragfähigkeit
		$CFaR_{x\%}$	RD_{1-3}	$RD > CFaR$
Normalszenario	$CF_{60\%} = 2.993.523$	**6.477**	$RD_1 = 20.000$	ja
Konfidenz- szenario	$CF_{95\%} = 1.964.052$	**1.035.948**	$RD_{1+2} = 20.000$ $+ 1.200.000$ $= 1.220.000$	ja
Crashszenario	$CF_{99,9\%} = 821.487$	**2.178.513**	$RD_{1+2+3} = 20.000 +$ $1.200.000 + 500.000$ $= 1.720.000$	nein

Abb. 55: Prüfung der Risikotragfähigkeit
       Quelle: In Anlehnung an KREMERS (2002), S. 265.

Im Zusammenhang mit der finanziellen Risikotragfähigkeit muss auch eine er-
folgsrechnerische Absicherung des Risikos analysiert werden, da sich ein Risikoeintritt in dieser Hinsicht als Verlust niederschlagen kann. Der entstehende
Verlust ist durch Eigenkapital abzudecken, um eine Überschuldung zu vermei-

---

[1]   Vgl. KREMERS (2002), S. 259f.

den. Ähnlich wie im Bereich der Kreditwirtschaft können bestimmten Verlust-potenzialen dann bestimmte Eigenkapitalkomponenten gegenübergestellt wer-den, die mit fallender Eintrittswahrscheinlichkeit des Risikos und längerem Prognosezeitraum ausgedehnt werden können. Es ist dann analog der obigen Vorgehensweise eine Berechnung in Bezug auf die Zielgröße ‚Ergebnis' durch-zuführen. Das Ergebnis wird dann als Earnings at Risk bezeichnet und ist defi-niert als betragsmäßige Abweichung des Ergebnisses, bspw. des Jahresüber-schusses, das in einem festgelegten Zeitraum mit einer bestimmten Wahrschein-lichkeit nicht überschritten wird. Die Kennzahl EaR kann neben einem absolu-ten Abgleich zwischen dem Risikopotenzial auch zur Bildung einer Verhältnis-zahl mit den vorhandenen Eigenkapitalmassen dienen.

Formal könnte diese wie folgt dargestellt werden:

$$rEKaR_i = \frac{EaR_i}{EK_i} \qquad (7.6)$$

wobei

$rEKaR_i$ = relatives Eigenkapital at Risk des i-ten Szenarios

EaR_i = Earnings at Risk auf dem i-ten Konfidenzniveau

EK_i = Eigenkapital gemäß der i-ten Risikodeckungsmassedefinition

Je nach Art des gewählten Konfidenzniveaus des EaR müssen verschiedene Eigenkapitaldefinitionen, angefangen vom bilanziellen Eigenkapital bis hin zum Marktwert des Eigenkapitals, verwendet werden. Die Verhältniszahl wird dabei kleiner als eins sein, wenn das Eigenkapital ausreicht um die möglichen Verluste auszugleichen. In Anlehnung an den Bankenbereich wäre dann auch eine Benchmarkgröße denkbar, die – eine Vereinheitlichung des verwendeten Mo-dells und seiner Berechnungsweise vorausgesetzt – die Unternehmen nicht über-schreiten dürfen, bzw. deren Überschreitung weitere Absicherungsmaßnahmen und Erläuterungen das Managements erforderlich machen würde. Aus einer der-artigen Aufbereitung resultiert nicht nur eine genaue Kenntnis des Unterneh-mens über deren Risikopotenzial, sondern bietet dem Bilanzleser eine leicht ver-ständliche und gut interpretierbare Kennzahl.

7.6 Zusammenfassung der Ergebnisse

In den vorherigen Abschnitten wurde exemplarisch eine Risikoquantifizierung auf Basis ausgewählter CFaR-Konzepte vorgenommen und die Integrierbarkeit von CFaR-Risikomaßen sowie den dazu notwendigen Angaben über die getrof-fenen Annahmen im Risikobericht diskutiert. Es wird deutlich, dass CFaR-Modelle eine betriebswirtschaftlich sinnvolle, integrierte Betrachtung von finan-ziellen und teilweise auch strategischen und operativen Risiken über einen mit-telfristigen Zeitraum gestatten. Mit Hilfe von CFaR-Modellen kann eine Vielzahl möglicher objektivierter Szenarien berechnet werden, wobei sich die Ermittlung an den aus der Vergangenheit abgeleiteten Eigenschaften der betrachteten Risikofaktoren anlehnt. Die verwendeten Parameter können daher am Markt beobachtet und objektiv nachvollzogen werden. Sie stellen insofern eine Verbesserung gegenüber den häufig noch eingesetzten Szenarioanalysen dar, die auf Basis einzelner, meist subjektiver Marktszenarien berechnet werden. Darüber hinaus kann die Effizienz von Limiten und Derivaten zur Begrenzung von Risiken überprüft werden. CFaR-Kennzahlen können somit zum einen als hilfreiches Werkzeug bei der Entscheidungsfindung im Finanzmanagement dienen und zum anderen sind sie in der Lage, komplexe Sachverhalte zu objektivieren und transparenter zu machen. Mit den vorgestellten Modellen sind grundsätzlich Methoden vorhanden, die den üblichen Formen der Risikoquantifizierung, insbesondere der Szenarioanalyse aber auch der VaR-Berechnung in Nichtfinanzunternehmen, überlegen sind.

Das *Random Walk-Modell* auf Basis interner Exposure Maps ist eng mit dem internen Risikomanagement zu verbinden und erlaubt eine Risikokontrolle und -steuerung. Da das Aggregat sämtlicher Risiken den Fortbestand der Gesellschaft gefährden kann, werden nicht nur Einzelrisiken isoliert betrachtet, sondern Wechselwirkungen zwischen den einzelnen Risikoarten berücksichtigt. Die Risiken können mit einem der Risikoneigung des Adressaten entsprechenden Konfidenzniveau berechnet werden; damit entspricht das Modell – zumindest bei Verwendung eines hohen Vertrauensintervalls – auch dem Vorsichtsprinzip, ohne den extrem unwahrscheinlichen Fall eines Höchstschadens zu unterstellen. Die durch § 289 Abs. 1 HGB sowie den DRS 5 gestellten Anforderungen können durch das interne Random Walk-Modell erfüllt werden. Die theoretische Fundierung des Konzepts ergibt sich durch die Basierung auf dem Value at Risk-Konzept, welches sich im Bereich der Finanzinstitute bereits sehr gut etabliert hat. Mit den zur Übertragung auf den Nichtfinanzbereich notwendigen Modifikationen existiert damit grundsätzlich ein verlässliches Modell zur Quantifizierung finanzieller und finanziell messbarer Risiken von Nichtfinanzunternehmen. Da das Modell im Idealfall eng an das interne Risikomanagementsystem anzubinden ist, wird seine Durchführung auch wirtschaftlich vertretbar sein, denn die Implementierungskosten des Systems werden – wenn es nicht bereits für interne Zwecke durchgeführt wird – durch die besseren Kenntnisse über die Wirkungszusammenhänge der Risikofaktoren schnell kompensiert. Die Forderung des Gesetzgebers, die gesetzten Annahmen des Modells zu veröffentlichen, werden durch die institutionenökonomische Analyse deutlich unterstützt. Dazu gehören neben der Nennung der einbezogenen Risikofaktoren auch Aussagen über die unberücksichtigten wesentlichen Einflüsse. Für ein genaues Verständnis ist darüber hinaus die Vorgehensweise bei der Festlegung aller notwendigen Verteilungen und Korrelationen zu beschreiben. Dies wird neben Verständnisproblemen zumindest hohe Verarbeitungskosten bei den Adressaten verursachen. Die vor allem im Rahmen des KonTraG gestellte Forderung nach der Sicherung des Fortbestands des Unternehmens wird durch den in Kapitel 7.5.4 verdeutlichten Abgleich zwischen Risikopotenzialen und Risikodeckungsmassen ebenso erfüllt[1].

Es steht damit ein Konzept zur Verfügung, welches – durch Verwendung der Monte-Carlo-Simulation – die Implementierung eines zukunftsgerichteten und fortbestandsorientierten Risikolimitierungs- und Reportingsystems erlaubt und dabei die besonderen Gegebenheiten von Nichtfinanzunternehmen berücksichtigt. Das Ergebnis stellt das finanzielle Risikoexposure eines Unternehmens in einer einzelnen Zahl dar, die für den externen Interessenten leicht verständlich ist.

Den aufgeführten Vorteilen stehen indes Problemfelder gegenüber, die den Nutzen sowohl für die Unternehmen als auch für die Adressaten einschränken können. Für die Ermittlung des CFaR ist das Konfidenzniveau vorzugeben. Die Einhaltung des Risikolimits stellt damit eine risikopolitische Zielsetzung dar, die nur mit einer bestimmten Wahrscheinlichkeit angestrebt wird. Damit bleibt zum einen die individuelle Risikoneigung unberücksichtigt und zum anderen ist trotz zutreffender Risikobewertung eine systembedingte Abweichung nach unten möglich, die im Extremfall den Unternehmensfortbestand gefährden könnte. Alternativ könnte das Unternehmen die simulierte Häufigkeitsverteilung der Zielgröße veröffentlichen, so dass eine individuelle Risikoeinschätzung durch die Adressaten ermöglicht wird. Zur Berücksichtigung der negativen Ausreißer müssten hingegen worst case-Betrachtungen durchgeführt bzw. veröffentlicht werden. Ebenso modellimmanent ist die Tatsache, dass nur finanzielle bzw. finanziell erfassbare Einflussfaktoren berücksichtigt werden können. Alle anderen Risikokomponenten bleiben unberücksichtigt. Darüber hinaus werden auch die Wahrscheinlichkeitsverteilungen der erfassten Risiken nicht genau zu ermitteln sein, so dass auch hier eine fehlerbehaftete Schätzung notwendig ist. Dadurch resultiert nicht nur die Gefahr einer unvollständigen Bewertung, sondern auch die der Manipulation durch das Unternehmen. Wenngleich die intersubjektive Überprüfbarkeit für eine effiziente Informationsübermittlung von großer Bedeutung ist, ist auch der Prozess des Exposure Mappings nicht gegen Manipulationen geschützt. Der Informationsgehalt des Risikoberichts hängt daher stark davon ab, dass das Modell entweder durch den Adressaten selbst oder (besser) durch einen unabhängigen Dritten verifiziert wird.

Die Vorteile der engen Verzahnung mit dem internen Risikomanagement und der guten theoretischen Fundierung lassen sich hingegen nicht auf das Regressi-

---

[1] Vgl. KREMERS (2002), S. 294.

onsmodell und das Benchmarking-Modell übertragen. Beide Modelle versuchen, wenngleich unter Zuhilfenahme restriktiver Annahmen, auf das Gesamtrisikoexposure des Unternehmens zu schließen. Der Informationsnutzen der Veröffentlichung einer derart umfassenden Exposuremessung würde sicher einen Mehrwert gegenüber einer Berechnung ausschließlich der finanziellen Risikoposition besitzen. Allerdings sind die theoretischen Vorbehalte gegen die Konzepte ungleich größer: Die Güte des *Regressionsmodells* hängt von der Wahl der Einflussfaktoren, aber auch von deren angenommenen Verteilungen und den berechneten Korrelationen ab. Wie die Berechnungen in Kapitel 7.3 gezeigt haben, kann eine aussagekräftige Regressionsgleichung nicht immer gefunden werden, so dass die Ermittlung eines CFaR mit einer hohen Scheingenauigkeit verbunden sein kann. Für eine effiziente Informationsübermittlung sind daher unbedingt die Güte der Regression sowie die unberücksichtigten wesentlichen Risiken anzugeben. Andererseits kann durch die Verwendung vornehmlich externer Daten die Manipulationsgefahr deutlich eingeschränkt werden, da die Ermittlung intersubjektiv überprüfbar wird.

Das *Benchmarking-Modell* stellt schließlich das am weitestgehend standardisierte Modell dar, welches – von Internen oder Externen berechnet – eine vergleichende Risikoquantifizierung ähnlich strukturierter Unternehmen ermöglicht. Dabei werden nicht nur finanzielle Risiken berücksichtigt, sondern auf das Gesamtrisiko des Unternehmens geschlossen. Diesem Vorteil steht jedoch das Problem gegenüber, dass die Berechnungsmethodik, insbesondere die Auswahl der Sortierungskriterien, recht willkürlich erscheint. Die für den dritten Sortierungsschritt benötigte Branchenrisikokennzahl stellt sich als Black Box dar und ist nur dem Beratungsunternehmen NERA bekannt, so dass dieser Schritt nicht nachvollzogen werden kann. Bei der Anwendung ausschließlich auf eine Branche kann dieser Schritt möglicherweise unterbleiben, wenn – und diese Einschränkung wird zur Zeit das größte Problem der Berechnung darstellen – genügend Datensätze zur Prognose herangezogen werden können. Gerade für den europäischen Raum wird sich dieser Zustand allerdings im Laufe der nächsten Jahre weiter verbessern.

Bei der vorgestellten Risikoquantifizierung ist zu beachten, dass alle hier vorgestellten Modelle nur eine Schätzung des periodenbezogenen zukünftigen Risikomaßes vornehmen. Mit der notwendigen Zugrundelegung eines längeren Betrachtungszeitraums für Nichtfinanzunternehmen geht gegenüber dem kurzfristig orientierten VaR-Betrachtungszeitraum für Finanzunternehmen eine tendenziell ungenauere Schätzung einher. Insgesamt bleibt festzuhalten, dass mit dem Random Walk-Modell auf Basis einer internen Exposure Map ein geeignetes Konzept vorliegt, mit dem Industrie- und Handelsunternehmen eine Risikoquantifizierung im Risikobericht vornehmen können. Die Unternehmen haben bei der Berechnung ein Höchstmaß an Transparenz zu wahren, damit der Nutzen der veröffentlichten Information nicht durch den Makel der Manipulierbarkeit beeinträchtigt wird. Die Vereinheitlichung der Durchführung bzw. der zu treffenden Annahmen sowie Verifikation der Ergebnisse durch einen unabhängigen Prüfer werden den Nutzen für die Adressaten vergrößern. In diesem Zusammenhang kann auch ein Nutzen für die beiden externen Modelle gesehen werden, die zumindest zu einer Plausibilisierung der von den Unternehmen gemachten Angaben herangezogen werden können.

8 ZUSAMMENFASSUNG DER ERGEBNISSE UND AUSBLICK

8.1 Ergebnisse

Die vorliegende Arbeit hat die Verbindung zwischen der Risikoberichterstattung und verschiedenen Cash-Flow at Risk-Konzepten zur Quantifizierung von Risiken in Nichtfinanzunternehmen zum Ziel.

Die vorhandenen Regelungen zum Lage- und Risikobericht verdeutlichen die Bedeutung der Berichterstattung über (Chancen und) Risiken für die Adressaten der Rechnungslegung. Dennoch muss in der Praxis ein unzureichendes Risikoreporting konstatiert werden. In der vorliegenden Arbeit wurden verschiedene Cash-Flow at Risk-Konzepte zur Quantifizierung von Risiken in Nichtfinanzunternehmen vorgestellt und Ansatzpunkte für eine Verwendung als Instrument der externen Unternehmenspublizität entwickelt. Diese Konzeptionen sollen zur Verbesserung des Informationsgehalts beitragen, indem der überzeugende Ansatz des VaR auf den Nichtfinanzbereich übertragen wird, so dass auch dort eine sachgerechte Risikoquantifizierung ermöglicht wird.

Im Rahmen einer institutionenökonomischen Analyse sind Anforderungen an die Veröffentlichung von Risikokennzahlen ermittelt worden, anhand derer ausgewählte Konzepte hinsichtlich ihrer Eignung für die Integration in den Risikobericht getestet wurden.

Beispielhaft wurde dazu in Kapitel 7.5 dargestellt, wie die Kennzahl des CFaR in die Berichterstattung zu integrieren wäre, um die Übermittlung einer aussagekräftigen und möglichst effizienten Information an die Rechnungslegungsadressaten zu ermöglichen. Es wird deutlich, dass die Implementierung des CFaR-Konzepts seitens der Unternehmen nur mit geringem Aufwand verbunden sein darf, da ansonsten hohe Implementierungskosten den mit der Veröffentlichung verbundenen Nutzen überkompensieren könnten. Für eine effiziente Informationsübermittlung wird entscheidend sein, dass die Kennzahl zum einen verständlich, leicht zu interpretieren und vergleichbar ist, da Adressaten aufgrund der hohen Verarbeitungskosten die zusätzliche Information nicht verarbeiten würden und diese somit keinen entscheidungsrelevanten Nutzen stiften wird. Zum anderen hängen die Güte der Information und ihre Relevanz stark von ihrer Glaubwürdigkeit und damit von der Verifizierbarkeit der zugrunde liegenden Berechnung ab. Es ist davon auszugehen, dass eine verbindliche Festlegung der anzuwendenden Modelle, Parameter und der sonstigen erforderlichen Angaben zu einer Senkung der Informationskosten sowie zu einer Verbesserung der Überprüfbarkeit führen würde, so dass damit die Risikoquantifizierung effizienter gestaltet werden könnte. An einer solchen Vereinheitlichung dürfte daher ein allgemeines Interesse bestehen. Fraglich ist indes, ob der Gesetzgeber, ein Standardsetter oder die Unternehmen bzw. deren Verbände eine solche Normierung durchführen könnten.

In der Unternehmenspraxis, so zeigen es zuletzt die Kommentare im Rahmen der Anhörung zum E-DRS 5[1], wird die Quantifizierung im Risikobericht sehr zurückhaltend betrachtet. Die Unternehmen werden bei Verfolgung des Shareholder Value Ansatzes[2] eine Risikoquantifizierung im Risikobericht vornehmen, wenn sie davon ausgehen können, dadurch eine Unternehmenswertsteigerung zu erzielen. Solange eine Risikoquantifizierung im Risikobericht unbestimmt und damit mehr oder weniger freiwillig ist, besteht grundsätzlich das allgemeine Problem jeder freiwilligen Information: Eine freiwillige Berichterstattung über für die Adressaten nützliche Daten bindet das Unternehmen auch für die Folgezeit. Das Management kann das hohe Berichtsniveau nicht ohne Ansehensverlust mindern, da eine im Zeitvergleich fehlende Information von den Adressaten als schlechte Information gewertet werden wird. In der Konsequenz würde diese Überlegung einer freiwilligen, adressatengerechten Berichterstattung entgegen wirken[3].

Im Bereich der Finanzintermediäre hat der Gesetzgeber, aufgrund der besonderen Bedeutung des Bankenbereichs für die Funktionsfähigkeit der Volkswirtschaft, eine Regulierung der Risikomesssysteme sowie Risikoabsicherungs- und -unterlegungssysteme vorgenommen. Dies hat zur Folge, dass die Systeme zur Risikoquantifizierung im Bankenbereich deutlich weiter entwickelt sind als die entsprechenden industriellen Systeme. Aus der im Finanzbereich gezeigten Entwicklung könnte eine qualitative Aufsicht auch für Nichtfinanzunternehmen geschlussfolgert werden, um die Qualität der Modelle und die Einheitlichkeit der Risikoberichte zu gewährleisten. Die Frage wird daher sein, was den Anstoß zu einer Erweiterung der Risikoberichterstattung geben kann, so dass mehr und schließlich alle Unternehmen ihr Risikoexposure veröffentlichen.

Ähnlich wie die VaR-Berechnung für Finanzunternehmen wäre auch die Berechnung des Gesamtrisikos für den Bereich der Nichtfinanzunternehmen wünschenswert. Die Berechungen in Kapitel 7 haben indes gezeigt, dass mit den dafür zur Verfügung stehenden Methoden enge Prämissen verbunden sind, die eine sichere Berechnung des Gesamtrisikos unwahrscheinlich erscheinen lassen.

Die vorliegende Arbeit legt für eine Anwendung im Risikobericht vor allem das Random Walk-Modell auf Basis interner Exposure Maps nah. Dazu ist zunächst ein Exposure Mapping erforderlich, d. h. die wesentlichen Risiken sind in einen funktionalen Zusammenhang zur betrachteten Zielgröße zu setzen. Diese Auf-

---

[1] Vgl. http://www.standardsetter.de/drsc/comments.php [Stand: 18.07.2004].
[2] Vgl. MÜLLER (1998), S. 124; VOLKART (1998a), S. 109.
[3] Vgl. STREIM (1995), S. 716.

gabe kann nur durch das Unternehmen selbst und keinesfalls durch Außenstehende erbracht werden. Indes kann es für eine bessere Vergleichbarkeit ratsam sein, die einzubeziehenden Risiken grundsätzlich auf finanzielle Einflüsse zu beschränken. Damit könnte die Komplexität sowie die Manipulierbarkeit der Berechnung eingeschränkt werden. Daneben existieren mit dem internen Regressionsmodell und dem Benchmarking-Modell alternative Berechnungsmethoden, die zumindest zu einer vergleichenden oder plausibilisierenden Risikobewertung verwendet werden können.

Entscheidend für eine effiziente Informationsübermittlung wird die Verständlichkeit sowie die Glaubwürdigkeit der Berechnung bzw. des Ergebnisses sein. Die Verlässlichkeit, aber auch die Vergleichbarkeit der Kennzahl wird durch unterschiedliche Berechnungsmethoden und die Vielzahl von festzulegenden Parametern sowie durch die Möglichkeit opportunistischen Verhaltens des Managements eingeschränkt. Ohne ergänzende Angaben über die gesetzten Prämissen und die gewählte Vorgehensweise wird eine sinnvolle Auswertung durch Unternehmensexterne kaum möglich sein. Es kommt daher der Prüfung des Modells und der getroffenen Annahmen durch eine Prüfungsinstanz eine große Bedeutung zu, da nur so die Güte von CFaR-Kennzahlen als Instrument des Risikoberichts gewährleistet werden kann.

Die Aufgabe der Prüfung könnte beispielsweise durch den Abschlussprüfer im Rahmen der Prüfung des Lageberichts übernommen werden[1]. Dazu müsste die Verpflichtung des Revisors auf die Kontrolle der Ermittlung der quantifizierten Risiken ausgedehnt werden. Dies ist grundsätzlich nicht zwingend durch den Gesetzgeber zu kodifizieren, sondern könnte auch im Rahmen einer privatrechtlichen Einigung zwischen Unternehmen und Wirtschaftsprüfer(-verbänden) vereinbart werden. Indes scheint eine adressatenadäquate Berichterstattung aufgrund der aus dem Beauftragungsverhältnis zwischen Unternehmen und Abschlussprüfer entstehenden Agency-Konflikten nicht gewährleistet zu sein. Der Gesetzgeber wird daher Art und Umfang der Prüfung sowie der Berichterstattung vorzugeben haben.

Gleichwohl erscheint die direkte Übertragung der gesetzlichen Regelungen des Finanzbereichs auf den Bereich der Industrie- und Handelsunternehmen nicht zweckmäßig. Vielmehr könnte es dem Gesetzgeber vorbehalten bleiben, einen gesetzlichen Rahmen hinsichtlich einer erweiterten Risikoquantifizierung zu schaffen, indem er die Daten detailliert vorgibt, die von den Unternehmen im Risikobericht anzugeben sind. Dazu müssten neben dem Framework der Berechnung[2] auch Erläuterungen zu der Vorgehensweise bei der Festlegung der

---

[1] Daneben sind auch sonstige private Prüfer, sog. Zertifizierer, oder eine staatliche Prüfungsinstanz, ähnlich wie im Bereich der Bankenaufsicht, denkbar.
[2] Zu den Bestandteilen des Frameworks vgl. Kapitel 5.1.2.

Verteilungsannahmen der jeweiligen Risikofaktoren gehören. Der festgelegte Regulierungsrahmen könnte die Durchführung einer Risikoquantifizierung grundsätzlich, aber auch die dazu benötigten Verfahren und die möglichen Modifikationen vorschreiben, so dass es zu einer allgemeinen Veröffentlichung von Informationen über die Risikosituation der Unternehmen kommt. Andererseits sollte er so allgemein gehalten sein, dass die verwendeten Modelle dem jeweiligen Geschäftszweck angemessen angepasst werden können. Insgesamt ist aber zu vermuten, dass eine Bestimmung der Grundsätze der Risikoquantifizierung zu einer erheblichen Erleichterung bei der Analyse durch externe Interessenten führen wird. Allerdings wird die Modellbildung selbst nicht allgemein vorgegeben werden können. Bedingt durch die weitgehende Heterogenität der Industrie- und Handelsunternehmen würde eine allen Unternehmen übergestülpte Modellvorgabe einer adäquaten Risikoquantifizierung nicht gerecht. Insofern ist ein Kompromiss zwischen Vereinheitlichung der Modelle zur Komplexitätsreduktion (mit der negativen Konsequenz der Reduktion der Aussagefähigkeit) einerseits und dem Bestreben nach unternehmensindividuellen Konzepten zur Abbildung eines exakten Risikoexposures (mit der negativen Konsequenz der daraus resultierenden hohen Informationsverarbeitungskosten) andererseits zu finden.

Die Veröffentlichung einer Risikokennziffer wird jedoch weiterhin immer auch die Gefahr der Scheingenauigkeit mit sich bringen. Es muss daher sowohl dem Unternehmen als auch den Adressaten der externen Rechnungslegung bewusst sein, dass es sich nur um eine – mehr oder weniger genaue – Schätzung des Unternehmensrisikos handelt. Die Qualität der Berechnung hängt dabei nicht nur von dem gewählten Modell, sondern auch von den gesetzten Annahmen und der konkreten Durchführung der Berechnung ab.

Neben einer Vereinheitlichung der Modelle ist auch eine Fortentwicklung der statistischen Verfahren nötig, um eine sichere Bestimmung von Korrelationskoeffizienten und Verteilungen der Risikofaktoren zu gewährleisten. Die Erfahrung aus dem Bankenbereich legt nahe, dass je weiter die Forschung zur Messung finanzieller, aber auch strategischer und operativer Risiken voranschreitet und je selbstverständlicher der Umgang mit Kennzahlen zur Risikoquantifizierung auch in Nichtfinanzunternehmen wird, desto mehr Unternehmen werden Risiken der Öffentlichkeit nicht nur qualitativ erläutern, sondern diese auch quantitativ spezifizieren.

Das Hauptinteresse muss darin bestehen, den Risikobericht zu einem aussagekräftigeren Instrument der Unternehmenspublizität zu machen. Insgesamt kann festgestellt werden, dass – die korrekte Anwendung und ein Höchstmaß an Transparenz bei der Berechnung vorausgesetzt – die CFaR-Modelle, insbesondere das Random Walk-Modell auf Basis einer internen Exposure Map, einen entscheidenden Beitrag dazu leisten können. Manipulations- und Gestaltungsspielräume bei der Berechnung können in Zusammenhang mit einer mangelnden Verifizierbarkeit die Aussagefähigkeit des grundsätzlich verständlichen Maßes für das finanzielle Risiko von Industrie- und Handelsunternehmen jedoch beeinträchtigen.

8.2 Ausblick

Im Verlauf der Arbeit wurden weitere Anwendungsgebiete des CFaR bzw. Forschungsfragen zu seiner Berechnung tangiert, die an dieser Stelle noch einmal aufgeführt werden. Dabei wird zunächst eine alternative Anwendung von CFaR-Modellen angesprochen, um anschließend weitere Forschungsfragen zu formulieren.

Ein weiteres Anwendungsgebiet des Cash-Flow at Risk besteht möglicherweise darin, es als *Instrument zur Prüfung des Risikoberichts* einzusetzen. Der Abschlussprüfer hat sich im Rahmen der Prüfung des Lageberichts von der Ordnungsmäßigkeit des Risikoberichts zu überzeugen. Insbesondere hat er zu prüfen, ob die Chancen und Risiken der Gesellschaft zutreffend dargestellt sind. Über seine Tätigkeiten hat er im Prüfungsbericht zu berichten. Wie im ersten Teil der Arbeit beleuchtet, wird der Prüfungsbereich der Abschlussprüfer durch das Bilanzrechtsreformgesetz sowie durch den DRS 15 realiter ausgeweitet, da der Wirtschaftsprüfer noch mehr als bisher eine eigene Einschätzung der Chancen und Risiken des Unternehmens vornehmen muss.

Im Lagebericht sind eine Vielzahl unternehmensspezifischer Risiken zu berücksichtigen und durch die Wirtschaftsprüfer zu beurteilen. Der Abschlussprüfer muss sich davon überzeugen, dass eine ordnungsgemäße Inventur der Risiken und eine zutreffende Einschätzung der Bedeutung der jeweiligen Einzelrisiken vorgenommen wurde. Durch ein Risikomanagementsystem können einzelfallbezogene Prüfungshandlungen durch eine Systemprüfung eingeschränkt werden. Die im Allgemeinen von den Unternehmen unterhaltenen Risikomanagementsysteme weisen für den Abschlussprüfer daher Vorteile für die eigene Risikoabschätzung auf. Gleichwohl ist der Prüfer bei der Analyse der Risiken der zu prüfenden Gesellschaft neben seinen eigenen Plausibilisierungsüberlegungen im Wesentlichen auf die Auskünfte der Geschäftsleitung angewiesen. Diese können jedoch nicht den gleichen Stellenwert besitzen wie eigene Prüfungshandlungen, da zum einen die Möglichkeit einer absichtlich fehlerhaften Auskunft gegeben ist. Zum anderen besteht die Gefahr, dass die Unternehmensleitung selbst nicht ausreichend über die zukünftigen Risiken informiert ist.

In diesem Zusammenhang könnte der Nutzen einer vergleichsorientierten Risikobeurteilung liegen, wie sie insbesondere das Benchmarking-Modell liefern soll. Nach einer einmaligen Implementierung liefert es eine schnelle und einfache Abschätzung des durchschnittlichen Gesamtrisikopotenzials der Unternehmen und kann verallgemeinernd für alle Mandanten des Abschlussprüfers angewendet werden. Dabei ist dieser nicht auf Angaben des Unternehmens angewiesen, so dass eine Manipulation ausgeschlossen werden kann. Ziel einer solchen Berechnung kann die Plausibilisierung der von der Geschäftsführung gemachten Angaben über die Risikoposition des Unternehmens sein. Ferner ist auch die Möglichkeit der Abschätzung einer potenziellen Insolvenzgefahr gegeben, so dass auch Aussagen zur Fortführungsprämisse getroffen werden könnten. Für eine Anwendung des Vergleichsansatzes ist jedoch zunächst die Erhebung einer großen Datenmenge erforderlich. Vor allem die schwer zugänglichen Daten kleiner und mittlerer Unternehmen sind im Vorhinein zu erheben, um das System auch für diese Klasse von Unternehmen einsetzen zu können[1].

Jedes Ergebnis eines solchen Vergleichsmodells kann mithin nur eine grobe Schätzung darstellen. Es wird weiterhin gelten, dass „der Abschlussprüfer [...] nicht die Funktion des Garanten für die (gesunde) wirtschaftliche Entwicklung des Unternehmens übernehmen" kann[2]. Gleichwohl könnte durch eine CFaR-gestützte Plausibilisierung des Risikoberichts die Prüfung der Risikoberichterstattung intensiviert und die Prüfungsdurchführung noch systematischer strukturiert werden.

Neben dem oben angeführten Anwendungsgebiet hat die vorliegende Arbeit darüber hinaus deutlich gemacht, dass die mittel- und langfristige Risikoprognose im Bereich der Nichtfinanzunternehmen weiterhin mit einigen Problemen behaftet ist, so dass *weiterer Forschungsbedarf* besteht.

Bei der Erweiterung der Unternehmenspublizität wird im Hinblick auf die Effizienz der Informationen die Frage nach der Leistungsfähigkeit der Unternehmen, aber auch die Aufnahmekapazität der Adressaten im Blick gehalten werden müssen. Einerseits zeugen Recherchegespräche mit Finanzanalysten im Rahmen dieser Arbeit – wenn auch nicht repräsentativ – davon, dass eine ausreichende Risikoberichterstattung im Geschäftsbericht bislang nicht vorliegt, so dass hieraus die Notwendigkeit der Erweiterung der Berichterstattung gefolgert werden könnte. Andererseits werden die von den Unternehmen und Adressaten benötigten Kapazitäten zur Erstellung bzw. Verarbeitung der publizierten Daten immer größer. Eine Befragung von externen Adressaten, insbesondere von Finanz- und Ratinganalysten und Wirtschaftsprüfern, könnte Erkenntnisse über die Diskrepanz zwischen theoretischem Anspruch und praktischer Durchführbarkeit einer effizienten Unternehmens- und insbesondere Risikopublizität leisten. In diesem Zusammenhang könnte auch erhoben werden, welche Methode der Risi-

---

[1] Wirtschaftprüfungsgesellschaften können bei der Erstellung des Datenpools auch auf kleinere und mittlere Unternehmen ihres Mandantenkreises zurückgreifen und damit die Anwendbarkeit des Modells auch für nicht börsennotierte Unternehmen ermöglichen.
[2] WINDMÖLLER/HÖNSCH (2003), S. 739.

koquantifizierung bei Erstellern, Prüfern und Adressaten als „anerkannt und verlässlich" gilt.

Die Gesetzgebung hat die Pflichten zur Berichterstattung mit dem Bilanzrechtsreformgesetz aber auch mit dem DRS 15 weiter konkretisiert, so dass sich die Risikoberichterstattung weiter entwickeln wird. Ob sich daraus tatsächlich eine aussagekräftigere Risikoberichterstattung ergibt, wird in empirischen Untersuchungen getestet werden müssen, auch um weitere Anpassungen zur Sicherstellung des Rechnungslegungszwecks durchführen zu können.

Daneben bestehen modellimmanente Problemfelder. Wenngleich mit der Monte-Carlo-Simulation eine fundierte Basis zur Prognose zukünftiger Cash-Flows vorhanden ist[1], sind bei der Erfassung des Ist-Risikopotenzials im Rahmen der Risikoaggregation weiterhin Schwächen zu identifizieren. Für eine korrekte Risikobewertung ist eine fehlerfreie Berücksichtigung der Wechselwirkungen zwischen verschiedenen Risiken notwendig. Ein überzeugendes, fehlerunempfindliches Konzept liegt dafür bislang aber nicht vor. Im Gegensatz zum VaR in Finanzunternehmen sind die Korrelationskoeffizienten des CFaR für einen längeren Zeitraum zu schätzen. Es ist anzunehmen, dass die Risikofaktoren öfter als im Finanzbereich einen nichtlinearen Zusammenhang aufweisen, so dass Regressionskoeffizienten und Korrelationen nicht objektiv und oft nur unzutreffend geschätzt werden können. Daneben sind im Rahmen der analytischen Risikoaggregation Wahrscheinlichkeitsverteilungen für die jeweiligen Einflussfaktoren festzulegen. Es erscheint jedoch fraglich, ob alle industriellen Risiken einer angenommenen theoretischen Verteilung, im Zweifel gar einer Normalverteilung, entsprechen werden. Hier wird weiter an einer zufrieden stellenden Vorgehensweise zu arbeiten sein.

---

[1] Das Problem eines hohen Verbrauchs an EDV-Ressourcen stellt sich heute praktisch kaum noch, wenngleich die Modelle ein stark zunehmendes Komplexitätsniveau aufweisen können.

ANHANG

REGRESSIONSERGEBNISSE

Dependent Variable: Z_EBIT_BMW
Method: Least Squares
Sample: 2000:2 2003:4
Included observations: 15

Variable	Coefficient	Std. Error	t-Statistic	Prob.
ALU_LMAHDY	-0,3338	3,6217	-0,09217	0,9286
MARKT_HDAX	1,0681	1,0031	1,06473	0,3147
STAHL_D_GRCS	3,9298	0,9421	4,17147	0,0024
WK_EURUSD	1,8522	3,1274	0,59224	0,5683
ZINS_EUR_1T	1,1429	0,9598	1,19085	0,2642
C	0,2460	0,1144	2,15125	0,0599

Statistische Maßzahlen zur Regressionsgüte			
R-squared	0,7108	F-statistic	4,4239
Adjusted R-squared	0,5501	Prob(F-statistic)	0,0260

Abb. A1: Regressionsergebnis BMW

Dependent Variable: Z_EBIT_DCX
Method: Least Squares
Sample: 2000:2 2003:4
Included observations: 11
Excluded observations: 4

Variable	Coefficient	Std. Error	t-Statistic	Prob.
MARKT_HDAX	-2,6562	3,1153	-0,85262	0,4328
ALU_LMAHDY	10,5802	11,3508	0,93211	0,3941
STAHL_D_GRCS	6,0155	5,0536	1,19033	0,2873
WK_EURUSD	-19,6592	10,1875	-1,92974	0,1115
ZINS_EUR_1T	0,2588	3,2204	0,08036	0,9391
C	-0,7325	0,4133	-1,77225	0,1366

Statistische Maßzahlen zur Regressionsgüte			
R-squared	0,5276	F-statistic	1,1168
Adjusted R-squared	0,0552	Prob(F-statistic)	0,4532

Abb. A2: Regressionsergebnis DCX

Dependent Variable: Z_EBIT_VOW			
Method: Least Squares			
Sample: 2000:2 2003:4			
Included observations: 15			

Variable	Coefficient	Std. Error	t-Statistic	Prob.
MARKT_HDAX	1,9099	0,8331	2,29254	0,0476
ALU_LMAHDY	-7,4472	3,0078	-2,47597	0,0352
STAHL_D_GRCS	2,3889	0,7824	3,05331	0,0137
WK_EURUSD	5,1402	2,5973	1,97907	0,0792
ZINS_EUR_1T	2,6862	0,7971	3,37006	0,0083
C	0,2169	0,0950	2,28394	0,0483

Statistische Maßzahlen zur Regressionsgüte			
R-squared	0,6239	F-statistic	2,9865
Adjusted R-squared	0,4150	Prob(F-statistic)	0,0733

Abb. A3: Regressionsergebnis VOW

SIMULATIONSERGEBNISSE

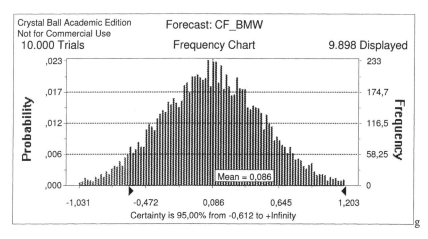

Abb. A4: Verteilung EBIT BMW

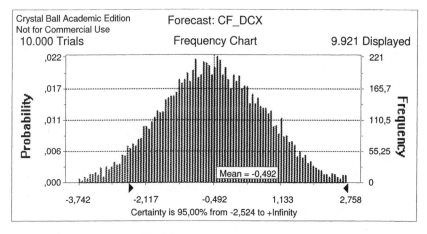

Abb. A5: Verteilung EBIT DCX

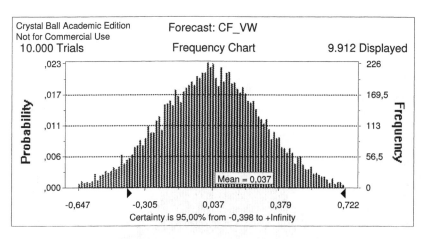

Abb. A6: Verteilung EBIT VOW

Gegenüberstellung Regressionsergebnis und tatsächliches Ergebnis Volkswagen AG, Quartalsdaten				
	Ist-EBIT	Regrediertes EBIT	Abweichung	
	in Mio. EUR	in Mio. EUR	absolut	relativ
30.06.2000	478,1	598,8	-120,7	-25,2%
30.09.2000	607,4	675,0	-67,6	-11,1%
31.12.2000	578,3	748,7	-170,4	-29,5%
31.03.2001	1.482,0	2.873,0	-1.391,0	-93,9%
30.06.2001	1.156,0	835,2	320,8	27,8%
30.09.2001	1.746,0	2.196,2	-450,2	-25,8%
31.12.2001	1.071,0	861,8	209,2	19,5%
31.03.2002	1.130,0	1.590,0	-460,0	-40,7%
30.06.2002	1.402,0	1.794,7	-392,7	-28,0%
30.09.2002	1.182,0	887,8	294,2	24,9%
31.12.2002	1.184,0	1.391,8	-207,8	-17,6%
31.03.2003	604,0	351,1	252,9	41,9%
30.06.2003	616,0	504,7	111,3	18,1%
30.09.2003	510,0	564,2	-54,2	-10,6%
31.12.2003	804,0	769,1	34,9	4,3%

Abb. A7: Gegenüberstellung regrediertes und tatsächliches EBIT der Volkswagen AG

LITERATURVERZEICHNIS

AACHENER UND MÜNCHENER BETEILIGUNGSGESELLSCHAFT AG (2001), Stellungnahme zum Entwurf des E-DRS 5, http://www.standardsetter.de/drsc/docs/comments/005/amb.html [Stand: 06.06.2003].

ABUAF, NISO/JORION, PHILIPPE (1990), Purchaising Power Parity in the Long Run, in: JoF, No. 1, Vol. 45 (1990), S. 157 - 174.

ADLER, HANS/DÜRING, WALTHER/SCHMALTZ, KURT (1995), Rechnungslegung und Prüfung der Unternehmen, Teilband 2: §§ 284 - 289 HGB, bearb. von FORSTER, KARL-HEINZ ET AL., 6. Aufl., Stuttgart 1995.

ADLER, HANS/DÜRING, WALTHER/SCHMALTZ, KURT (2001), Rechnungslegung und Prüfung der Unternehmen, Ergänzungsband zur 6. Aufl., bearb. von FORSTER, KARL-HEINZ ET AL., Stuttgart 2001.

ADLER, MICHAEL/LEHMANN, BRUCE (1983), Deviations from Purchaising Power Parity in the Long Run, in: JoF, No. 5, Vol. 38 (1983), S. 1471 - 1487.

AKERLOF, GEORGE A. (1970), The Market for „Lemons": Quality Uncertainty and the Market Mechanism, in: QJoE, Vol. 84 (1970), S. 488 - 500.

ALBRECHT, PETER/BÄHRLE, HERMANN F. W./KÖNIG, ALEXANDER (1997), Value-at-Risk: Eine risikotheoretische Analyse der konzeptionellen Grundlagen mit Folgerungen für die Risikokontrolle der Kapitalanlage von Versicherungsunternehmen, in: ZVersWiss, Heft 1/2, 86. Band (1997), S. 81 - 101.

ALCHIAN, ARMEN A./DEMSETZ, HAROLD (1972), Production, Information Costs, and Economic Organization, in: AER, Vol. 62 (1972), S. 777 - 795.

ALCHIAN, ARMEN A./WOODWARD, SUSAN (1987), Reflections on the Theory of the Firm, in: ZgS, Vol. 143 (1987), S. 110 - 136.

ALESII, GIUSEPPE (2003), Value at Risk (VaR) in Real Options Analysis, Working Paper, 14. April 2003, http://www.ssrn.com/abstract=395445 [Stand: 08.09.2003].

ALEXANDER, GORDON J./SHARPE, WILLIAM F./BAILEY, JEFFREY V. (2000), Fundamentals of Investments, 3th edition, New Jersey 2000.

ARBEITSKREIS „EXTERNE UNTERNEHMENSRECHNUNG" DER SCHMALENBACH-GESELLSCHAFT (1996), Empfehlungen zur Vereinheitlichung von Kennzahlen in Geschäftsberichten, in: DB, Heft 40, 49. Jg. (1996), S. 1989 - 1996.

ARBEITSKREIS „EXTERNE UNTERNEHMENSRECHNUNG" DER SCHMALENBACH-GESELLSCHAFT (2002), Grundsätze für das Value Reporting, in: DB, Heft 45, 55. Jg. (2002), S. 2337 - 2340.

ARBEITSKREIS BILANZRECHT DER HOCHSCHULLEHRER RECHTSWISSENSCHAFT (2004), Stellungnahme zum Referentenentwurf eines Bilanzrechtsreformgesetzes, in: BB, Heft 10, 59. Jg. (2004), S. 546 - 548.

ARROW, KENNETH J. (1969), The organization of economic activity: Issues pertinent to the choice of market versus nonmarket allocation, in: The Analysis and Evaluation of Public Expenditures: The PPP System, Vol. 1, Joint Economic Committee, 91st Congress, 1st session, Washington 1969, S. 59 - 73.

ARROW, KENNETH J. (1985), The economics of Agency, in: The Structure of Business, hrsg. von PRATT, JOHN W./ZECKHAUSER, RICHARD J., Boston 1985, S. 37 - 51.

AUER, MICHAEL (2002), Methoden zur Quantifizierung von Marktpreisrisiken, ein empirischer Vergleich, Köln 2002.

AUSSCHUSS FÜR BILANZIERUNG DES BUNDESVERBANDES DEUTSCHER BANKEN (1995), Bilanzpublizität von Derivaten, Empfehlungen des Ausschusses für Bilanzierung des Bundesverbandes deutscher Banken für die Berichterstattung über das Finanzderivategeschäft im Rahmen der externen Rechnungslegung von Kreditinstituten, in: WPg, Heft 1, 48. Jg. (1995), S. 1 - 6.

AUSSCHUSS FÜR BILANZIERUNG DES BUNDESVERBANDES DEUTSCHER BANKEN (1996), Marktrisikopublizität, Empfehlungen des Ausschusses für Bilanzierung des Bundesverbandes deutscher Banken für die Offenlegung quantitativer Angaben zum Marktrisikopotential im Geschäftsbericht, in: WPg, Heft 2, 49. Jg. (1996), S. 64 - 66.

AUSSCHUSS FÜR BILANZIERUNG DES BUNDESVERBANDES DEUTSCHER BANKEN (2000), Bilanzielle Erfassung und Offenlegung von Kreditderivaten, Anmerkungen, Wertungen und Empfehlungen des Ausschusses für Bilanzierung des Bundesverbandes deutscher Banken, in: WPg, Heft 15, 53. Jg. (2000), S. 677 - 696.

AUSSENEGG, WOLFGANG/UHLIR, HELMUT (1997), Value at Risk (2), Cash Flow Mapping, in: ÖBA, Heft 4/1997, S. 273 - 277.

BAETGE, JÖRG (2002), Die Früherkennung von Unternehmenskrisen anhand von Abschlusskennzahlen, Rückblick und Standortbestimmung, in: DB, Heft 44, 55. Jg. (2002), S. 2281 - 2287.

BAETGE, JÖRG/BAETGE, KAI/KRUSE, ARIANE (1999), Einsatzmöglichkeiten eines modernen Bilanz-Ratings in der Wirtschaftsprüfer- und Steuerberaterpraxis, in: DStR, Heft 46, 37. Jg. (1999), S. 1919 - 1924.

BAETGE, JÖRG/FISCHER, THOMAS R./PASKERT, DIRK (1989), Der Lagebericht, Aufstellung, Prüfung und Offenlegung, Stuttgart 1989.

BAETGE, JÖRG/KIRSCH, HANS-JÜRGEN/THIELE, STEFAN (2002), Bilanzen, 6. Aufl., Düsseldorf 2002.

BAETGE, JÖRG/KRUMNOW, JÜRGEN/NOELLE, JENNIFER (2001), Das „Deutsche Rechnungslegungs Standards Commitee" (DRSC), Standortbestimmung und Zukunftsperspektiven der Konzernrechnungslegung, in: DB, Heft 14, 54. Jg. (2001), S. 769 - 774.

BAETGE, JÖRG/LUTTER, MARCUS (2003), Abschlussprüfung und Corporate Governance, Köln 2003.

BAETGE, JÖRG/SCHULZE, DENNIS (1998), Möglichkeiten der Objektivierung der Lageberichterstattung über „Risiken der künftigen Entwicklung", in: DB, Heft 19, 51. Jg. (1998), S. 937 - 948.

BALLWIESER, WOLFGANG (1997), Die Lageberichte der DAX-Gesellschaften im Lichte der Grundsätze ordnungsmäßiger Lageberichterstattung, in: Jahresabschluss und Jahresabschlussprüfung, FS zum 60. Geburtstag von JÖRG BAETGE, hrsg. von FISCHER, THOMAS R./HÖMBERG, Reinhold, Düsseldorf 1997, S. 153 - 188.

BALLWIESER, WOLFGANG/SCHMIDT, REINHARDT H. (1981), Unternehmensverfassung, Unternehmensziele und Finanztheorie, in: Unternehmensverfassung als Problem der Betriebswirtschaftslehre, hrsg. von BOHR, KURT/ DRUKARCZYK, JOCHEN/DRUMM, HANS-JÜRGEN/SCHERRER, GERHARD, Berlin 1981, S. 645 - 682.

BAMBERG, GÜNTER/BAUR, FRANZ (2002), Statistik, 12. Aufl., München, Wien 2002.

BARTRAM, SÖHNKE M. (1999), Die Praxis unternehmerischen Risikomanagements von Industrie- und Handelsunternehmen, in: FB, Heft 6, 1. Jg. (1999), S. 71 - 77.

BARTRAM, SÖHNKE M. (1999a), Corporate Risk Management, Eine empirische Analyse der finanzwirtschaftlichen Exposures deutscher Industrie- und Handelsunternehmen, Bad Soden 1999.

BARTRAM, SÖHNKE M. (2000), Verfahren zur Schätzung finanzwirtschaftlicher Exposures von Nichtbanken, in: Handbuch Risikomanagement, hrsg. von JOHANNING, LUTZ/ RUDOLPH, BERND, Band 2, Bad Soden 2000, S. 1267 - 1294.

BARTRAM, SÖHNKE M. (2000a), Finanzwirtschaftliches Risiko, Exposure und Risikomanagement von Industrie- und Handelsunternehmen, in: WiSt, Heft 5, 29. Jg. (2000), S. 242 - 249.

BASF AG (2001), Stellungnahme zum Entwurf des E-DRS 5, http://www.standardsetter.de/drsc/docs/comments/005/basf.html [Stand: 06.06.2003].

BEDER, TANYA STYBLO (1996), Report Card on Value at Risk: High Potential but Slow Starter, in: Bank Accounting and Finance, Fall 1996, S. 14 - 25.

BEINKER, MARK W./DEUTSCH, HANS-PETER (1999), Die drei Hauptmethoden zur VaR-Berechnung im Praxisvergleich, in: Handbuch Bankenaufsicht und Interne Risikosteuerungsmodelle, hrsg. von ELLER, ROLAND/GRUBER, WALTER/REIF, MARKUS, Stuttgart 1999, S. 153 - 172.

BELLAVITE-HÖVERMANN, YVETTE/HINTZE, STEFAN/LUZ, GÜNTHER/SCHARPF, PAUL (2001), Handbuch Eigenmittel und Liquidität nach KWG, Stuttgart 2001.

BERGER, MANFRED (1990), Hedging, Effiziente Kursabsicherung festverzinslicher Wertpapiere mit Finanzterminkontrakten, Wiesbaden 1990.

BERLE, ADOLF A./MEANS, GARDINER C. (1968), The Modern Corporation and Private Property, revised edition of first edition from 1932, New York 1968.

BEYER, SVEN (2000), Kapitalstruktur, Unternehmenswert und Cash-Flow-at-Risk, in: Werte messen - Werte schaffen, Von der Unternehmensbewertung zum Shareholder-Value-Managment, hrsg. von ARNOLD, HANSJÖRG/ENGLERT, JOACHIM/EUBE, STEFFEN, Wiesbaden 2000, S. 301 - 321.

BLACK, FISHER/SCHOLES, MYRON (1973), The Pricing of Options and Corporate Liabilities, in: Journal of Political Economy, 81. Jg. (1973), S. 637 - 659.

BLAKE, RICH (2001), Here's that rainy day, in: Institutional Investor, Issue 2, Vol. 35 (2001), S. 107 - 108.

BÖCKEM, HANNE (2000), Die Durchsetzung von Rechnungslegungsstandards in Deutschland - Zur Notwendigkeit institutionaler Neuerungen, in: DB, Heft 24, 53. Jg. (2000), S. 1185 - 1191.

BOHLEY, PETER (2000), Statistik, Einführendes Lehrbuch für Wirtschafts- und Sozialwissenschaftler, 7. Aufl., München, Wien 2000.

BONSE, ANDREAS (2004), Informationsgehalt von Konzernabschlüssen nach HGB, IAS und US-GAAP, Frankfurt a. M. 2004.

BONSE, ANDREAS/LINNHOFF, ULRICH/PELLENS, BERNHARD (2000), Jahresabschluß und Jahresabschlußanalyse, in: Betriebswirtschaft für Führungskräfte, hrsg. von BUSSE VON COLBE, WALTHER, ET AL., Stuttgart 2000, S. 243 - 295.

BRACHINGER, HANS W./WEBER, MARTIN (1997), Risk as a primitive: a survey of measures of perceived risk, in: Operations Research-Spektrum, Heft 4, 19. Jg. (1997), S. 235 - 250.

BRANDT, CHRISTIAN/KLEIN, STEFAN P. (1998), Value-at-Risk: Orientierungshilfen für die Wahl eines internen Modells, in: Schweizerische Gesellschaft für Finanzmarktforschung, Heft 3, 12. Jg. (1998), S. 304 - 316.

BREALEY, RICHARD A./MYERS, STEWART C. (2003), Principles of Corporate Finance, 7th edition, Boston u. a. 2003.

BREBECK, FRANK (2002), Risikomanagementsystem, Prüfung, in: HWRP, hrsg. von BALLWIESER, WOLFGANG/COENENBERG ADOLF G./WYSOCKI, KLAUS VON, 3. Aufl., Stuttgart 2002, Sp. 2071 - 2088.

BREITWEG, JAN (2005), Auswirkungen des Bilanzrechtsreformgesetzes auf die Rechnungslegung, in: NWB, Nr. 5 vom 31.01.2005, S. 1917 - 1926.

BROTHERTON-RATCLIFFE, RUPERT (1994), Monte Carlo Motoring, in: Risk, No. 12, Vol. 7 (1994), S. 53 - 57.

BROTTE, JÖRG (1997), US-amerikanische und deutsche Geschäftsberichte, Notwendigkeit, Regulierung und Praxis jahresabschlussergänzender Informationen, Wiesbaden 1997.

BRUNS, HANS-GEORG/RENNER, WOLFGANG (2001), Finanzanalytische SEC-Berichterstattung in der Form 20-F - „Operating and Financial Review and Prospects" (OFR), in: BFuP, Heft 1, 53. Jg. (2001), S. 7 - 26.

BÜHLER, WOLFGANG/KORN, OLAF/SCHMIDT, ANDREAS (1998), Ermittlung von Eigenkapitalanforderungen mit „Internen Modellen", in: DBW, Heft 1, 58. Jg. (1998), S. 65 - 85.

BÜHLER, WOLFGANG/SCHMIDT, ANDREAS (1997), Bank-Risikomanagement mit internen Modellen, Working Paper 97-11, Universität Mannheim, 1997.

BÜHNER, ROLF (1989), Möglichkeiten der unternehmerischen Gehaltsvereinbarung für das Top-Management, in: DB, Heft 44, 42. Jg. (1989), S. 2181 - 2186.

BUNDESAUFSICHTSAMT FÜR DAS KREDITWESEN (1997), Erläuterungen zur Bekanntmachung über die Änderung und Ergänzung der Grundsätze über das Eigenkapital und die Liquidität der Kreditinstitute vom 29.10.1997, Abl. 17 - A223 - 2/93, Berlin 1997.

BUNGARTZ, OLIVER (2003), Risk Reporting, Anspruch, Wirklichkeit, und Systematik einer umfassenden Risikoberichterstattung deutscher Unternehmen, Sternenfels 2003.

BÜSCHGEN, HANS E. (1988), Zinstermingeschäfte, Instrumente und Verfahren zur Risikoabsicherung an Finanzmärkten, Frankfurt a. M. 1988.

BÜSCHGEN, HANS E./BÖRNER, CHRISTOPH J. (2003), Bankbetriebslehre, 4. Aufl., Stuttgart 2003.

BUSSE VON COLBE, WALTHER (1987), Die neuen Rechnungslegungsvorschriften aus betriebswirtschaftlicher Sicht, in: zfbf, Heft 3/4, 39. Jg. (1987), S. 191 - 205.

BUSSE VON COLBE, WALTHER (1993), Die Entwicklung des Jahresabschlusses als Informationsinstrument, in: Ökonomische Analyse des Bilanzrechts, Entwicklungslinien und Perspektiven, hrsg. von WAGNER, FRANZ W., zfbf, Sonderheft 32, Düsseldorf/Frankfurt a. M. 1993, S. 11 - 29.

BUSSE VON COLBE, WALTHER (1998), Rechnungswesen, in: Lexikon des Rechnungswesens, hrsg. von BUSSE VON COLBE, WALTHER/PELLENS, BERNHARD, 4. Aufl., München/Wien 1998, S. 599 - 602.

BUSSE VON COLBE, WALTHER/LAßMANN, GERT (1990), Betriebswirtschaftstheorie, Bd. 3: Investitionstheorie, 3. Aufl., Berlin u. a. 1990.

BUSSE VON COLBE, WALTHER/ORDELHEIDE, DIETER (1993), Konzernabschlüsse, Rechnungslegung für Konzerne nach betriebswirtschaftlichen Grundsätzen und gesetzlichen Vorschriften, 6. Aufl., Wiesbaden 1993.

BUSSMANN, KARL F. (1955), Das betriebswirtschaftliche Risiko, Meisenheim am Glan 1955.

BUTLER, CORMAC (1999), Mastering Value at Risk - A step by step guide to understand and applying VaR, Wiltshire 1999.

COASE, RONALD H. (1937), The Nature of the Firm, in: Economica, No. 16, Vol. 4 (1937), S. 386 - 405.

COENENBERG, ADOLF G. (2001), Jahresabschluss und Jahresabschlussanalyse, Betriebswirtschaftliche, handelsrechtliche, steuerrechtliche und internationale Grundlagen - HGB, IAS, US-GAAP, 18. Aufl., Landsberg/Lech 2001.

COMMONS, JOHN R. (1934), Institutional Economics, New York 1934.

CONTROLLER VEREIN E.V. (2001), Stellungnahme zum Entwurf des E-DRS 5, http://www.standardsetter.de/drsc/docs/comments/005/controller_ev.html [Stand: 06.06.2003].

COPELAND, THOMAS E./WESTON, J. FRED (1992), Financial Theory and Corporate Policy, 3th edition, Reading u. a. 1992.

COX, JOHN C./RUBINSTEIN, MARK (1985), Option Markets, Englewood Cliffs 1985.

COY, PETER/WHALEN, CHARLES J. (2001), A Voltmeter for Volatility, in: Business Week, Issue 3720, 19.02.2001, S. 28.

CRASSELT, NILS (2000), Stock Options, in: DBW, Heft 1, 60. Jg. (2000), S. 135 - 137.

CRASSELT, NILS/TOMASZEWSKI, CLAUDE (1998), Bewertung von Realoptionen unter Berücksichtigung des Investitionsverhaltens von Wettbewerbern, Arbeitsbericht Nr. 74 des Instituts für Unternehmungsführung und Unternehmensforschung, Ruhr-Universität Bochum 1998.

CRASSELT, NILS/TOMASZEWSKI, CLAUDE (2002), Realoptionen, Systematisierung und typische Anwendungsfelder, in: M&A-Review, o. Jg. (2002), S. 131 - 137.

DAIMLERCHRYSLER AG (2003), Geschäftsbericht 2002, Stuttgart 2003.

DAIMLERCHRYSLER AG (2004), Geschäftsbericht 2003, Stuttgart 2004.

DELMAR, FREDERIC (1996), Zum Risiko-Management des Unternehmers. Eine exploratorische Studie über unternehmerischen Erfolg und Mißerfolg, in: Internationales Gewerbearchiv, Heft 1, 44. Jg. (1996), S. 16 - 30.

DEMSETZ, HAROLD (1967), Toward a Theory of Property Rights, in: AER, Vol. 57 (1967), S. 347 - 359.

DEMSETZ, HAROLD (1969), Information and Efficiency: Another Viewpoint, in: JoLE, Vol. 12 (1969), S. 1 - 22.

DENNIS, PATRICK/MAYHEW, STEWART (1998), Implied Volatility Smiles: Evidence from Options on Individual Equities, Working Paper, Charlottesville 1998.

DEUTSCH, HANS-PETER (2001), Derivate und Interne Modelle, Modernes Risikomanagement, 2. Aufl., Stuttgart 2001.

DEUTSCH, HANS-PETER (2002), Monte-Carlo-Simulationen in der Finanzwelt, in: Handbuch des Risikomanagements, hrsg. von ELLER, ROLAND/GRUBER, WALTER/REIF, MARKUS, 2. Aufl., Stuttgart 2002, S. 373 - 427.

DEUTSCHE GESELLSCHAFT FÜR RISIKOMANAGEMENT E.V. (2001), Stellungnahme zum Entwurf des E-DRS 5, http://www.standardsetter.de/drsc/docs/comments/005/dgr.html [Stand: 06.06.2003].

DIGGELMANN, PATRICK B. (1999), Value at Risk, Kritische Betrachtung des Konzepts - Möglichkeiten der Übertragung auf den Nichtfinanzbereich, Zürich 1999.

DÖRNER, DIETRICH/BISCHOF, STEFAN (1999), Zweifelsfragen zur Berichterstattung über die Risiken der künftigen Entwicklung im Lagebericht, in: WPg, Heft 12, 52. Jg. (1999), S. 445 - 455.

DÖRNER, DIETRICH/BISCHOF, STEFAN (1999a), Aufstellung des Lageberichts und des Konzernlageberichts, in: Reform des Aktienrechts, der Rechnungslegung und Prüfung, hrsg. von DÖRNER, DIETRICH/MENOLD, DIETER/PFITZER, NORBERT, Stuttgart 1999, S. 369 - 399.

DÖRNER, DIETRICH/BISCHOF, STEFAN (2003), Risikoberichterstattung nach DRS 5, in: Reform des Aktienrechts, der Rechnungslegung und der Prüfung, hrsg. von DÖRNER, DIETRICH/MENOLD, DIETER/PFITZER, NORBERT/OSER, PETER, 2. Aufl., Stuttgart 2003, S. 617 - 647.

DÖRNER, DIETRICH/DOLECZIK, GÜNTER (2000), Prüfung des Risikomanagements, in: Praxis des Risikomanagements. Grundlagen, Kategorien, branchenspezifische und strukturelle Aspekte, hrsg. von DÖRNER, DIETRICH/HORVÁTH, PÉTER/KAGERMANN, HENNING, Stuttgart 2000.

DOWD, KEVIN (1998), Beyond Value at Risk: The new science of risk management, Chichester, New York 1998.

DREYER, HERMANN (2002), Die Darstellung des Zinsänderungsrisikos im Lagebericht gemäß § 289 HGB, in: Risikomanagement und Risikocontrolling im modernen Treasury-Management, hrsg. von ELLER, ROLAND/GRUBER, WALTER/REIF, MARKUS, Stuttgart 2002, S. 389 - 403.

DROBECK, JÖRG (1998), Prognosepublizität, Die Berichterstattung über die voraussichtliche Entwicklung der Kapitalgesellschaft in den Lageberichten deutscher Aktiengesellschaften gem. § 289 Abs. 2 Nr. 2 HGB, Frankfurt a. M. u. a. 1998.

DUFFIE, DARRELL/PAN, JUN (1997), An Overview of Value at Risk, in: The Journal of Derivatives, Spring 1997, S. 7 - 49.

ECONOMIST (1996), A Survey of Corporate Risk Management, in: The Economist, No. 7952, Vol. 338 (16th February 1996), S. 3 - 22.

EISENFÜHR, FRANZ/WEBER, MARTIN (2003), Rationales Entscheiden, 4. Aufl., Berlin u. a. 2003.

ELLROTT, HELMUT (1999), § 289 HGB, Lagebericht, in: Beck'scher Bilanzkommentar, Handels- und Steuerrecht, bearb. von BUDDE, WOLFGANG D. ET AL., 4. Aufl., München 1999, S. 1248 - 1262.

ELLROTT, HELMUT (2003), § 289, in: Beck'scher Bilanzkommentar, hrsg. von BERGER, AXEL/ELLROTT, HELMUT/FÖRSCHLE, GERHART/HENSE, BURKHARD, 5. Aufl., München 2003, S. 1291 - 1306.

ENGELS, WOLFRAM (1969), Rentabilität, Risiko und Reichtum, Tübingen 1969.

ENGLE, ROBERT F. (1993), Statistical Models for Financial Volatility, in: FAJ, No. 1 - 2, Vol. 49 (1993), S. 72 - 78.

ERGO VERSICHERUNGSGRUPPE AG (2001), Stellungnahme zum Entwurf des E-DRS 5, http://www.standardsetter.de/drsc/docs/comments/005/ergo.html [Stand: 06.06.2003].

ERLEI, MATHIAS/LESCHKE, MARTIN/SAUERLAND, DIRK (1999), Neue Institutionenökonomik, Stuttgart 1999.

ERNST & YOUNG AG, Hrsg. (2004), Rechnungslegung von Financial Instruments nach IAS 39, 3. Aufl., Stuttgart 2004.

ERNST, CHRISTOPH (1998), KonTraG und KapAEG sowie aktuelle Entwicklungen zur Rechnungslegung und Prüfung in der EU, in: WPg, Heft 23-24, 51. Jg. (1998), S. 1025 - 1035.

ERNST, CHRISTOPH (1999), Auswirkungen des KonTraG auf Rechnungslegung und Prüfung - Ein Beitrag zur Schließung der Erwartungslücke, in: Auswirkungen des KonTraG auf Rechnungslegung und Prüfung, hrsg. von BAETGE, JÖRG, Düsseldorf 1999.

ERNST, CHRISTOPH (2004), BB-Gesetzgebungsreport: Regierungsentwurf des BilKoG, in: BB, Heft 17, 59 Jg. (2004), S. 936 - 937.

ERNST, CHRISTOPH/SEIBERT, ULRICH/STUCKERT, FRITZ (1998), KonTraG, KapAEG, StückAG, EuroEG, Textausgabe mit Begründungen, Düsseldorf 1998.

EUCKEN, WALTER (1965), Die Grundlagen der Nationalökonomie, 8. Aufl., Berlin 1965.

EWERT, RALF (1995), Unternehmenspublizität und Insiderhandel, in: FS zum 60. Geburtstag von DIETER SCHNEIDER, hrsg. von ELSCHEN, RAINER/SIEGEL, THEODOR/ WAGNER, FRANZ W., Wiesbaden 1995, S. 229 -265.

EWERT, RALF/STEFANI, ULRIKE (2001), Wirtschaftsprüfung, in: Die Prinzipal-Agenten-Theorie in der Betriebswirtschaft, hrsg. von JOST, PETER, Stuttgart 2001, S. 147 - 182.

FAMA, EUGENE F. (1965), The Behavior of Stock Prices, in: Journal of Business, Vol. 38 (1965), S. 34 - 105.

FAMA, EUGENE F. (1980), Agency Problems and the Theory of the Firm, in: Journal of Political Economy, No. 2, Vol. 88 (1980), S. 288 - 307.

FAMA, EUGENE F./JENSEN, MICHAEL C. (1983), Separation of Ownership and Control, in: JoLE, No. 2, Vol. 26 (1983), S. 301 - 325.

FAMA, EUGENE F./JENSEN, MICHAEL C. (1983a), Agency Problems and Residual Claims, in: JoLE, No. 2, Vol. 26 (1983), S. 327 - 349.

FELDHOFF, MICHAEL (1992), Die Regulierung der Rechnungslegung, Eine systematische Darstellung der Grundlagen mit einer Anwendung auf die Frage der Publizität, Frankfurt a. M. u. a. 1992.

FELDHOFF, MICHAEL (1994), Staat und Rechnungslegung, eine regulierungstheoretische Perspektive, in: WPg, Heft 15-16, 47. Jg. (1994), S. 529 - 536.

FENN, GEORGE W./POST, MITCH/SHARPE, STEVEN A. (1997), Does Corporate
Risk Management Create Shareholder Value?, A Survey of Economic Theory and Evidence, in: Financial Risk and the Corporate Treasury, hrsg.
von JAMESON, ROBERT, London 1997, S. 13 - 31.

FEUCHT, MICHAEL (1999), Quantitative und qualitative Anforderungen an interne Risikomodelle, in: Handbuch Bankenaufsicht und Interne Risikosteuerungsmodelle, hrsg. von ELLER, ROLAND/GRUBER, WALTER/REIF, MARKUS,
Stuttgart 1999, S. 507 - 527.

FITE, DAVID/PFLEIDERER, PAUL (1995), Should Firms Use Derivatives to Man-
age Risk?, in: Risk Management: Problems and Solutions, hrsg. von BEA-
VER, WILLIAM H./ PARKER, GEORGE, New York u. a. 1995, S. 139 - 169.

FRANKE, GÜNTER/HAX, HERBERT (2004), Finanzwirtschaft des Unternehmens
und Kapitalmarkt, 5. Aufl., Berlin u. a. 2004.

FRITSCH, MICHAEL/WEIN, THOMAS/EWERS, HANS-JÜRGEN (2003), Marktversagen und Wirtschaftspolitik, 5. Aufl., München 2003.

FROOT, KENNETH A./ROGOFF, KENNETH (1994), Perspectives on PPP and Long-
Run Real Exchange Rates, NBER Working Paper No. 4952, Cambridge
1994.

FROOT, KENNETH A./SCHARFSTEIN, DAVID S./STEIN, JEREMY C. (1993), Risk
Management: Coordinating Corporate Investment and Financing Policies,
in: JoF, No. 5, Vol. 48 (1993), S. 1629 - 1658.

FROOT, KENNETH A./STEIN, JEREMY C. (1998), Risk management, capital budgeting, and capital structure policy for financial institutions: an integrated approach, in: JoFE, Vol. 47 (1998), S. 55 - 82.

FÜLBIER, ROLF UWE (1998), Regulierung der Ad-hoc-Publizität, Ein Beitrag zur
ökonomischen Analyse des Rechts, Wiesbaden 1998.

FURUBOTN, EIRIK G./PEJOVICH, SVETOZAR (1972), Property Rights and Economic Theory: A Survey of Recent Literature, in: JoEL, No. 4, Vol. 10
(1972), S. 1137 - 1161.

GASSEN, JOACHIM (2001), Rechnungslegung, in: Der Transaktionskostenansatz
in der Betriebswirtschaftslehre, hrsg. von JOST, PETER-J., Stuttgart 2001,
S. 395 - 413.

GEBHARDT, GÜNTHER (1980), Insolvenzprognosen aus aktienrechtlichen Jahres-
abschlüssen, Wiesbaden 1980.

GEBHARDT, GÜNTHER/MANSCH, HELMUT (2001), Risikomanagement und Risikocontrolling in Industrie- und Handelsunternehmen. Empfehlungen des Ar-
beitskreises „Finanzierungsrechnung" der Schmalenbach-Gesellschaft für
Betriebswirtschaft e.V., Düsseldorf/Frankfurt a. M. 2001.

GELDMACHER, DETLEF (2000), Marktorientierte Managerkontrolle, Stimmrechte als Kontrollinstrument, Wiesbaden 2000.

GEYER, ALOIS L. J. (1994), Ein neuer Ansatz für die Beschreibung der Renditen, in: ÖBA, Heft 3/1994, S. 202 - 206.

GIBSON, LANG (1999), Implementing the SEC Risk Quantification Requirements to Improve Shareholder Value, Working Paper, http://www.garp.com/public [Stand: 06.10.2004].

GILMOUR, IAN (1997), Cash-Flow at Risk - a corporate approach to Value at Risk, in: The Treasurer, 07-08/1997, S. 25 - 27.

GLEIßNER, WERNER/WEISSMANN, ARNOLD (2001), Das Paradigma der Wertorientierung, in: Wertorientiertes Risiko-Management für Industrie und Handel. Methoden, Fallbeispiele, Checklisten, hrsg. von GLEIßNER, WERNER/MEIER, GÜNTER, Wiesbaden 2001, S. 45 - 52.

GÖBEL, ELISABETH (2002), Neue Institutionenökonomik, Stuttgart 2002.

GREBE, UWE (1993), Finanzwirtschaftliches Risikomanagement in Nichtbanken, Frankfurt a. M. u. a. 1993.

GREINERT, MARKUS (2004), Weitergehende Anforderungen an den Konzernlagebericht durch E-DRS 20 sowie das Bilanzrechtsreformgesetz, in: KoR, Heft 2, 4. Jg. (2004), S. 51 - 60.

GROßFELD, BERNHARD (1968), Aktiengesellschaft, Unternehmenskonzentration und Kleinaktionär, Tübingen 1968.

GROSSMANN, STANFORD J./HART, OLIVER D. (1988), One Share - One Vote and the Market for Corporate Control, in: JoFE, Vol. 20 (1988), S. 175 - 202.

GUTENBERG, ERICH (1964), Unternehmensführung, Organisation und Entscheidungen, Wiesbaden 1964.

HACHMEISTER, DIRK (2002), Lagebericht, in: HWRP, hrsg. von BALLWIESER, WOLFGANG/COENENBERG ADOLF G./WYSOCKI, KLAUS VON, 3. Aufl., Stuttgart 2002, Sp. 1431 - 1446.

HAGER, PETER (2004), Corporate Risk Management - Cash Flow at Risk und Value at Risk, Frankfurt a. M. 2004.

HALLER, AXEL (1994), Die Grundlagen der externen Rechnungslegung in den USA, Unter besonderer Berücksichtigung der rechtlichen, institutionellen und theoretischen Rahmenbedingungen, 4. Aufl., Stuttgart 1994.

HALLER, AXEL/DIETRICH, RALPH (2001), Freiwillige Unternehmensberichterstattung in den USA, in: KoR, Heft 5, 1. Jg. (2001), S. 206 - 211.

HART, ALBERT G. (1946), Risk, Uncertainty, and the Unprofitability of Compounding Probabilities, in: Readings in the Theory of Income Distribution, Philadelphia/Toronto 1946, S. 547 - 557.

HARTMANN-WENDELS, THOMAS (1986), Dividendenpolitik bei asymmetrischer Informationsverteilung, Wiesbaden 1986.

HARTMANN-WENDELS, THOMAS (1992), Agency-Theorie und Publizitätspflicht nichtbörsennotierter Kapitalgesellschaften, in: BFuP, 44. Jg. (1992), S. 412 - 425.

HARTUNG, JOACHIM (1999), Statistik, 12. Aufl., München u. a. 1999.

HARVEY, ANDREW/RUIZ, ESTHER/SHEPHARD, NEIL (1994), Multivariate Stochastic Variance Models, in: Review of Economic Studies, Vol. 61 (1994), S. 247 - 264.

HAUBENSTOCK, MICHAEL/MORISANO, FRANK (2000), A framework for attributing economic capital and enhancing shareholder value, in: The Professional's Handbook of Financial Risk Management, hsrg. von LORE, MARC/ BORODOVSKY, LEV, Oxford u. a. 2000, S. 657 - 689.

HAYT, GREGORY/SONG, SHANG (1995), Handle with sensitivity, in: Risk, No. 9, Vol. 8 (1995), S. 94 - 99.

HEINKE, VOLKER G./STEINER, MANFRED (2000), Rating am europäischen Kapitalmarkt: Nutzenaspekte und Empirische Analysen - Teil 2, in: FB, Heft 3, 2. Jg. (2000), S. 138 - 150.

HELM, SABRINA (1997), Neue Institutionenökonomik, Einführung und Glossar, 2. Aufl., Düsseldorf 1997.

HERTZ, DAVID B. (1964), Risk Analysis in Capital Investment, in: Harvard Business Review, Heft 1, 42. Jg. (1964), S. 95 - 106.

HIELSCHER, UDO (1999), Investmentanalyse, 3. Aufl., München 1999.

HIELSCHER, UDO/BEYER, SVEN (2002), Cash-Flow at Risk im industriellen Finanzmanagement, in: Corporate Governance, Shareholder Value & Finance, Meilensteine im Management - Band IX, hrsg. von SIEGWART, HANS/ MAHARI, JULIAN/RUFFNER, MARKUS, Basel 2002, S. 461 - 481.

HILLEBRANDT, FRANCA/SELLHORN, THORSTEN (2002), Pro-Forma-Earnings: Umsatz vor Aufwendungen? - Eine kritische Analyse aktueller Forschungsergebnisse und Regulierungsbemühungen, in: KoR, 2. Jg. (2002), S. 153 - 154.

HIRSHLEIFER, JACK/RILEY, JOHN G. (1979), The Analytics of Uncertainty and Information, An Expository Survey, in: JoEL, Vol. 17 (1979), S. 1375 - 1421.

HIRSHLEIFER, JACK/RILEY, JOHN G. (1992), The Analytics of Uncertainty and Information, Cambridge 1992.

HOITSCH, HANS-JÖRG/WINTER, PETER (2004), Die Cash Flow at Risk-Methode als Instrument eines integriert-holistischen Risikomanagements, in: ZfCM, Heft 4, 48. Jg. (2004), S. 235 - 246.

HOLMSTRÖM, BENGT (1979), Moral hazard and observability, in: BJoE, No. 1, Vol. 10 (1979), S. 74 - 91.

HOLTON, GLYN (1998), Simulating value-at-risk, in: Risk, No. 5, Vol. 11 (1998), S. 60 - 63.

HOMBURG, CARSTEN/UHRIG-HOMBURG, MARLIESE (2004), Zentrales und dezentrales Risikocontrolling in Industrieunternehmen, in: zfbf, 56. Jg. (2004), S. 311 - 332.

HOMMEL, ULRICH/PRITSCH, GUNNAR (1998), Konzeption des unternehmensweiten Risikomanagements, in: Handbuch Corporate Finance, hrsg. von ACHLEITNER, ANN-KRISTIN/THOMA, GEORG F., Köln 1998, S. 1 - 31.

HOMMELHOFF, PETER/MATTHEUS, DANIELA (2004), BB-Gesetzgebungsreport: Verlässliche Rechnungslegung - Enforcement nach dem geplanten Bilanzkontollgesetz, in: BB, Heft 2, 59. Jg. (2004), S. 93 - 100.

HORNUNG, KARLHEINZ (1998), Risiko-Controlling, in: Lexikon der Rechnungslegung und Abschlussprüfung, hrsg. von LÜCK, WOLFGANG, 4. Aufl., München/Wien 1998, S. 685 - 687.

HORSCH, ANDREAS/PAUL, STEPHAN (1998), Risikoklassen in der Finanzaufsicht, in: ZfgK, 51. Jg. (1998), S. 328 - 336.

HULL, J. C. (2001), Optionen, Futures und andere Derivate, 4. Aufl., München 2001.

HULL, JOHN C./WHITE, ALAN (1987), The Pricing of Options on Assets with Stochastic Volatilities, in: JoF, No. 2, Vol. 42 (1987), S. 281 - 300.

HUMPHREYS, H. BRETT/SHIMKO, DAVID C. (1997), Commodity Risk Management and the Corporate Treasury, in: Financial Risk and the Corporate Treasury, hrsg. von Jameson, Robert, London 1997, S. 109 - 124.

HUSCHENS, STEFAN (1999), Anmerkungen zur Value-at-Risk-Definition, in: Dresdner Beiträge zu quantitativen Verfahren, Nr. 28, 1999.

HUSCHENS, STEFAN (2000), Verfahren zur Value-at-Risk-Berechnung im Marktrisikobereich, in: Handbuch Risikomanagement, Bd. 1: Risikomanagement für Markt-, Kredit- und operative Risiken, hrsg. von JOHANNING, LUTZ/RUDOLPH, BERND, Bad Soden 2000, S. 181 - 218.

HUTHER, ANDREAS (2003), Integriertes Chancen- und Risikomanagement, Wiesbaden 2003.

HÜTTEMANN, RAINER (2004), BB-Gesetzgebungsreport: Internationalisierung des deutschen Handelsbilanzrechts im Entwurf des Bilanzrechtsreformgesetzes, in: BB, Heft 4, 59. Jg. (2004), S. 203 - 209.

HÜTTEN, CHRISTOPH/BRAKENSIEK, SONJA (2000), „Deutsche US-GAAP" ohne eine SEC - Auto ohne Bremsen?, in: BB, Heft 17, 55. Jg. (2000), S. 870 - 872.

IDW (2004), IDW zum Referentenentwurf eines Abschlussprüferaufsichtsgesetzes (APAG), in: IDW Fachnachrichten, Nr. 8, 2004, S. 469 - 470.

IDW EPS 450 n. F. (2002), Entwurf einer Neufassung des IDW Prüfungsstandards: Grundsätze ordnungsmäßiger Berichterstattung bei Abschlussprüfungen, verabschiedet vom HFA am 04.11.2002.

IDW PS 201 (2000), IDW Prüfungsstandard: Rechnungslegungs- und Prüfungsgrundsätze für die Abschlussprüfung (Stand: 28.06.2000), in: WPg, 53. Jg. (2000), S. 710 - 713.

IDW PS 340 (1999), IDW Prüfungsstandard: Die Prüfung des Risikofrüherkennungssystems nach § 317 Abs. 4 HGB (Stand: 25.06.1999), in: WPg, 52. Jg. (1999), S. 658 - 662.

IDW PS 350 (1998), IDW Prüfungsstandard: Prüfung des Lageberichts, verabschiedet am 26.06.1998.

IDW RS HFA 1 (2000), IDW Stellungnahme zur Rechnungslegung: Aufstellung des Lageberichts, verabschiedet am 26.06.1998, Redaktionelle Anpassung am 11.09.2000.

IMBODEN, CARLO (1983), Risikohandhabung: Ein entscheidungsbezogenes Verfahren, Bern/Stuttgart 1983.

J. P. MORGAN (1995), Introduction to RiskMetrics^{TM}, 4th edition, New York 1995.

J. P. MORGAN/REUTERS (1996), RiskMetrics^{TM} - Technical Document, 4th edition, New York 1996, http://www.jpmorgan.com/riskmanagement/riskmetrics/riskmetrics.html [Stand: 17.11.2003].

JANSCH, TORSTEN ADAM (1999), Die Rolle der Aktionäre in Publikumsgesellschaften, Wiesbaden 1999.

JANSEN, SVEN/WITTROCK, CARSTEN (1996), Risikomanagement auf Gesamtbankebene, in: Der langfristige Kredit, Heft 20, 47. Jg. (1996), S. 19 - 25.

JENDRUSCHEWITZ, BORIS (1997), Value at risk, Ein Ansatz zum Management von Marktrisiken in Banken, Frankfurt a. M. 1997.

JENSEN, MICHAEL C. (1983), Organization Theory and Methodology, in: The Accounting Review, No. 2, Vol. 58 (1983), S. 319 -339.

JENSEN, MICHAEL C./MECKLING, WILLIAM H. (1976), Theory of the Firm, Managerial Behavior, Agency Costs and Ownership Structur, in: JoFE, Vol. 3 (1976), S. 305 - 360.

JENSEN, MICHAEL S./RUBACK, RICHARD S. (1983), The Market for Corporate Control, in: JoFE, Vol. 11 (1983), S. 5 - 50.

JÖDICKE, RALF/SCHREMPER, RALF (1999), Modifikation der Verteilungsannahme im Value-at-Risk-Modell, Arbeitsbericht Nr. 80 des Institut für Unternehmungsführung und Unternehmensforschung an der Ruhr-Universität Bochum, Bochum 1999.

JOHANNING, LUTZ (1996), Value-at-Risk-Modelle zur Ermittlung der bankaufsichtlichen Eigenkapitalunterlegung beim Marktrisiko im Handelsbereich, in: ZBB, Heft 4, 8. Jg. (1996), S. 287 - 303.

JOHANNING, LUTZ (1998), VaR-Limite zur Steuerung des Marktrisikos, in: Die Bank, Heft 1, o. Jg. (1998), S. 46 - 50.

JOHNEN, JÜRGEN/GANSKE, TORSTEN (2002), Management's Discussion and Analysis (MD&A), in: HWRP, hrsg. von BALLWIESER, WOLFGANG/ COENENBERG ADOLF G./WYSOCKI, KLAUS VON, 3. Aufl., Stuttgart 2002, Sp. 1520 - 1536.

JORION, PHILIPPE (1995), Predicting volatility in the foreign exchange market, in: JoF, No. 2, Vol. 50 (1995), S. 507 - 528.

JORION, PHILIPPE (1996), Risk^2: Measuring the Risk in Value at Risk, in: FAJ, No. 6, Vol. 52 (1996), S. 47 - 56.

JORION, PHILIPPE (1996a), Value at Risk - The New Benchmark for Controlling Derivative Risk, Chicago 1996.

JORION, PHILIPPE (2001), Value at Risk, The new benchmark for managing financial risk, 2nd edition, New York u. a. 2001.

JORION, PHILIPPE (2002), How Informative Are Value at Risk Disclosures?, in: The Accounting Review, No. 4, Vol. 77 (2002), S. 911 - 931.

JORION, PHILIPPE (2004), Introduction to VAR, http://www.gsm.uci/jorion/oc/ case2.html [Stand 29.10.2004].

KAISER, KARIN (2005), Erweiterung der zukunftsorientierten Lageberichterstattung, Folgen des Bilanzrechtsreformgesetzes für Unternehmen, in: DB, Heft 7, 58. Jg. (2005), S. 345 - 353.

KAJÜTER, PETER (2001), Der Entwurf des DRS 5 zur Risikoberichterstattung, in: WPg, Heft 4, 54. Jg. (2001), S. 205 - 209.

KAJÜTER, PETER (2001a), Risikoberichterstattung: Empirische Befunde und der Entwurf des DRS 5, in: DB, Heft 3, 54. Jg. (2001), S. 105 - 111.

KAJÜTER, PETER (2002), Prüfung der Risikoberichterstattung im Lagebericht, in: BB, Heft 5, 57. Jg. (2002), S. 243 - 249.

KAJÜTER, PETER (2004), Berichterstattung über Chancen und Risiken im Lagebericht, in: BB, Heft 8, 59. Jg. (2004), S. 427 - 433.

KAJÜTER, PETER (2004a), Der Lagebericht als Instrument einer kapitalmarktorientierten Rechnungslegung, in: DB, Heft 5, 57. Jg. (2004), S. 197 - 203.

KAJÜTER, PETER/WINKLER, CARSTEN (2003), Die Risikoberichterstattung der DAX100-Unternehmen im Zeitvergleich, Ergebnisse einer empirischen Untersuchung, in: KoR, Heft 5, 3. Jg. (2003), S. 217 - 228.

KAJÜTER, PETER/WINKLER, CARSTEN (2004), Praxis der Risikoberichterstattung deutscher Konzerne, in: WPg, Heft 6, 57. Jg. (2004), S. 249 - 261.

KAWALLER, IRA (2001), Survey Results: The Impact of FAS 133 on the Risk Management Practices of End Users of Derivatives, in: Institutional Investor, Fall 2001 Supplement, Issue 9, Vol. 35 (2001), S. 19 - 24.

KENNEDY, PETER (2001), A Guide to Econometrics, 4th edition, Oxford 2001.

KIM, JONGWOO/MALZ, ALLAN M./MINA, JORGE (1999), LongRun Technical Document, RiskMetrics Group, New York 1999.

KIRSCH, HANS-JÜRGEN/SCHEELE, ALEXANDER (2003), E-DRS 20: Ausweitung der Lageberichterstattung zum Value Reporting?, in: BB, Heft 51/52, 58. Jg. (2003), S. 2733 - 2739.

KIRSCH, HANS-JÜRGEN/SCHEELE, ALEXANDER (2004), Die Auswirkungen der Modernisierungsrichtlinie auf die (Konzern-)Lageberichterstattung, in: WPg, Heft 1-2, 57. Jg. (2004), S. 1 - 12.

KLEIN, KLAUS-GÜNTER/TIELMANN, SANDRA (2004), Die Modernisierung der Abschlussprüferrichtlinie, Vorschlag der EU-Kommission zur Überarbeitung der 8. EU-Richtline, in: WPg, Heft 10, 57. Jg. (2004), S. 501 - 510.

KNIGHT, FRANK H. (1964), Risk, Uncertainty and Profit, Nachdruck der Originalausgabe von 1921, New York 1964.

KOHLHOF, JOACHIM/COLINA, GABRIELA (2000), Value-at-Risk-Management in Banken, Idstein 2000.

KRAWITZ, NORBERT (1999), Kommentierung zu § 289 HGB, in: Bonner Handbuch der Rechnungslegung, hrsg. von HOFBAUER, MAX A. ET AL., Loseblattsammlung, Bonn 1999 [Stand: 31.12.2001].

KREMERS, MARKUS (2002), Risikoübernahme in Industrieunternehmen. Der Value at Risk als Steuerungsgröße für das industrielle Risikomanagement, dargestellt am Beispiel des Investitionsrisikos, Sternenfels 2002.

KROMSCHRÖDER, BERNHARD (1998), Risikomanagement, in: Lexikon der Rechnungslegung und Abschlußprüfung, hrsg. von LÜCK, WOLFGANG, 4. Aufl., München/Wien 1998, S. 685 - 687.

KRUMBHOLZ, MARCUS (1994), Die Qualität publizierter Lageberichte, Ein empirischer Befund zur Unternehmenspublizität, Düsseldorf 1994.

KRUMNOW, JÜRGEN/SPRIßLER, WOLFGANG ET AL., Hrsg. (2004), Rechnungslegung der Kreditinstitute, Kommentar zum deutschen Bilanzrecht unter Berücksichtigung von IAS/IFRS, 2. Aufl., Stuttgart 2004.

KRUSCHWITZ, LUTZ (2003), Investitionsrechnung, 9. Aufl., München/Wien 2003.

KÜTING, KARLHEINZ/BRAKENSIEK, SONJA (1999), IASC, FASB und DRSC - Ein Kurzportrait dreier Standard Setter, in: BB, Heft 13, 54. Jg. (1999), S. 678 - 682.

KÜTING, KARLHEINZ/HEIDEN, MATTHIAS (2002), Zur Informationsqualität der Lageberichterstattung in deutschen Geschäftsberichten - Branchenangaben, Risikobericht, Prognosebericht, in: StuB, Heft 19, 4. Jg. (2002), S. 933 - 937.

KÜTING, KARLHEINZ/HÜTTEN, CHRISTOPH (1997), Die Lageberichterstattung über Risiken der künftigen Entwicklung, in: Die Aktiengesellschaft, Heft 6, 42. Jg. (1997), S. 250 - 256.

KÜTING, KARLHEINZ/HÜTTEN, CHRISTOPH (2000), Darstellung und Prüfung der künftigen Entwicklungsrisiken und -chancen im Lagebericht, in: Investororientierte Unternehmenspublizität, hrsg. von LACHNIT, LAURENZ/FREIDANK, CARL-CHRISTIAN, Wiesbaden 2000, S. 399 - 431.

LAGATTUTA, DANIEL A./STEIN, JEREMY C./TENNICAN, MICHAEL L./USHER, STEPHEN E./YOUNGEN, JEFF (2000), Cashflow-at-Risk and Financial Policy for Electricity Companies in the New World Order, Electricity Journal, 12/2000, S. 15 - 20.

LANGE, KNUT W. (2001), Risikoberichterstattung nach KonTraG und KapCo-RiLiG, in: DStR, Heft 6, 39. Jg. (2001), S. 227 - 232.

LANGE, KNUT W. (2001a), Anforderungen an die Berichterstattung über Risiken in Lagebericht und Konzernlagebericht, in: Risikomanagement nach dem KonTraG, hrsg. von LANGE, KNUT W./WALL, FRIEDERIKE, München (2001), S. 131 - 159.

LANGE, KNUT W. (2001b), § 289 HGB: Lagebericht, in: Münchener Kommentar zum Handelsgesetzbuch, Bd. 4, hrsg. von SCHMIDT, KARSTEN, München (2001), S. 640 - 666.

LAUBSCH, ALAN (2000), Risk Transparancy, in: The Professional's Handbook of Financial Risk Management, hsrg. von LORE, MARC/BORODOVSKY, LEV, Oxford u. a. 2000, S. 740 - 775.

LEE, ALVIN Y./KIM, JONGWOO/MALZ, ALLEN M./MINA, JORGE (1999), CorporateMetrics, The Benchmark for Corporate Risk Management, Technical Document, April 1999.

LEFFSON, ULRICH (1987), Die Grundsätze ordnungsmäßiger Buchführung, 7. Aufl., Düsseldorf 1987.

LINSMEIER, THOMAS J./PEARSON, NEIL D. (2000), Value at Risk, in: FAJ, Vol. 56, No. 2, 2000.

LÖW, EDGAR/LORENZ, KARSTEN (2001), Risikoberichterstattung nach den Standards des DRSC und im internationalen Vergleich, in: KoR, Heft 5, 1. Jg. (2001), S. 211 - 222.

LÜCK, WOLFGANG (1990), Lagebericht, in: Handbuch der Rechnungslegung, Kommentar zur Bilanzierung und Prüfung, hrsg. von KÜTING, KARL-HEINZ/WEBER, CLAUS-PETER, 3. Aufl., Stuttgart 1990.

LÜCK, WOLFGANG (1995), Kommentierung des § 289 HGB, in: Handbuch der Rechnungslegung, Kommentar zur Bilanzierung und Prüfung, hrsg. von KÜTING, KARLHEINZ/WEBER, CLAUS-PETER, Band Ia, 4. Auflage, Stuttgart 1995.

LÜCK, WOLFGANG (1998), Elemente eines Risiko-Managementsystems, Die Notwendigkeit eines Risikomanagementsystems durch den Entwurf eines Gesetzes zur Kontrolle und Transparenz im Unternehmensbereich (KonTraG), in: DB, Heft 1/2, 51. Jg. (1998), S. 8 - 14.

LÜCK, WOLFGANG (1998a), § 315, in: Handbuch der Konzernrechnungslegung, hrsg. von KÜTING, KARLHEINZ/WEBER, CLAUS-PETER, 2. Aufl., Stuttgart 1998, S. 1955 - 1980.

LÜCK, WOLFGANG (2003), Betriebswirtschaftliche Aspekte der Einrichtung eines Risikomanagementsystems und eines Überwachungssystems, in: Reform des Aktienrechts, der Rechnungslegung und der Prüfung, hrsg. von DÖRNER, DIETRICH/MENOLD, DIETER/ PFITZER, NORBERT/OSER, PETER, Stuttgart 2003, S. 329 - 375.

LÜCK, WOLFGANG (2004), Der Risikobericht deutscher Unternehmen, in: FAZ vom 01.03.2004, S. 20.

LÜCK, WOLFGANG (2004a), Risiko- und Chancenmanagement in Unternehmen: nicht nur ein theoretisches Problem!, in: BB, Heft 33, 59. Jg. (2004), S. 1.

LUTTER, MARCUS (2002), Aufsichtsrat, Prüfungsbefugnisse, in: HWRP, hrsg. von BALLWIESER, WOLFGANG/COENENBERG ADOLF G./WYSOCKI, KLAUS VON, 3. Aufl., Stuttgart 2002, Sp. 1431 - 1446.

MACMINN, RICHARD D. (1987), Forward Markts, and the Theory of the Firm, in: JoF, No. 5, Vol. 42 (1987), S. 1167 - 1185.

MACMINN, RICHARD D. (2002), Value and risk, in: JoBF, No. 1, Vol. 26 (2002), S. 297 - 301.

MACNEIL, IAN R. (1978), Contracts: Adjustment of Long-Term Economic Relations under Classical, Neoclassical and Relational Contract Law, in: Northwestern University Law Review, No. 6, Vol. 72 (1978), S. 854 - 905.

MACNEIL, IAN R. (1980), The new social contract, New Haven/London 1980.

MACVE, RICHARD (1997), A conceptual Framework for financial accounting and reporting, New York 1997.

MALZ, ALLAN M. (2001), Financial Crisis, implied volatility and stress testing, RiskMetrics Group, Working Paper No. 01-01, New York 2001.

MANDL, GERWALD/RABEL, KLAUS (1997), Unternehmensbewertung, Eine praxisorientierte Einführung, Wien 1997.

MANOVE, MICHAEL (1989), The Harm from Insider Trading and Informed Speculation, in: QJoE, Vol. 104 (1989), S. 823 - 845.

MARKOWITZ, HARRY M. (1952), Portfolio Selection, in: JoF, Vol. 7 (1952), S. 77 - 91.

MARKOWITZ, HARRY M. (1959), Portfolio Selection, New York u.a. 1959.

MARSTON, RICHARD C. (1994), Tests of Three Parity Conditions: Distinguishing Risk Premia and Systematic Forecast Errors, NBER Working Paper No. 4923, Cambridge 1994.

MATHIS, PETER J. (1992), Mechanismen zur Kontrolle von Managern in großen Kapitalgesellschaften, Eine ökonomische Analyse, Saarbrücken 1992.

MAUL, KARL-HEINZ/GREINERT, MARKUS (2002), Der Lagebericht im Entwurf des Rahmenkonzepts des DSR, in: DB, Heft 50, 55. Jg. (2002), S. 2605 - 2608.

MAYHEW, STEWART (1995), Calculating Implied Parameters from Option Prices, Working Paper, Berkley 1995.

MEINHÖVEL, HARALD (1999), Defizite der Principal-Agent-Theorie, Lohmar/ Köln 1999.

MEVAY, JAMES/TURNER, CHRISTOPHER (1995), Could companies use Value at Risk?, in: Euromoney, 10/1995, S. 84 - 86.

MEYER, CHRISTOPH (1999), Value at Risk für Kreditinstitute, Erfassung des aggregierten Marktrisikopotentials, Wiesbaden 1999.

MIKUS, BARBARA (2001), Risiko und Risikomanagement - ein Überblick, in: Risikomanagement, hrsg. von GÖTZE, UWE/HENSELMANN, KLAUS/MIKUS, BARBARA, Heidelberg 2001, S. 3 - 28.

MILLER, MERTON H./ROCK, KEVIN (1985), Dividend Policy under Asymmetric Information, in: JoF, No. 4, Vol. 40 (1985), S. 1031 - 1051.

MODIGLIANI, FRANCO/MILLER, MERTON H. (1958), The Cost of Capital, Corporation Finance and the Theory of Investment, in: AER, No. 3, Vol. 48 (1958), S. 261 - 297.

MODIGLIANI, FRANCO/MILLER, MERTON H. (1959), The Cost of Capital, Corporation Finance and the Theory of Investment: Reply, in: AER, No. 4, Vol. 49 (1959), S. 655 - 669.

MODIGLIANI, FRANCO/MILLER, MERTON H. (1963), Corporate Income Taxes and the Cost of Capital: A Correction, in: AER, No. 3, Vol. 53 (1963), S. 433 - 443.

MÖHLMANN-MAHLAU, THOMAS/MÖLLER, GESCHE/STOLBINGER, ROBERT (2001), Risikoberichterstattung nach DRS 5, Ein Vergleich zur Berichtspraxis nach US-GAAP, in: StuB, Heft 19/2001, S. 941 - 949.

MOXTER, ADOLF (1976), Fundamentalgrundsätze ordnungsmäßiger Rechenschaft, in: Bilanzfragen, FS zum 65. Geburtstag von ULRICH LEFFSON, hrsg. von BAETGE, JÖRG/MOXTER, ADOLF/SCHNEIDER, DIETER, Düsseldorf 1976, S. 87 - 100.

MOXTER, ADOLF (1986), Bilanzlehre, Bd. 2: Einführung in das neue Bilanzrecht, 3. Aufl., Wiesbaden 1986.

MOXTER, ADOLF (1997), Die Vorschriften zur Rechnungslegung und Abschlussprüfung im Referentenentwurf eines Gesetzes zur Kontrolle und Transparenz im Unternehmensbereich, in: BB, Heft 14, 52. Jg. (1997), S. 722 - 730.

MOXTER, ADOLF (1998), Deutsches Rechnungslegungs Standards Commitee: Aufgaben und Bedeutung, in: DB, Heft 29, 51. Jg. (1998), S. 1425 - 1428.

MÜLLER, MICHAEL (1998), Shareholder Value Reporting - ein Konzept wertorientierter Kapitalmarktinformation, in: Shareholder Value Reporting, hrsg. von MÜLLER, MICHAEL/LEVEN, FRANZ-JOSEF, Wien 1998, S. 123 - 144.

MYERS, STEWART C. (1977), Determinants of Corporate Borrowing, in: JoFE, Vol. 5 (1977), S. 147 - 175.

NATUSCH, INGO (2000), "Tracking Stock" als Instrument der Beteiligungsfinanzierung diversifizierter Unternehmen, Köln 2000.

NEMEC, EDITH (1999), Kapitalstruktur und Corporate Governance in bankorientierten Finanzsystemen, Wiesbaden 1999.

NERA ECONOMIC CONSULTING (2002), Cash Flow at Risk (c-far): A Tool for Anticipating Risk and Improving Shareholder Value, http://www.nera.com [Stand: 13.09.2002], S. 1 - 4.

NEUBECK, GUIDO (2003), Prüfung von Risikomanagementsystemen, Düsseldorf 2003.

NEWMAN, PAUL/SANSING, RICHARD (1993), Disclosures Policies with Multiple Users, in: JoAR, No. 1, Vol. 31 (1993), S. 92 - 112.

NORTH, DOUGLASS C. (1990), Institutions, institutional change and economic performance, Cambridge u. a. 1990.

NYBERG, MIKAEL/SELLERS, MARTHA/ZHANG, JING (2001), Private Firm Model^{TM}, Introduction to the Modeling Methodology, KMV LLC, San Francisco 2001.

OEHLER, ANDREAS/UNSER, MATTHIAS (2002), Finanzwirtschaftliches Risikomanagement, 2. Aufl., Berlin u. a. 2002.

ORTH, THOMAS M. (1999), Überlegungen zu einem prozeßorientierten Prüfungsansatz, in: WPg, Heft 15, 52. Jg. (1999), S. 573 - 585.

OXELHEIM, LARS/WIHLBORG, CLAS G. (1987), Exchange Rate-Related Exposures in a Macroeconomic Perspective, in: Recent Developments in International Banking and Finance, hrsg. von KHOURY, SARKIS J./GOSH, ALO, Vol. 2, Massachusetts/Toronto 1987, S. 87 - 102.

OXELHEIM, LARS/WIHLBORG, CLAS G. (1997), Macroeconomics Uncertainty, Chichester 1997.

PEEMÖLLER, VOLKER H./OEHLER, RALPH (2004), Referentenentwurf eines Bilanzrechtsreformgesetzes: Neue Regelung zur Unabhängigkeit des Abschlussprüfers, in: BB, Heft 10, 59. Jg. (2004), S. 539 - 546.

PELLENS, BERNHARD (1989), Der Informationswert von Konzernabschlüssen, Eine empirische Untersuchung deutscher Börsengesellschaften, Wiesbaden 1989.

PELLENS, BERNHARD (1994), Aktionärsschutz im Konzern, Empirische und theoretische Analyse der Reformvorschläge der Konzernverfassung, Wiesbaden 1994.

PELLENS, BERNHARD (2001), Internationale Rechnungslegung, 4. Aufl., Stuttgart 2001.

PELLENS, BERNHARD/CRASSELT, NILS/ROCKHOLTZ, CARSTEN (1998), Wertorientierte Entlohnungssysteme für Führungskräfte, in: Unternehmenswertorientierte Entlohnungssysteme, hrsg. von PELLENS, BERNHARD, Stuttgart 1998, S. 1 - 28.

PELLENS, BERNHARD/FÜLBIER, ROLF UWE/GASSEN, JOACHIM (2004), Internationale Rechnungslegung, 5. Aufl., Stuttgart 2004.

PELLENS, BERNHARD/ROCKHOLTZ, CARSTEN/STIENEMANN, MARC (1997), Marktwertorientiertes Konzerncontrolling in Deutschland - Eine empirische Untersuchung, in: DB, Heft 39, 50. Jg. (1997), S. 1933 - 1939.

PELLENS, BERNHARD/TOMASZEWSKI, CLAUDE/WEBER, NICOLAS (2000), Wertorientierte Unternehmensführung in Deutschland, in: DB, Heft 37, 53. Jg. (2000), S. 1825- 1833.

PERRIDON, LOUIS/STEINER, MANFRED (2004), Finanzwirtschaft der Unternehmung, 13. Aufl., München 2003.

PETRACHI, RICCARDO (1997), Aktienderivate im Over-The-Counter-Markt in der Schweiz, Bern u.a. 1997.

PFENNIG, MICHAEL (2000), Shareholder Value durch unternehmensweites Risikomanagement, in: Handbuch Risikomanagement, Bd. 2: Risikomanagement in Banken, Asset Management Gesellschaften, Versicherungs- und Industrieunternehmen, hrsg. von JOHANNING, LUTZ/RUDOLPH, BERND, Bad Soden 2000, S. 1295 - 1332.

PHILIPP, FRITZ (1967), Risiko und Risikopolitik, Stuttgart 1967.

PICOT, ARNOLD (1982), Transaktionskostenansatz in der Organisationstheorie: Stand der Diskussion und Aussagewert, in: DBW, Heft 2, 42. Jg. (1982), S. 267 - 284.

PICOT, ARNOLD/DIETL, HELMUT (1990), Transaktionskostentheorie, in: WiSt, Heft 4, 19. Jg. (1990), S. 178 - 184.

PICOT, ARNOLD/DIETL, HELMUT (1993), Neue Institutionenökonomik und Recht, in: Ökonomische Analyse des Unternehmensrechts, hrsg. von OTT, CLAUS/SCHÄFER, HANS-BERND, Heidelberg 1993, S. 306 - 330.

PODDIG, THORSTEN/DICHTL, HUBERT/PETERSMEIER, KERSTIN (2003), Statistik, Ökonometrie, Optimierung, Methoden und ihre praktische Anwendung in Finanzanalyse und Portfoliomanagement, 3. Aufl., Bad Soden 2003.

POSNER, RICHARD A. (2003), Economic Analysis of Law, 6th edition, New York 2003.

PRATT, JOHN W./ZECKHAUSER, RICHARD J. (1985), Principal and Agents: An overview, in: The Structure of Business, hrsg. von PRATT, JOHN W./ZECKHAUSER, RICHARD J., Boston 1985, S. 1 - 35.

RAPPAPORT, ALFRED (1995), Shareholder Value, Wertsteigerung als Maßstab für die Unternehmensführung, Stuttgart 1995.

RAU-BREDOW, HANS (2001), Überwachung von Marktpreisrisiken durch Value at Risk, in: WiSt, Heft 6, 28. Jg. (2001), S. 315 - 319.

RAU-BREDOW, HANS (2002), Value at Risk, Normalverteilungshypothese und Extremwertverhalten, in: FB, Heft 10, 4. Jg. (2002), S. 603 - 607.

READ, OLIVER (1998), Parametrische Modelle zur Ermittlung des Value-at-Risk, Köln 1998.

REITTINGER, WOLFGANG J. (1994), Der Lagebericht, in: Handbuch des Jahresabschlusses in Einzeldarstellungen, hrsg. von WYSOCKI, KLAUS VON/SCHULZE-OSTERLOH, JOACHIM, Abt. IV/3, 2. Neubearbeitung, Köln 1994.

REITZ, STEFAN (1999), Vergleich verschiedener Value-at-Risk Ansätze, in: Handbuch Bankenaufsicht und Interne Risikosteuerungsmodelle, hrsg. von ELLER, ROLAND/ GRUBER, WALTER/REIF, MARKUS, Stuttgart 1999, S. 129 - 152.

RICHTER, RUDOLF (1990), Sichtweise und Fragestellungen der Neuen Institutionenökonomik, in: ZWS, Heft 4, 110. Jg. (1990), S. 571 - 591.

RICHTER, RUDOLF/BINDSEIL, ULRICH (1995), Neue Institutionenökonomik, in: WiSt, Heft 3, 24. Jg. (1995), S. 132 - 140.

RICHTER, RUDOLF/FURUBOTN, EIRIK G. (2003), Neue Institutionenökonomik, 3. Aufl., Tübingen 2003.

RINNE, HORST (2004), Ökonometrie, München 2004.

ROBINSON, GARY (1996), More Haste, Less Precision, in: Risk, No. 9, Vol. 9 (1996), S. 117 - 121.

ROLFES, BERND (1999), Gesamtbanksteuerung, Stuttgart 1999.

ROSS, STEPHEN A. (1977), The determination of financial structure: the intencive-signalling approach, in: BJoE, No. 1, Vol. 8 (1977), S. 23 - 40.

ROTHSCHILD, MICHAEL/STIGLITZ, JOSEPH (1976), Equilibrium in competitive insurance markets: An essay on the economics of imperfect information, in: QJoE, Vol. 90, S. 629 - 649.

RUBIN, STEVEN (1984), The House of GAAP, in: JoA, No. 6, Vol. 157 (1984), S. 122 - 129.

RUHWEDEL, FRANCA (2003), Eigentümerstruktur und Unternehmenserfolg, Eine theoretische und empirische Analyse deutscher börsennotierter Unternehmen, Frankfurt a. M. 2003.

SAITZ, BERND (1999), Risikomanagement als umfassende Aufgabe der Unternehmensleitung, in: Das Kontroll- und Transparenzgesetz, Herausforderungen und Chancen für das Risikomanagement, hrsg. von SAITZ, BERND/ BRAUN, FRANK, Wiesbaden 1999, S. 69 - 98.

SANTOMERO, ANTHONY M. (1995), Financial Risk Management: The Whys and Hows, in: Financial Markets, Institutions and Instruments, No. 5, Vol. 4 (1995), S. 1 - 14.

SAUTER, DOUGLAS (1991), Remodeling the House of GAAP, in: JoA, No. 7, Vol. 172 (1991), S. 30 - 37.

SCHÄFER, HANS-BERND/OTT, CLAUS (2000), Lehrbuch der ökonomischen Analyse des Zivilrechts, 3. Aufl., Berlin u. a. 2000.

SCHIERENBECK, HENNER (2003), Ertragsorientiertes Bankmanagement, Band 2: Risiko-Controlling und integrierte Rendite-/Risikosteuerung, 8. Aufl., Wiesbaden 2003.

SCHIERENBECK, HENNER/LISTER, MICHAEL (2001), Value Controlling, Grundlagen wertorientierter Unternehmensführung, München/Wien 2001.

SCHIERENBECK, HENNER/WIEDEMANN, ARND (1996), Marktwertrechnungen im Finanzcontrolling, Stuttgart 1996.

SCHILDBACH, THOMAS (1995), Der handelsrechtliche Jahresabschluss, 4. Aufl., Herne/Berlin 1995.

SCHILDBACH, THOMAS (1999), Das private Rechnungslegungsgremium gemäß § 342 HGB und die Zukunft der Rechnungslegung in Deutschland, in: DB, Heft 13, 52. Jg. (1999), S. 645 - 652.

SCHILDBACH, THOMAS (2002), US-GAAP: Amerikanische Rechnungslegung und ihre Grundlagen, 2. Aufl., München 2002.

SCHILDBACH, THOMAS/BEERMANN, MARKUS/FELDHOFF, MICHAEL (1990), Lagebericht und Publizitätspraxis der GmbH - Eine empirische Untersuchung, in: BB, Heft 33, 45. Jg. (1990), S. 2297 - 2301.

SCHMIDT, ANDREAS (1998), Eigenmittelunterlegung von Zinsrisiken bei Kreditinstituten, Wiesbaden 1998.

SCHMIDT, REINHARD H. (1988), Neuere Property Rights-Analysen in der Finanzierungstheorie, in: Betriebswirtschaftslehre und Theorie der Verfügungsrechte, hrsg. von BUDÄUS, DIETRICH/GERUM, ELMAR/ZIMMERMANN, GEBHARD, Wiesbaden 1988, S. 239 - 267.

SCHMIDT, REINHARD H./TERBERGER, EVA (1999), Grundzüge der Investitions- und Finanzierungstheorie, 4. Aufl., Wiesbaden 1999.

SCHNEEWEISS, HANS (1969), Monte-Carlo-Methoden, in: Beiträge zur Unternehmensforschung, hrsg. von MENGES, GÜNTHER, Würzburg/Wien 1969, S. 129 - 152.

SCHNEIDER, DIETER (1985), Die Unhaltbarkeit des Transaktionskostenansatzes für die „Markt oder Unternehmung"-Diskussion, in: ZfB, Heft 12, 55. Jg. (1985), S. 1237 - 1254.

SCHNEIDER, DIETER (1995), Betriebswirtschaftslehre, Bd. 1: Grundlagen, 2. Aufl., München/Wien 1995.

SCHNEIDER, DIETER (1997), Betriebswirtschaftslehre, Bd. 2: Rechnungswesen, 2. Aufl., München/Wien 1997.

SCHNEIDER, DIETER (2001), Risk Management als betriebswirtschaftliches Entscheidungsproblem, in: Risikomanagement nach dem KonTraG, hrsg. von LANGE, KNUT W./ WALL, FRIEDERIKE, München (2001), S. 181 - 206.

SCHÖRNER, PETER (1991), Gesetzliches Insiderverbot, Eine ordnungspolitische Analyse, Wiesbaden 1991.

SCHREMPER, RALF (2002), Informationseffizienz des Kapitalmarkts, in: WiSt, Heft 12, 31. Jg, (2002), S. 687 - 692.

SCHULZ, THOMAS (1996), Risiko-Publizität, Formen der Darstellung von Marktrisiken im Jahresabschluß der Unternehmung, Wiesbaden 1996.

SCHULZE, DENNIS (2001), Die Berichterstattung über Risiken der künftigen Entwicklung im Lagebericht nach dem KonTraG, Aachen 2001.

SCHWAB, MARTIN (2002), Deutscher Standardisierungsrat (DSR), in: Handwörterbuch der Rechnungslegung und Prüfung, HWRP, hrsg. von BALLWIESER, WOLFGANG/COENENBERG ADOLF G./WYSOCKI, KLAUS VON, 3. Aufl., Stuttgart 2002, Sp. 528 - 537.

SELCHERT, FRIEDRICH WILHELM (1999), Die MD&A - ein Vorbild für den Lagebericht?, in: Internationale Rechnungslegung, hrsg. von KÜTING, KARL-HEINZ/LANGENBUCHER, GÜNTHER, Stuttgart 1999, S. 219 - 237.

SELCHERT, FRIEDRICH WILHELM ET AL. (2000), Prüfung des Lageberichts einschließlich Konzernlagebericht nach deutschem und internationalem Recht, Bielefeld 2000.

SHAPIRO, ALAN C. (1996), Multinational Financial Management, 7. Aufl., New York 1996.

SHAPIRO, ALAN C./TITMAN, SHERIDAN (1998), An Integrated Approach to Corporate Risk Management, in: The revolution in Corporate Finance, hrsg. von

STERN, JOEL M./ CHEW, DONALD H., JR, 3rd edition, Malden, Oxford 1998, S. 251 - 265.

SHIMKO, DAVID C. (1996), VaR for Corporates, in: Risk, No. 6, Vol. 9 (1996), S. 28 - 29.

SHIMKO, DAVID C. (1997), Strategic Risk Management, Applying VAR to Corporate Investment Decisions, in: Financial Risk and the Corporate Treasury, hrsg. von JAMESON, ROBERT, London 1997, S. 94 - 105.

SHIMKO, DAVID C. (1999), Issues and Trends in Corporate Risk Management, in: Corporate Risk, Strategies and Management, hrsg. von BROWN, GREGORY W./CHEW, DONALD H., London 1999, S. 255 - 274.

SHLEIFER, ANDREI/VISHNY, ROBERT, W. (1997), A Survey of Corporate Governance, in: JoF, No. 2, Vol. 52 (1997), S. 737 - 783.

SIEBENMORGEN, MARKUS (2004), Der Wirtschaftsprüfer im Spiegel der Presse, in: WPg, Heft 8, 57. Jg. (2004), S. 393 - 403.

SMITH, ADAM (1776), An Inquiry into the Nature and Causes of the Wealth of Nations (deutsch: Eine Untersuchung über Natur und Wesen des Volkswohlstandes, hrsg. von WAENTIG, H., 3 Bände, Jena 1923).

SMITH, CLIFFORD W. JR. (1995), Corporate Risk Management: Theory and Practice, in: Journal of Derivates, No. 4, Vol. 2 (1995), S. 21 - 30.

SMITH, CLIFFORD W., JR./SMITHSON, CHARLES W./WILFORD, D. SYKES (1990), Managing Financial Risk, in: The Handbook of Financial Engineering, hrsg. von SMITH, CLIFFORD W., JR./SMITHSON, CHARLES W., New York 1990, S. 33 - 68.

SORG, PETER (1994), Prognosebericht und Publizitätspraxis der AG - Ergebnisse einer empirischen Untersuchung, in: BB, Heft 28, 49. Jg. (1994), S. 1962 - 1969.

SPANHEIMER, JÜRGEN (2000), Spezifische Problemfelder des gesetzlichen Standardisierungsauftrages an den DSR gemäß § 342 Abs. 1 Nr. 1 HGB, in: WPg, Heft 20, 53. Jg. (2000), S. 997 - 1007.

SPENCE, MICHAEL (1976), Informational Aspects of Market Structure: An Introduction, in: QJoE, Vol. 90 (1976), S. 591 - 597.

SPREMAN, KLAUS (1986), Produktion, Hedging, Spekulation - Zu den Funktionen von Futures-Märkten, in: zfbf, Heft 6, 38. Jg. (1986), S. 443 - 464.

SPREMANN, KLAUS (1990), Asymmetrische Information, in: ZfB, Heft 5/6, 60. Jg. (1990), S. 561 - 586.

STEIN, JEREMY C. (1996), Rational Capital Budgeting in an Irrational World, in: JoB, No. 4, Vol. 69 (1996), S. 429 - 455.

STEIN, JEREMY C./USHER, STEPHEN E./LAGATTUTA, DANIEL A./YOUNGEN, JEFF (2000), A Comparables Approach to Measuring Cashflow-at-Risk for Non-Financial Firms, Working Paper, 07/2000.

STEINER, MANFRED (1992), Rating: Risikobeurteilung von Emittenten durch Rating-Agenturen, in: WiSt, Heft 10, 21. Jg. (1992), S. 509 - 515.

STEINER, MANFRED/BRUNS, CHRISTOPH (2002), Wertpapiermanagement, 8. Aufl., Stuttgart 2002.

STEINER, PETER/UHLIR, HELMUT (2001), Wertpapieranalyse, 4. Aufl., Heidelberg 2001.

STIGLITZ, JOSEPH E. (1969), A Re-Examination of the Modigliani-Miller-Theorem, in: AER, No. 2, Vol. 59 (1969), S. 784 - 793.

STIGLITZ, JOSEPH E. (1974), On the Irrelevance of Corporate Financial Policy, in: AER, No. 6, Vol. 64 (1974), S. 851 - 866.

STIGLITZ, JOSEPH E. (1975), The Theory of „Screening", Education, and the Distribution of Income, in: AER, No. 3, Vol. 65 (1975), S. 283 - 300.

STOBBE, THOMAS (1988), Der Lagebericht, in: BB, Heft 5, 44. Jg. (1988), S. 303 - 311.

STOCKS, MARY ALLEN (1997), Value at Risk, A Risk Measurement Tool for Corporate Treasures, in: Financial Risk and the Corporate Treasury, hrsg. von JAMESON, ROBERT, London 1997, S. 77 - 92.

STREIM, HANNES (1988), Grundzüge der handels- und steuerrechtlichen Bilanzierung, Stuttgart u. a. 1988.

STREIM, HANNES (1995), Zum Stellenwert des Lageberichts im System der handelsrechtlichen Rechnungslegung, in: FS zum 60. Geburtstag von DIETER SCHNEIDER, hrsg. von ELSCHEN, RAINER/SIEGEL, THEODOR/WAGNER, FRANZ W., Wiesbaden 1995, S. 703 - 721.

STULZ, RENÉ M. (1990), Managerial discreation and optimal financing policies, in: JoFE, Vol. 26 (1990), S. 3 - 27.

STULZ, RENÉ M. (1996), Rethinking Risk Management, in: Journal of applied Corporate Finance, No. 9, Vol. 3 (1996), S. 8 - 24.

STULZ, RENÉ M. (1999), Rethinking Risk Management, in: Corporate Risk, Strategies and Management, hrsg. von BROWN, GREGORY W./CHEW, DONALD H., London 1999, S. 85 - 103.

STULZ, RENÉ M./WILLIAMSON, ROHAN G. (1997), Identifying and Quantifying Exposures, in: Financial Risk and the Corporate Treasury, hrsg. von JAMESON, ROBERT, London 1997, S. 33 - 51.

SÜCHTING, JOACHIM (1995), Finanzmanagement, Theorie und Politik der Unternehmensfinanzierung, 6. Aufl., Wiesbaden 1995.

SÜCHTING, JOACHIM/PAUL, STEPHAN (1998), Bankmanagement, 4. Aufl., Stuttgart 1998.

SWOBODA, PETER (1991), Irrelevanz oder Relevanz der Kapitalstruktur und Dividendenpolitik von Kapitalgesellschaften in Deutschland und in Österreich nach der Steuerreform 1990 bzw. 1989?, in: zfbf, Heft 10, 43. Jg. (1991), S. 851 - 866.

TANSKI, JOACHIM (2002), WorldCom: Eine Erläuterung zu Rechnungslegung und Corporate Governance, in: DStR, Heft 46, 40. Jg. (2002), S. 2003 - 2007.

TERBERGER, EVA (1994), Neo-institutionalistische Ansätze, Wiesbaden 1994.

TURNER, CHRIS (1996), VaR as an industrial tool, in: Risk, No. 3, Vol. 9 (1996), S. 38 - 40.

UHLIR, HELMUT/AUSSENEGG, WOLFGANG (1996), Value at Risk, Einführung und Methodenüberblick, in: ÖBA, Heft 11/1996, S. 831-836.

ULMKE, HANS GISBERT/SCHMALE, STEFAN (1999), Unternehmensweites Value-at-Risk als Möglichkeit, globales Risiko mit einer einzigen Kennzahl zu steuern, in: Das Kontroll- und Transparenzgesetz, Herausforderungen und Chancen für das Risikomanagement, hrsg. von SAITZ, BERND/BRAUN, FRANK, Wiesbaden 1999, S. 209 - 229.

UNSELD, MARTIN (1976), Theoretische Überlegungen zur Erweiterung der Aussagefähigkeit des Lageberichts im Rahmen der Geschäftsberichterstattung, München 1976.

VENKAT, SHYAM (2000), Implementing a firmwide risk management framework, in: The Professional's Handbook of Financial Risk Management, hsrg. von LORE, MARC/ BORODOVSKY, LEV, Oxford u. a. 2000, S. 581 - 613.

VOLKART, RUDOLF (1998), Finanzmanagement: Beiträge zu Theorie und Praxis, Band II, 7. Aufl., Zürich 1998.

VOLKART, RUDOLF (1998a), Shareholder Value und Corporate Valuation, Finanzielle Wertorientierung im Wandel, Zürich 1998.

VOLKSWAGEN AG (2004), Geschäftsbericht 2003, Wolfsburg 2004.

VON HAYEK, FRIEDRICH A. (1983), Die Verfassung der Freiheit, 2. Aufl., Tübingen 1983.

VON WEIZSÄCKER, CARL CHRISTIAN (1982), Staatliche Regulierung - positive und normative Theorie, in: Schweiz. Zeitschrift für Volkswirtschaft und Statistik, Heft 3, 118. Jg. (1982), S. 325 - 343.

VON WEIZSÄCKER, CARL CHRISTIAN (1984), The Influence of Property Rights on Tastes, in: ZgS, Vol. 140 (1984), S. 90 - 95.

VON WYSOCKI, KLAUS (1989), Aussagefähigkeit des Lageberichts, in: Bilanzanalyse nach neuem Recht, hrsg. von COENENBERG, ADOLF G., Landsberg/Lech 1989.

VOSE, DAVID (2003), Risk Analysis, A quantitative guide, second edition, Chichester u. a. 2003.

WAGENHOFER, ALFRED (1990), Informationspolitik im Jahresabschluß, Freiwillige Informationen und strategische Bilanzanalyse, Heidelberg 1990.

WAGENHOFER, ALFRED (2001), Rechnungslegung, in: Die Prinzipal-Agenten-Theorie in der Betriebswirtschaft, hrsg. von JOST, PETER, Stuttgart 2001, S. 439 - 486.

WAGENHOFER, ALFRED/EWERT, RALF (1997), Unternehmensrechnung und ökonomische Theorie, in: Homo oeconomicus, Band 14, München 1997, S. 31 - 62.

WALL, FRIEDERIKE (2001), Betriebswirtschaftliches Risikomanagement im Lichte des KonTraG, in: Risikomanagement nach dem KonTraG, hrsg. von LANGE, KNUT W./ WALL, FRIEDERIKE, München 2001, S. 207 - 235.

WALL, FRIEDERIKE (2003), Kompatibilität des betriebswirtschaftlichen Risikomanagements mit den gesetzlichen Anforderungen?, Eine Analyse mit Blick auf die Abschlussprüfung, in: WPg, Heft 9, 56. Jg. (2003), S. 457 - 471.

WALZ, W. RAINER (1993), Ökonomische Regulierungstheorien vor den Toren des Bilanzrechts, in: Ökonomische Analyse des Bilanzrechts, Entwicklungslinien und Perspektiven, hrsg. von WAGNER, FRANZ W., zfbf, Sonderheft 32, Düsseldorf/Frankfurt a. M. 1993, S. 85 - 106.

WENGROFF, JAKE (2001), Forecasting the Flow, in: CFO, Issue 7, Vol. 17 (2001), S. 15.

WERNER, ELMAR (1997), Future auf implizite Volatilitäten in DAX-Optionen, in: Die Bank, Heft 6/1997, S. 342 - 345.

WIEDEMANN, ARND (1998), Die Passivseite als Erfolgsquelle, Zinsmanagement in Unternehmen, Wiesbaden 1998.

WIEDMANN, HARALD (1998), Ansätze zur Fortentwicklung der Abschlussprüfung, in: WPg, Heft 7, 51. Jg. (1998), S. 338 - 350.

WIEDMANN, HARALD (1999), Bilanzrecht, 2. Aufl., München 1999.

WILLIAMSON, OLIVER E. (1975), Markets and Hierarchies: Analysis and Antitrust Implications, New York/London 1975.

WILLIAMSON, OLIVER E. (1979), Transaction-Cost Economics: The Governance of Contractual Relations, in: JoEL, Vol. 22 (1979), S. 233 - 262.

WILLIAMSON, OLIVER E. (1985), The Economic Institutions of Capitalism, New York 1985.

WILLIAMSON, OLIVER E. (1996), Transaktionskostenökonomik, Übersetzung von ERLEI, CHRISTINA, 2. Aufl., Hamburg 1996.

WILLIAMSON, ROHAN G. (1996), Exchange Rate Exposure, Competition and Firm Valuation: Evidence from the World Automotive Industry, Ohio State University, Working Paper 1996.

WINDMÖLLER, ROLF/HÖNSCH, HENNING (2003), Abschlussprüfer in der Pflicht, in: zfbf, Heft 7, 55. Jg. (2003), S. 722 - 741.

WINTER, HEIKE (2004a), Risikomanagement und effektive Corporate Governance, Wiesbaden 2004.

WINTER, PETER (2004), Cashflow at Risk als Instrument des industriellen Risikomanagements, in: WiSt, Heft 5, 33. Jg. (2004), S. 289 - 294.

WIRTSCHAFTSPRÜFERKAMMER (2001), Bericht der Wirtschaftprüferkammer über die Abschlußdurchsicht im Jahr 2000, in: Beilage zu den WPK-Mitteilungen, Heft 4, 2001.

WIRTSCHAFTSPRÜFERKAMMER (2003), Bericht der Wirtschaftprüferkammer über die Abschlussdurchsicht im Jahr 2002, in: Beilage zu den WPK-Mitteilungen, Heft 4, 2003.

WITTMANN, WALDEMAR (1959), Unternehmung und unvollkommene Information, Köln 1959.

WITTROCK, CARSTEN/BEER, VOLKER (1994), Optionsindices und ihre Anwendungsmöglichkeiten, in: Die Bank, Heft 9/1994, S. 518 - 523.

WOLF, KLAUS/RUNZHEIMER, BODO (2003), Risikomanagement und KonTraG. Konzeption und Implementierung, 4. Aufl., Wiesbaden 2003.

ZIMMER, DANIEL/SONNEBORN, ANDREA M. (2001), § 91 Abs. 2 AktG - Anforderungen und gesetzgeberische Absichten, in: Risikomanagement nach dem KonTraG, hrsg. von LANGE, KNUT W./WALL, FRIEDERIKE, München 2001, S. 38 - 59.

RECHTSQUELLENVERZEICHNIS

Deutschland

AktG — Aktiengesetz vom 06.09.1965 (BGBl. I, S. 1089), zuletzt geändert durch Gesetz vom 25.11.2003 (BGBl. I, S. 2304).

BilKoG — Gesetz zur Kontrolle von Unternehmensabschlüssen (Bilanzkontrollgesetz), verabschiedet am 29.10.2004.

BilReG — Gesetz zur Einführung internationaler Rechnungslegungsstandards und zur Sicherung der Qualität der Abschlussprüfung (Bilanzrechtsreformgesetz), verabschiedet am 29.10.2004.

BiRiLiG — Gesetz zur Durchführung der Vierten, Siebten und Achten Richtlinie des Rates der Europäischen Gemeinschaft zur Koordinierung des Gesellschaftsrechts (Bilanzrichtlinien-Gesetz) vom 19.12.1985 (BGBl. I, S. 2355).

Deutscher Bundestag (1997), Drucksache 13/9712, Entwurf eines Gesetzes zur Kontrolle und Transparenz im Unternehmensbereich (KonTraG).

GmbHG — Gesetz über die Gesellschaft mit beschränkter Haftung vom 20.04.1892 (RGBl., S. 477), zuletzt geändert durch Gesetz vom 19.07.2002 (BGBl. I, S. 2681).

HGB — Handelsgesetzbuch vom 10.05.1897 (RGBl., S. 219), zuletzt geändert durch Gesetz vom 01.12.2003 (BGBl. I, S. 2446).

InsO — Insolvenzordnung vom 05.10.1994 (BGBl. I, S. 2866), zuletzt geändert durch Gesetz vom 24.12.2003 (BGBl. I, S. 3002).

KapAEG — Kapitalaufnahmeerleichterungsgesetz vom 20.04.1998 (BGBl. I, S. 707).

KapCoRiLiG — Kapitalgesellschaften- und Co-Richtlinie-Gesetz vom 18.01.2001 (BGBl. I, S. 123).

KonTraG — Gesetz zur Kontrolle und Transparenz im Unternehmensbereich vom 27.04.1998 (BGBl. I, S. 786).

PublG — Gesetz über die Rechnungslegung von bestimmten Unternehmen und Konzernen (Publizitätsgesetz) vom 15.08.1969 (BGBl. I, S. 1189, berichtigt 1970 I, S. 1113), zuletzt geändert durch Gesetz vom 10.12.2001 (BGBl. I, S. 3414).

TransPuG — Transparenz- und Publizitätsgesetz vom 19.07.2002 (BGBl. I, S. 2681).

WPO   Gesetz über eine Berufsordnung der Wirtschaftsprüfer (Wirt-
             schaftsprüferordnung) vom 05.11.1975 (BGBl. I, S. 2803), zu-
             letzt geändert durch Gesetz vom 10.12.2001 (BGBl. I, S. 3414).

Europäische Union

Fair-Value-Richtlinie: Richtlinie 2001/65/EG des Europäischen Parlaments
und des Rates vom 27.09.2001 zur Änderung der Richtlinien 78/660/EWG,
83/349/EWG und 86/635/EWG des Rates im Hinblick auf die im Jahresabschluss bzw. im konsolidierten Abschluss von Gesellschaften bestimmter
Rechtsformen und von Banken und anderen Finanzinstituten zulässigen
Wertansätze, Abl. L 283/28 vom 27.10.2001.

Konzernbilanzrichtlinie: Siebente Richtlinie des Rates vom 13. Juni 1983 aufgrund von Artikel 54 Absatz 3 Buchstabe g) des Vertrages über den konsolidierten Abschluß, 83/349/EWG, Abl. L 193 vom 18.07.1983.

Modernisierungsrichtlinie: Richtlinie 2003/51/EG des Europäischen Parlaments und des Rates vom 18.06.2003 zur Änderung der Richtlinien
78/660/EWG, 83/349/EWG, 86/635/EWG und 91/674/EWG über den Jahresabschluss und den konsolidierten Abschluss von Gesellschaften bestimmter Rechtsformen, von Banken und anderen Finanzinstituten sowie von Versicherungsunternehmen, Abl. L 178/16 vom 17.07.2003.

Schwellenwertrichtlinie: Richtlinie 2003/38/EG des Rates vom 13.05.2003 zur
Änderung der Richtlinie 78/660/EWG über den Jahresabschluss von Gesell-
schaften bestimmter Rechtsformen hinsichtlich der in Euro ausgedrückten
Beträge, Abl. L 120/22 vom 15.05.2003.

Vierte EU-Richtlinie: Vierte Richtlinie des Rates vom 25. Juli 1978 aufgrund
von Artikel 54 Absatz 3 Buchstabe g) des Vertrages über den Jahresabschluß
von Gesellschaften bestimmter Rechtsformen, 78/660/EWG, Abl. L 222
vom 18.08.1978.

Rechnungslegungspublizitätsnormen

DEUTSCHER STANDARDISIERUNGSRAT (2000), Deutscher Rechnungslegungs
Standard Nr. 5-10 - Risikoberichterstattung von Kredit- und Finanzdienstleistungsinstituten, Bekanntmachung durch das BMJ am 30.12.2000.

DEUTSCHER STANDARDISIERUNGSRAT (2001), Deutscher Rechnungslegungs
Standard Nr. 5 - Risikoberichterstattung, Bekanntmachung durch das BMJ
am 29.05.2001.

DEUTSCHER STANDARDISIERUNGSRAT (2001a), Deutscher Rechnungslegungs Standard Nr. 5-20 - Risikoberichterstattung von Versicherungsunternehmen, Bekanntmachung durch das BMJ am 29.05.2001.

DEUTSCHER STANDARDISIERUNGSRAT (2004), Deutscher Rechnungslegungs Standards Nr. 15 - Lageberichterstattung, verabschiedet am 07.12.2004, Bekanntmachung durch das BMJ am 26.02.2005.

FINANCIAL ACCOUNTING STANDARDS BOARD (FASB), Original Pronouncements, Accounting Standards as of Juni 2001, Norwalk 2001.

INTERNATIONAL ACCOUNTING STANDARDS BOARD (IASB): International Financial Reporting Standards as at 31 March 2004, London 2004.

SEC-Veröffentlichung Nr. 33-7945 vom 28.09.1999.

Peter Lang · Europäischer Verlag der Wissenschaften

Michael Dobler

Risikoberichterstattung

Eine ökonomische Analyse

Frankfurt am Main, Berlin, Bern, Bruxelles, New York, Oxford, Wien, 2004.
XX, 224 S., 2 Abb., 6 Tab.
Betriebswirtschaftliche Studien. Herausgegeben von Wolfgang Ballwieser,
Christoph Kuhner und Dieter Ordelheide (†). Bd. 67
ISBN 3-631-52892-2 · br. € 42.50*

Risikoberichterstattung, deren Ausgestaltung in deutschen Lageberichten durch
DRS 5 konkretisiert wird, ist international en vogue. Sie soll den Adressaten
entscheidungsrelevante und verlässliche Information bereitstellen. Um den
Nutzen des Risikoberichts für seine Empfänger umfassend analysieren zu können,
spannt die Arbeit erstmals den Bogen zum Risikomanagement und untersucht
vorrangig spieltheoretisch die Offenlegungsanreize des Managers. Dies offenbart
erhebliche Spielräume bei der Risikoberichterstattung, die durch Prüfung, Haftung
und Normierung der Publizität nur in Grenzen zu beschneiden sind. Vor diesem
Hintergrund werden die bestehenden nationalen und internationalen Standards
zur Risikoberichterstattung verglichen und kritisch gewürdigt. Die Ergebnisse der
Arbeit sind ernüchternd: Die Informationsfunktion des Risikoberichts wird ebenso
überschätzt wie die Vorbildfunktion des DRS 5.

Aus dem Inhalt: Ökonomische und rechtliche Analyse der Einbindung der
Risikoberichterstattung in das Risikomanagement (Risikomanagementprozess,
Informationsökonomie, nationale und internationale Normen und Schutzklauseln) ·
Spieltheoretische und empirische Analyse der Anreize zur Risikopublizität
(disclosure-Modelle, cheap talk-Ansätze, empirische Befunde, Kosten der
Risikoberichterstattung, Prüfung und Haftung) · Vergleich und Würdigung der
aktuellen nationalen und internationalen Standards zur Risikoberichterstattung
(IDW-Verlautbarungen, DRS, IFRS, US-GAAP, SEC-Verlautbarungen, Bilanzrechts-
reform-Gesetz)

Frankfurt am Main · Berlin · Bern · Bruxelles · New York · Oxford · Wien
Auslieferung: Verlag Peter Lang AG
Moosstr. 1, CH-2542 Pieterlen
Telefax 00 41 (0) 32 / 376 17 27

*inklusive der in Deutschland gültigen Mehrwertsteuer
Preisänderungen vorbehalten

Homepage http://www.peterlang.de